現代経済学の直観的方法

長沼伸一郎

講談社

はじめに

本書は、主として次のような読者のために書かれた本である。例えば一般の読書人の中には、歴史や哲学・国際問題に関してはかなりの読書量を誇っているのに、なぜか経済に関しては見るのもうんざりで、結果的にそこだけがぽっかり教養の空白になってしまっている人が少なくない。

また理系の中にもそういう人は非常に多く、中にはむしろそれに無知であることが科学者としての純粋さだと信じる人もあるほどで、どういうわけか世の中にはそのように経済の匂いや雰囲気に拒絶反応を示す、一種の生まれながらの「教養の高い非経済人」というべき人々が数多く存在しているのである。

しかし最近ではこれらの人々でもそんなことを言っていられなくなっている。例えば環境問題なども、経済に無知では意味のある議論などできるはずもない。また技術系の職場にいても経済を理解する必要に迫られることは多く、その圧力は日に日に増大する傾向にある。

そういう場合こうした人々は、これ一冊読めばとにかく経済なるものに関して大まかな粗筋だけはわかる手頃な本、というものを探し回るのだが、ところがそれがなかなか存在しない。経済の入門書のコーナーを覗くと「株で儲ける法」だの「為替取引入門」だの、およそ要求とはかけ離れた本ばかりが並んでおり、思わず早足でそそくさと立ち去ってしまうのである。

やむを得ず正面から行くしかないということで、本格的な教科書に取り組むことにして読み始めると、今度は金利がどうのという話がいきなり始まってその鬱陶しさに耐えられず、2〜3ページで放りだしてしまうことになる。

本書はまさしくこういう人々の要求をまとめて引き受けるために書かれた本である。その具体的なスペックとしては、**経済というものが全くわからず予備知識もほとんどない（ただし読書レベルは高い）読者が、それ1冊を持っていれば、通勤通学などの間に1日あたり数十ページ分の読書をしていくだけで、1週間から10日程度で経済学の大筋をマスターできる、**というものである。

非現実的なスペック、と思われたかもしれない。しかし拙著『物理数学の直観的方法』をご存じの方は、それが決してありえない話ではないと思われたのではあるまいか。それというのも同書の出版当時には、それに近い話がいくつも伝説として語られており、もし本書でも同じことができるとすれば、このスペックもあながち無理ではないことになるからである。

実は本書が最初に書かれ始めたのはまだ1990年代のソ連が最後の時期を迎えていた頃で、なぜそれを書き始めたのかは「おわりに」に詳しいが、その時はいわば身内専用のテキストとして公開はされず、限られた希望者だけにコピーを許可するという格好になっていた。中にはこれをコピーするためにわざわざ地方から飛行機で上京された方もあったほどだが、とにかくそれだけの長い試行錯誤を経てこういう格好や分量にまとめられたわけである。

そして本書を見ると、外見上はやや厚めの一冊の本のようだが、実はむしろ9冊分の本を極限までコンパクトにまとめて一冊の合本にした、オールインワン的な本だと思っていただいたほうがよい。

一般に経済をひと通りマスターするには、貿易や産業構造、国際通貨などのいろいろな話を全部カバーする必要があるが、普通だとそれぞれについて手ごろな厚さのビジネス書を一冊ずつ買って、それらを次々に読んでいくことになる。ところがその際にはしばしば読者が途中で「これから一体どのぐらいの本を読めば一応のゴールにたどり着けるのか」という先の見えない不安を抱え込んで、それが挫折の要因となりがちなのである。

その点ではオールインワン的な本のほうが有利で、30年ほど前には『ゼミナール日本経済入門』という本がその標準的なものだった。しかしこれはこれで問題があり、何しろ500〜600ページの分厚い本なので、到底全部は読めないという人が多かったのである。

その両方の困難をクリアするため、本書は次のような方法をとった。まず一体何冊分の本が必要かについて、それを明確に「9冊でOK」という形に絞り込む。そしてそれぞれの内容を「中間レベル」だけに的を絞ることで極限までコンパクトにしたのである。

実は後者は『物理数学の直観的方法』でも最大のポイントとなったことで、一般にどの分野でも、完全な初歩向けに易しい用語解説から始める入門書と、専門用語で埋め尽くされた高度な専門書は数多く出ているのだが、そこをつなぐ中間レベルの本というものがひどく少ないのである。

逆に言えばそのレベルこそが物事の鍵なのであって、そこさえ押さえれば全体像が一発で把握でき、残りの細部は他の本に委ねればよい。ともあれそのように、1冊あたりについてその中枢部分だけを数十ページに凝縮してそれぞれを一つの章とすることで、9冊分の内容（本来なら3000ページ近くなる）を1冊分に束ねたオールインワンの本とすることができたわけである。

また本書では、経済の予備知識ゼロの読者でも読めるよう、各章に、ミニ経済史的なエピソードを配して、むしろそこから読み物的な興味で自然に内容に入って行けるよう工夫されている。

逆にそのエピソード部分以外の純粋な経済メカニズムの話は、実質的にはわずか二百数十ページほどに過ぎず、その分量は実は見かけよりずっと薄いのであり、そのためその全部を通勤通学の間だけで学んでしまうという、本来不可能に近いことも十分できるはずなのである。

各章の内容について説明すると、「経済を理解したいがどこから手をつければよいかわからない」という読者の場合、とにかく第1章だけに目を通すことをお勧めしたい。この章は経済の知識がゼロの読者が、わずか数十ページで経済学の最もわかりにくい中枢部分にたどりつけるように工夫されており、読者はこの最初の章の65ページあたりまでを読まれるだけでも、やや厚手の経済の本一冊を読破したのに近い力が身につくはずである。

さらにこの章をはじめとして本書では、金融というものに抵抗感がある読者のために、それを徹底して鉄道のイメージで把握するという独自のスタンスをとっており、今まで金融の雰囲気が嫌で経済の話を避けていた読者でも、歴史ものに近い感覚で興味深く読めるようになっている。

また一般に無味乾燥な話でも、そこに何か一つテーマやストーリーが設定されていると頭に入り易いものである。そこで本書では「暴走する資本主義をどうやって遅くするか」ということを縦糸のテーマに設定し、各章の内容をそこに横糸として配する形で全体が構成されている。

それら各章は独立してそこだけを読むこともでき、貿易や農業経済などの各項目に興味のある読者は、全部を通読せずにその章の内容だけを個別に最短距離で把握することも可能である。

ただ最後の第9章だけは縦糸のストーリーを完結させるための章で、横糸の内容を目的とする読者にとってはそれをどう受け止めるかはさほど重要ではないが、SDGsなどに関連して縦糸の話題のほうに関心のある読者には、その論旨はこれまでの資本主義の進歩に関する常識を大きく変えることとして、この章こそ本書の最大の読みどころと言えるだろう。

ところで現代の経済の話題で人々が一番きちんと基本を理解したいと思っているのは、むしろ第8章の仮想通貨とブロックチェーンの話かもしれない。この話題については世の中にたくさん本が出ているのだが、何冊読んでもいつも半分までしかわからず、苦手意識を持ってしまっている方が少なくないのではあるまいか。

その理由の一つはこの話題自体が、理系的な暗号技術の話と文系的な貨幣の話が半々で混ざっていて、その両方を同時にカバーしなければ全体像が把握できないことにある。そこで本書ではまず理系的な部分を、実際に本の上で簡単なブロックチェーンを作ってみるというユニークな方法で直観化する一方、文系的な部分は前の章の通貨に関する議論にリンクさせて把握するという、他の本ではなかなかできない方法でそれを可能にしている。最近ではベテランの経済人でもブロックチェーンがよくわからず敬遠している方が少なくないと思われるが、そういう人にはこの章のためだけに本書をお求めいただいても十分に引き合うのではないかと思われる。

ところで今回の書籍化に際しては、古い記述をなるだけ残してほしいという要望が多かった。実はそれにはちゃんと理由があって、最初の原稿が書かれてから現在までの間にIT革命が起こったことで世の中が大きく変わり、経済世界全体がまるで2段式ロケットの2段目に切り換わるようなな形で、新しいステージに移行してしまったのである。

それに伴って経済の解説も、ちょうど古い油絵の上に新しい油絵を何重にも塗り重ねるようにして、新しい記述がどんどん上書きされている。ところが下の古い絵を知らない人が上の新しい絵だけを眺めても、しばしば何のことだかわからないのである。

そんな中では、IT革命前に書かれて残っている本書の古い記述は、いわばロケットの第1段目の時代に書かれた「下の古い絵」として、いまや貴重なものとなっている。つまり皮肉なことに現代経済を理解するには、まず古い絵で大筋を把握し、その後で新しい絵を参照して細部を最新情報に修正する、というのがベストな方法なのである。本書ではそれを最優先とするため、細部の厳密さや最新情報の正確さはあえて多少犠牲にしており、読者はそれを了承されたい。

また本書は、ブルーバックス版の2冊の『経済数学の直観的方法』と一緒に使うと、特にエキスパートへの早道を歩みたい読者にはかつてなかった効果を発揮すると思われる。つまり本書が経済学の入り口付近をまとめてカバーする一方、それら2冊が最先端の出口付近の最も難解な2トップの理論を押さえることで、経済学の世界全体を前後から挟んでその山頂から俯瞰《ふかん》できるようになるからである。そうなれば、どんな難しい経済理論も、何だか大して怖くなくなってしまうはずで、経済学部でもそういう使い方をすることにより、講義内容を直観的に補佐したり、理解が上滑りだった部分を学び直したりするための強力な武器として、学部入学から大学院あたりまでお供ができるはずである。

そのように本書は一般の読書人、理系読者、経済学部の学生、ビジネスマンなど、広範な読者がいろいろな用途で使える本となっている。一般の読者の場合、まず普通の経済の本を読んでわからなかったら、本書を読んで最重要部分を大まかに理解し、その後再び他の本で細部を最新の正確な形に修正する、という使い方をすると他に類を見ない効果を期待できると思われる。

むしろ今まで何度も挫折してきた読者にこそ最も役に立つ本となっているので、読者はご自分の立場に応じてベストな方法で本書を活用していただければと思っている。

目次

第2章 農業経済はなぜ敗退するのか　87

第3章 インフレとデフレのメカニズム 115

第4章 貿易はなぜ拡大するのか 143

第5章 ケインズ経済学とは何だったのか　185

第7章　ドルはなぜ国際経済に君臨したのか　265

第8章 仮想通貨とブロックチェーン

第9章 資本主義の将来はどこへ向かうのか

1 「縮退」という大問題

現代経済学の直観的方法

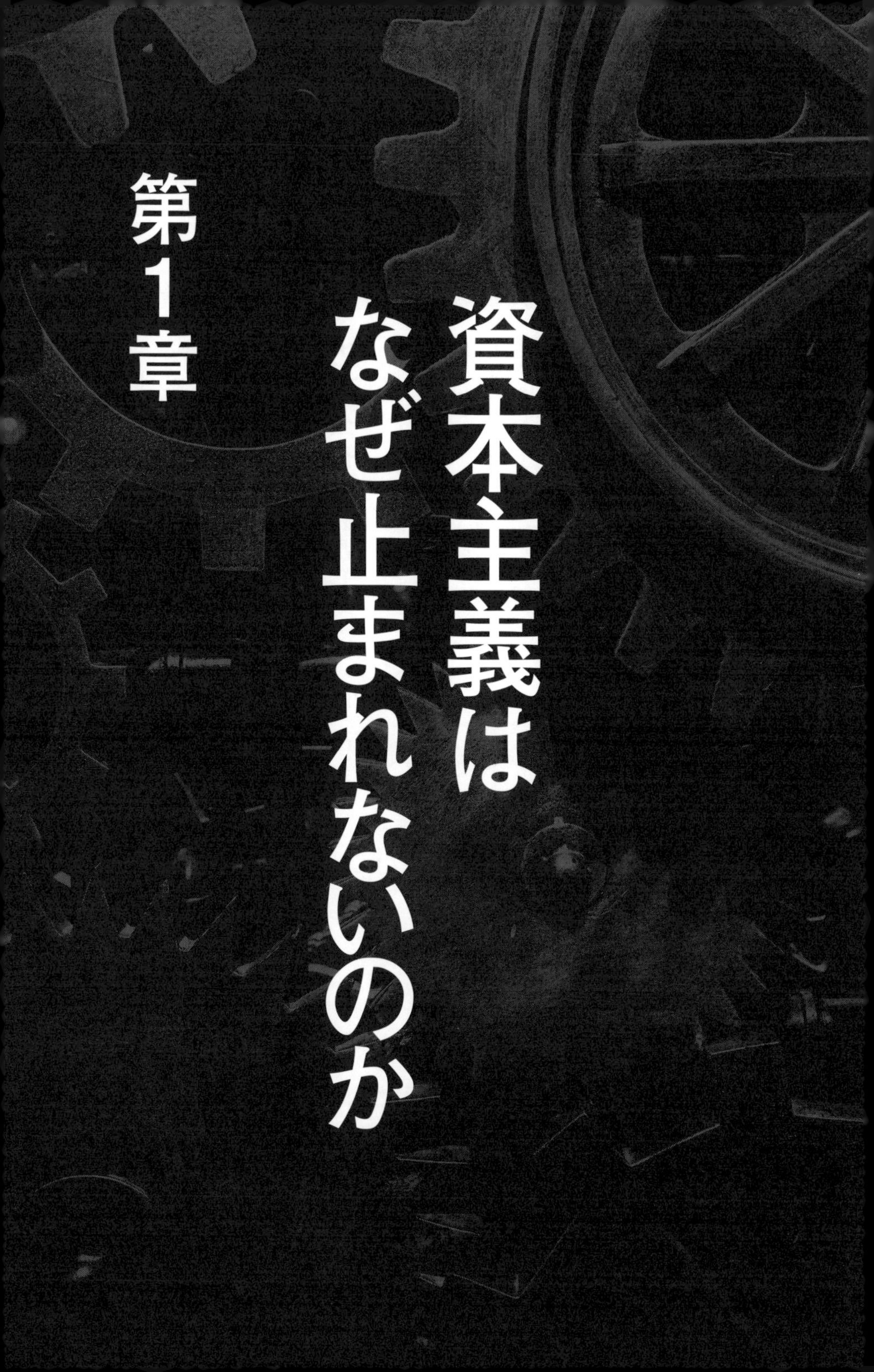

第1章 資本主義はなぜ止まれないのか

この最初の章では、資本主義経済というものの最大の中枢部には一体何があるのか、ということについて見てみることにする。以下の内容には本質的な話が凝縮されているので、読者はこの冒頭の章のわずか数十ページを読むだけでも、経済学の分厚い本一冊に匹敵するだけの素養を身に着けられるはずである。

1　資本主義の中枢部を解剖する

止まれない資本主義

それにしても、現代の日本や米国のようにすでに十分な経済的繁栄を遂げているはずの国に住んでいて、ニュースの時間に経済官僚などが「来年度に何%の経済成長を行うには……」などと発言しているのを聞いていると、何かこの人たちは頭がおかしいのではないか、と思えることが多いのではないだろうか。

さすがに大不況の時期ならさほどの違和感はないが、好景気の時にさえこういう台詞《せりふ》が平然として発される様子を見ていると、資本主義経済がここまで繁栄を遂げて今や環境問題のほうが深刻になっているというのに、人間はまだ経済を拡大させねば気がすまないのか、という疑念を抱くのも無理のないところである。

　しかしこれは別に経済学者の頭がおかしいわけでもなければ、日本や米国の国民が飽くことを知らない貪欲な国民性を持っているわけでもない。**成長を続けなければならないというのは、資本主義というシステムが必然的に持たざるを得ない一つの宿命だからである。**そしてそれゆえにこそ、温暖化問題なども抜本的な解決がなされないのである。

　ではどうしてそんなことになってしまうのだろうか。その最も直接的な理由をずばりと言えば、それは「金利」というものがあるからである。現在の大多数の日本企業（別に日本企業には限らないが）は、大量の資金を銀行から借りている。実際、巨大な工場だの高価な製造機械だのを導入する際には、そのための資金は大抵はそういった借金で調達するのである。

　ところが銀行から借りた金には利子という鉄の鎖がついていて、企業は毎月毎年その利子を払わなければならない。言い換えれば、借りた資金を前より肥らさない限り利払いはできないわけであり、そのためにはひたすら売上げ拡大に邁進《まいしん》しなければならないことになる。

　米国のある実業家がしみじみと述懐して「資本主義というものは自転車やオートバイのようなものだ。それは止まれば倒れてしまう」と言っていたというが、全くその通りなのであって、資本主義社会に生きている以上、巨大企業といえどもこういう自転車操業が当たり前なのである。

　一般常識から見れば、こんな借金で成り立っている組織はひどく不健全に見える。普通ならば、何かを売って得た利益の中からその一部を工場増設などの資金に充《あ》て、さらにそこから上がった利益を次の年にまた増設資金に回し、などといった具合に自分の持ち金だけで徐々に事業拡大を行っていくのが健全なのではないかと思えるだろう。

実際に昔の英国の企業などはこういう健全なやり方をとっていた。だがこの方法には明らかに一つの限界が存在している。一言で言えば速度がのろいのである。例えば企業家が、ある事業を行うために必要な資金を貯めるのに10年かかるとしたならば、当然のこととして10年後まではその事業には着手できない。

ところが別の企業家が銀行へ出かけていって、一日でそれだけのまとまった資金を借りてきてしまったとしたならばどういうことになるだろう。**経済社会とは早いもの勝ちの世界**である。そのため最初の企業家が10年後にやっと資金を貯めて工場を建てた頃には、作るつもりだった製品は、この一日にして忽然《こつぜん》として出現したライバルの手によってすでに世の中じゅうに満ち溢れ、もはや参入の余地は失われていることだろう。

昔の英国においてそうした「健全経営」が可能だったというのは、つまるところ競争がまだ緩やかであったということに尽きる。要するに金持ちであってもこうした自転車操業に移行せざるを得ないというのが、弱肉強食の資本主義社会に生きる者の宿命なのである。

資本主義の成長スピード

ではその結果宿命づけられた成長スピードというのは、具体的にどの程度のものなのだろうか。さすがに高度成長時代のデータは、例外的に好調だった時期のものかもしれないので標準とするには難があり、高度成長が先進国では一段落してから後の時期を標準と考えて、その時期のデータで見てみよう。

そこでこの30年ほどの世界全体の経済成長率のグラフを眺めてみると、だいたい年率2％から4％のあたりを上下しており、大まかな話としてはその間をとって、年間3％の成長というあたりが妥当なところである。要するにこれが、資本主義社会がそう問題なく何とかやっていけるための標準的な値と解釈してもよいと思われる。

ところがその年間3％成長というのがどういう数字かと言えば、実はこれはとんでもない代物《しろもの》である。ちょっと計算してみればすぐわかるが、要するにたかだか二十数年で経済が2倍に拡大せねばならないというのである。

その後も二十数年ごとに2倍の幾何級数的増大を示さねばならないというのだから、単純に言って100年で16倍。開いた口が塞がらないとはこのことだが、しかし過去100年の人類社会そのものの爆発的成長は、現実にこういった成長の宿命と二人三脚をするだけの規模を持ったものだったのである。

例えばそれを裏付けるものとして、石油の消費量が歴史的にどのように増大していったかということを見てみよう。

石油というものが資源としての認知を受けて採掘が始まったのは比較的新しいことで、だいたい1850年代から60年代にかけてのことであり、これは米国で南北戦争が始まりかけた時期のことである。同時期のヨーロッパでは、ビスマルクがそろそろドイツで宰相の地位につくころであり、また日本ではこの時期は幕末動乱の真っ最中であった。

そのためこの頃から最近までに、人類の石油消費がだいたいどんなカーブを描いているかを見ればよいわけで、資料によって多少のばらつきはあるが、次のグラフは、1865年から1980年代までの石油消費量を表わしたものの一つである。

ところがこれを見ると、二十数年で2倍どころか、だいたい20年で4倍ぐらいの驚異的増加率を示しており、対数目盛で描いたほうがよいほどである。一般的に石油の消費量というものは産業の規模を反映しているものであり、そのため資本主義経済というものが年に3％の成長を要求されていたとしても、それを吸収してお釣りがくるだけの拡大を、社会そのものが現実に行っていたことが見て取れる。

図1-1▼

しかしこの速度を今後も恒久的に維持できるなどと考えるのは、非現実的としか言いようがない。現に早くも環境問題という難題を突き付けられてしまっているのであり、逆に言えば経済成長の速度を遅くするメカニズムを開発しなければ、環境問題の解決などはあり得ないことになるわけである。

米国の楽観的な研究者は、しばしば純粋に技術的な観点で、物理的な資源を浪費しないような経済を実現すればそれで問題を解決できると考えがちである。例えば売買されるものの主流が物質的な製品ではなく、情報というものになっていけば、石油などの物理的なエネルギーの浪費を一定レベルに留めたまま、現在の資本主義の経済システムを維持できるとの考えであ

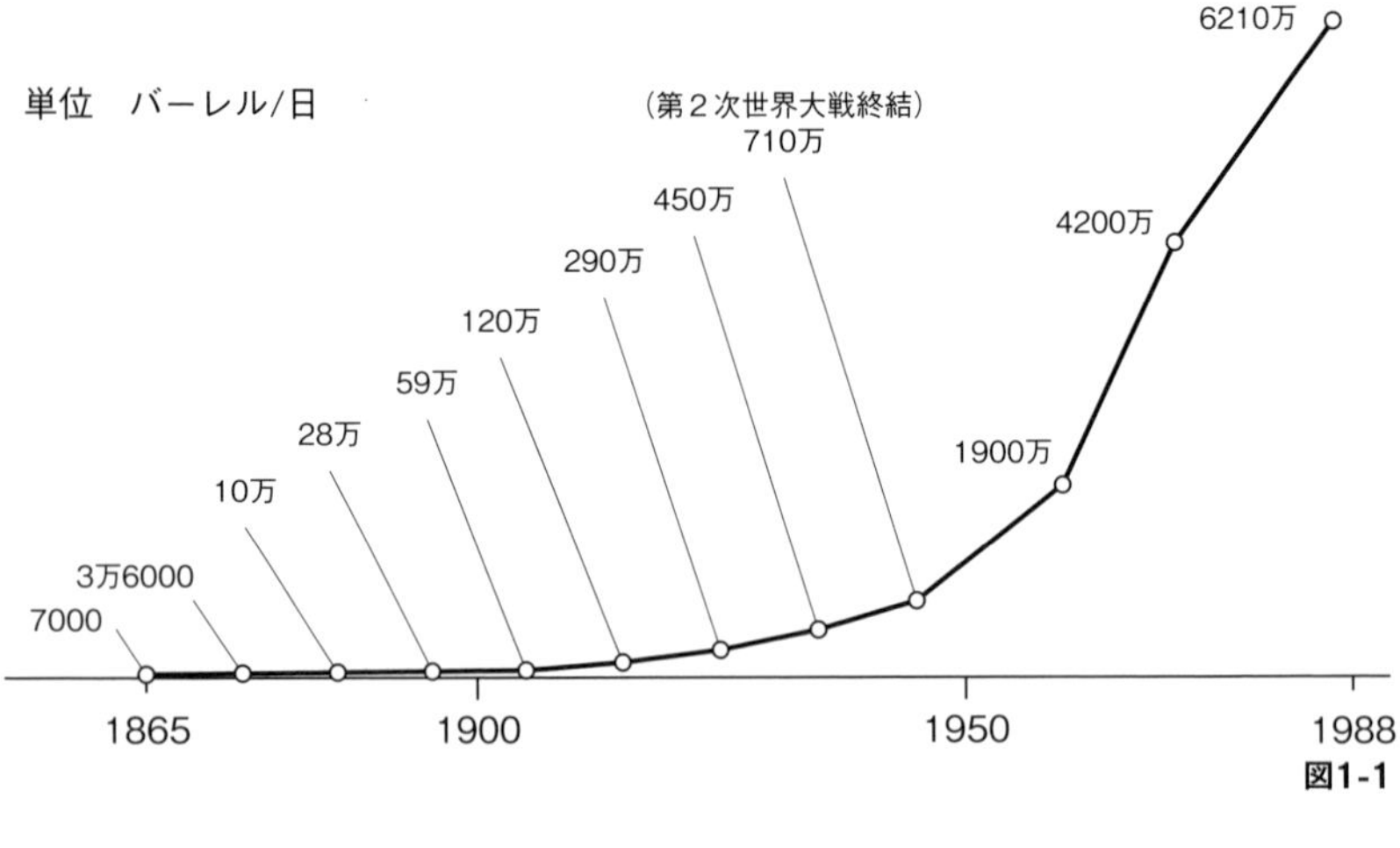

図1-1

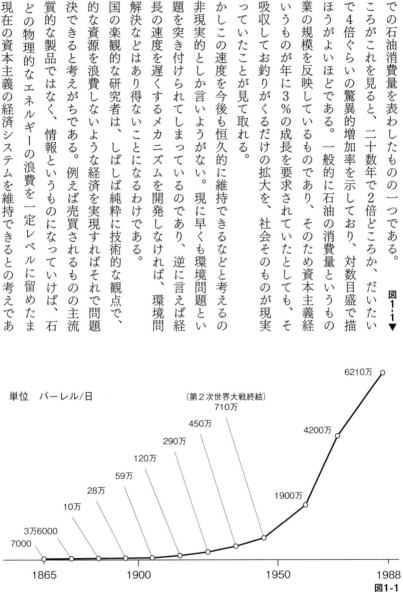

る。

しかし筆者はそれに対して懐疑的である。それは要するに使い捨て体質が物質レベルから精神のレベルに侵入してくることに他ならない。身の周りを商売人にかき回されるぐらいならまだしも、頭の中までかき回されたのではたまったものではない。精神面の環境破壊というものは、物質面での環境破壊とは比較にならないほど深刻なものになる恐れが大きいのである。

要するにもはや経済システムに抜本的に手を入れ、経済成長の速度を遅くするような社会学的技術体系を編み出す以外に手はないものと考えられる。ではそういう暴走的体質の中枢部には一体何があるのかということについて、もう少し突っ込んで見てみることにしよう。

軍事史と鉄道

ところで問題を少々別の視点から眺めるため、ここで少し軍事の歴史をひもといてみよう。一般に陸上の戦争において、近代戦への移行ということは何が世界に登場したことによってもたらされたのだろうか。

「それは銃の登場によってである」という答案に対しては、正直言ってあまり良い点はつかないと思われる。近代戦の定義にもよるかもしれないが、むしろ陸戦に本当に決定的な革命をもたらしたのは、鉄道の登場なのである。

鉄道の登場以前の時代においては、物量戦というものは事実上不可能に近いことであったと言える。例えば陣地戦においてそれこそ山の形が変わってしまうほどに連日朝から晩まで砲撃を加えるなどということは、鉄道の登場以前においては到底無理なことで、それをやろうとしても砲弾の補給が到底追いつかず、せいぜい軍馬が背中に背負って運んできた分を撃ち尽くせば当分砲撃は中止、ということにでもせざるを得なかったのである。

この有様ではほとんどの近代兵器——それらはほぼ例外なく大量の弾薬を消費する——の運用は不可能であり、機関銃ですら戦場での使用は無理な兵器と見なされて、試験場の倉庫にしまい込まれたかもしれない。

実際に鉄道の登場以前には、戦場に展開できる軍隊の大きさには厳しい制限があるというのが常識で、それは補給に関してこうした限界があったからである。しかし鉄道の出現はこの限界を取り払ってしまった。そのため理論上いくらでも大きな軍隊を戦場で活動させることができるようになったのである。さらにまた鉄道は、軍隊を戦場から戦場へ迅速に移動させることを可能にした。その結果一体どんなことが起こったろうか。

鉄道による「補給革命」以前の時代においては、軍隊の補給（主として食糧）は基本的に現地調達に頼っていた。つまり軍隊が行軍の途中で食糧その他を徴発しながら前進するのである。それができないような場所の場合、馬で物資を輸送したり戦争前からあらかじめ前線近くに準備しておいた食糧倉庫を利用したりといった方法がとられたが、これはあくまでも補助手段に過ぎない。要するに現地調達で自活できる限度を越えたサイズの軍隊は活動できないわけで、これが戦場に展開できる軍隊の大きさの上限を決めていたと言ってよい。

このため、例えば8万人が軍隊のサイズの上限だとした場合、敵も味方もその限度の枠内で軍隊を編成し、兵力の数以外の指揮官の能力や兵の練度・士気などといった要素で優劣を競い合ったのである。さらにまた、たとえ本国に大きな兵力があったとしても、それをこの限度を越えて戦場に投入することはできない。つまりそういう余剰兵員はどうせ無駄になるのだから、兵舎に置いておくより当面は農作業でもさせておいたほうがよほど国のためになる。

ところが鉄道の輸送・補給能力がこの限界を突き破ってしまったとなると、これらは全部ひっくり返ってしまうことになる。まず第一に、同じ兵力で相手側と対峙するという条件が当面取り払われ、戦場では数の競い合いが始まる。そのため指揮官の能力や兵士の練度が少しぐらい劣っていたとしても、こちらが2〜3倍の兵力を鉄道で持ってきてぶつければ、その程度の質の優劣は数の力で圧倒できることになり、数量が勝敗を決める決定的要素となっていくのである。

こうして前線がいくらでも兵力・物資を要求するようになると、それに対する限界を作り出すのは国家の全体的な体力、つまり動員可能な兵力や生産可能な物資の数量である。つまり前線で数の大きさが競われるようになったため、国家は持てる力のすべてを前線に注ぎ込まねばならない羽目に陥ってしまったのであり、いわゆる「国家総力戦」への移行が不可避となったのである。

このようにして、鉄道の持つ能力は戦争を以前よりも一層苛烈なものとしていった。もっとも戦争を苛烈なものにするという点では、鉄道の登場以前にも、ナポレオンとフランス革命精神の熱狂の組合せが一時的にそういった戦争を作り出してはいた。しかし鉄道はそれをいつでもどこでも、普遍的に苛烈なものに変えていったのである。砲弾の消費量だけに注目しても、鉄道は明らかに戦争そのもののスケールアップをもたらした。

そして鉄道の登場と共に、戦史の中からはロマンの匂いが消えていく。ビスマルク時代のドイツ陸軍には鉄道の影響が最も強く見られるが、この時期のドイツ（プロイセン）は参謀本部なるものを発明して軍事史の中に送り出した。

そこにはナポレオンのような天才の居場所はない。新参者たる彼ら参謀将校たちは本質的に事務屋であり、以前の時代にはせいぜい帳面を片手に荷馬車の間を歩き回るような連中として軽蔑されるような存在に過ぎなかった。

しかし輸送計画表を持って鉄道網を掌握するに及んで、彼らは突然戦争の主役の地位に躍り出る。そして英雄たちを過去の遺物として脇役へと押しやり、戦争全体を数量に基づく一個の非ロマン的な管理技術体系に仕上げていく。

またこの時期には、戦争と軍隊を変質させたもう一つの要因である徴兵制度（これを近代で最初に採用したのはフランス大革命におけるフランス軍だったが）も加わり、それらによって鉄道の登場以前と以後ではその雰囲気はがらりと変わる。

それ以前には伝統社会の中の名誉の衣をまとった戦士階級や貴族的将校団が戦争の主役であったが、これ以後は大衆から徴集された兵士にその座を譲ることになった。同時にそれは国民皆兵という制度をもたらすこととなり、戦士階級に指揮される一握りの人間だけが戦争に直接参加するシステムではなくなったのである。

また、鉄道によって苛烈化した前線の要求を満たすため、銃後の人間も軍需品生産に残らず動員し、国家がそれを組織する軍国主義的な社会へ移行することとなった。そしてその移行のためには伝統社会の残滓《ざんし》ほど邪魔なものはなく、国家は伝統社会というものをまるごとブルドーザーで破壊していかなければならなかったのである。

「経済社会の鉄道網」

ところがここで大変面白いのは、経済の世界でもほとんど同時期に並行してこれと極めて良く似た変化が起こっていたということである。農民と貴族戦士階級の二つに分かれていた伝統社会においては、経済活動もどちらかといえば牧歌的なものだった。

しかしこの時期、そうした社会は急速に破壊され、牧歌的雰囲気もまた消えてゆく。そして経済の規模は定常状態から突然急角度で上昇を始め、一方それを支えるため、国民のすべてが好むと好まざるとにかかわらず、その苛烈化した経済活動に直接的に参加することになった。

たとえ前の時代の牧歌的な経済にどれほど郷愁を抱いていようとも、隣国がそういう苛烈な経済に移行してしまったならばもはや選択の余地はない。それに対抗できる力を身に着けねば、経済的に征服されて植民地となってしまうのである。

悪い言葉で言えば、近代資本主義というのは、経済的軍国主義、経済的国民皆兵主義であったと言うことができる。そして、その中枢にあったのが経済世界の鉄道網というべき、銀行を中心とする資金輸送網——金融機関——なのである。

これら銀行（もしくは投資銀行）は、資本主義経済が必要とする大量の資金を、まさに必要とされる場所に迅速に移動させることを可能とし、またすでに興された事業に対して連続的に補給を続けていくことを可能とした。

ビスマルク時代のドイツというのは、これらの並行的な変化が最も劇的に進行した、その典型的な例と言っていいだろう。軍事の側では国家が明白な軍事目的からいわゆる「ライヒス・バーン」

すなわち国有鉄道の整備に全力を挙げてその軍事能力を向上させ、一方経済の側では「ライヒス・バンク」すなわち中央銀行が設立されて、その管制のもとに投資のための銀行網が整備されていった。そして両者は二人三脚の格好でドイツ帝国を近代的強国に押し上げていったのである。

一般にこの時代の戦争においては、戦争の問題を理解するということは、国家の兵力動員能力データと鉄道網の二つについて理解することとほぼイコールであると信じられていた。要するに鉄道が軍隊のサイズの上限を取り払ってしまったため、戦争の問題はすべて数量の問題に還元されてしまったわけである。

そして資本主義経済に関してはこれは一層の真実であって、国民総生産だの何だのといったマクロ的な国家経済データと「資金の鉄道網」の二つについて理解することが、経済問題を理解することとかなりの程度までイコールなのである。

実際もし資本主義社会というものが本当に金の力で何でも可能になる世界であるならば、資本の投入量の多さで勝負をつけてしまうというのは本質的に理にかなった戦法であり、それ以外の細かい問題にこだわっても仕方がないということになる。

つまり近代資本主義社会においては、銀行家や財務マンというのは、本質的に鉄道網を掌握する参謀将校に相当する存在である。英雄的ロマンティシズムと無縁であるという点においても両者はよく共通しているが、実際問題、資本・資金の輸送任務に従事する彼らこそ、ある意味で資本主義経済という一大戦争の主役なのである。

伝統社会においては、経済の問題はせいぜい農地からどれだけの農産物が収穫でき、それを荷車に積んでいけばいくらで売れるか、といった程度のものと大差なく、要するにそれは農産物だの製品だのといった、ずっしりとした物質と結びついていた。

しかし資金の鉄道網が戦場を支配する資本主義経済の世界はそういうわけにはいかない。そこで以下にこの鉄道網の問題を中心に据えて、社会がそれ以前と以後でどう根本的に変質してしまったのかを見てみよう。

中世世界と貯蓄

どうも思うに、**中世の世界においては人々は金・マネーというものを、一種の核燃料のようなものだと感じていたようである。**確かにそれは社会を動かす燃料として大きなパワーを持っている。しかしそれは剝き出しで放置しておくと、社会の中の精神面を拝金主義という放射能で致命的に汚染する。

庶民が質素に生きていくのに使われる金ぐらいなら、それはせいぜい天然ウラン程度の害しかもたらさない。しかしそれがある程度1ヵ所に集中してしまうと、それは濃縮ウランになってしまって放置は危険だというわけである。

そのため中世においては、カトリックにせよイスラムにせよ、原則として利息というものを禁止していた。というより、貯蓄という行為そのものをあまり望ましいことだとは考えていなかったのである。

そのためカトリック教会は基本的に次のような方針をとった。それは余剰の核廃棄物を生み出してしまった人間（要するに金持ち）に対して、そんな大量の金を手元に置いておくと魂が汚染されて地獄に堕《お》ちると脅しつけ、それを教会に寄進させた。集められた金は教会の地下にしまい込まれて世の中に出てこなくなったのである。

いわば教会は核廃棄物の貯蔵庫でもあり、そうやって片っ端から富を社会から吸い上げて地下に封じ込める、いわゆる退蔵ということを行っていた。近代人の目からは一種の搾取にも見えるかもしれないが、そうやって天国への切符の引換え証を発行していたのだと思えば、これはこれで一本筋の通った方法である。

そうやって富が教会に集められたため、一説によると当時のドイツやフランスでは国全体の富の実に半分以上を教会が持っていたと言われる。とにかく余分な富を集めて教会の床下に埋めてしまうというこの方法は、安定した農村社会を維持するという点では一定の成果を上げることができた。

しかし結局この方法は矛盾を来してしまう。それは集中した核物質によって他でもない、聖職者自身の精神に汚染を来してしまったことである。とにかく金というのはじっと眠らせておくことが難しい。これだけの資金が集まってしまうと、どうしてもそれを融資に使おうという誘惑の手が内外から伸びて来るのである。

そのため中世末期のローマ法王の中には、聖職者だか銀行家だかよくわからない人物が多く見受けられるようになってしまった。しかし結果的にそれが宗教改革を引き起こしてしまったのだから、結局はこの方法がカトリック教会自身の支配体制を破綻《はたん》させてしまったことになる。

一方イスラム文明について見てみると、彼らはこれとは少々異なるアプローチをとっていた。カトリック教会が意識的に社会を貧しくしようとしたのとは対照的に、イスラムは富というものが社会に行き渡ることを容認した。

もっとも富というものが汚染をもたらすと考えるという点ではカトリック教会と同様だったのだが、ただ違うのは、彼らが富の集中を阻止することに主眼を置いたことであり、要するに濃縮されない限り、ウランは社会に出回っていてもさほど害はないというわけである。

そして彼らがこの目的のために採用したのが「喜捨《きしゃ》」という手段だった。要するに金持ちが貧しい者に施しをすることを、信徒の基本的義務に据えたわけである。現代西欧的な人間の目からすると、これはいかにも偽善めいて、実質的には到底うまく機能しないもののように見えるかもしれない。しかし意外にもこれは相当長期間にわたってちゃんと機能していたらしい。

というより、現在でも中東ではこのシステムは結構機能しているらしく、例えばエジプトなどではいまでも年末になると、紳士がお札をたくさん持って街に出て、貧しい人々にそれをばらまく光景が見られるとのことである。むしろ問題は、こういう習慣に悪乗りして巨額の施しを稼ぎ出す「プロの乞食」がいることで、たとえば1991年にスーダンで話題になった凄腕の乞食に至っては、現代スーダン大卒男子の平均初任給の約800年分に相当する資産を乞食稼業で稼ぎ出してしまったというから仰天する（保坂修司『乞食とイスラーム』筑摩書房）。

この種の「喜捨」に関しては、受け取った側もそれを当然のこととして、あまりお礼を言わない。このため、表向きの経済統計がかなり悪くても、社会そのものは西欧よりも遥かにそれに耐えられるもののようである。

このような社会においては、せっせと貯蓄に励む人間というものは周囲から一体どんな風に見られるだろうか。ごく控えめに言ってもその人物は信徒としての義務の一つを全然果たしていないわけで、家庭用遠心分離機でウラン濃縮に熱中するこの人は、何か他の場所でよほど良いことでもしていない限り、近所から白眼視されることは避けられまい。

さてカトリックとイスラムは、両者のアプローチは異なるものの、目的とすることにそう違いがあるわけではない。そして両者とも「利息の禁止」ということがもう一方の基本にないとうまくいかないことは明らかだろう。

要するにまとまった金が誰かの手元にあった時、まず利息を禁じておくことで、労せずしてそれをどんどん増やせるという希望を遮断しておく。こうして金を集中して温存する意味を失わせた上で、一方は天国行きの切符と引換えに教会の地下に吸収させる、もう一方は貧困層に分散するという手段で、その過度に集中した富に撤退路を与えるのである。

このようにして、**中世の文明は大変な労力を払って資本主義の成長をむしろ意識的に抑制しており、またその際に用いられた手段は極めて巧妙なものであった。**近代はそうしたやり方を搾取というレッテルを貼って非難したが、別に彼らはそうすることで自分が得をしようと思っていたわけでもないし、逆に近代資本主義の理屈を極限まで剝き出しにした1980年代からの自由主義万能経済が、明らかに貧富の差の増大を招く仕掛けになっていたことを思い出すと、少なくとも搾取という言葉だけは適合しないようである。

以上、近代において経済社会にいわば一種の鉄道網が誕生したことで、人類社会がこのようにその性質を根本から劇的に一変させてしまった状況を大まかに眺めてきた。では次に、その「経済社会の鉄道網」のメカニズムについてもう少し掘り下げて見てみることにしよう。

2 「経済社会の鉄道網」と資本主義の恐ろしく不安定なメカニズム

貯蓄の持つ二つの意味

さて大部分の読者は現在、何がしかの貯金は持っていることだろう。ところで読者はどういう目的で、しばしば買いたいものを諦めてまでわざわざ貯金などというものをしているのだろうか。一般に貯金の動機とは何なのだろう。

それについては例えばある人は、将来病気になったり失業したりした時に食いつなぐための金をこうして貯えているのだと答えるだろう。また別のある人は、100万ほど貯めた時にそれで新しい事業を始めるつもりだから、その時のためにこうして資金を貯めているのだと答えるだろう。

他にもいくつか答えはあるかもしれないが、それらはだいたいにおいてこの二つの答えに結局は収斂《しゅうれん》すると見てよい。読者自身に照らしてみても、少なくとも将来のことを考える限りにおいては、だいたいこの二つの答えのうちの一方、ないしは両方を答えとして選ぶことと思う。

ところが実はこの二つの動機は、本質的に全く意味の異なるものなのである。前者すなわち失業などに備えるという動機においては、貯金というものはいわば一種の非常用備蓄食糧のようなものと捉えられている。一方後者すなわち新事業の軍資金という立場においては、貯金というものは離陸の時に一挙に噴かすリフトエンジン用の燃料ストックと考えられている。

言い換えれば前者は本質的に守りを目的としているのに対し、後者は攻めを目的としている。そして近代社会が貯蓄という行為を、中世とは逆に望ましいものと考えるようになったというのも、それがもっぱら後者に役に立つと見なされたからである。

実際前者だけを目的とした場合には、貯蓄という行為は全くとんでもない結末を招いてしまうのである。一見するとわかりにくいことではあるが、次にそれをちょっと見てみよう。

金貨の循環がもし目で見えたら

社会においてはおよそ大部分の人間が、何らかの形で生産者であると同時に消費者でもあり、片方だけの人というのを現代社会の中で考えることは難しい。現代人の多くは、家でポテトチップでも食べながらニュース番組を見ている時にはまぎれもない消費者だが、翌日ビジネススーツを着て電車で会社に行けば生産者に早変わりしてしまう。よく人権派弁護士などは「消費者の権利」というが、もしそれを極限まで追求すれば大部分の人は自分の首を絞めてしまうことになるのである。

とにかく経済学の厄介な点の一つというのが、すべての人間が一枚のカードの裏表のように生産者と消費者の二つの顔を持っていて、それがくるくる回って立場を変えながら日々を送っているという点である。

ここで次のような状態を考えてみよう。いまここである都市を考えて、そこでは経済活動というものがすべて都心部に集中している一方、住宅と名のつくものは全部郊外にあり、両者が極度に分離しているとする。つまり物資や商品が全部都心のデパートや大型店舗に集まっていて、住民は毎日電車でそのデパートに買い出しにくるわけである。

また経済活動が全部都心に集中しているため、ほぼ全部の職場がそこにあって、皆が毎日電車で都心に通勤してくる。要するに一昔前の昭和時代の典型的な郊外型サラリーマンの生活パターンなのだが、ただ一つユニークなのは給料を日給の形で、しかも金貨で毎日その都度支払っていることであり、古いのか新しいのかちょっとわからない奇妙な経済生活が営まれているとする。

さてもしここで金貨全部に発信器が仕込まれていて、金貨の位置や分布を上空から衛星でトレースできるようになっていたなら、スクリーン上にはどんな映像が映るだろうか。恐らく毎日夕方になると、金貨の位置を示す輝点は都心部から外へ拡散を始め、線路沿いに郊外へと下って周辺に散っていくだろう。これは多分、一日の稼ぎをポケットに入れた旦那さんたち（ここではそういうことにしておこう）が電車で家に向かっているのである。その夜の間、輝点は散らばった状態のまま動かない。

そして次の日の昼ごろになると、輝点は再び都心部に向けて集まってくる。この時の金貨は、食料雑貨の買い出しのためにデパートへ向かう奥さんたち（ということにしておこう）の財布と共に移動しているのである。

一つの世帯の中で、ここでは旦那さんは生産者を代表しており、一方奥さんは消費者を代表している。つまり前者の輝点の動きは、生産者たる旦那さんが稼ぎを家庭に持ち帰る流れであり、後者の動きは消費者である奥さんが金を買い物に使いに行く流れである。つまり金貨はこうやって毎日循環を繰り返しているのである。

ここで話を簡単にするため、もう少しモデルに手を加えることにする。つまり都心部に恒常的に留まって活動を続ける金貨があると、話の上で邪魔なのでそういうものは消してしまい、すべての金貨が夕方には都心を後にするとしよう。つまりここでは、会社の資金的なやりくりがその日ぎりぎりのタイトな状況になっており、会社はその日の売上げで得た金貨をそのまま従業員の給料支払いに使わねばならないとするのである。

これと同様に、家庭では旦那が夕方持って帰ってきた金貨を翌日に奥さんが買い出しでみんな使い果たしてしまう状況にあったとする。すべての部門がそういう状況にあったとするならば、スクリーンの映像はどうなるだろうか。

恐らく夕方になると、輝点は郊外に分散する一方、都心からは消えていって夜の間は都心部分の映像は真っ暗になっていることだろう。そして翌日の昼ごろになると、今度は都心部分が再び集まってきた輝点によってまばゆいほどになる一方、郊外からは輝点が消えて真っ暗になる。そしてその状態は、それらの金貨が従業員に配られる夕方までの数時間続くことになるわけである。

貯蓄で社会が貧しくなる

さて、いまの話が貯金の話と一体どう関係があるのか。それは、こういうその日暮らしの金銭受渡しの真ん中に立っている人間に注目するとよくわかる。デパートの店長は、その日の売上げで得た金貨を夕方に従業員に配ってしまうのだが、もし昼にデパートにやってきた奥さんたちが揃いも揃って締まり屋ばかりだったらどうなるだろうか。

要するにあまり物を買って帰らず、したがって普通に比べると半分ぐらいしか金貨を落としていってくれなかったというわけである。この場合、店長は夕方にひどくばつの悪い思いをすることになる。従業員を集めて、いま店にある金貨を残らずかき集めても普段の半分ぐらいしかない。したがって全部を皆に分配しても昨日の半分しか払えない、と宣言しなければならないのである。

従業員は、日当が半分になってしまったことに文句を言うかもしれないが、ないものはないのだから仕方ないだろう。しかしもし彼らの奥さんたちが実は昼にその店に来た例の締まり屋の一人だったとすれば、それはいささか皮肉な結末であり、奥さんの節約が、夕方に旦那の日当の半減という形になって返ってきてしまったわけである。

このように、一枚のカードの裏表に消費者と生産者の二つの顔を持つため、それがくるくる回転しながら雪ダルマ式に経済活動は小さくなったり大きくなったりするのである。そしてうっかり節約を始めてしまったばかりに、それが縮小への雪ダルマをスタートさせてしまうということもそう珍しいことではない。節約ということは貯蓄と表裏一体の関係にあるため、ここで話は貯蓄というものの責任論に進んでいってしまうというわけである。そこで、これをもう少し詳しく見てみよう。

いまここで、電車を毎日上ったり下ったりする金貨が全部で100万（単位は円でもドルでも何でもよい）だったとしよう。これは同時に、この社会に出回っている金貨の総量でもある。要するに毎日夕方に合計100万の金貨が下り電車に乗り、都心に残る量は事実上ゼロとなるが、逆に昼ごろになるとやはり合計100万の金貨が上り電車に乗って、郊外に残る量はほぼゼロとなる。

さてここで、市民全部に突然貯蓄の意識が芽生えたならば一体どういうことになるのだろうか。具体的には彼らが、毎日稼ぎの1割を我慢して使わず、その金貨を裏庭に穴を掘って埋めておこうと決意したのである。最初の日は、夕方にまず１００万の金貨が下り電車で郊外に向かう。

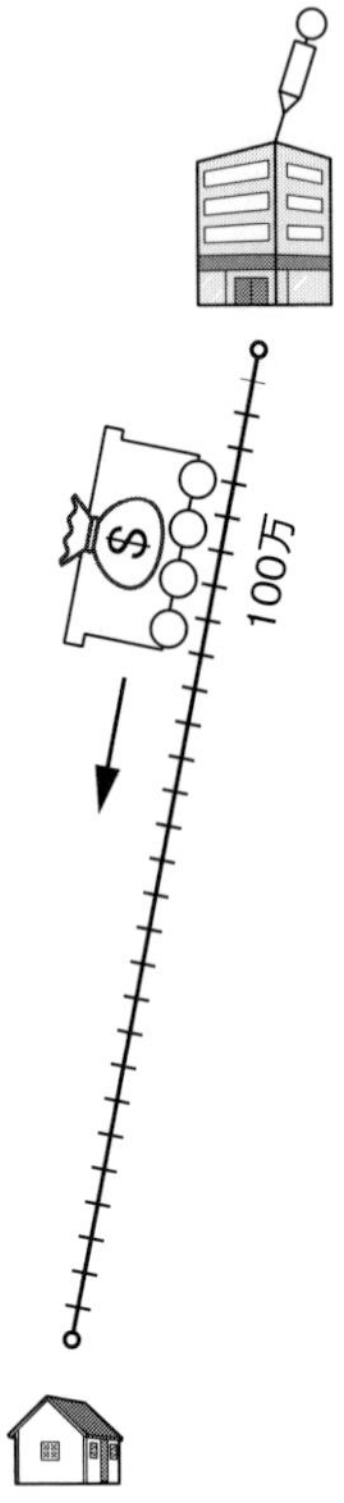

図1-2

さて各家庭に分散した金貨１００万は、彼らの決意にしたがってそのうちの1割すなわち10万がその夜、それぞれの裏庭に埋められる。そして翌日の昼ごろ、奥さんたちの財布と共に上り電車に乗る金貨は90万でしかない。

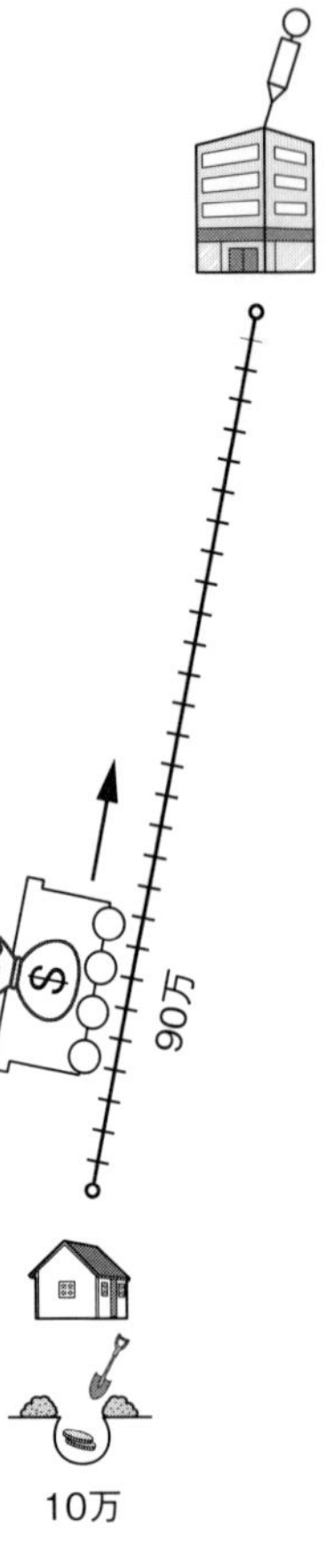

図1-3

そうなると、この日のデパートでの売行きは悪い。最初から上り電車に乗ってきた金貨が90万しかないのだから、それ以上の枚数がデパートの売り場に落とされるはずもない。かくて夕方には店長たちは従業員をなだめたりしなければならない羽目に陥るわけだが、騒いだところでないものは致し方なく、その日は90万の金貨が不満顔の旦那たちと一緒に下り電車に乗る。

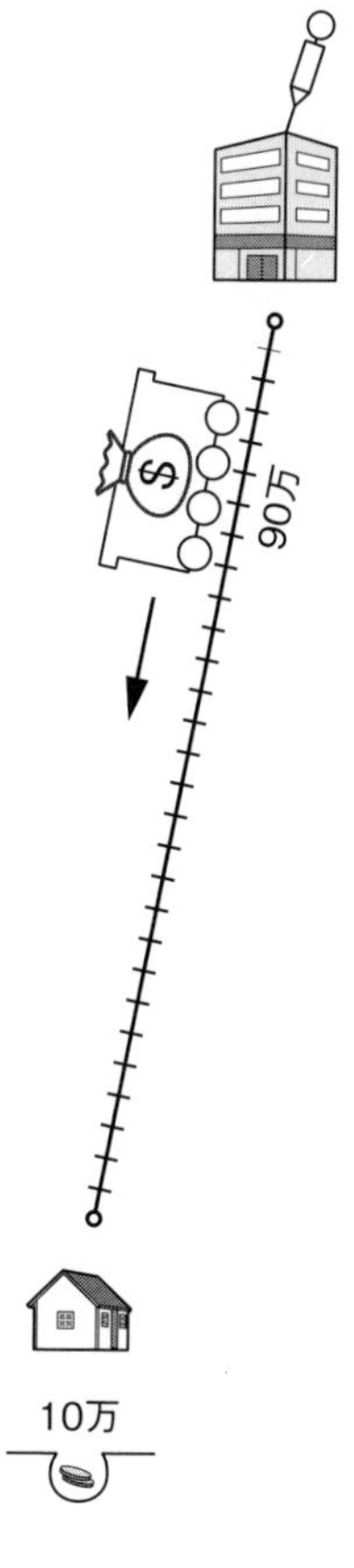

図1-4

さて家へ帰ると給料が減ってしまったという暗い知らせが家族に伝えられる。経済状態に暗雲の兆しが見えると、将来が心配になってますます貯蓄に走るというのが人情ゆえ、彼らは（よせばよいのに）またその90万の中から1割を無理やり貯蓄に回してしまう。

つまり9万が新たに裏庭に埋められて、翌日の昼に奥さんたちの財布と一緒に上り電車に乗る金貨は合計81万である。

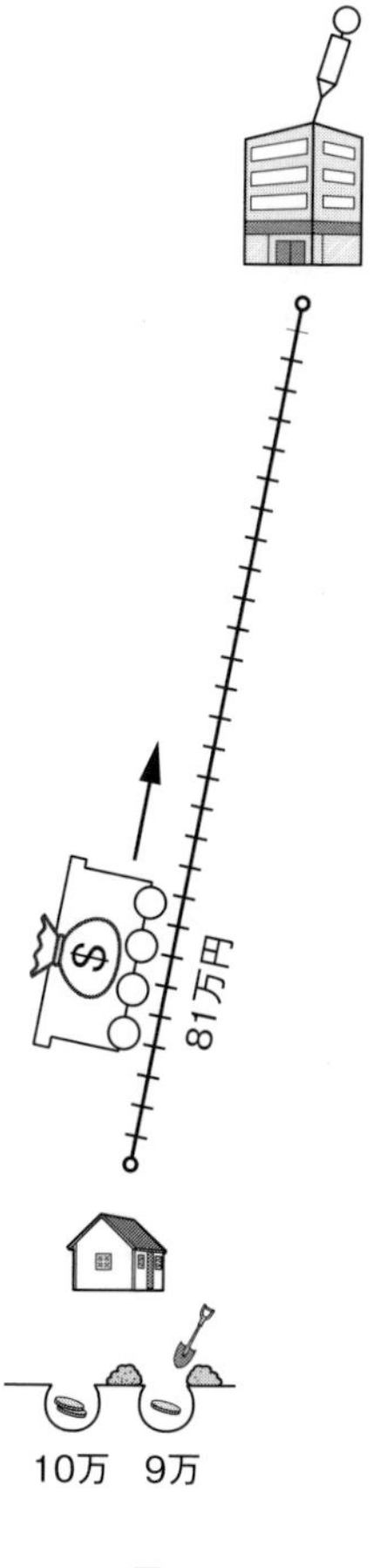

図1-5

放っておけば、このサイクルは恐らく次の日も再び繰り返され、次の日の給料は73万弱に減ってしまうだろう。このようにして下手に金を貯めようなどという根性を出したばかりに、給料はどんどん減っていってしまうのである。

単純化して考えると、これが行き着くところまで行って100万のほとんど全部が裏庭に埋まってしまった時点で、皆がこれはいかんと気づいてそれを一斉に掘り起こし、消費に投入すれば元の姿に戻ることにはなる。

しかし現実には話はそう簡単ではなく、業績が落ち始めた時点で会社は首切りを始め、工場は閉鎖されて機械は錆び付いて壊れ、失業者の暴動で社会は荒れ始める。それを元通り戻すのは、ただ金貨を裏庭から掘り出したぐらいでは到底足りまい。とにかく経済社会というものは一旦後退を始めると逃げ足がついてしまうものである。

自由放任の「神の手」の教義からすれば、一般に経済社会というものは何か変動が起こった時に、すぐに逆方向の力が働いて、それを元へ戻すような自動安定機構を持っていることになっている。しかしいまの話を見ると、少なくともこの局面に関する限りは全く逆で、それは極めて不安定なものであると言わざるを得ない。

せめて、給料が減り始めて将来が心細くなった時に、貯蓄なぞやめてしまって裏庭の金貨を掘り出し、景気づけにそれを派手に使ってしまえというような豪快な人々ばかりで構成される社会であれば、ちゃんと逆向きの力が働いて、元の状態に戻るのも簡単だろうが、現実には人々は遥かに小心翼々としているので、そんなことは望むべくもなかろう。

このように、非常用食糧の備蓄よろしくその目的でせっせと行われる貯蓄や節約というものは、それをあまり熱心に行うと社会をどんどん貧乏にしてしまう恐れをはらんだ代物である。

なお参考までに付け加えておくと、経済社会というものがこのように変化をどんどん拡大増幅させる性質を持っていて本質的に不安定（理系風に言えばフィードバックが正）だと考えるのが、ケインズ学派に多く見られる傾向であり、一方それとは対照的に、経済社会は自動的に逆方向の力が復元力として働いて本質的に安定だと考えるのが、アダム・スミスの亜流たる「古典派（および新古典派）」の特徴である。

また付け加えておくと、節約のこうした逆効果については、古代中国の諸子百家の時代にも似たような議論が行われていたらしく、絶対平和主義を唱えていたことで知られる墨子（彼の思考方法というのは西欧の大陸側のキリスト教徒にやや似たところがある）が倹約主義を唱えていたのに対し、「中国のアリストテレス」と呼ばれた荀子《じゅんし》（一般には性悪説で知られているが、実際にはバランスのとれた冷徹さがそう呼ばせるに過ぎない）は、「墨子の倹約主義はかえって社会を貧しくする」とその論理の不備を突いている。

これは別にいままでの議論のように貨幣の循環ということを論拠としたわけではないが、緩めるところを緩めて経済のパワーをのびのび発揮させて生産力そのものを強くすれば物資の不足など起こらないという発想は、それを延長すれば近代経済学のそれに近い。少なくとも現代的観点からすれば、馬鹿正直な倹約論を説いた墨子よりも荀子の側に分があったというべきだろう。

さてそうは言っても、われわれは現に貯蓄ということを行っているし、にもかかわらず社会は経済的に繁栄している。ここのところは一体どうなっているのだろうか。

パン屋の事業拡大

ここで伝統社会の中の小さな町で、１００年も前から同じ窯を使って代々パンを焼いているパン屋の一家について考えてみよう。このパン屋は小さいながらも一つの企業であるが、町の中の限られた人口にパンを供給しているのだから、町の人口が増加しない限り、パンの生産量は増やせないし、また増やす必要もない。まあ要するに古き良き時代の家族的企業である。

この一家が必要とするお金はと言えば、家族の生活費の分を除くと、小麦など原材料を買う金、後はせいぜい窯が傷んだ時にそれを修復するなどの維持費ぐらいなものである。

そしてそれらはパンを売った代金ですべて過不足なくまかなわれる。要するに突発的な災害でも発生しない限り、拡大も縮小もなく安定的にこの経済状態を維持することができる。

ところが「資本主義的人間」の目からすると、こういう停滞的な経済状態というのは到底容認できない前近代的体質なのである。彼らにとっては、この平和な町の住人は現状に満足して安逸をむさぼり、現状を打破しようという努力を怠る怠惰な連中である。

しかしパン屋の立場からすれば、現状を打破せよと言われても少々面食らうことだろう。まず売上げを伸ばそうといっても、パン屋にできることといったらせいぜい値段の高い高級な菓子パンを売り出すとか、あるいは隣町に進出してそこのパン屋の縄張りを侵略するとかいった行動に出ることぐらいしかない。

そしてまた、隣町のパンの市場を本気で制覇しようとするなら当然パンの生産量を倍ほどに増やさなければならず、したがって窯も増設せねばならないだろう。いままで商売にかかる費用といえばせいぜい原料費と維持費ぐらいだったのに、窯の建設費用——当然ながら金額は前者の比ではない——が必要になってしまう。

確かにそういう事業拡大が本当にできれば生活レベルを一段上に引き上げることはできるが、それだけの「リフトエンジン用燃料」を備蓄しようと思ったならば、それこそ狂気のような貯蓄マニアにでもならなければどうにもならない。だがここでくだんの「資本主義的人間」は待ってましたとばかりに入れ知恵するのである。要するに、あなた一人でその全部を貯める必要などない。皆から借りれば良いではないか。

いかに貯金は還流されるか

ここでようやく前の疑問との接点が出てくることになる。つまり「金貨を手元に貯め込むことが社会を経済的に貧血状態に追い込むのだとするなら、現実にわれわれが貯金したお金は一体経済社会のどこに行ってしまっているのだろうか」ということである。

さて、読者が貯金をしているとしても、それは別に裏庭に埋めてあるわけではあるまい。それは大抵は銀行に預けてあるはずである。実は「経済社会の鉄道網」は長距離輸送を行う大規模な幹線鉄道ばかりでなく、ローカル線もちゃんと整備している。

つまり読者が預金の出し入れのために出かけていく町中の銀行支店というのが、ちょうどそのローカル線の駅に相当するのである。読者の預金は、この駅に集められて目に見えない貨車に積まれて、ある場合には近くの駅で下ろされて使われ、またある場合にはいくつかの駅からの貨車と連結されて遠い経済戦争の前線に弾薬として送られるかもしれない。

要するに読者が貯金しているお金は、こういう「経済社会のローカル線」が集めて再び経済社会の流通の血管に注ぎ込んでいるのである。それではこれを先ほどの金貨の流れの話にはめ込んでみよう。

つまり前出の話で、夕方に各家庭に持ち帰られた金貨100万のうち10万を貯金に回す、というところからもう一度やり直すことになるわけだが、今回はその10万は、裏庭に埋められるかわりに銀行に持って行かれるわけである。

そして翌日の昼頃90万の金貨が奥さんたちの財布と共に電車に乗るわけだが、これと時を同じくして10万の金貨も目に見えない「経済社会のローカル線」に乗ってやはり都心部に送り届けられる。

ここでもし銀行というものが完全な慈善事業であって、会社を回ってその金貨をただで「お恵み」としてばらまいていくならば話は極めて単純である。会社はその日、売上げからは90万しか金貨を得ることができなかったが、慈善銀行がただで恵んでくれた10万をそれに足して、夕方には従業員にちゃんと100万の金貨を渡して家に帰してやることができる。

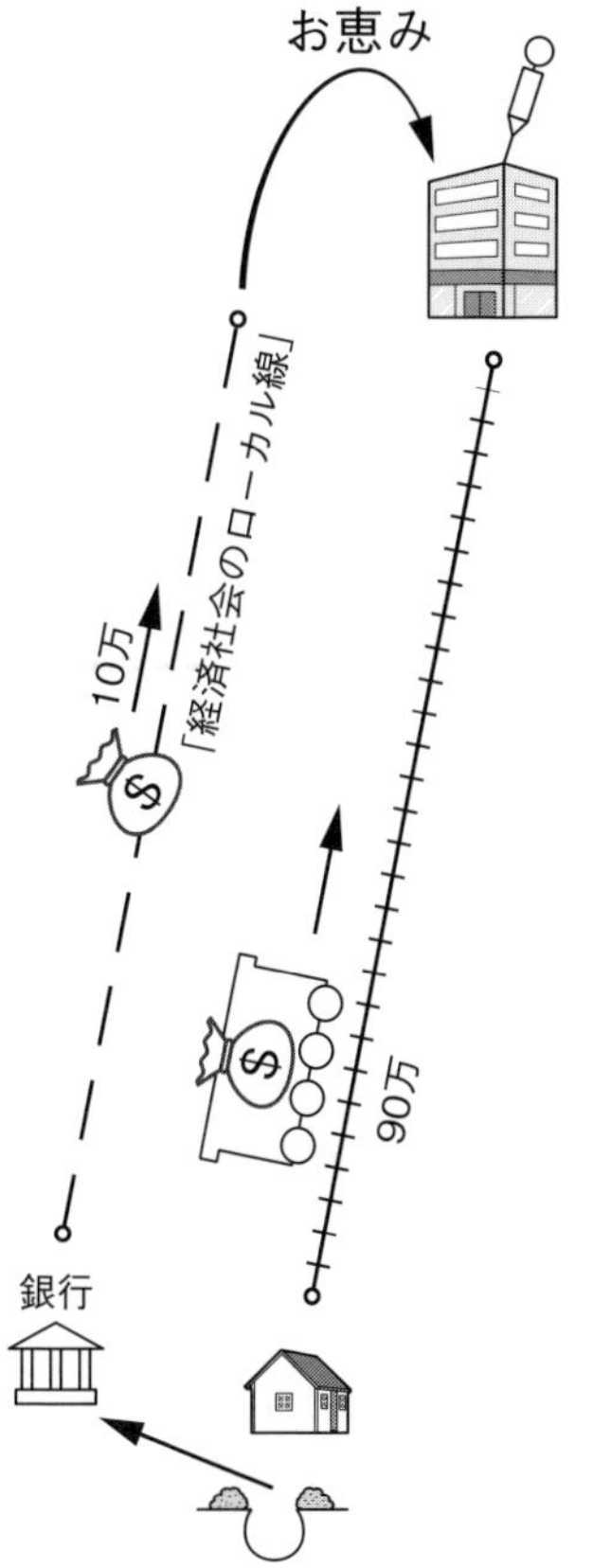

図1-6

しかしもちろん現実の銀行とは金儲けのための組織そのものであり、こんな結構な寄付をしてもらえるほど甘くはなく、実際にはここでワンクッション置かれることになる。そしてここで出てくるのが「事業拡張のための設備投資」というものであり、要するにパン屋の窯の増設の話である。

このためここで都心の会社を二つのカテゴリーに分けて考えねばならない。一つは、前と同様のデパートとその周辺の会社であり、もう一つは「新兵器製造業者」、すなわち事業拡張や新製品量産のために必要な生産機械やら設備やらを売る会社である。

後者の会社の取り扱う商品とは、例えばパン屋を顧客とする場合には新しい窯だの顧客管理用のＰＣだのといったものである。つまりこの会社は奥さんたちを相手に物を売るのではなく、相手にするのはもっぱら会社の経営者であるが、物を売って金貨を稼ぐという点では前者と同じような会社であることに変わりはない。

さて「経済社会のローカル線」つまり銀行が都心に運んできた10万の金貨は、まず一旦デパート系の会社（前者のカテゴリーの会社）に貸し付けられる。もちろん借りた側は事業拡張のための資金が欲しくてそれを借りたのである。

そしてこれらの会社はその足で「新兵器製造業者」（後者のカテゴリーの会社）のところへ装備を買いに行く。この段階で10万の金貨は「新兵器製造業者」の手に渡る。

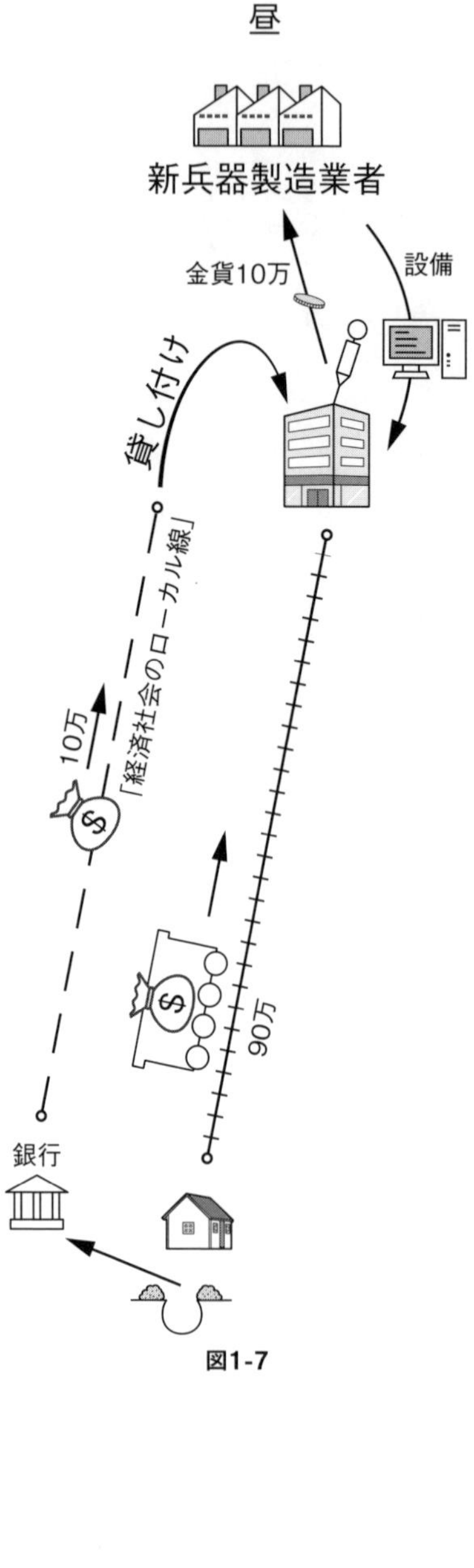

図1-7

そして新兵器製造業者も、取り扱う品目には少々特色があるものの、従業員を抱えた普通の会社であって、その従業員にも郊外に家庭と家族がある。そのため10万の金貨はやはり彼らに分配されて夕方に郊外に下る。

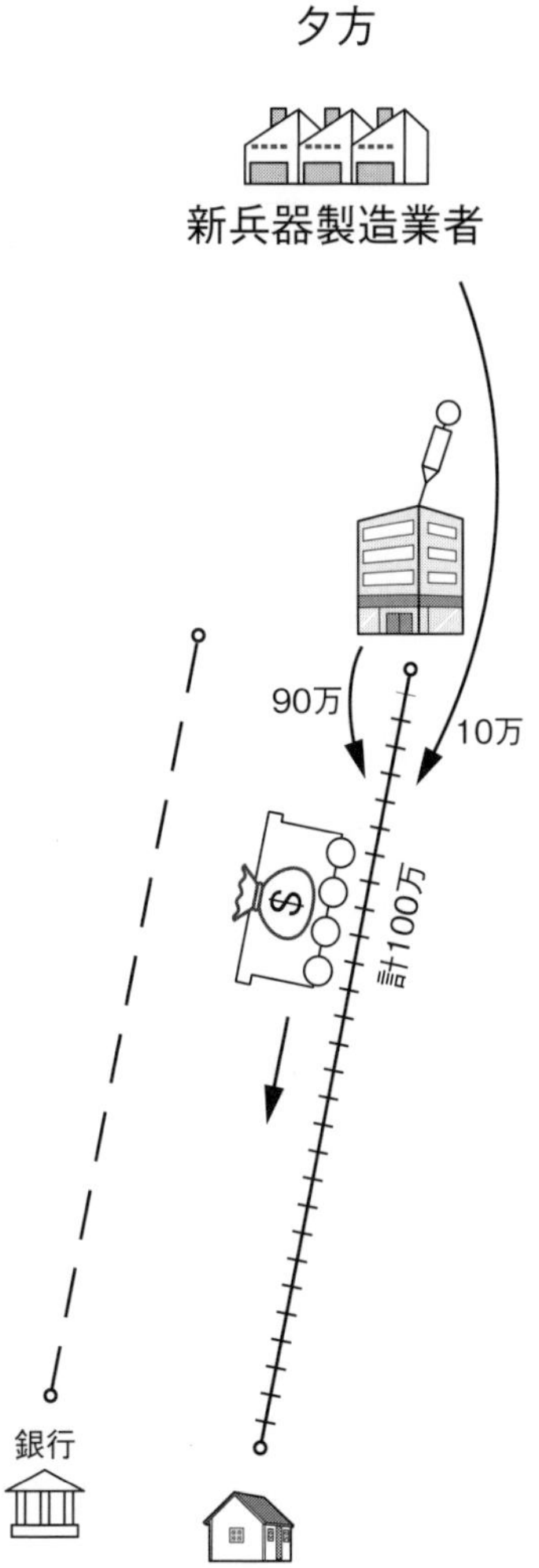

図1-8

話が少し込み入ってしまったが、次の点に注目すれば問題は単純にできるだろう。要するにわれわれにとって重要なのは、電車に乗って上ったり下ったりした金貨の量がいくらだったかということなのである。

この場合、昼までに都心に上った金貨の量も100万なら、夕方郊外に下った金貨の量も100万である。もちろん昼に上る際には、90万は奥さんたちの財布と一緒に、10万は形のない「経済社会のローカル線」に乗って、という具合に2本の別々の「線路」で上って行ったのだが、100万が移動したことには変わりはない。

また夕方下る際には、デパートの従業員だろうが新兵器製造業者の従業員だろうが従業員には変わりないわけで、前者が90万、後者が10万の計100万を家に持ち帰る。つまりこれがちゃんと繰り返されている限り、貯金をしても社会は決して貧血状態にはならない。しかし貧血になることは免れたものの、むしろ逆に経済社会は超高血圧体質になってしまったと言わざるを得ない。

常軌を逸したサイクル

実際このサイクルを恒常的に繰り返すということは、まともな常識からすれば異常なことに見えなくもない。事業拡大の新兵器を購入したデパート系列企業の側は、それによって翌日から日用品の大増産に乗り出すわけだが、もし翌日もまた各家庭において給料の一部が貯金されたならば、同じサイクルが次の日にもう一度繰り返されなければならない。つまり増産が開始されるかされないかのうちに、もう次の新兵器を買い込まねばならないのである（もっともこの言い方はやや誇張していて、実際には何年かごとに装備のまとめ買いをするということを皆が交代でやっているから、平均するとそう見えるに過ぎないのだが、それにしても凄《すさ》まじいことに変わりはない）。

昔から寓話に、うっかり妙な魔法や機械を手に入れたばっかりにとても消費し切れないほどの物資を後から後からそれが生み出してしまい、止める方法がわからなくてとうとう倉庫が壊れてしまうという話があるが、現実はそれ以上である。

寓話に描かれていたのは、単に魔法や機械が生み出す生産量が消費量を恒常的に上回ってしまうため、倉庫にたまっていく余剰物資が直線状に増加していくという話に過ぎない。ところが現実の資本主義のメカニズムはそれより一枚上手で、ただでさえ暴走を続ける生産機械が、自己増殖しながらどんどん速度を上げていくことになる。

つまり寓話の場合だと、それをグラフに描けば生産量は単に直線で増加するに過ぎないのだが、現実の資本主義では、新兵器が導入されるごとに生産量を示す線は左のように、折れ線状にどんどん傾きを増していくことになるわけである。図1-9の左▼

そのように速度がどんどん上がって次々に生み出される大量の物資を、飽食していようがいまいが消費し続けねばならない消費者の側も大変だが、経営者の側もよほど事業拡張の意欲に燃えている人物でなければ務まらない。

実際、前の時代ののんびりした経済社会に愛着を持っている人にとっては、これではたまったものではなかろう。際限なく事業は拡張せねばならないわ、銀行から借りた分の金利を払わねばならないわ、おまけに誰もが侵略的体質を身につけてしまうわ、本当にいいことが起こらない。

この状態は、それを戦争だと思って眺めるならばそれなりに理性的であるが、「平和状態」として眺めるならば狂気のレッテルを貼られても仕方ない。つまり資本主義にはその速度をどんどん速くしていかなければいけないという強烈な圧力が、宿命として根本部分に組み込まれているわけである。

われわれの現在生きている社会が現実にそうなっているというのは、いささか信じ難い気もするが、しかしこれは本当のことなのである。現在の日本経済の場合、消費と設備投資の比率は極めて大雑把に言って4：1程度である。つまりまるで拡大が自己目的化でもしているように、経済全体の20％近くの部分が、もっぱら生産設備の更新のためだけに充てられている驚くべき現実がここにあるのである（先ほどの金貨の話だとこれは9：1という値に設定してあったのだ

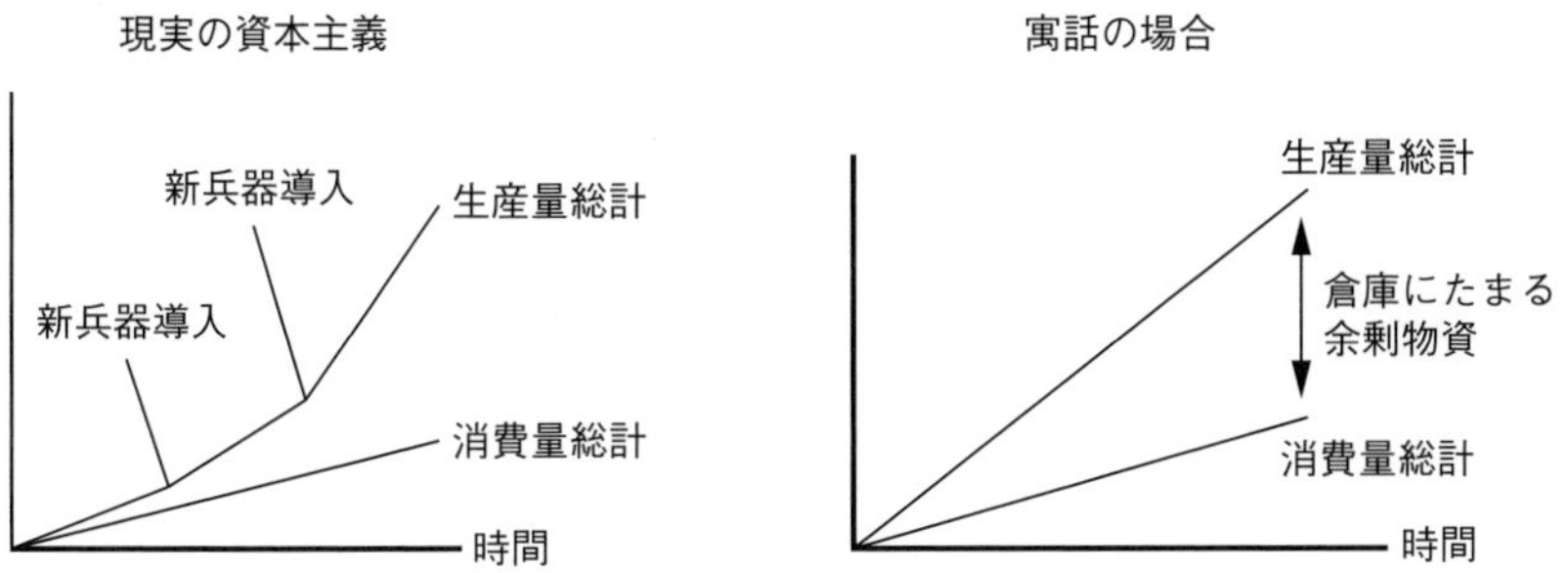

図1-9

が、現実は実にその2倍である)。

これは別に日本だけの突出した特異な現象ではない。多少の幅はあるものの、現代のうまく行っている資本主義経済なら、だいたいこれは標準的な数字と言ってよい。そしてまた、現代の半導体産業などに携わっている人間にとってはこれはちっとも驚くべきことではない。

例えばLSIのメモリーなどというものは、3〜4年ごとにビット数の大きなものが製品化される。そしてビット数の大きなものを作る製造技術というものは、それまでの技術の延長でできるというわけでは必ずしもなく、しばしば質的に新しい技術を導入しなければならない。

当然ながら、製造用機械にしてもいままでのものは全然使うことができず、その都度これまでの機械をまとめてお払い箱にして、全く新しいものを導入しなければならない。そしてそれらの超精密加工装置というものは、どれもこれもとんでもなく値の張る代物である。

そのため半導体産業というものは毎年毎年驚くべき巨額の設備投資を連続的に続けている。先を見越してそういう設備投資をしなければ、苛烈な競争にすぐ負けてしまうのである。少なくとも現在の半導体産業を見ている限り、毎年経済全体の2割近い部分が製品それ自体ではなく「製品を製造するための製品」に充てられているという事実は全然驚くことでも何でもない。

そしてこの種の設備投資というものは、本質的に経済が前よりも拡大するとの前提のもとに行われるものなのであって、来年は経済は停滞するらしいから物を作っても売れないだろうという予測が出てきたならば途端にカットされる運命にある。

換言すれば、**資本主義経済が現状の高度を保つ際の浮力は、このうち5分の4は飛行船のように船体自身が発生する浮力であるが、残りの5分の1はいわば翼の揚力によるものであり、止まった**

状態では全く発生しない性格のものである。つまり現在の状況では、経済が現状の位置で静止しようとして前進を止めたならば、即座に浮力の5分の1が消失してしまうことになる。

昔の経済は船体自身の浮力だけで浮いていられたのだが、現代の資本主義は飛行機と同じく「空気より重い」乗り物である。それにしても浮力の5分の1が突然失われるとは恐るべき事態であり、積み荷や人を窓から投げ捨てて重量を20％ほど軽くしないことには墜落は免れないだろう。

意外な一致

経済全体の5分の1もがそういうもので占められているというのは、常識的な感覚からは信じ難いことのようにも思えるが、この5分の1という数字自体に関しては、われわれの日常生活からも思い当たる部分がある。それは貯蓄率の問題である。

生活がぎりぎりの家庭では無理としても、かなりの収入があってもう当面買うものはなくなった、という人の場合、収入の20％ほどを消費に回すことなく貯金に回すというのは、そんなに無理な話ではなく、常識でも十分納得できる話である。ところがここで前の金貨の流れを思い出してみよう。

あの時、貯金に回された金貨は「経済世界のローカル線」に乗って、その先で設備投資＝新兵器購入に回されていた。それによって結果的に夕方に合計100万の金貨が線路を下っていくことが可能となり、定常的な流れが維持されていた。

つまり貯蓄の総額と「新兵器購入額」は一致していなければならない道理なのだが、ここでもし

（富裕層と庶民の平均として）国民の一人ひとりがだいたい、稼ぎの5分の4程度を消費に回し、5分の1程度を貯蓄に回しているとすれば、ちゃんと辻褄《つじつま》が合うのである。

この現実は、よく考えれば明らかなことではあるのだが、それにしても両者の感覚的なギャップの大きさはどうだろう。給料の5分の1を貯金として銀行に預金するというのは、常識に照らしてもそんなに無理な話ではない。それに対して経済の5分の1が、経済を加速度的に超高血圧にしてしまうような設備投資に振り向けられているというのは、全く常軌を逸して現実離れしたことのように思える。しかし両者は分かち難く結びついているのである。

そもそも貯蓄を行うことを当たり前だと思っていること自体が、最初から間違っているのかもしれない。少なくとも経済メカニズムの理屈からすれば、人々が貯蓄に励むようになれば、経済社会は貧血状態か超高血圧かの二者択一を迫られる宿命を背負うことになるのである。

そして銀行という組織は、裏庭にもぐり込もうとした金貨を再び誘い出して経済社会の中に戻す作用をするという点で、確かに貧血症状に対する救世主ではあったが、その代償として経済は超高血圧症状を強いられる羽目になってしまったというわけである。

政策当局の目から見ると

エコノミストたちが「設備投資」というものに多大の関心を寄せるのはこういった点によるわけだが、さらにその敏感さという特性がこれに対する期待も警戒も大きくしている。

つまりこの、浮力の5分の1を担う設備投資というものは、将来への期待や心配などに左右されてちょっとしたことで非常に大きく変動するからである。

これに対して残りの5分の4を担う消費の側は、そう急激に大きく変動するものではない。ブームでも来れば確かに人々はどっとデパートに押し寄せて物を買っていきはするが、それはせいぜいいままでの1・1倍とか1・2倍とか、そういった程度のものでしかない。

だいたい先立つものがなければ、物を買いたくても買いようがないわけで、給料の倍額を借金してまで消費に注ぎ込むという人はあまりいない。要するに消費が1ヵ月かそこらの間に2倍3倍にはね上がるということはなく、それは長い時間をかけなければ伸ばしていくことができない。

ところが設備投資のほうは違う。ある製品を作れば大儲けができるという噂が流れると、しばしば話を聞いた人はタクシーに飛び乗って製造機器メーカーに突撃していく。この場合はもう金があろうがなかろうが問題ではない。そんなものは足りなければ銀行から借りてくれれば良いのだし、また見込みがあれば銀行はそういう巨額の金を本当に貸すのである。

そういう具合だから、設備投資のほうはたかだか1ヵ月の間に2倍3倍になるなどというのはさほど珍しいことではない。つまり不安定さの代償として、非常に立ち上がりが良いのである。そして経済政策を運営する立場から見ると、そういうダッシュ力というものは極めて価値がある。ちょうど飛行中に翼の迎え角を変えるようにして、自在に高度を上げ下げできるというわけである。

一方設備投資というものが銀行から金を借りて行われている以上、銀行も無利子でお金を貸してくれるわけではない。どうしても金利という重荷を背負わされてしまうため、特に経営者が設備投資をやろうかどうしようか悩んでいる場合、金利が安いか高いかは意志決定に大きな影響を及ぼすことになる。

金利がただ同然に安ければ、派手に借りまくって盛大に設備投資を行うこともやりやすいというものだし、逆に高利貸も驚くような高い金利では、事業が一旦つまずくと、たちまち首でもくくらねばならない羽目に陥るから、誰も怖がって設備投資をしなくなる。

これは政策当局にとっては極めて利用価値の高いことである。つまりそういう貸し出し金利というものは、その元栓を握っていることで政策当局がかなりの程度コントロールできるのである。これは以前には「公定歩合」の名で長い間呼ばれており、これこそ経済政策のスロットル・レバーだった（ただしこれは1994年の金融自由化で有効性を失い、2006年には名称自体も別物になった）。

さすがに昨今はその威力は鈍ってきたが、とにかくこのスロットル・レバーは政府が直接握っており、しかもそれは設備投資という極めて立ち上がりの良いエンジンにつながっているため、コントロール機構としては極めて効率が良い。特にその名称が「公定歩合」だった最盛期の時代には、これは「伝家の宝刀」と呼ばれ、「公定歩合が上がりました」というのは、新聞の一面の大見出しになるほどの大きな経済ニュースだった。

部外者にとっては当時も今もそんな話を聞いてもぴんと来ず、それがどうした、とつい言いたくなってしまうものだが、なぜそれが経済社会にとってそんなに重要なのかということは、企業がそれだけの巨額の資金を現実に借りているのだという基本認識がないとなかなか理解しにくい。

19世紀的な戦争においては、とにかく鉄道がすべてを支配していた。決定的な場所に大量の兵力・物資を際限なく注ぎ込むことができさえすれば、他の不利な条件など押し流してしまえるからである。

現代のビジネス社会に生きる人間の大部分も（特に米国のビジネスマンなどは）、大量の資金投入によってできないことは何もないと信じているだろう。そうだとすれば、やはり彼らにとっても鉄道網＝金融は何にも増して重要な問題である。彼らにとっては、現場の人間たちの地道な努力で物事を解決しようなどという考え（要するにわれわれ部外者が「健全な経済活動」と考えているようなもの）は、物量作戦を否定して一定の兵力で勝利を得ようとする、前近代的な用兵思想に見えるに違いない。

またそういう用兵思想のもとでは、鉄道網の輸送効率が向上するということは、ある地域での交戦でどの程度の損害を相手に与えたかなどということより、作戦上遥かに重要な意味を持つ。つまりそういう人々は「金利が下がった」というニュースを、鉄道網上の障害が減って輸送・補給効率が向上したと捉えていたわけである。

マクロ経済学の最重要ポイント

なお、これまで経済学を学んできた人のために一言付け加えておくと、実はいままでの話というのは、マクロ経済学の基本であると共に最もわかりにくい部分に相当する。それはまず「投資と貯蓄は一致する」ということである。

しかし、投資と貯蓄が一致するなどと言われても、はじめのうちはどうもぴんと来ず、ここでつまずいて挫折してしまう人が意外に多い。

そしてマクロ経済学ではこれをさらに発展させたものが、理論の中枢部として定式化されており、実を言うとこの話は、経済学全体を通じて最も理解のしにくい部分なのである。実際にこれが理解できるかどうかは、経済学がわかるかどうかを分ける大きな壁と言ってもよく、経済学部の学

生でもしばしば理解するのに何年も要するほどの難物である。それは具体的には、

Y（国民所得）＝C（消費）＋I（投資）

という式にまとめられていて、これが理論全体の中枢なのだが、しかし何のことはない、そのメカニズムは、実は先ほどの電車に乗る金貨の流れの話そのものなのである。そこで具体的にこのY＝C＋Iということを、先ほどの図の中にはめ込んでみよう。それは次のようになる。

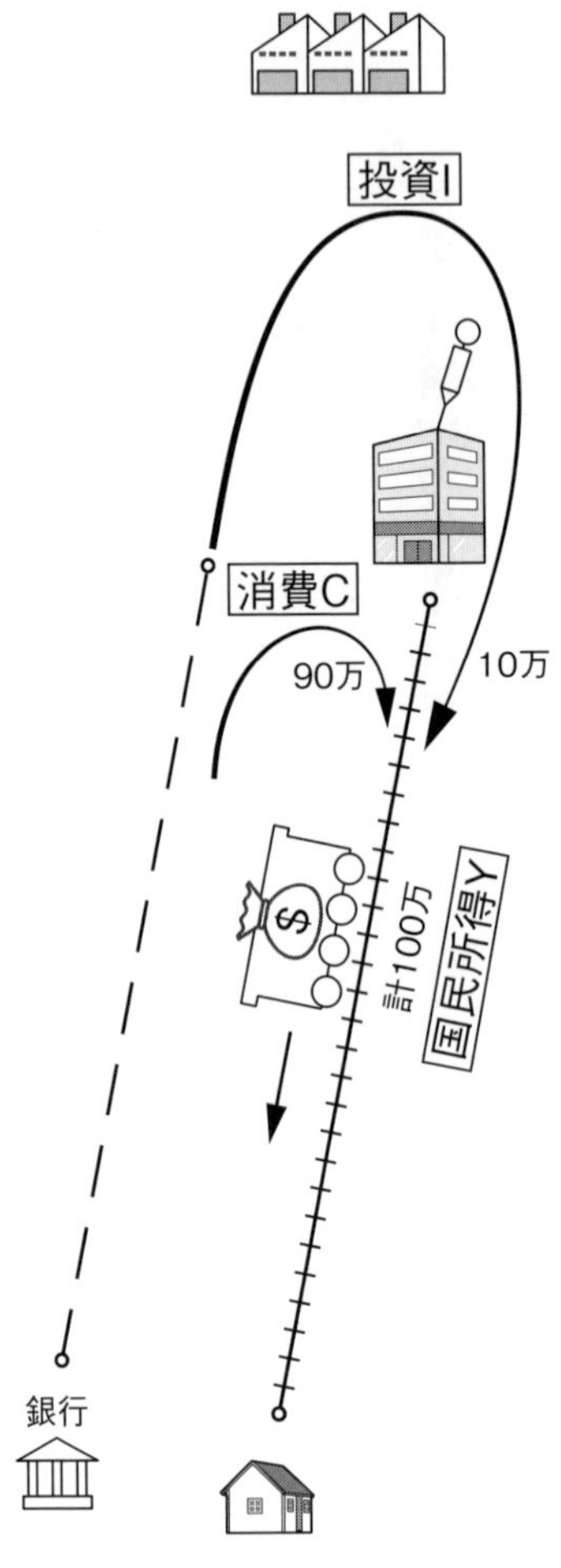

マクロ経済学の最初の急所（Y＝C＋I）のイメージ化

図1-10

この場合、線路を下る100万の金貨が国民所得Yに相当し、またそのうちの90万の部分が消費C、10万の部分が投資Iだということになるので、この式が成り立っていることは一目瞭然だろう。また「投資と貯蓄が一致する」についても、銀行からローカル線で上ってくる貯蓄10万が投資

Iの10万に一致しているのを見れば、やはり自明のこととして理解できる。

何だかひどくあっさりと話が進んでしまったように見えるが、実はこれこそマクロ経済学の中枢部なのであり、そのためもしこの図たった1枚でそれが抵抗なく頭に入ったとすれば、実は読者は気づかぬうちにその最大の壁を乗り越えていることになるのである。

それにしてもあらためて感じるのは、貯蓄という日常的な行為と投資という途方もない行為との感覚的なギャップである。つまりもともと資本主義というものが本質的にカンフル剤の連続的な投与によってのみ維持されるようなとんでもないメカニズムであるということ、そして貯蓄という行為が経済社会に貧血か超高血圧かの二者択一を強いる、これまたとんでもない代物であるという、かなり驚くべき事実を認識することによってはじめて円滑に理解されていくのである。

とにかくこの部分こそが資本主義のメカニズムの最大の中枢であり、それゆえここまでのことが理解できたならば、もうそれだけで、読者はすでに資本主義経済とマクロ経済学の本質を理解することに関して、昨日に比べて長足の進歩を遂げていると思って差し支えないだろう。

3　文明社会はいかにしてそれを選択してきたのか

金利が容認されるに至った文化的背景

では次に、近代の人間社会がいつごろどうしてこういう変化を起こしたのかという文化的な背景を、一種の読み物としていくつかのエピソードを通して眺めてみよう。

さて、これまでの話をまとめると、「金利」というものが公認されるようになったから「貯蓄という名のリフトエンジン用燃料」が急速に備蓄され、それが資本主義社会へのパラダイム変換を引き起こしたというわけだが、ではその変化はいつごろ起こったのだろうか。ここでその文化的背景を少し見てみよう。

金貸しという職業は極めて古くからあるのだから、金利の歴史もまた長い伝統があると思えるかもしれない。だがそれは、ある意味において正しいがある意味において間違っている。つまり社会の裏街道には遥か昔から根強くそれが「汚い職業」として存在していたのだが、それが表街道に出てきたのは比較的最近のことなのである。

だいたいにおいて昔の御伽話《おとぎばなし》では、王子様が利殖をサイドビジネスにしていることは滅多になく、金貸しというものはほぼ例外なくシェイクスピア『ヴェニスの商人』のシャイロックのような冷酷な悪人に描かれているものである。要するに一般市民にとっては、高利貸のような危険な金融業はあったが、銀行のような「健全な金融業」は長い間存在せず、そんなものに一生関わらないことが健全な市民の証しだったのである。

そして社会がこうした変化を起こすには、多くの場合そうであったように、単なる利害関係の変化の半歩先を歩む形で、思想的・精神的な大変化がなければそれは本格的な発展をみることはない。

その思想的な変化の序曲は、すでにルネッサンスの人文主義者の中に見られ始めていた。それは金利がどうのというより、聖職者と軍事貴族の支配する農業社会で卑《いや》しまれていた商業の世界を、むしろ才覚次第で一攫千金《いっかくせんきん》の可能性のある世界であり、人間の可能性を広げる絶好の舞台だと捉えた点で、新しい主張であった。

彼ら人文主義者はまだ「商業の肯定」という段階でうろうろしていたに過ぎないが、カルヴィンの登場によってこれはより本格的なものとなる。やや誇張して言えば、その時はじめて金利というものを道徳的に正しいものとする本格的な文明が登場したのである。そしてそのピューリタニズムの真相は、米国の資本主義というものの隠された背骨を浮かび上がらせてしまうという点でも興味深いものであるため、もう少しこれを詳しく見てみよう。

ウェーバーの伝えるカルヴィニズムの真実

マックス・ウェーバーの「プロテスタンティズムの倫理と資本主義の精神」以来、カルヴィニズムと資本主義に文化的関連があることは一種の常識となっている。しかし実を言うと彼が主張したことは、一般によく誤解されるように、カルヴィニズムの倹約・勤勉の精神が資本主義の土台となったなどという単純なものではない。むしろそれは遥かに驚くべきものだったのである。

ピューリタンすなわちカルヴィニストの社会というのは、これが米国の過去の姿であったとは到底信じられないような代物である。実際、史上これほど抑圧的な社会も珍しく、例えばカルヴィンがジュネーブで市政を牛耳《ぎゅうじ》っていた頃には、単に冗談を言ったというだけの罪状で投獄された男や、ダンスやスケートをしたため風紀警察につかまった少女の話などは全然珍しいものではなかった。

そして彼らの教義もまた仰天するような代物である。彼らの教義によると、人間は死んでから天国に行くか地獄に落ちるかを、生まれた時にすでに神によって定められているのだという。そして地獄に落ちるべく定められている人間は、生きている間にどんな善行を積んでも、またどんなに敬虔《けいけん》に神に祈っても決してその運命を免れることはできない。

そして最初から天国行きの指定席を約束されている少数の「選ばれた人々」に対しては、神が恩寵《おんちょう》の証しとしてこの世で様々な幸運を与えるということになっている。要するに世の中の大部分の人間は生まれた時から、行いの善し悪しに関係なく地獄に落ちるべく定められているという、驚くべき内容なのであり、これを「予定説」という。

いささか理解に苦しむ教義であるが、ともかくこの点が、カルヴィニズムが他の多くの宗教と異なる点である。他の宗教の場合、例えばカトリックにせよイスラムにせよ（また他のプロテスタント宗派でさえ）、現世で不幸につきまとわれても、その苦しさの中で神を信じて清く正しく生きれば、死後の世界では幸せが保証されることになっており、現世の運命の不公平を死後の世界が受け止めて補うことができる。

ところがカルヴィニズムはそうではない。生きている間に踏んだり蹴ったりの悲惨な運命に遭った人は死後の世界でも地獄に落ちるのであり、それは全く救済の余地のない冷酷な椅子取りゲームである。

また、誰が救われる者で誰が地獄に落ちる者なのかは、外面的には一切わからないということになっている。しかしカルヴィンの教義の信者たちは個々に、自分だけは生まれながら救われる側に入っているということを密かに堅く信じており、そのため彼らにとってはビジネスの場とは、自分や周囲にそれを立証するための場なのである。

彼らは金を稼いでもそれを享楽のために使うということはしない。彼らにとって稼いだ金は、むしろ自分が神に選ばれている人間であり、天国へ行けることを示す証拠の品である。つまり資本主義を興した原動力は確かに金儲けの追求であったかもしれないが、その金儲け自体が、実は金自体のためではなく想像を絶する教義を持つ信仰のためだったというのが、ウェーバーの学説の論旨なのである。

ところで次の数十年前のインドの話は割合有名なので読者もご存じかもしれない。当時、ある米国の実業家が生産効率を2倍にする手法を編み出し、米国内で実際に効果を上げたのでインドへこれを持って行った。彼はここでも2倍の生産量を期待できるものと信じ込んでいたところ、インド人労働者たちは効率が倍になったのをこれ幸いとばかり、生産量をいままでと同じにして半分しか働かなくなってしまったという。

これは一般に西洋と東洋の文化の違いからくる笑い話として片づけられることが多いのだが、実はどうやらこれは西と東の文化的衝突というより、むしろもっと広く資本主義社会と伝統社会の文化的衝突の話であるらしい。それというのもウェーバーを読むと、意外にもこれと全く同じことが西欧の真ん中であるドイツでも起こっていたのだという話が伝えられているからである。

要するに少しでも多く働いて少しでも多く稼ごうと周囲に呼び掛けても、彼らドイツ人にもそんなことをしなければならない理由がわからなかったというのである（そしてここでも、カルヴィン派に近い人々だけはそれをすんなり受け入れたと言われる）。実際当時のドイツ人のある青年が米国人を見て、彼らはすでに十分な資産があるのに、一体なぜ楽しむことを忘れて憑《つ》かれたように働くのかと首をかしげているのだが、皮肉にもドイツ人の彼が米国人に対して抱いた感想が、一昔前に米国人が日本人をエコノミック・アニマルと評した時に使った台詞と瓜二つなのである。

要するに伝統社会の引力圏を脱する際には西欧といえどもかなりの抵抗があり、そして現実にそれを振り切らせるだけのパワーを与えていたのは宗教的動機であったというのが実情であるらしい。

切断された相互扶助の糸

また貯蓄という行為が社会に定着していく過程でも、カルヴィン主義のもう一つの性質が無視できない影響を及ぼしたように思われる。それはその社会が持つ「孤独性」という特性である。

彼らカルヴィニストの中には、驚いたことに友情というものの価値を否定した者がある。それは、たとえ友人であってもその人物が神に選ばれた救われるべき者であるかどうかはわからない。地獄へ落ちる予定の者だった場合にはそれと魂を触れ合わせるべきではないのだが、全員が一応はその容疑者なのだから、人間はこの世で友情などというものに深入りすべきではないというのである。

全員が全員こうではなかったかもしれないが、カルヴィンの基本的教義からすればこれは何ら驚くべきことではない。彼らには自分と神の間に直接つながる1本の縦糸だけがすべてなのであって、それ以外の人間同士の横の関係などは取るに足らないことなのである。それゆえ彼らは各人が孤立しており、その間の社会的関係の絆というものは希薄化して切れていく。ところがそういう人間が生きていくためには、貯蓄というものは絶対不可欠である。

それ以前の伝統社会を考えると、いろいろな相互扶助の糸がつながっているため、そこでは少しぐらい金がなくても大抵は何とかなってしまうものである。例えば日本の場合も江戸時代には（現在の貯蓄王国の姿からは想像もできないが）、どうも庶民の間では貯蓄ということはほとんど行われていなかったらしい。

確かに当時の長屋暮らしなどでの共同生活を想像すると、そうしたものが大して必要なかったというのも十分に納得できることであり、そのため明治になってから庶民の間に貯蓄という習慣を根付かせるには、国のためやら何やらという理屈をつけるなどして、かなり苦労が必要だったようである。

しかしとにかく一旦そのようにして濃密な共同体が壊れて社会全体が孤独な群衆になってしまえば、全員が貯金という習慣を身につけるほかなくなる。逆に言えば、少なくともそのスタートの時点ではそれまでの社会的な規範や習慣を振り切ることが必要で、その際にはどうやらそうしたカルヴィンなどの宗教的な力の影響というものは、無視できないものだったように思われるのである。

資本主義の必要性の「3要素」

さて意外にこのような精神的・文化的なものが一種のスターターになっていたということだが、しかしながら現在ではそれらは痕跡程度にしか残っておらず、文明が資本主義の軌道を回り続ける理由は、いまでは全然別のものが主力となっている。

現代の資本主義経済を駆動させている最大の力が何かといえば、無論それは人々の金儲けに対する欲求である。しかし恐らくそれだけではない。例えばオーストリアの経済学者のシュンペーターの有名な言葉に「資本主義とは、金儲けを目的とせずに働く少数の人間の存在によってのみ支えられる、金儲けのためのシステムである」というものがあるが、実際過去において国家が積極的に熱心に資本主義を導入せねばならなかったことの背景には、そうしたもっと公の価値や国家全体に関わる、単なる個々人の欲望以上の理由があり、またそうだからこそ現代社会は資本主義を手放すことができないのである。

では現代社会が資本主義を手放せない理由とは具体的に言えばどういうことなのだろうか。ここではそれを三つの要素にまとめてみよう。

①軍事力の基盤を確保するための資本主義

これを代表するのは、(特に20世紀初頭までの)英国である。英国は16世紀以来伝統的に、大陸側の巨大な陸軍国——それは時にスペインであり、フランスであり、そしてドイツ、ロシアである——に対し、海軍力を用いてそれに対抗するということを国家の指針としてきた。

ところが一般に海軍力というものは、兵士の勇猛さよりも艦艇の建造費が重要になるのであり、経済力に依存する面が強い。そしてマンパワーの少ない英国としては、そうした技術力の優位によってしか大陸側の陸軍国に対抗できなかったため、その国防力の基盤としての経済力には、他の国よりも切実な関心を払わざるを得なかったのである。

実際アダム・スミスの「国富論」には「国防は経済に優先する」という言葉がたびたび登場し、またそれは政策当局者にとっての共通認識でもあった。そのため、たとえある人物の事業の動機が露骨な金儲けであっても、それが英国経済、ひいては海軍・国防予算の確保に役立つものである限り、英国政府はしばしば積極的にその後押しを行ったのである。

一方現代世界を見てみると、ここでは軍事力の鍵を握っているのはミサイルとレーダーのシリコンチップであり、その技術力を維持するためには、半導体産業の裾野が国内になければならない。実はソ連の共産主義の最大の弱点は、それが十分になかったことであり、充実した半導体産業を低コストで維持することは、まさに資本主義体制でなければ不可能であるということが、図らずも露呈されたことになる。

②アメリカン・ドリームの舞台としての資本主義

これについては別に詳しく述べる必要はあるまい。これは言うまでもなく米国によって代表されるのであり、丸太小屋から億万長者への夢の階段を許す経済形態というのは、少なくともそのチャンスを万人に与えるという点で、資本主義だけであろう。

とにかく現在の米国人が資本主義を死んでも手放すまいと思っているのは、要するにそれが夢とビジネス・チャンスを与えてくれる（ことになっている）からである。

③他国の資本主義から自国を守るための資本主義

日本の資本主義の本質とは、要するにこれである。日本の場合は伝統的に、安定した農村社会こそ安住の地と考える傾向が強いが、それが19世紀の産業社会の到来によって、このままでは身ぐるみ剝がされてしまうという恐怖から、それに対する対抗策として半ばやむを得ず資本主義を導入したのである。実際その移行期においては「列強の経済的植民地になることを阻止する」というのが合言葉だった。

要するに**日本の資本主義を駆動する精神とは「心配」**であり、この点を理解しない限り日本の資本主義というものを理解することはできない。極言すれば日本人は金儲けをしたくて必死に働くというより、いまの地位を失うのが心配だから必死に働くのである。

そのため1980年代頃の米国では、日本の資本主義というものが個人の幸福などを無視して集団で猛烈に前進する様を見て、日本経済を何か不可解な怪物のように考えることすらあったが、それは彼らが「**米国の資本主義は夢によって駆動され、日本の資本主義は心配によって駆動される**」ということを見抜けなかったからではないかと思われる。

大まかにまとめれば以上三つになるというわけだが、だいたいにおいて現在でも政策当局者たちは、自国にとってなぜ資本主義が必要なのかを説明する時に、大抵この三つを取り混ぜて解答としている。逆に言えば、もし今後資本主義を否定し、それにとってかわる新しいシステムを作り出そうとする者があるとすれば、必ずこの3点すべてについてそれぞれを何らかの形で満足させねばならないであろう。

反対側から見た光景＝イスラム世界と金融

ところで次の話は本題からはやや外れるが、現代資本主義を逆方向から照射するエピソードとして面白いのでちょっと紹介してみよう。それはイスラム世界の金融の話である。

イスラム世界がカトリックと同様に利子を禁じていたことは前にも述べた。しかし考えてみるとこれは少々不可解な話である。つまりカトリック世界は農業社会だからそれで良いとしても、イスラム世界は本質的に商業社会なのであり、そして金融なしでは本来商業活動など成り立たないはずなのである。それならばイスラム経済は一体全体、利子なしでどうやって商業のダイナミズムを維持していたというのだろうか。

実のところイスラム社会も商業社会である以上、現代と同様に投資という行動は活発に行われていた。ではそれが現代の資本主義における融資とどう違っていたのかというと、そこには「貸し手は借り手と平等にリスクを負担する」という原則が設けられていたことである。

それは平たく言えばこういうことである。例えばある人物が、砂漠を渡って商売するため隊商を組織しようとしているとしよう。ただ彼自身は、隊商が積んでいく大量の商品を準備するだけの金を持っていないため、誰か金持ちの中で「利益を山分け」するという条件でこれに出資をしてくれる人間を探そうとしているとする。

そしてその際に、前記の原則は次のような形で効いてくる。要するにもしこの隊商が砂嵐で遭難して大損害を出すようなことがあった場合、その損失は隊商を組織した事業家と出資者の間で平等に負担するという約束がなされるのである。

これは一見したところ当たり前で、わざわざ書くまでもないことのように見えるが、現代の資本主義で一般的な融資の場合には、そうではないのである。例えば年率5％の金利で金を借りた場合、企業家や事業家は現代的な原則に従えば、もし事業が完全に失敗してもその金を利子ごと貸し手に返すべき義務を負っている。

要するに極論すればこの場合、リスクは原則的に借り手側が一方的にかぶって、貸し手側のリスクはゼロであるべきだとされているのであり、たとえ事業が不可抗力でどんな状況に陥ろうと、貸し手側は利子が明記された証文を振りかざして、それを全額支払うことを要求する権利を有している。

しかし隊商を企画した事業家の立場からすれば、そんなことは不公平としか言いようのないことだろう。自分は大変な気力を費やして事業を企画し、自身が砂嵐で死ぬ危険さえ冒しているというのに、絨毯《じゅうたん》の上に寝そべっている貸し手の側は金銭的なリスクさえ負う必要はないというのである。たとえ事業が不可抗力の自然災害で損害を出したとしても、その損害は全部事業家がかぶって、残りの一生を利子まで払う鉄の鎖につながれて返済に費やさねばならないというのだから、どう考えてもこれはおかしい。

それゆえイスラム経済の場合はこの不公平感の是正のため、商業のリスクを双方が平等に負担すべしと規定されており、隊商を企画した事業家はたとえ事業が壊滅しても単に自分の手持ち分を失うだけで、その後の一生を出資者への返済に費やす必要はない。そして出資者の側も、自分の見通しが甘かったことを反省して問題を終わりにすることになるのである。

常識的に言って問題の原点に遡って考えるなら、一体どちらが法理論として筋が通っているだろうか。恐らく多くの人は、半ば困惑しながらも、どうもこちらのほうが現代の常識よりも筋が通っているとの感想を持つのではあるまいかと思われる。

現代イスラムの「無利子銀行」

そしていまのイスラム型の話では、事業家と貸し手の間で「利子」という言葉が一度も出てきていないことに注目されたい。実際このように、商業が持つ不確実性を借り手と貸し手が共同で背負うという約束がなされているならば、「確定した利子」などという概念は基本的に成立し得ないのである。

なぜなら利子や配当自体もその不確実性の中に置かれるわけだから、予知能力でもない限りは前もってそれを何%などという数字で証書に明記するなど本来不可能であろう。逆に言えばそれを事前に保証することは、要するに貸し手側だけの絶対的安全を約束することに他ならず、一種の不正行為なのである。

なお現代の米国でも、いわゆる「ベンチャー・キャピタル」すなわち有望なベンチャー企業に対して、自分で事業内容を判断してリスクの大きな投資を行う投資家は、どちらかといえばむしろイスラムの考え方に近い。逆に言えば、イスラム型はそういうタイプの投資だけで成り立っていることになる。

こういう具合だから、実はイスラム型では巨額の金があっても、それをただ銀行に預けっぱなしにしておけば利息がどんどんついてくる左うちわの楽な金利生活はできず、大変な気力や緊張感を持続しなければその資金を活用できない。そこで、使い切れない金はあるがもうそろそろ疲れたという人は、それを投資に使うよりも喜捨や寄進に使って精神的に満足を得るほうが得だということになり、だいたいその判断の分岐点がイスラム世界における経済的活力と信仰共同体のバランスを決定していたものと思われる。

ではどうして現代の経済社会ではそういう、落ち着いて考えれば本来少々おかしい、貸し手が一方的に有利になる体制を選択しているのだろうか。その理由は簡単で、要するに金利という数字で一体化したほうが預金を集めやすいからである。単純に言ってもし一方が「あなたのお金を全くリスクなしで必ず明記された利率だけ増やして差し上げます」と言い、もう一方がそれを保証しなかったとすれば、前者の銀行に金を持って行こうと思う人が増えるのは当たり前の話である。

また効率の面から言っても、小口の預金をまとめて銀行にプールしておき、それを現場の判断で必要な時に必要な量だけ分割して投入したほうが良いに決まっている。その融資先をいちいち預金者に伝えて許可を求めるというのでは、必要書類も膨大になってしまうだろうし、それにだいたい預金はプールの中でかき混ぜられてしまって、もうどれが誰のだかわからなくなっている。

なおイスラム世界も近代化の過程で１９７０年代に「無利子銀行」という名でこれを現代に再生するという挑戦を、その豊富なオイルマネーをバックに試みた。

これは西欧型のいわゆる「銀行」と違い、どちらかといえば投資信託に似たものである。すなわちまず、預金者が預ける金は基本的にはあまり少額では駄目で、普通はある程度まとまった金額のものであることが必要である。

そしてこの預金には利息は確定されていない、というより一応原則的にそれはゼロであると規定されている。そして基本的に預金者にはその金がどこに投資されるかが通知され、もしその事業が利益を生んだ場合、その利益が配当金という形で預金者に分配されるのである（そして恐らく元本は保証されていない場合が多いはずである）。

このシステムは現在でも結構それなりに機能しているようだが、ただし無論、金融の主力として西欧のそれを脅かすような存在にはなっていない。その理由は、言うまでもなく預金一つ一つを別個に扱っていかねばならないという、その手間の煩瑣さであり、それゆえ西欧型の効率に比べると到底太刀打ちできないのである（ただし、ひょっとしたら将来、イスラム世界へのコンピューターの普及が、その弱点をカバーしてしまう可能性が一応は存在しており、その点で将来は未知数ではある）。

少なくともこれは、イスラムの社会制度全体の中に置かれてはじめて機能するものであり、コーランに利息の禁止が明記されていること、市民の余剰金に「喜捨」という別の選択肢が与えられていることなどと組み合わせることによってのみ、安定して機能すると考えるべきものである。

そんなわけで、法理論や常識がどうだろうが、経済システムの側はもうその体制から容易に後戻りができないのである。そして西欧資本主義側がそういう歪《ゆが》んだ常識からスタートしてしまったことの原因には、どうもカルヴィンの鋳型《いがた》の存在が感じられなくもないと思うのだがいかがだろう。

資本主義は最終的な勝者か

ではこの部分のしめくくりとして、資本主義の将来の命運について考えてみたい。それがどんな結末をたどるかについては、現在のところ大まかに言って二つの見解に分かれているようである。

一つは、資本主義というものは経済システムの最も進歩した最終形態であって、今後もこのまま発展を続けるだろうというものであり、米国人のかなりの人々がそれを信じている。もう一つは、資本主義はそのあまりにも不安定な基本構造から行き詰まり、やがて自壊するだろうというものである。

しかし筆者としては、ここでそのどちらの常識とも異なる、一見突飛とも思えるような見解を提出してみたい。すなわちそれは「**資本主義とはその外見とは裏腹に、実は最も原始的な社会経済システムなのであり、それ以上壊れようがないからこそ生き残ってきたのではないだろうか**」ということである。

先ほどの議論では、中世の社会が金利というものをどう抑え込むかに腐心していたことなどを眺めてきた。つまり彼らに言わせれば自分たちのそのシステムは、金銭の力が社会を腐敗させることをいかに抑え込むかを目的に設計された、それなりに高度な「文明」なのであり、そして資本主義はそれが壊れた時に生まれるものに過ぎない。そのため彼らから見れば現代資本主義社会とは、高度なテクノロジーと弱肉強食の金貸しの理屈をるつぼで混ぜて作った合金のようなものであり、いわば未来性と野蛮性の奇妙な混合物だろう。

この話は20世紀のソ連の共産主義の意義についても言えることで、それは基本的に中世と同様に、軍事力によって資本主義のマネーの力を抑え込もうという意図で作られたものである。そのためむしろ経済的な繁栄において非効率であることは最初から織り込み済みで、その意味では単にそれだけの理由でこれを「遅れた」システムだと言うことはできないことになる。

ただソ連の共産主義が倒壊した直接的な理由は、経済効率が劣っていたことにあるというより、むしろ先ほどの①の要因、つまり金のかかる軍事力を維持するためにはむしろ資本主義の力が必要だ、ということが大きく効いていたように思う。

もともとソ連型の共産主義は、軍事力を十分なレベルに保っていける限り、当面の体制維持はできるという性質のものだったのだが、現代の軍事力はミサイルとレーダーの能力が鍵を握るようになった。ところが先ほども述べたようにソ連は国内に十分な半導体産業を持たなかったため、シリコンチップを安いコストで大量調達することができず、次第に米軍・ＮＡＴＯ軍との間で水を空けられて、切り札の軍事力を骨抜きにされてしまったのである。

その意味ではソ連の共産主義の敗退は、資本主義のマネーの力を軍事力で抑え込もうとした試みが、世界史の中でまた一つ挫折した、という形で解釈できることになるかもしれない。

ではその一方、資本主義の側は自壊しないのだろうか。現実を見ると資本主義のシステムはやはりどうしようもなく不安定で、そのために潰れかけているように見える国は少なくない。ところがそれゆえに資本主義そのものが倒壊するかというと、必ずしもそういうことにはなりそうにない。

余談になるが、ひところ生命科学の分野で「利己的遺伝子」という考え方が流行した。つまり遺伝子は生物のために存在しているというより、遺伝子自身のために存在しており、遺伝子にとっては生物というものは、遺伝子を伝えて存続させていくために次々と乗り換えていく乗り物のようなものに過ぎないという考え方である。

そして考えてみるとこの考え方は、マネーや資本というものに対しても当てはまるのではあるまいか。つまり金や資本という生き物の目からすると、企業や社会というものは一種の乗り物に過ぎない。そして彼らは自分を肥らせてくれる乗り物を選んで乗るのであり、逆に言えば企業が潰れる時というのはマネーや資本という乗客に乗り捨てられる時だということになる。

この場合には企業や国が潰れても、資本主義のシステムは中心を次々と移転しながら生き残ってしまうわけで、共産主義と違って「国が倒壊したからそのシステムも一緒に地上から姿を消す」という話にはなりにくい。

そしてもしそれが「最も原始的であるがゆえにそれ以上壊れようのないシステム」だとするならば、たとえ金融システムが何度壊滅しようと、その都度懲りずに元通りの形に再生してしまうことになるだろう。実際にわれわれはその例を２００８年のリーマン・ショックの折にも目撃することになったのである。

しかしたとえ将来も生き続ける可能性が高いとしても、それでも**資本主義は、際限なく拡大を続けて死ぬまで走り続けなければならないという、異常な性質を根本に抱えたシステムであることに変わりはない。**そのシステムが今後も生き残ってしまうというなら、その暴走の果てには一体何があって、どこに行き着くのだろうか。ただそれを本格的に議論しようとすると、「資本主義のメカニズムを理解する」というこの章の主題からは少しはみ出してしまうので、それについては最後の

第9章であらためて眺めることとして、とりあえずこの章の「要約」に進むことにしよう。

〈要約〉

・銀行をはじめとする金融機関の存在は、資金を迅速に輸送するという点で鉄道網が担ってきた役割によく似ている。そして19世紀のドイツなどで鉄道が軍事の世界に革命をもたらして、総力戦体制への移行を不可避にしたのと同じように、銀行・金融機関は資本の「補給革命」を起こすことで社会全体を近代資本主義という一つの巨大な相転移に巻き込み、その中枢に居座っている。

・貯蓄という行為は、本質的に経済社会に貧血か超高血圧かの二者択一を強いる性格を持っている。そしてそれは現実には銀行という「経済世界のローカル線」を介して設備投資というものに結びつく形で経済社会に還流され、超高血圧体質が選択されている。そのため「投資と貯蓄が一致する」という条件が満たされないと、経済はバランスをとって走り続けることができない。

・資本主義経済は本質的に「空気より重い乗り物」であって、連続的に設備投資を行っていかねばならず、それが突然完全に停止したならば、経済は浮力の1／5程度を失って落下してしまう。そして設備投資を連続的に続けるということは、生産能力向上が加速度の点でもプラスという恐るべき状態を意味し、ただでさえ暴走する経済の速度計の針が際限なく上がっていくのである。

一方その背景として、

- 利息というものは法律や物理的方法によってそれを根絶することは不可能であるが、中世のカトリックやイスラム圏に見られるように、精神面に依存した方法でその繁殖を抑制することは、過去においてはある程度の成功例が存在した。むしろ歴史的には利息を文化的に正当化するためには、カルヴィニズムという想像を絶する思想が必要で、それによってはじめて利息というものが市民権を得ることが可能となった。
- 現代社会が資本主義をもはや手放せなくなっている理由は、ほぼ次の3点に要約できる。すなわち①軍事力維持の基盤としての資本主義（旧英国型）、②人々に未来の夢を与えるための資本主義（米国型）③資本主義から身を守るための資本主義（日本型）の三つであり、これから何らかの新しい経済体制を設計しようと思った場合、必ずこの3点すべてについてクリアできることを何らかの形で保証できねばならない、ということである。

とにかく冒頭でも述べたように、この第1章には資本主義のメカニズムについての最も重要なことが凝縮されており、特に64ページで述べた「国民所得＝消費＋投資」という話は、経済学（マクロ経済学）を学ぶ上での最大の肝となるものである。

なおもっとカメラを引いて経済学の世界全体を見渡すと、そこには基本的な重要原理としてもう一つ、ミクロ経済学の側に「経済の世界では物事は需要と供給がバランスする点で決まる」という、よく知られたものがあり、要するにこれら二つが、経済学全体の最大の基本原理をなしていると言って良い。

ところが後者のミクロ経済学の基本原理が比較的簡単で誰でも容易に理解できるのに対して、前者のマクロ経済学の基本原理はわかりにくい。先ほども述べたようにこれは経済学部の学生にとっても難物で、結局最後まで本当の意味がわからず、単に丸暗記しただけで卒業してしまう人も少なくないようである。

そのため読者がこの第1章の数十ページでそれを理解できたとすれば、この段階でとにかくその難所を乗り越えて、経済学の最大の基本をなすマクロとミクロの二つの重要な原理を一応は把握できたことになり、読者はもはや経済学の理解に関して、ある程度の自信を持ってよいと思われる。

第2章

農業経済はなぜ敗退するのか

われわれは前章で、商工業に基礎を置く資本主義というものがいかに不安定なメカニズムの上に立っているかを眺めてきた。そして現代の資本主義経済が、環境や格差といった様々な分野で問題を引き起こしているのを見るにつけ、それとは対照的に昔の農業文明というものは何と健全なものだったのか、という感想を多くの人が抱くのではないかと思われる。

そのため人間の心情としては、未来の経済システムの中で健全な農業文明を何とか再現できないか、と考えたとしても無理のない話だろう。しかしそれは原理的に難しいのであり、その根本的な理由が何であるかを知ることは、将来の世界をどう設計するかを考える際にも、基礎知識として不可欠のことである。

そこで以下に、なぜ農業文明が歴史の中で敗退していったのか、またそれを倒した商工業文明の側がどういう歴史をたどってきたのか、などということについて見ていくことにしよう。

ペティ・クラークの法則

そもそもそれ以前の話として、現代の大都市に生活していると、農業文明に戻るなどということは常識から言っても到底できそうにないことのように思える。実際にそれは世界史的な大きな視野から見ても真実で、一般に社会の中では商工業に従事する人間の数は時間と共に増加の傾向を見せ、比率において次第に農業人口を圧倒していく。

つまり社会の中では第一次産業（農業）から第二次産業（工業）へ、そして第二次産業から第三次産業（商業・サービス業）へと、産業の主力はほとんど不可避的に移行していくのである。

日本の場合を例にとると、明治維新で近代化が始まった頃（19世紀後半）には人口の約7割が農業・漁業などの第一次産業に従事していたのだが、百年もするとそれはわずかに人口の3〜4％に激減してしまっている。GDPの中に占める比率もだいたいその程度であり、そしてこれは日本だけの現象ではない。

さらにまた、国際政治の点から見ても農業に経済を依存する国は、商工業で成り立っている国に主導権や支配権を奪われている。もちろんそれは一つには農業国がハイテク兵器の生産能力を持たないという弱点があるからなのだが、仮に軍事的要素を全部切り離して純粋に経済的な闘争を行ったとしても、なお農業国の側は弱者の立場に立たざるを得ない。このあたりが、現在の社会体制が恐らく制度として最終的なものに違いないということの一つの論拠ともなっている。

この、産業が次第に第一次産業から第二次産業へ、第二次産業から第三次産業へ移行していくという事実は割合に古くから知られていたところであり、その最も古い指摘はウィリアム・ペティの「政治算術」（1690年）に記載されたものから始まっている。

それをとって、これは経済学の世界では「ペティ・クラークの法則」と呼ばれているが、ではなぜこのように農業は商工業との対決の中で敗退していくのだろうか。

徳川政権の経済問題

この観点から近代以前の日本、特に徳川政権の経済というものを眺めてみると実に興味深い。それは**農業文明が商業文明の上に体ごと覆いかぶさってねじ伏せようとしたという、世界史の中でも**

ちょっと稀な実例ではなかったかと思われるからである。

例えば銃器の発達を意識的に遅らせ、軍事的テクノロジーの進歩の針を一時的に逆方向に戻したという点でもこれは世界史上類のない文明だったが、このことをはじめとしてこの政権は、農業文明と商業文明の対決を知ろうとする者にとっては、世界史全体を見渡しても最も優れた教材である。

では経済面から見た時、徳川体制の最大の特徴が何だったかというと、それはこの体制が米穀経済、すなわち米というものを建前上、主力貨幣として扱い、金銀を代用貨幣の地位に置いていたという点にある。

一見してかなり風変わりな経済システムだが、この政権、というよりその文明体制の基本設計というのは、要するに軍事力を独占した武士階級が、その軍事力によって社会的に商業階級を抑えつける力学構造にあり、そして彼ら武士たちの経済的基盤が、支配地域から収穫される米による年貢から成っていたということである。

では経済政策という点で、そのシステムを維持する上での最大の課題とは具体的に言って一体何だったのだろうか。一言で単純化して言えば、それは米の値下がりをいかにして防ぐかということに尽きていたと言っても過言ではない。それは以下の理由による。

武士階級の立場からすると、基本的に米の現物が手元にあるため、最低限餓死せずに生きていくことだけはとにかくできる。しかし彼らとて衣類や武具、建造物などの修繕、その他様々な製品やサービスなどは購入しなければならない。確かに一応は米が通貨という建前になっていたこの社会ではあるが、こういったものの支払いは、結局は金銭で行わねばならない。

そこで彼らは、徴収した年貢のうちのいくらかを市場に出して売却し、それを金銭に換えていた。だが彼らが現実に直面させられた問題とは、この交換を行う際の米の値段が時を追うごとに下がっていってしまい、同じ量の米を売却しても、手に入れられる金銭がだんだん少なくなってしまったということなのである。

やむなく彼らは国内では倹約に次ぐ倹約を行わねばならず、それでも不足する分については商人たちから大量の金を借りてその場をしのいでいた。そのため全国どこの藩でもその財政は累積赤字に悩んでいたのである。

この武士階級の窮乏化は、階級制度の崩壊、ひいては政権全体の倒壊を招きかねない。そのため徳川政権は躍起になって米価の下落を食い止めようとした。しかしながら結局のところ抜本的な対策を打ち出すには至らず、ペリー来航による外国からの軍事的圧力とそれが引き起こした内乱という、別の外的衝撃によって体制が瓦解《がかい》するまで、この累積赤字は不治の慢性病として最後まで続くことになったのである。

これは単に幕府のやり方が下手だったというよりは、もっと遥かに本質的な問題によるものであり、農業という産業の持つ宿命的な弱点につきあわされた結果だと言える。一般的に洋の東西を問わず、農産物の価格というものは長期的に下落していく傾向にあり、生産物を安く買い叩かれて産業全体がだんだん儲からなくなってしまう。そのためこの産業に従事する人々の数は減ってしまうのである。

農業と機動性

ではなぜ農業経済というものはそんなに無防備で脆弱《ぜいじゃく》なのだろうか。結論を一言で言えば、それは**産業としての機動力の差**にある。

物の価格を決めているのは、言うまでもなく需要と供給の関係である。例えばある品物の需要が爆発的に沸き起こったにもかかわらず、それを下回る供給しかなされない場合には、それは希少価値によって非常な高値がつく。逆に売れ残りが出るほど大量の供給がなされて需要をあまりに上回ると、品物は市場でだぶついて値崩れを起こしてしまう。

農産物というものは、明らかにこの点に弱点を抱えているのである。では一般的に言って、価格面で最も堅固な防衛能力を持っているものとはどんなものだろうか。

まずこの点で一番安定したものとは、言うまでもなく需要も供給も一定のまま変化しないという性格を持ったものである。とにかく供給が一定でありさえすれば、それは一応安定した防衛能力を持っており、特に貴金属や土地などというものは、人間がどう努力してもなかなか量を増やせないという点で、その代表格である。

一方それに比べると、工業製品などというものはおよそそれとは正反対の性格を持っている。それを作れば儲かるということになると、我も我もと工場を建て始め、煙突からもくもく煙を吐いて大量の製品がベルトコンベアーから奔流のように流れ出て来ることになる。

そういった意味では、工業製品というものはすぐに過剰供給に陥って値崩れの危険に晒《さら》されやすく、あまり有利な立場にあるとは言えない代物のはずなのである。それなのになぜ工業は不利な産業として衰退しないのだろうか。それは経済におけるもう一つの側面としての需要の面について農業と対比させるとはっきりする。

農業というものは、他の産業に比べて需要が本来あまり伸びないという特性を持っている。例えば収入が2倍になったからといって、人々はジャガイモやニンジンをいままでの2倍食べるようになるだろうか。農業の弱点というのは、実にここである。人間の胃袋の大きさに限度があって、どう努力したところで人間は1日1トンのジャガイモを食べるようにはならないという現実が、その需要を固定的なものにしているのである。

それでいて、農産物というものは作付け面積を増やしたり効率を上げたりすることによって、供給はゆっくりとであるが増やすことができる。また他の製品分野なら、業者が供給を故意に減らして値段を釣り上げるなどということもできないではないが、食料不足の時に農民が故意に作物の収穫を減らして値段を暴騰させるなどということは、それが生存に欠かせないものだけに極めて難しい。

実際もしそのせいで、どこかの町で子供が餓死でもしようものなら、値段を釣り上げようとした農民は棍棒で殴り殺されても世間はあまり同情してくれないだろう。現在でも豊作の時に値崩れを恐れるあまり、大量のキャベツを畑で腐らせて処分するなどということは頻繁に行われているが、テレビの画面にそれが伝えられると、やはりショックを受けるものである。

それに比べると工業製品ならば、派手な宣伝を行うなどということをして需要を広げたり新しく作り出したりすることが可能であり、まさにその一点において農業に対して圧倒的に優位に立つことができる。

そのため過剰生産による値崩れの危険が農業より大きいにもかかわらず、工業の側は機動性が一《ひと》桁《けた》高い分、ある品物が値下がりして儲からないと見るが早いか、それをあっさり見限って撤退し、別の品物や別の市場を開拓してそこに主力を移してしまうのである。そして工業の持つこの特性は、商業においてはさらに増幅された形になっている。

つまり**農業と商工業の対決においては、農業の側がほとんど伸びない需要と中途半端な速度で伸ばせる供給という、最悪のコンビネーションから成り立っているのに対し、商工業の側は、供給の伸びの速度が速すぎるという不利を抱えながらも、ゴムのように伸縮自在な需要がその不利をカバーしている。**

このように機動性において勝る工業の側は、それを活かして不利な戦場からは素早く撤退し、攻め口を迅速に転換するということでどうしても優位に立ってしまうのである。

徳川政権のジレンマ

ところで戦略・戦術についてわずかでも知識を持っている人は次の原則を知っているはずである。それは機動性において勝る者は常に優位に立つということである。そのため機動性に勝る商工業が農業より優位に立つということは、戦略的な観点から見てもほとんど当然のことであり、産業の主力が農業から商工業へ不可避的に移行するという「ペティ・クラークの法則」は論理的に言っても正しいことである。

しかし徳川政権はそれでも負けておらず、様々な手を尽くしてこのハンディキャップを埋めようと図った。さて一般的に、機動性に勝る相手に対抗するにはどうすれば良いのだろうか。

戦術的観点から教科書通りにやるとすれば、その最もオーソドックスな手段は次のようなものになる。要するに相手側の機動力が発揮できないような状況にもっていければよいわけで、対決する場所全体を障害物で埋め尽くしたり、狭くて身動きのとりにくい地域を最初から戦場として選んだりする、などというものがそれである。

徳川政権が行ったことも、抽象化して考えればある意味でそれに似ているかもしれない。つまり一般に新製品やらニュービジネスやらが次から次へと登場し、消費者側もそれを求めていくような社会というものは、機動性の高い者が勝者の地位を約束されている。そこで**徳川政権は文明全体をそれとは逆の、機動性が発揮されにくい状況に閉じ込めることを考えた。**

その第一の対策は極めて単純かつ直接的なものである。それは要するに消費の質的バラエティに制限を加えることであり、具体的にはそれはいわゆる「贅沢禁止令」などを発布して高額商品（それは新しさゆえの希少価値によるものを含む）の需要に法的制限を加え、需要開拓という面での商業の機動性にハンディキャップをつけることだった。

そして第二に、物理的な手段でも機動性に制限を加えるため、各地に関所を作るとか河に橋を架けずにおくとかの手段（もっともこちらはむしろ軍事的な理由が大きかったが）で全国の交通網を意識的に阻害し、商品の流通ができにくいようにしたことなどが挙げられる。

それがどの程度成功したかを見てみると、前者に関しては例えば表面上派手な柄の着物が禁止され、そのため庶民の側が着物の表を地味にするかわりに裏地を派手にするという手に出るなどの、一種のいたちごっこが見られており、結局最後まで成功とも失敗ともつかない状態に終始した。

それに比べると、むしろ後者のほうが遥かに重要だったかもしれない。なぜならもし交通というものを徹底して制限することが可能だったとするならば、商業を現実に抑え込める可能性が存在していたからである。

「存在していた」と書いたということは、要するにこの手段は現実にはとれなかったということなのだが、ではなぜそれができなかったのだろうか。

実はそれは政権の中心地が江戸という場所にあったという点に起因する。当時の商業の中心地は大坂であり、そこから離れた場所を首府としたことで、この位置選定は本来なら商業文明の抑圧には有利だったはずなのだが、実はこれがとんでもなく裏目に出てしまったのである。

江戸が行政の中心地になったことで、当然それを支える人口がこの都市に集中することになったが、それらの人々は本質的に非生産者である。そして江戸という町の最大の泣き所は、その膨大な人々のための物資を供給する場所が近くになかったことだった。

つまり江戸の後背地である関東周辺には、膨大な人口を支える物資を供給する能力がなかったのであり、そのため物資の大部分は大坂から船で運んでくるほかどうしようもなかった。

これこそが徳川政権のジレンマだったのである。実は、徳川政権が米穀経済体制を守るために最もやりたいと願っていたことは、船を作らせず民間の海運を衰退させることだったとも言えるのである。実際、これができさえすれば商業を望み通りに抑制することもあながち夢ではなかったかもしれない。

しかし江戸の町を政権の中心地として活動させるには、大型船の建造とそれによる海運は必要不可欠のものであり、やむなく彼らはそれを許してしまう。これらいわゆる「千石船《せんごくぶね》」は西欧の基準からすればさほど大きな船というわけではなかったが、それでもそれらは単に、江戸という町の補給を支える大動脈という、政権側の本来の意図の枠内に留まるはずもなく、それを遥かに超えて商業の土壌にスプリンクラーで豊富な水を与えるようなものとなり、結果的に徳川政権にとっては致命的な商業の繁茂を許すことになったのである。

実際海運というものがあればこそ、各地で生じた余剰図2-1▼米を中央市場に集めることで、だいたいいつも供給のほうに余裕が生じる状態が生じていた。そのため米価の相対的な下落という現象が慢性的に進行し、武士階級の窮乏化と藩財政の累積赤字が、解決不能の問題となってしまったのである。そして、千石船によって苦しめられた徳川体制が、それより一段上の交通テクノロジーたる蒸気船の登場と共にあっという間に瓦解してしまったことは、いかにも象徴的であろう。

現代の原料産出国の悲惨

現代の世界でも、農業に限らず一般的に一次産業に経済を依存する国というものは、だいたいがこのメカニズ

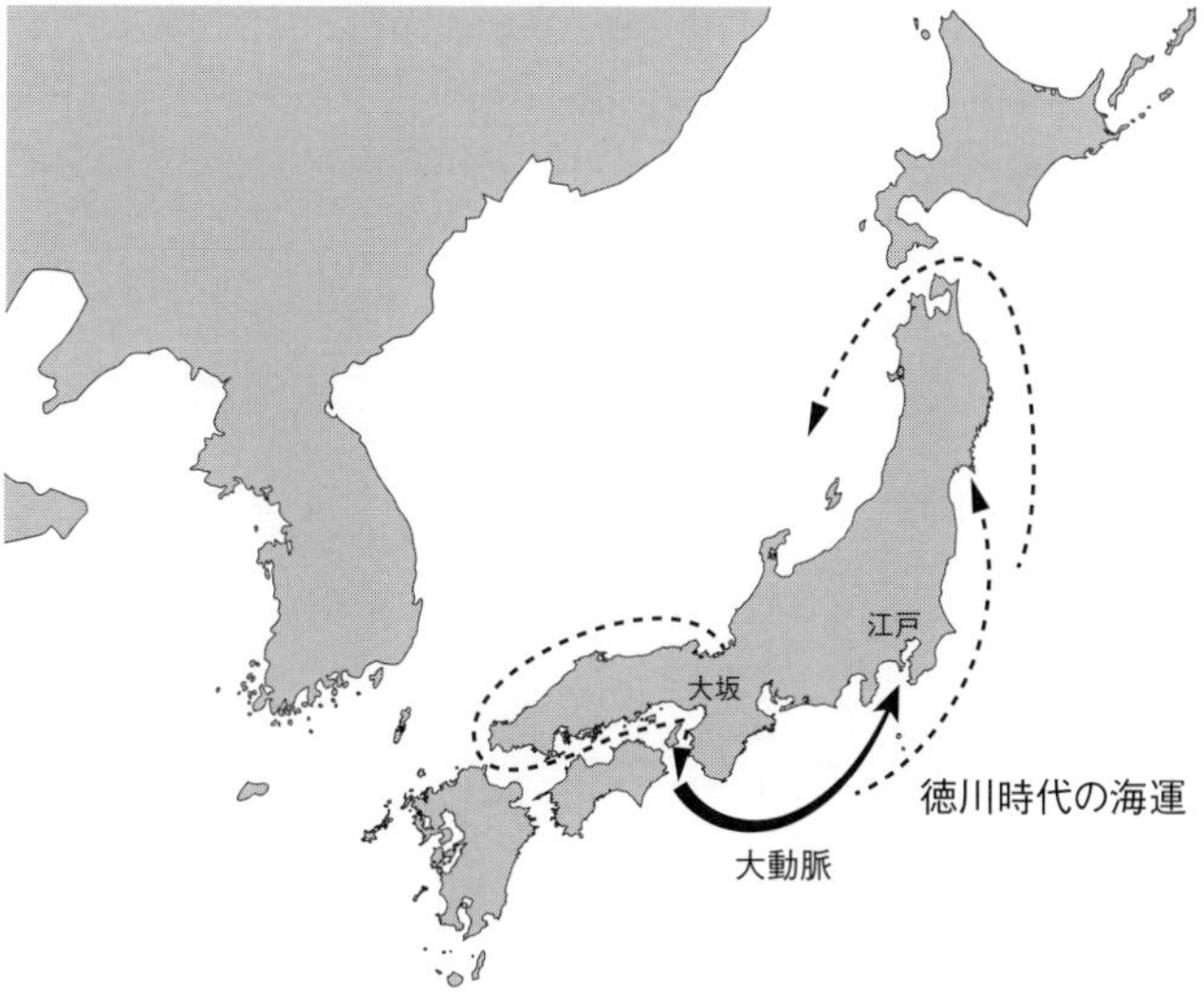

図2-1

ムに巻き込まれてにっちもさっちも行かなくなっている。

第二次世界大戦が終わった頃には、それでもまだ豊富な地下資源を持つことが国力の最大の鍵と見られており、例えば国土のどこを掘っても何もろくに出てこない日本のような国は経済的に著しく不利である一方、豊富な資源に恵まれたアルゼンチンのような国はこれからの繁栄を約束された国のように見られていた。

しかしその後の経過はそうした予想を完全に裏切るものであり、現在では地下資源が国力の第一要因ではなくなっているというのは常識、というより石油を除く一次産業は、もはや「経済」から脱落しているとの見方さえ語られることがしばしばある。

実際そうした一次産品・資源産出国は、北側工業国が工業製品で上げた利益に匹敵する額を一次産品の輸出で稼ごうとしたのだが、原材料をたくさん掘って市場に出すと、それらはどんどん値下がりし、どれほど豊富な資源を持っていようと、それらは市場で買い叩かれるばかりで、国はどんどん貧乏になる一方であった。

それとは対照的に、資源の不足に対する強迫観念を持っていた日本のような国は、そうした一次産品の値下がり傾向のため、ただ同然の値段で原材料を仕入れてくることが可能となった。その一方で、輸出している加工品のほうは、値崩れの危険が迫っても迅速に動き回ってポジションを変えることができたのである。

つまり輸出品の価格レベルが維持されたままで、輸入品がどんどん安くなっていくわけだから、北側工業国はほとんど特別に何もしなくても（少なくとも南北間貿易では）黒字がどんどんたまっていく構造になっていたと言っても過言ではない。

それに対して工業の基盤を持たない南側の途上国となると、もう経済的な脱出口をほとんど発見できないというほどひどい状況に置かれがちである。無論先進国側としてもそれらの貧困に対して必ずしも無関心であったわけではなく、数々の援助やアドバイスを行ってきた。

それら世界銀行やＩＭＦ（参考までに記しておくと、世界銀行は主として国の開発計画などに対して長期の融資を行うが、ＩＭＦすなわち国際通貨基金は、一時的に貿易など国際収支が赤字になったりした時、短期的にその穴埋めを助けることなどを仕事とする）が行った助言や援助が、基本的には善意から発したものであることは疑いないが、結果としては残念ながら状況をますます悪化させた例が少なくない。

どうもＩＭＦの建物の中でそうした南側諸国経済への処方箋を書いたスタッフは、どちらかといえば企業コンサルタントに向く人間であったらしく、彼らは企業向けの処方箋をそのままアフリカや南米の国家に対して用いようとした。

一般にある企業の経営が傾きかけた時、その最も標準的な処方箋は次のようなものである。一言で言えば、自分の特色を活かせる分野に全力を集中し、他の分野からは撤退するということである。特に資本力の小さい企業の場合、巨大企業と競合するような分野からはなるたけ手を引き、その分を自分の立場や特性を活かして安く作れる製品分野――経済用語では「比較優位」という――に注ぎ込み、力の一点集中を図ることが会社再建の定石《じょうせき》というものである。

一見したところは完璧な答案であるが、それを南側途上国に適用した結果はどうだったかというと、およそ目論見とは逆の結果を招いたのである。ではどうしてそうなったかと言えば、まずこれらの国々はおしなべて国内に工業の基盤を持っていない。つまり「比較優位」の原則からすれば、工業は明らかに優位になく、そういうものを探すとすれば当然それはその国の気候を活かした特産物か、あるいは地下資源だということになる。

そのためそうした助言を受けた低開発国は、先進工業国との競争を避けて工業部門からは撤退し、例えば国の特産物がカカオ豆であったとするならば、工場用地を潰して片っ端からカカオ畑に作り替え、国中でカカオ豆の栽培を行って外貨を稼ぐという基本戦略をとった。

ここまでは良い。ところがもし近隣諸国の中にもカカオの栽培に適した低開発国があったならば、やはりこの国もＩＭＦから同様の勧告を受けて軒並み大増産に走るため、それらが一斉に市場に溢れてパニック的な値下がりを起こし、経済計画は壊滅的な総崩れに陥ってしまう。そしてそこから体勢を立て直そうにも、もうその国はカカオ以外何も作れない体制が定着しており、他の攻め口はなくなってしまっているのである。

昔の帝国主義時代を振り返ってみるとその全盛期には、列強が征服した国をもっぱら原料供給地と見なして、綿花なら綿花しか作れないいわゆる「モノカルチャー経済」を強要するということがしばしば行われたものだが、現在も半ば善意から発したものであるにもかかわらず、結果的には似たようなことをやってしまっているというのは皮肉としか言いようがない。

もっともそれを批判する側としても、何ら有効な手立てを提示できるわけではなく、むしろこれは国際経済というものが上っ面は共存共栄の平和な「地球村」ということになっているが、その下の真相は物理的兵器を用いないだけの苛烈な戦争そのものであるという、その宿命的な真実が露呈したというだけのことである。

産油国の反撃

しかしながらこの数十年間においても、原料産出国の側が反撃に成功した例が一つだけ存在する。それは1970年代の中東産油国の石油戦略である。

そしてその唯一の成功例が、きな臭い硝煙の臭いに包まれていて、およそ「地球村」の平和的な雰囲気からほど遠いというのはいかにも象徴的であろう。つまり産油国側はきれいごとを排して最初から経済を戦争と同列に考えていたわけであり、それゆえの成功だったのである。

それはともかく、もともと石油というものには他の一次産品とは異なる特殊性があった。それは、北側工業国の経済成長に伴ってほとんどそれに比例するように石油消費も増大し、ちょうどコバンザメのように石油による収入を増やしていくことができたということであり、この点で農産物などとは大きな違いがある。

そして北側工業経済のアキレス腱たる石油という切り札を手に、産油国は結束して原油の供給量を故意に削減し、原油価格の高騰を演出して、値上げ分を巨額のオイル・マネーとして北側からがっぽりせしめることに成功したのである。

ところでこの種の値上げカルテルを作る際には、誰かが抜け駆けして自分だけがこっそりと安い価格を提示し、市場で注文を独り占めすると瓦解するので、そうならないよう、何か強力な結束の核が必要となる。アラブ産油国にとっては、共通の敵であるイスラエルとの戦争こそがそれであり、彼らは結束の核として第四次中東戦争（1973年）を引き起こし、それによって成功した原油値上げによって、北側工業国を石油ショックのパニックの中に投げ込んだのである。

そもそも一般的な話として、「北側」の工業製品の価格と「南側」の石油を中心とする一次産品の価格には、それを全体としてひっくるめて見ると「挾《はさみ》状価格差」というものがあると言われていた。

つまり第二次大戦後しばらくは、南側の原材料価格がどんどん下落するのに対して、北側工業製品の値段は逆に相対的に上がっていき、両者の価格差は開いていく一方だった。それをグラフにすると二本の線がまるで開いたハサミの刃のように見えていたため、そう呼ばれており、この状況を極端に図式化すると下の図の①のようになる。 **図2-2▼**

この、北側工業国が繁栄を謳歌していた1950～60年代の間は、その価格差のほうも永遠に開き続けるかのように見えていたが、それを突如逆転させたものこそ、70年代の産油国による石油ショックだったのである。

そしてアラブの王族が使い切れないオイルダラーを持て余して途方もない贅沢をしているのとは対照的に、先進国の側は突如襲った石油ショックを引き金として1970年代の間中、長く陰鬱な不況の中に沈み込むこととなった。 **図の②▼**

しかし産油国の繁栄に黄昏《たそがれ》が訪れるにはさほど時間はかからなかった。産油国が調子に乗って値上げを続けている間、西側諸国は情報テクノロジーなど、石油をあまり使わない技術の開発に力を入れ、気づいた

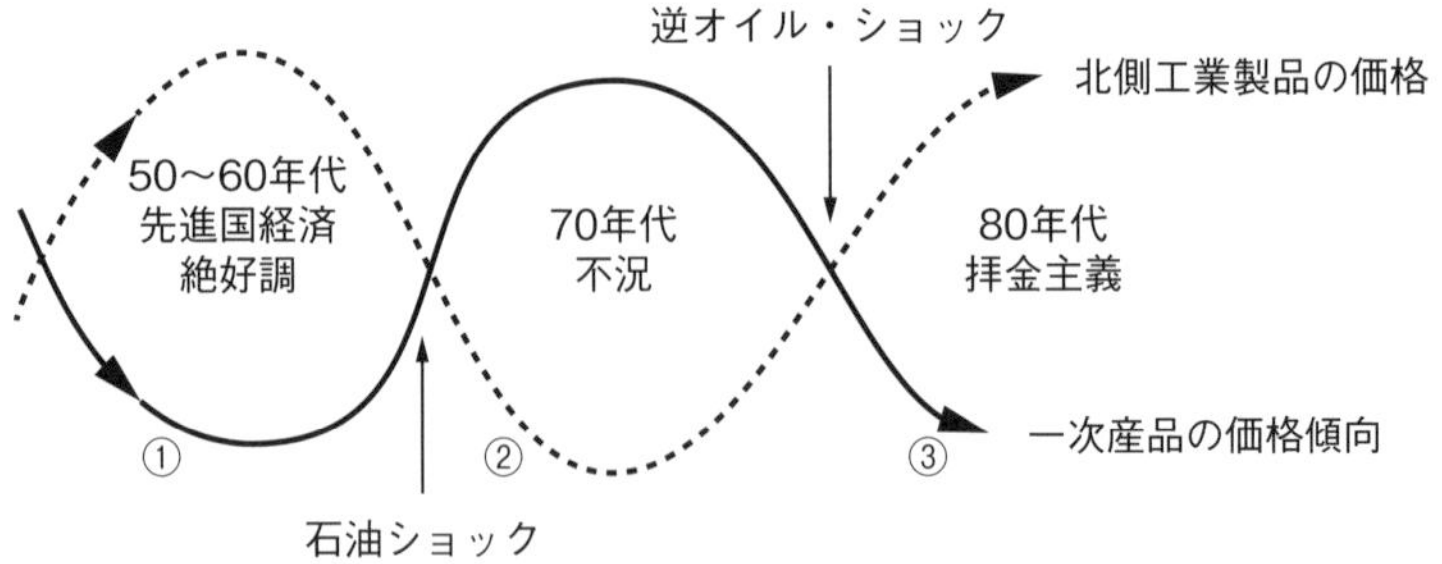

図2-2 「鋏状価格差」

時にはちょっとやそっとの原油生産削減ぐらいでは追いつかないぐらいに需給関係が変化してしまっていたのである。

そのため1980年代初頭に、「逆オイルショック」、つまり原油価格の暴落が起こり、再び北側（というより西側）の圧倒的優位が確定して現在に至っている。図の③▶

ただし将来的にこの「挟状価格差」の再逆転がもう起こらないのかと言われると、その可能性は必ずしもゼロとは言い切れないという見解は根強く生き残っている。つまり中国などが工業化して大量の原材料を要するようになってくると、資源の奪い合いによって一次産品価格の急騰は現実のものとなるのではないか、という予測が2000年代頃から語られ始め、いまもなお見定め難い状態にあるというのが現在の状況である。

商工業側の苦労

さて以上、農業および一次産業側の苦闘と敗北についていろいろと見てきたわけだが、しかしながら勝者である商工業の側でも内部に別の形で苦労の種を抱えている。

何と言っても商工業の世界は、ある品物が儲かるとなればあっという間に怒濤《どとう》のようにライバルが参入し、需要はすぐに飽和してたちまち過剰生産に陥り、恐慌状態に近い値崩れを引き起こす。かつて農業の世界が天候に影響されて豊作と凶作の間を行き来していたのに対し、商工業で成り立つ近代社会は、人間が周期的に起こす好況と恐慌に悩まされる。

恐慌や景気後退の原因がすべてそのようなものだと言っては嘘になるが、それでもやはり過剰生産による需要の飽和というものが、多くの局面で決定要因となっていることは否定のしようがない。そして近代において恐慌や不景気から経済を脱出させるきっかけを作ってきたものは、大抵の場合は技術革新・イノベーションというものであった。

図2-3▼

とにかく一旦飽和してしまった市場というものは、企業がどう努力しようが政府の経済政策がいかにうまかろうが、どうにも手の施しようがない。そのためむしろそこはもう見限って新製品・新産業というものに期待をかけ、新しくブームを起こすことで経済を再び盛り上げる以外に実質的に策がなく、そういう革新的な技術による新産業の登場のみが救世主たり得るというわけである。

いささか単純化しすぎるきらいはあるが、とにかく近代産業社会の経済は、一定の高度を保つよりは、むしろ需要の飽和と技術革新によるブームの創出で、急降下と急上昇を繰り返す波状のカーブを描いてきたのである。

とにかく商工業というものはその性格上、当初から常に「いかに需要を掘り起こすか」という問題に悩み続け、その心労は天候を心配する農民に数倍するものであった。

もっとも歴史的にもう少し細かく見ていくと、一番初期の段階では、需要の拡大のためにとられた方法は技術革新であったわけではない。その基礎的な話を述べていくと、人類の経済史では本格的な技術革新に先立って、初期

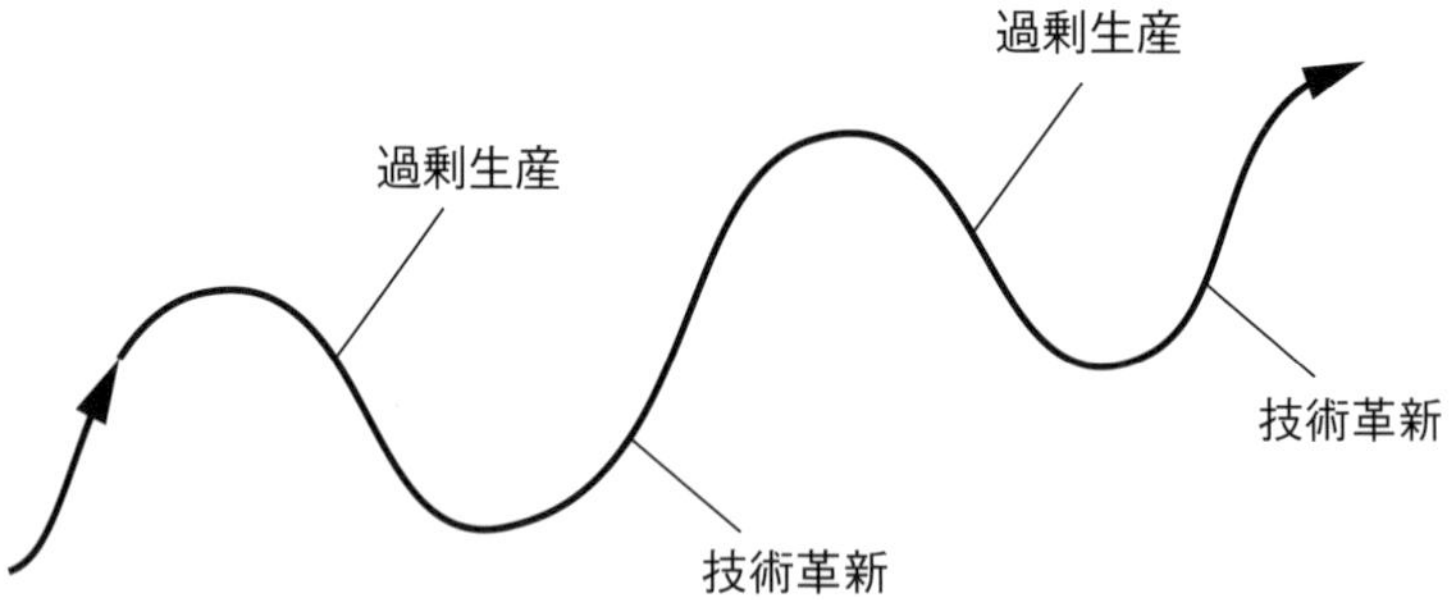

図2-3

段階ではまず次のような二つの方法で需要の拡大が行われていた。

まずその最初の方法とは、要するに手近の市場が飽和したら、販路をもっと遠くの地域に拡大することである。これはいわば「水平的な」需要拡大と言うべきものであるが、これを行うためには商品を遠くへ運んでいける船などの存在はしばしば重要な鍵となる。

それは先ほど述べた江戸時代の経済の問題ともオーバーラップし、交通を盛んにすることが商業を盛んにするというのは、この段階において最もよく当てはまる。

そしてこの需要の拡大が「水平方向」への拡大だとすれば、もう一つの方法は「垂直方向」への拡大であり、要するにいままでは貴族しか買えなかった高級品を、庶民でも買えるようにすることである。この場合の鍵を握るのは価格の下落ということであり、高価だった品物の値段が下がっていくことで、どんどん需要が下の層へ拡大浸透していくことになる。歴史的には量産技術の発展がこれを可能としてきた。

初期段階ではこのような方法で水平方向・垂直方向に需要を拡大していくことで、さほどの革命的なテクノロジーなしでも経済を成長させられたわけだが、これらが完全に飽和してしまった場合は、もう新しい技術革新を起こして全く新しい需要を開拓する他なくなるというわけである。

需要拡大の歴史

では近代西欧が農業社会から脱却して現在に至るまで、需要と生産の拡大がどんな具合に進展してきたのかを、簡単なパノラマとして見てみよう。読者はこの部分は、歴史に関する一種の教養として読まれるとよいだろう。

その初期段階を記述するには、どうしてもそのトップランナーだった英国を中心に眺めることが必要になる。だいたい英国が農業国から脱却して本格的に商業国としての歩みを始めるのは、英蘭戦争（1652〜74年）によってオランダ海軍を叩き潰し、その海運と貿易をもぎ取ってからであると言ってよい。**図2-4の①▼**

それは政治的にはいわゆる名誉革命（1688年）の時期に当たっており、イングランド銀行の成立もその少し後である。ともあれこの時期から、英国は貿易の世界に君臨し、海外からの物品がロンドンに集められた。

つまり商品の「水平的浸透」が大変な速度で始まっていたことになるが、英国では時期を同じくして垂直的にもそれが進行し、貴族の占有物だったものが庶民に浸透することで消費が拡大していった。

その代表的なものは、インド製の高級織物の流行である。これは、貿易のネットワークが広がったことにより、インドで低賃金で生産されていた高級綿織物（キャラコと呼ばれる）を非常に安い値段で買えるようになったためで、それまで貴族しか手が出なかったような高級織物が庶民の手にも届くようになった。**図の②▼**

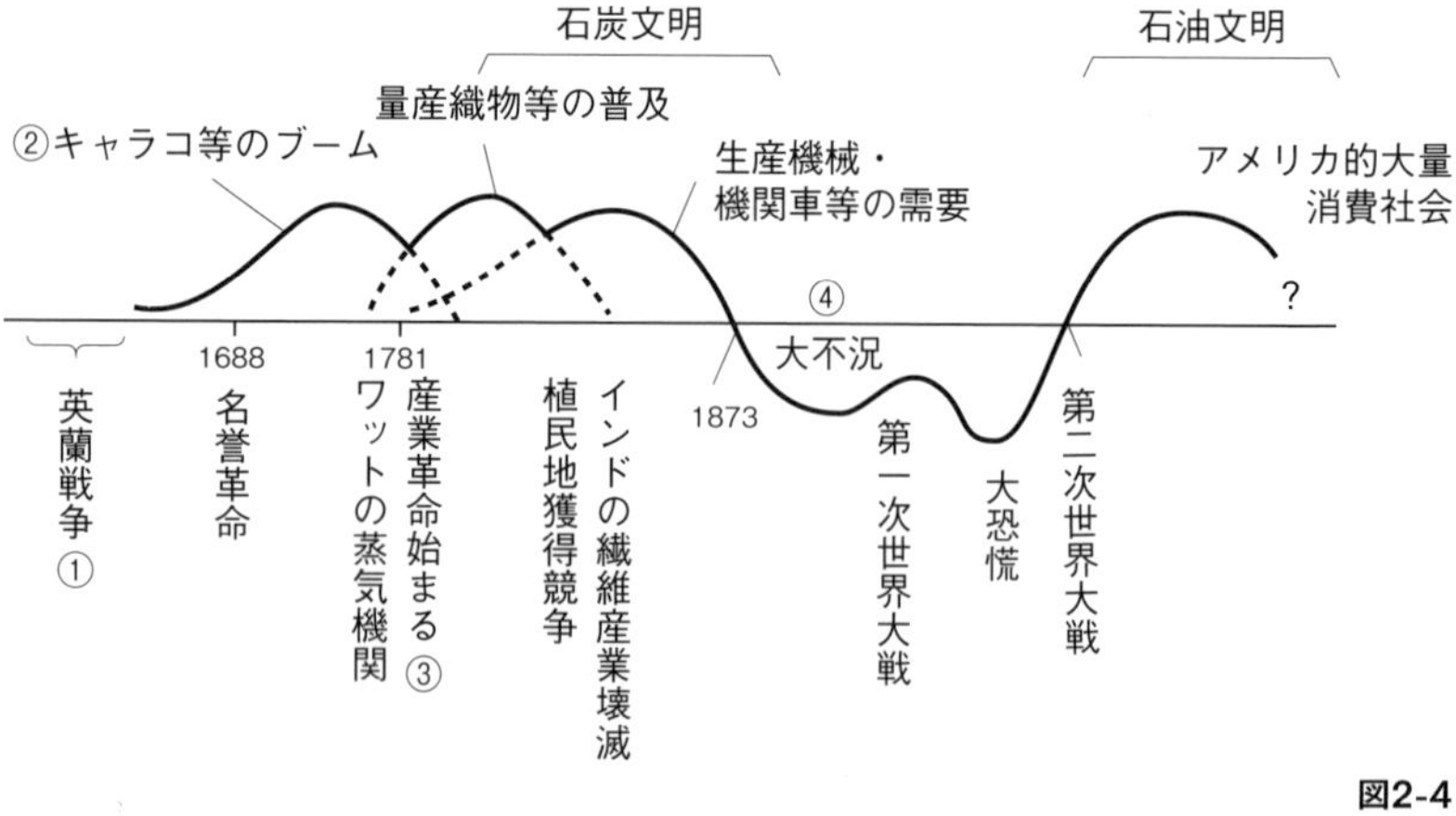

図2-4

そしてそれは、英国の伝統的な生産物だった毛織物との激しい競争を引き起こすことになり、ついにそれらのインドからの輸入を禁止するところまでいったのだが、ともかく庶民から見れば、いずれにせよ安い織物が供給されてそれが浸透していったことには変わりはない。

さて普通ならば、その衣類の需要も間もなく飽和し、共倒れに陥った織物業者のパニックの物語がこれに続くことになるはずなのだが、文明そのものと二人三脚で力強く前進を続ける英国経済は、そんな息をつく余裕さえないかのようだった。すなわちその需要の落ち込みがやってくる以前に産業革命が到来し（１７８１年、ワットの蒸気機関が登場）、動力織機が生み出すさらに安い綿製品が従来の繊維製品にとってかわってそれを引き継いでいったのである。 **図の③▶**

ただし安定的に移行したというのは、あくまでも英国国内を見た場合の話で、ひとたび海外に目を向けると、英国産の繊維製品との競争に負けて国内の繊維産業が壊滅した国は数知れない。

そして産業革命は、それと並行する形でもう一つの「需要の山」を作り出した。つまり一般消費者ではなく、企業家や産業界自体の需要、つまり製品を生産するための機械の需要というものが、馬鹿にならないものとして経済の中に確固たる位置を占めるようになったのである。

動力織機や石炭を運搬する機関車などという「重い」機械の需要が経済の中に登場してきたという点で、これは画期的なものだったが、それは同時に、連続的に行われる巨額の設備投資というものが、経済の中の大きなファクターになったという点でも一つの大きな転換点だった。そして英国は「世界の工場」としてこれらを一手に供給していたのである。

石炭文明から石油文明へ

産業革命が生み出したこの繁栄は、小さな浮沈を繰り返しながら（例えば米国では1837年に「最初の周期的恐慌」を経験する）、それでも比較的安定して続いていった。もっとも国内の市場はすぐに飽和してしまうため、産業革命を達成した国々は次々と外に市場を求めていかざるを得ず、その市場獲得の努力はしばしば露骨な帝国主義の形をとり、並行する形で「南側諸国」の経済的壊滅がどうしようもなく進行していたことは否み難い。

しかしこの繁栄も、1873年に起こった恐慌をきっかけに、長い不況の時代に落ち込んでしまう。実にこの大不況こそ、まさにわれわれが問題にしている需要飽和がまとめてやってきてしまったものだと言える。つまり産業革命が興した「石炭文明」がその可能性をほぼやり尽くし、それ以上の需要を掘り起こせなくなったのが、ちょうどこの時期なのである。

データの上からは、この「大不況」は20年程度で一応一段落しているが、カメラを思い切り引いて見れば、再び世界経済がこの下降期から脱して本格的に上昇期に入るのは第二次大戦後に「石油文明」が興り、そして自動車や電気洗濯機などを代表選手としてそれらをワンセットで一個のライフスタイルに組み上げた、いわゆるアメリカ的生活様式が登場してからのことである。

図2-4の④▶

そもそも第二次世界大戦自体が、石炭文明から石油文明への過渡期を象徴する世界史的な出来事であったと言えるだろう。第二次世界大戦においては、しばしばその戦略行動や戦争目的そのものが、「石油の確保」というテーマを巡って動いていたが、それは第一次世界大戦の時には見られなかったものである。

そして石油で動く兵器やテクノロジーの開発・生産のために、莫大な予算が軍事費の枠で投入され、戦後にそれがスピンオフの形で民間経済に降りてくることによって、本格的に石油文明を基盤とする新しい経済社会の扉が開かれたのである。

つまり戦争自体が結果的にその扉を開く大きな役割を果たしたわけだが、とにかくこの「石油文明」の到来がなければ、第二次世界大戦後の経済的繁栄というものは恐らくあり得なかったろう。実際、大戦前の1930年代に、何人もの優秀な経済学者たちが、資本主義社会はもはやこの点で一つの限界に達しつつあるのではないかと考えていた。

要するに人間にとって本質的に必要な品物は、間もなく全家庭に行き渡ってしまうだろうから、そうなれば需要の伸びのカーブはそこで水平になってしまうとの懸念《けねん》である。そして成長の宿命を抱えた資本主義経済にとっては、それは陰鬱な停滞を意味する。

これらの「長期停滞論」は何人もの経済学者が一つの懸念として持っていた。彼らは電気洗濯機が人間にとって「本質的に必要なもの」だとは思っておらず、それらが巨大な需要の突破口を開くとは予想していなかったのである。

そして米国の場合を眺めると、この石油文明への先導役を務めたのは何と言っても自動車である。これは米国ではすでに1920年代から始まっていたのだが、世界的に見るとこの動きもやはり第二次世界大戦がちょうど過渡期に当たっており、それを最も象徴するのがドイツのフォルクスワーゲンだろう。

そもそもこれはヒトラーが「一家に1台の自動車を」という国民車（＝フォルクスワーゲン）の構想を政策として打ち出したことから生まれたもので、その名残りが現在でも会社名に残っているのである。とにかく戦前の人々にとってそれがどれほど夢物語のようなことだったかは、現在のわれわれが想像するのが難しいほどであり、それを本当に国家全体で実現しようというヒトラーに民衆が喝采を送ってしまったことも、あながち責められないかもしれない。

それにしてもこのように考えてみると、自動車の大衆への浸透は、内燃機関を備えた巨大なマシンが各家庭に1個ずつ入り込んだという点でも、文明史上画期的な事件だったと言えるだろう。そしてこれに追随するように、電気洗濯機、冷蔵庫、テレビと、値の張るマシンが際限なく家庭の中に入り込んできたのである。

石油文明から半導体文明へ

しかし1980年代の末頃には、そうした「石油文明」の怒濤の前進にも終わりが訪れる。日本ではこの時期にテレビや冷蔵庫など、石油文明時代の主力製品の需要はあらかた飽和してしまい、またそれを象徴する形で、若者のクルマ離れが起こるのも、それから間もなくである。

もっともこの時、すぐに物が売れなくなって不況になったわけではない。世の中全体がバブルに浮かれていたため、一応は惰性で見かけ上の消費は続き、80年代の消費ブームというものがやや歪んだ形で盛り上がりを続けていた。

しかしそれらの消費は単に従来のものに装飾をくっつけただけの、たいして必要もないものをメディアに踊らされるまま購入していたに過ぎず、一旦バブルがはじけるとその消費そのものが一挙に消えてしまった。

考えてみると実はこのような現象も商工業の一つの特徴なのであり、これらは一種の「虚業」なのだが、たとえそういうものであってもある程度の期間なら需要を維持していけるということが、この時期の実例からもよくわかる。

しかしこうした「虚」の需要は、本来はきちんとした「実」の需要があって、それに寄生する形で周囲に発生する性質のものである。そのため本体である「実」の部分が消えてなくなってしまうと、途端にその脆弱さを露呈することになり、われわれは過去の歴史でもそれをいくつも見ることができる。

では石油文明による消費が勢いを失った時、その次に訪れたのは何だろうか。最も単純に筋を追うなら、それは「半導体文明」だということになるだろう。

そして現実の歴史もそのような経過をたどった。つまり言わずと知れたパソコンやネット社会の登場とIT革命であり、そのイノベーションが、1990年代頃に行き詰まりを見せていた消費活動を一時的に活性化させたのである。

ところがこの半導体文明というものは、実際にそれが訪れてみると、予想外の問題点を抱えていることが判明した。それはその需要が陳腐化して消耗するスピードが異常に速いということである。例えば石油文明なら20年ぐらいは需要が続いたが、半導体文明ではせいぜい数年で需要が飽和して、価格の下落なども当初の予想を遥かに上回る速度で進行してしまう。

確かにその過程では製品そのものは驚くべき速度で社会の中に行き渡って、それらは世界を変えるほどの意味を持つことになったが、その一方で金銭的な面では急速に儲からなくなっていく。そのためクルマなどの場合とは違って、ほんの一握りの企業しか生き残ることができず、特に雇用という面では経済を長期間にわたって下支えすることができなかったのである。この、経済を長期間安定して支えることができないという半導体文明の弱点は、将来においても不安の種として残っている。

ただ、そのように文明全体でコンピューターの能力が一段高まったことは、一旦市場が飽和してしまった石油文明時代の主力商品について、それを新しい形で一時的に復活させることも可能にしている。例えば自動車の自動運転技術などであり、多くの分野でそうしたことが期待されていて、現在の産業界は人工知能の活用でこの需要の壁を突破することに期待をかけている。

しかしそれがかつての石油文明自体の力強い需要を再現することになるかというと、それを見ている消費者側としては、必ずしもそういう確信は持てないのではあるまいか。やはり物事がたった数年で全部陳腐化してしまうという、その異常な速さを見ていると、誰しも不安になってしまうのである。

また経済を活性化するために人工知能をどんどん入れて活用すれば良いという話も不安の種で、こちらはもう経済だけの問題ではすみそうにない。つまり人工知能の浸透は、これから人間がそういう社会で一体何をして生きていくのか、というもっと重大な問題を持ってきてしまうため、手放しで繁栄を礼賛《らいさん》するわけにはいかないからである。

そうしたことを見るにつけ、**現在の半導体文明では、かつての石油文明の時代と比べると、消費に夢や物語を託すこと自体がかなり難しくなっているのであり、そのあたりが今後の資本主義経済の隠れた大きなネックであるように思われる。**ではこの章の要約である。

〈要約〉

・一般に文明においては、産業は農業から工業へ、工業から商業へ移行していくことが知られており、それゆえに農業文明は純経済的理由からも敗退を強いられていく宿命を負っている。
・その最大の理由は、産業としての機動力の差にある。つまり農業は、ほとんど固定化された需要と中途半端な速度で増やせる供給という、最悪のコンビネーションで成り立っており、迅速に攻め口を転換できる商工業に大きな差をつけられてしまうからである。
・具体的にはその敗退は農産物の価格の下落という形で起こるのであり、徳川政権も要するに米価下落で経済的に窮乏化していったのである。そして第一次産業に依存する途上国も、ほぼ同様の理由によって貧困からの脱出が困難となっている。
・一方商工業の側にも弱点があり、それは需要がすぐに飽和してしまうことである。これは技術革新によって別の市場を新しく作ることを繰り返していく以外に停滞を脱する方法がない。

とにかく産業社会というものは、本質的に急上昇と急降下を繰り返すものであって、安定して同一の高度を維持していくということが難しい。それゆえ、そのメカニズム自体を根底から否定して停滞社会を実現するというのは、どう考えても現実的ではない。それを考えると、人類社会は未来においても、ある程度その不安定さと同居して生きていく以外にないと考えられる。

読者は以上で、農業経済の力で資本主義経済に対抗するということが、どういう本質的困難を抱えているかが理解できたと思う。こうしたことは、将来の環境問題について考えるためにも恐らく不可欠の基礎知識で、そのためこの内容を頭の中に入れておくことは、未来の経済を構想する際に大きな助けとなるはずである。

ともあれ経済学の中で「産業構造」などの話が出てきた時には、だいたい以上のことが頭に入っていれば、その大筋を把握できると思ってよいだろう。

第3章

インフレとデフレのメカニズム

この章ではインフレ（インフレーション）とデフレ（デフレーション）について述べていくが、多くの読者は恐らくこの現象、特にインフレについて、ある程度の知識はすでに常識として持っていると思われる。ところがその割には、この話題は重要な経済問題のあちこちに意外な場所から顔を出してきて、困惑させられることが多いのである。

例えばアベノミクスなどでも、その政策目標として、「経済を好調に保つために、ある程度（2％程度）のインフレがむしろ目標とされている」という話が出てくる。しかし読者の中には、自分が当たり前のこととして知っている常識だけではそれが景気回復とどう関連しているのかがよくわからない、という方が少なくないのではあるまいか。

このように、インフレとデフレの話は必ずしも資本主義経済の中心的な話ではないはずなのだが、それにもかかわらず多くの局面に登場して、これに関するしっかりとした基礎知識がないことが、経済の理解全体の足を引っ張ってしまうことが多いのである。そこでこの章では、普段は学びにくいそうした話を基礎からしっかり説明しておきたい。

ドイツの天文学的インフレ

さてインフレ、と来れば、誰もが知っているエピソードとして必ず語られるのが、かの有名な第一次世界大戦後のドイツの天文学的なインフレだろう。この時期には「スーツケースいっぱいの札束を持って行くと喫茶店でようやくコーヒー一杯が飲めた」などという話が一般にもよく知られており、これはコーヒーが値上がりしているというより、むしろ札束の値打ちが際限なく低下していることを示すのである。

　では、なぜドイツではそんなことが起こったのだろうか。歴史的な話から説き起こせばその直接的な原因は、第一次世界大戦の戦勝国たる連合国側が、敗戦国であるドイツに非現実的な賠償金を課したことにある。

　連合国側は戦後体制を決めるパリ講和会議（1919年）において、戦争の責任をすべてドイツにとらせるため、徹底的な懲罰にかけようと手ぐすねを引いていた。特にフランスは数十年前の普仏戦争で失ったものをすべて取り返そうと、天文学的な賠償金をドイツに対して課そうとしていた。

　もともと賠償金以前の問題として、一般に戦時経済というものはインフレの温床となりやすいものである。政府は戦争を続ける限り、国庫の中から莫大な戦費を捻出せねばならない。それが税金でまかない切れなくなれば国債発行という、いわば国家の借金に頼ることになるが、いよいよそれでもまかない切れなくなって、国庫が完全に空っぽになれば、最後の手段として紙幣増発という非常手段に訴えねばならない。

　これはもう政府が偽札作りをやっているに等しいのだが、戦争ともなればそんなことは言っていられない。しばしば明日必要な弾薬を買うための紙幣を今日必死で印刷し、その印刷も両面を刷る暇がなくて、裏が白紙のままの紙幣を無理やり流通させるなどという光景は、戦時経済においてはそう珍しいものではない。

　ドイツは戦時中からすでにこういう紙幣増発と貨幣価値の下落という悪循環に首までどっぷり漬かっていたのだが、そこへ持ってきて到底支払える見込みのない天文学的な賠償金を課されたからたまらない。

　こんな非現実的な賠償要求に対しては、通常なら支払い不能を宣言したいところであるが、支払いが滞ると見るや、フランスはベルギーを誘ってドイツ工業の心臓部であるルール地方に軍隊を送って、担保としてそこを占領するという強引な手段にまで出た。

　そのため後のことがどうなろうがドイツはこの賠償支払いに応じざるを得ず、マルク紙幣を刷る輪転機は戦時中に倍する速度で偽札同然の紙切れをばらまくことになったのである。

　そしてこのように引き起こされた経済破局が後にナチス台頭の一つの温床となったことを考えると、連合国側のこの賠償要求はほとんど犯罪に近い愚行だったと言えるのだが、実を言うと当時の連合国首脳の何人かは、これがどんなに愚かなことかを知っていた。しかし新聞がドイツ悪玉論と懲罰要求で過熱しているこんな時に、下手に理性を発揮してそれに立ち向かおうものなら、次の選挙の敗北は必至である。

　そのため愚行で彩られた第一次世界大戦の仕上げとして、ベルサイユ条約という大愚行がもう一つ積み上げられ、伝説的なインフレの舞台ができあがったのである（なおこの講和会議には若き日のケインズが代表として出席しており、これに大反対したのだが容れられず、ついに途中で神経衰弱に陥って帰国してしまったというエピソードがある）。

インフレ状態の図式化

　さてこのような紙幣の増発によって起こるインフレというものは、一般化して言うならば要するに、貨幣と品物の量的比率バランスが崩れることによって起こるものであり、この単純な原理については一般にもよく知られている。しかし単純な割には、問題が錯綜してきた時にはしばしば頭の混乱の種になりやすいものである。

そこでそれをより強固にイメージ化するため、ここで一つの理解法を紹介しておこう。読者はこの図の描き方を覚えておくと、どうにも頭がこんがらがった時に整理するために役に立つことがあるはずである。

下に示すように、図の上側には社会全体の中にある貨幣の量を示し、下側には同様にして物資・品物の量を示して、それらを対応させる。双方とも、貨幣1単位と物資1単位がそれぞれ一マスで示されており、対応の状態を示す点線が引かれている。

図のAでは上側の貨幣1単位に対して物資2単位が対応しているように描かれており（具体的な値自体には、別に意味はない）、これは要するに貨幣1単位は物資2単位に対応する価値があるということである。**図3-1のA▼**

ここで社会内部での貨幣の総量を増やしてみよう。図のBのように上側の貨幣のマスの個数が増えると、対応する物資の量はいままでの2から1・6程度へと減少する。**図のB▼**

言うまでもなくこれは、いままで貨幣1枚で物資2単位が買えたのに、政府が貨幣を大量に供給したものだから、同じ貨幣で物資1・6単位ぐらいしか買えなくなったことを意味する。

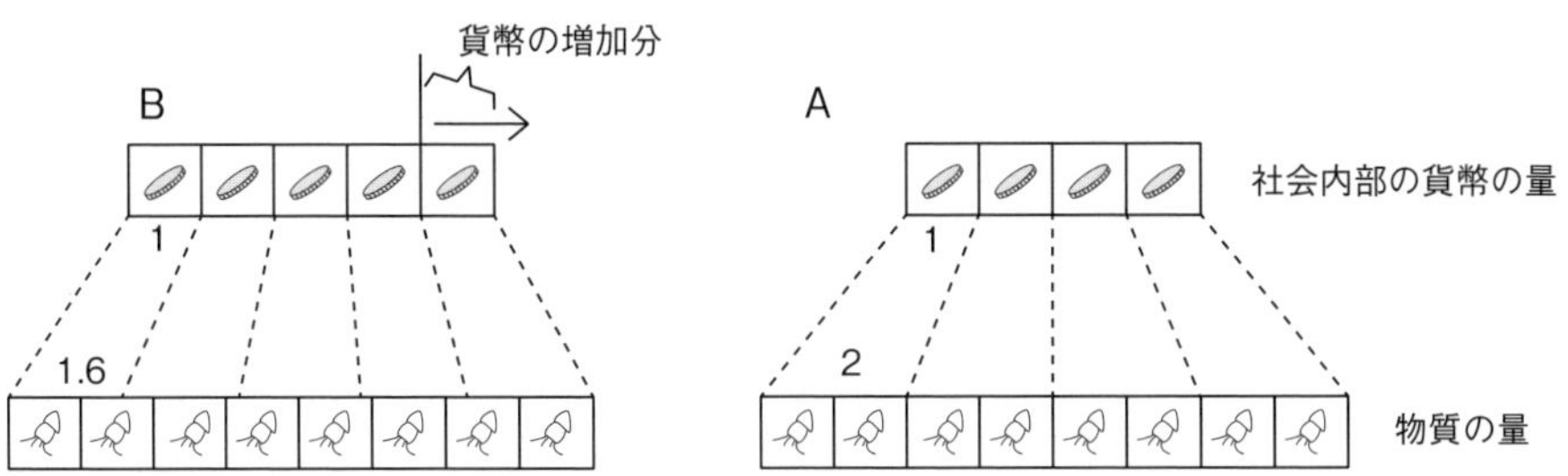

図3-1

これを逆に言えば、いままで通り2単位の物資を買おうと思ったら、いままでよりたくさん（2÷1.6＝1.25）の貨幣が必要になってしまったということになる。これは要するに物価が1・25倍に値上がりしたということである。

この場合次のように記憶すればよい。つまりこの図のように貨幣を上側に置いて描いた場合、もしそれが逆立ちしたピラミッドのように、上が下より大きい格好になっていたなら、それはインフレ状態を示す。そしてこの逆ピラミッドは頭でっかちの不安定なものになればなるほど、激しいインフレ状態を示す。一方それとは逆に、下が大きくて安定したピラミッド型は物価の安い状態を示す。図3-2▼

全体の形をインフレ型にするためには、要するに逆ピラミッド型を作りさえすればよいのだから、図の左上段のaのように上側の貨幣の量を増やして長さを伸ばしても、あるいは図の左下段のbのように下側の物資の量を減らして長さを短くしても、どちらでもよいわけである（後者は物資の不足から値上がりが起こった状態に相当する）。

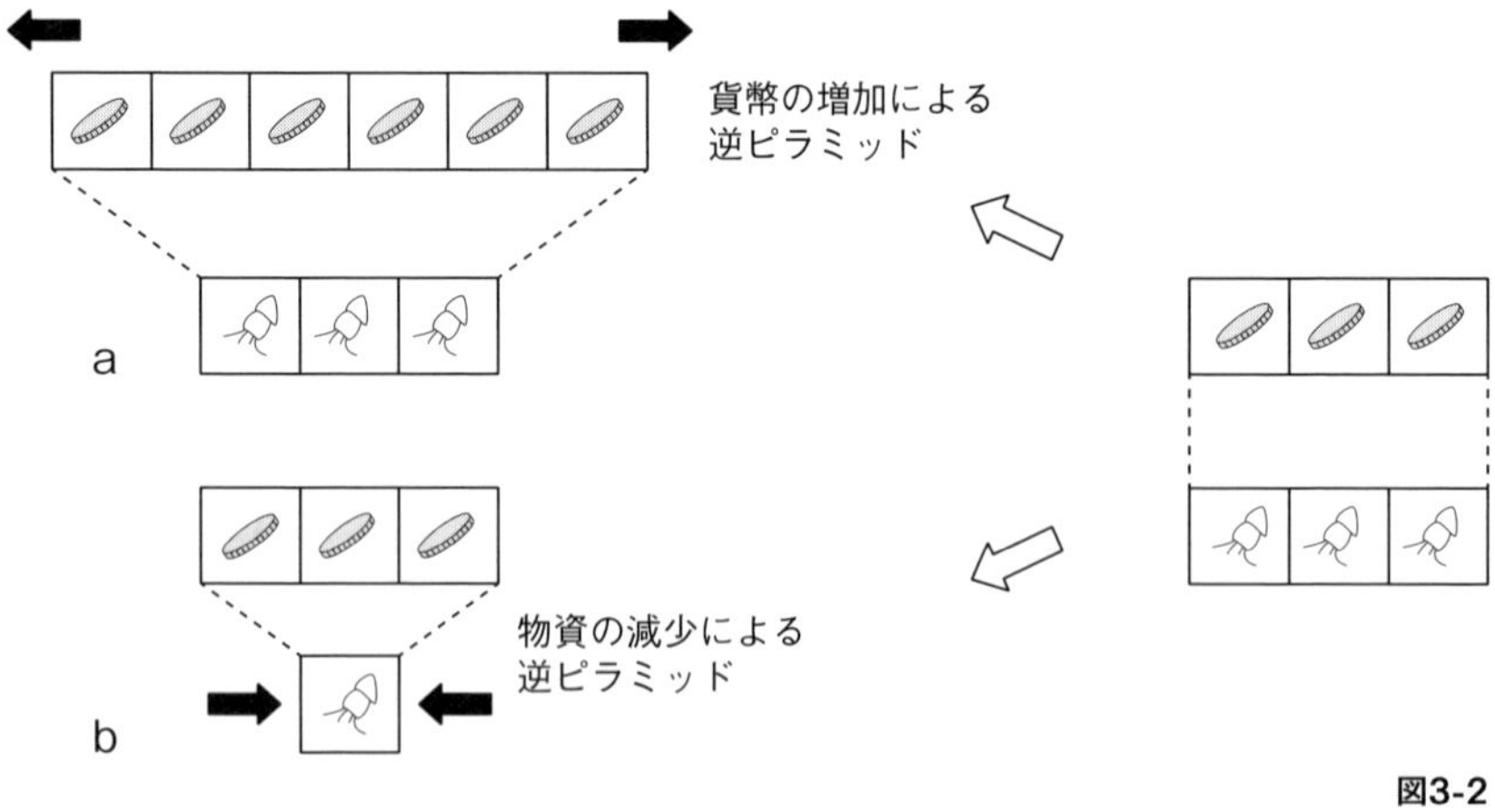

図3-2

循環作用の中のインフレ

さてインフレという現象の本質がこのようなものだったとするならば、要するに政府が紙幣の乱発さえ行わなければ、インフレという現象は起こらないはずであるように見える。そしてまた政府の側が紙幣を何枚発行したのかという数字を記録しておきさえすれば、それだけで社会のインフレ状態が一意的に把握できるはずだということになるだろう。

ところが現実には、それは必ずしも造幣局の数表一枚で把握できるものではなく、また政府が造幣局への通達一本でコントロールできる現象でもない。そもそも先ほど述べたような紙幣乱発型の暴走インフレというものは（南米などでは現在もこれに苦しんでいる国もないではないが）、ここ数十年ばかり西側先進国ではほぼ無縁のものである。

しかしだからといって先進国側がインフレという現象そのものと無縁でいられたというわけでは全然なく、現在でも常にその心配と隣合わせの状態が続いている。だいたいにおいて、景気が良くなって過熱してくると、政府の経済当局はほとんど条件反射のように、インフレがどこかで燃え出すのではないかという心配を始めるというのが、経済社会の常識なのである。

これは素朴に考えるとよくわからない話で、政府が紙幣を乱発するわけでもないのに、一体景気が良くなるということとインフレのどこに関係があるのだろうか？

それは、この現象が次々に飛び火していくという性格を持っているためである。例えばある製品が値上がりしたというので、それを作っている会社に文句を言ったとする。すると担当者からは、別に我が社が儲けたわけではなく、これを運んでくるための鉄道運賃が値上がりしたため、いままで通りの定価ではその分がまかなえないとの返事が返ってきた。

そこでその運賃値上げの犯人であるという鉄道会社のところへ行くと、いや、確かに運賃は値上げしたけれど、実は電気機関車を動かす電気代が値上がりしたから、運賃に転嫁させるしかないんですよ、と言われる。

それではというので、さらに元凶をたどるべく電力会社へ出向いていくと、電力値上げは火力発電所で使う重油値上げのため、やむを得ないのだという。これではどこまで辿っていっても真犯人は見つかりそうにない。しかしこういったことはしばしば起こることであって、誰も彼もが責任は一つ前の存在にあると主張して、結局ご先祖様が誰なのかわからないということもさほど珍しいことではない。

ともかく**経済社会というところは、1ヵ所で値上げが起これはそれがどんどん波及していくものであり、それが問題の根源**なのである。そのため巡り巡ってその火付け役自身にそれが戻ってきて、サイクルが2〜3周してしまうなどということも、よくある話である。

サーキットのボトルネック

こう見るとそのようにサイクルが何周もするという話は、どこか自動車がサーキットを回る状況に似ていなくもない。そこで、楕円形のサーキットの中を100台の自動車が走り回っている状態を考えよう。**図3-3のA**◀

このサーキットはそれより多い台数のクルマが走るにはいささか道路の幅が不十分であるため、

この100台という台数が高速走行の流れを維持できる限界だったが、ここでどうしても倍の200台のクルマを走らせなければならなくなってしまったとする。

しかしどうしてもということであるならば、必ずしも解決不能の問題ではない。要するにサーキットの道幅を2倍にする拡張工事を行えば、いままでと同じ速度で200台のクルマが走れるようになる。これは原理的にはクルマが何台に増えても同じことである。**図のB▼**

ところがこの調子で次に300台を走らせようという話になった時、一つの障害が起こった。道路の幅を3倍にしようと拡張工事を行うため周囲の用地を買収していったところ、一人の頑固な老人がどうしても立ち退きに応じなかったのである。

やむなくその家のところだけいままで通りの道幅にしたため、サーキットがそこだけくびれた格好になってしまった。さてこのサーキットに300台のクルマを走らせたらどうなるか。

言うまでもなく、そこではスピードを落とさねばならないから、そこでクルマの流れが詰まり始めてサーキット全体で平均速度を著しく低下させてしまうことになる。**図のC▼**

好景気に伴うインフレのメカニズムというのは、要するにこれと同様のものである。一般にある製品の売れ行きが2倍になったなら、工場の側でもそ

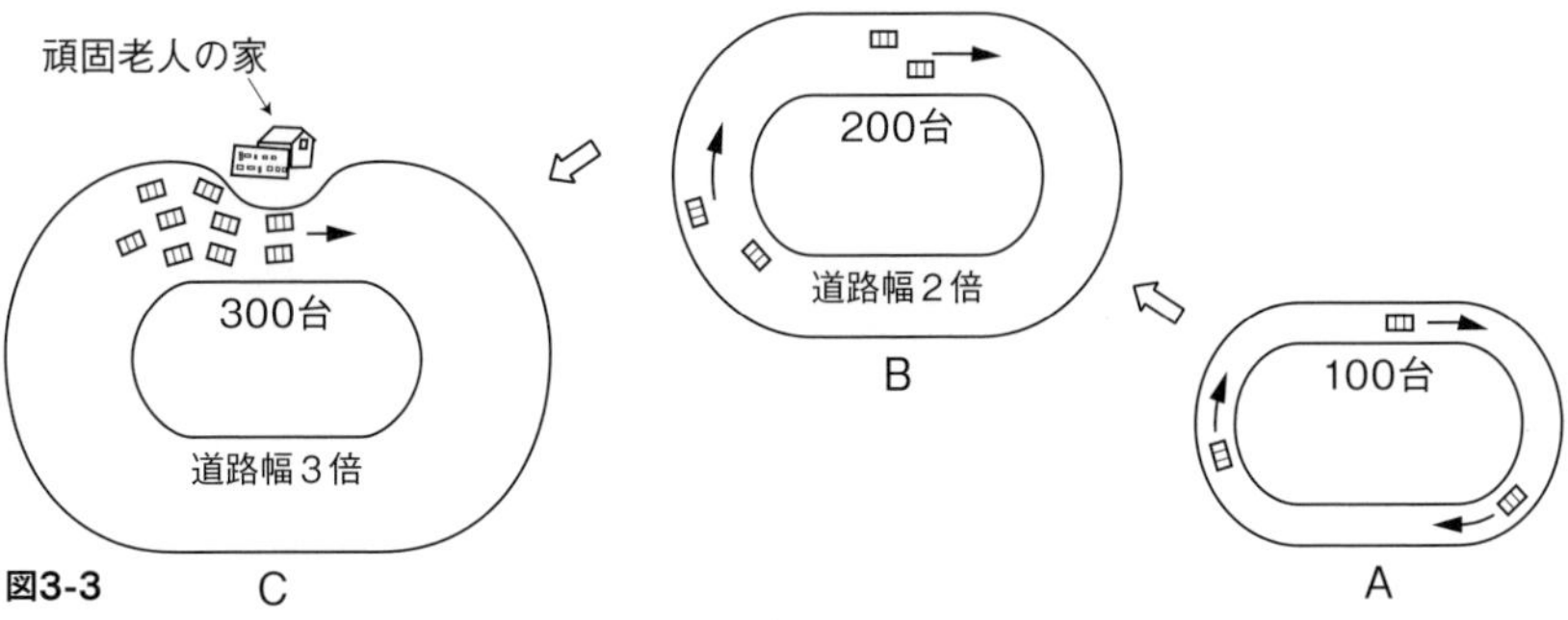

図3-3

の生産量を2倍に増やす。またもっと広範囲な消費ブームが起こって、あらゆる品物の需要が2倍に増えたならば、社会全体の生産レベルが2倍に増える。この時には、その生産に用いられる原料などの需要も2倍になることを意味する。

この場合もしそれらの供給がすべての局面で、需要の増大に正確に比例してちゃんと一律に増えてくれるならば、ちょうどサーキットの道幅がクルマの台数に比例して広くなる場合と同様、別に物の値段は一定のまま変化しない。

しかし物の供給量がどれもこれも需要に比例して増えてくれるとは限らない。確かに多くの製品は生産量を増やすことができるだろうが、中には希少金属のように、どこをどうがんばっても供給の増えようがないものもある。そうなった時、そうした希少金属を必要とする製品は、もはや同じ値段で生産量を倍にすることはできなくなってしまう。

そしてちょうどサーキット全体の一様な道路拡張がそこで限界を課されてしまうように、そこから値上がりが経済社会のサーキット全体に波及していってしまうのである。一般に経済社会というものは、どこかに必ずこうした「供給の増えにくい」場所を抱えているものであり、それはビンの首のように通りにくいことを連想させることから「供給のボトルネック」と呼ばれている。

要するに道幅を広くしていく過程で、このくびれた箇所がインフレの火元になってしまうことになり、これはどうにも避け難い宿命なのである。

フィリップス曲線

ともあれこれが好景気に必然的につきまとうインフレのメカニズムであり、これはたとえ紙幣の増刷を全く行わない健全な政府のもとでも、常にこうした形のインフレが燃え上がる素地を抱えているのである。実際にいまでも好景気の時は新聞で「景気の過熱に伴うインフレ懸念が……」などという見出しにお目にかかるが、こういう時に政策当局が心配しているのは要するにこのことで、これは政策当局がいくら造幣局を監視していてもそれだけでは効果は期待できないのである。

　要するに一般に好景気の時は同時にインフレの時でもあるというわけだが、ここでアカデミックな話をしておくと、経済学ではその相関関係は「フィリップス曲線」というものにまとめられている。そのグラフでは好景気＝失業率の小さい状態として表現されているが、要するにだいたいにおいて過去に経済が好調で失業者の少ない時には、経済はインフレ状態であることが多かった、という事実を示した実証研究である。**図3-4▼**

　これは１９５０年代に経験法則としてまとめられたものであり、60年代には主としてケインズ派の経済学者の間で自分たちの主張の正当性を示すものとしてしばしば採り上げられた。

　しかしながら１９７０年代以降、この研究はすっかり価値を落としてしまうことになる。それというのも第二次大戦以後に西側先進国が体験した最も大規模なインフレというのが、これとは全然違うメカニズムによるものだっ

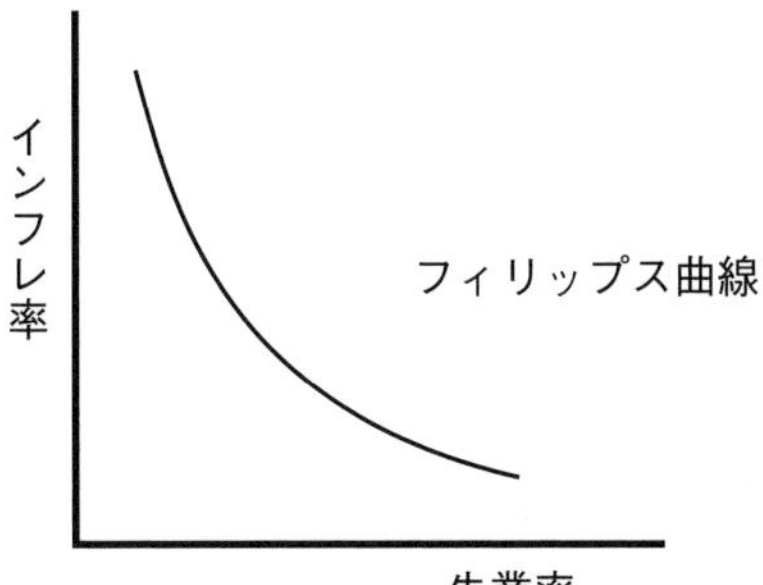

図3-4

たからである。

この時起こったインフレというものは、中東産油国が突然一方的に原油を値上げして供給が細って起こったもので、いわば外から襲ってきたものである。つまり先ほどの例が、自分の内部でサーキットが太っていく過程で1ヵ所がつかえて、全体の格好がくびれてしまったことによるものであるのに対し、この場合はむしろサーキットが外からぎゅっと掴まれてくびれた格好になってしまったことで起こったものだった。

こういう状況では、原因と結果の関係が最初から全然違ってしまっているものだから、当時の経済データはこのフィリップス曲線とは似ても似つかぬ様相を呈することになったのである。実際この時のように外から一方的に原因が訪れた場合には、不況の環境のもとでもインフレは進行し得る。

そこで70年代の経済は不況（スタグネーション）とインフレが共存していたということで「スタグフレーション」という名前を与えられ、好況＝インフレという定番的な相関関係は少なくともその時期には完全に崩れていたのである。

インフレのメカニズムの整理

ともあれここまでを整理してみると、インフレのメカニズムはいくつかの種類があることがわかる。それらは、
①紙幣の発行量が増えてしまうことによるもの。これは第一次世界大戦直後のドイツが最大の例で、ピラミッド型の図では貨幣の側の幅が広くなってしまった場合に相当する。

②品物の供給量が突然減ってしまうことによるもの。これは1970年代の石油ショックが好例で、ピラミッド型の図では品物の側の幅が狭くなってしまったことに相当する。

③好景気に伴ってどこかに供給のボトルネックが発生し、それが社会全体に波及するもの。これは先ほどのサーキットの図のようなメカニズムで起こるものである。

以上の三つが主なものである。この場合、①と②は比較的突発的な要因で起こるが、③は好景気に常に伴うもので、その意味ではこの③こそが最も一般的に見られるものである。そのため読者はこれだけを覚えておけば、とりあえずインフレとは何かに関してその基本的なメカニズム面は理解できるはずである。

「貨幣の中立性」という考え方

しかしインフレという現象は、理屈で考えてみると、時々それがなぜそんなに悪いことなのかわからなくなる時がある。

ある意味で、経済発展の歴史というのは同時にインフレの歴史であるとも言えなくもない。実際100年も前には1円であれ1ポンドであれ1ドルであれ、それは大変な値打ちを持っていた。しかしそれらの現在の価値は見ての通りであり、経済の発展過程では貨幣価値というものは概《おおむ》ね低下を続けるのが普通である。

これは形の上では数万倍の「インフレ」だが、だからといってわれわれが物価の数万倍の上昇に苦しんでいるわけではない。つまりわれわれが稼いでいる給料の額も、数字の上では数万倍になっており、給料と物価が共に同じ倍率で上昇する限り、実際の生活には何の変化もないからである。

つまり疑問とはこのことで、要するにインフレとはただ面倒で苛立たしいだけのことに過ぎず、本当は誰も損をしているわけではないのではないかということである。

この疑問は学問的にも一つの体系としてまとめられており、それは「貨幣の中立性」と呼ばれる考え方として理論化されている。つまり**貨幣というものは、単に現実の経済社会で取り引きされる様々な物に貼り付けられた、一種のラベルのようなものに過ぎないのではないか**ということである。

この見方に従えば、１００年間のインフレなどというものは、単にそのラベルの上に書かれた数字の末尾に、全部一様にゼロを何個か書き加えただけのことに過ぎない。つまり長期的に見るならば、ラベルの上で数字が勝手にどう大きくなろうが、それは空回りするだけでラベルの下の実体経済には何も影響がないのではないかということになる。

要するに貨幣の上で起こる数字の変化は実体経済に影響を及ぼす力を持たず、貨幣は経済に対して中立的な存在だということになるわけで、これが「貨幣の中立性」の考えである。

この考え方は、自由放任経済の「神の手」を信奉する人々がしばしば好む思考様式である。つまり人間にとって本当に必要な実体経済は、神の手によってしっかりした秩序を与えられているため、ラベルのことをどうこう言うのは本質的に二義的な問題だというのである。

こうした考えを色濃く反映した理論として「フィッシャーの貨幣数量説」などのものがあり、詳論は省くがこれは要するに社会の貨幣の量と品物の量を単純に対応させれば、その比率の数字がそのまま物価の数字になるというものである。これは先ほどのピラミッド型の図で考えればすぐにわかり、例えば世の中に金貨が10枚あって品物の量が２００あるなら、物価水準は金貨1枚当たりで

20の品物が買える程度のレベル、ということがすぐに割り出せてしまう。

これを見ると、確かに貨幣の上の金額などは単なる一種のラベルの上の数字に過ぎず、貨幣は実体経済にあまり影響を与えない中立的な存在に見える。もう少し新しい理論としては、「フリードマンのk%ルール」などというものがその思想の一種のバリエーションとして存在しており、これは要するに先ほどの話を、経済が拡大している状態に拡張したものである。

これも詳しいことは省くが、要するに「一定の割合で経済が拡大している時には、どのぐらいの割合で貨幣の量を増やしていけば、ラベルの上の数字を定常的に望ましい値に保っていけるか」という話であると考えればよい。

いずれにせよ、例のピラミッド型図形のように、単なる貨幣量と物資の量の対応でラベルの上の数字が決定される、という基本思想には変わりはなく、もし本当にそれで貨幣のすべてが言い尽くせるとするならば、確かに実体経済への影響は基本的にはないということになるだろう。

一方それに対してケインズ学派は、貨幣のもたらす擾乱《じょうらん》要因は遥かに大きく、それが実体経済に及ぼす影響もしばしば馬鹿にならないものとみる。では本当のところはどうなのだろうか。

インフレで誰が得をするか

常識的に考えると、確かに先ほど見たように、１００年単位で貨幣価値が数万分の1に変動してもわれわれの実生活に影響がないことなどを考えるならば、「それが実体とあまり関係のない名目的なものに過ぎない」という主張は正しいように見える。しかしもっと短期的に一年単位で考えた場合にはそうは思えず、インフレが実体経済に影響のない現象だなどとは少々考えにくい。

そこで、短期的に見るとインフレは実体経済にどう影響を与えるのか、あるいはもっと直接的な言い方で「インフレのもとでは誰が得をして誰が損をするのか」ということについて以下に見てみよう。

この問いに対しては次のように答えるのがもっともシンプルな解答ではあるまいかと思われる。すなわちインフレのもとでは「機動性の高い人々」が得をして「動きの鈍い人々」が損をするということである。

実のところ、企業家という人種にとってはインフレというものは、長い目で見るとさほど困った現象ではない、というよりむしろ得をする場合が多いと言える。

なぜなら資金を借りてきて事業を興し、10年後にそれを返済しなければならないなどという立場の人々にとっては、その期間の間にインフレでも起こってくれれば有り難い以外の何物でもない。つまりアタッシュケースいっぱいの札束の借金をしたのに、返済する時には貨幣価値が下がってそれがせいぜい喫茶店でのコーヒー代ぐらいの価値しか持たなくなっているというのだから、借金はほとんどまるごと借り得であろう。

一方これとはちょうど逆に、金を貸す側の資産家（あるいは投資家）たちの立場からみると、これは自分たちの財産がまるで空気中に蒸発していくようなもので、インフレは彼らにとって刑罰に等しい。

ここでそれらの企業家と資産家の性格を比べると、企業家たちが明らかに攻めの姿勢で活発に動き回る「機動性の高い」人々であるのに対し、資産家は本質的に安楽椅子の中で守りに入っている「動きの鈍い」人々である。それゆえこれを見る限りでは、一般的にインフレはそれが緩やかなものである限り、機動性の高い前者に味方している一方、そうでない後者には災厄となっていることがわかる。

では社会の他の人々はどうだろうか。そもそも世の中は企業家と資産家だけで成り立っているわけではなく、社会の人口の大多数は、彼らに雇われる賃金労働者から成っている。それなら一般の労働者たちは機動性の点でどちらに属し、またインフレは彼らに損得いずれをもたらすのだろう。

一般の労働者の場合は、要するにただ給料をもらってそれで物を買うだけだから、たとえ物価が上がったとしても、賃金がそれに比例して上昇するならば一見影響はないように見える。しかし実際は必ずしもそうではないのである。

例えばある地域で一つの巨大企業が生活物資のほとんどを一手に供給しており、そこに生きる人々の生活のすべてがこの企業に依存しているとしよう。そしてこの企業の経営者は狡猾《こうかつ》ではあるものの、それなりに労働者の立場に理解を示してその要求を聞く人物であるとする。

さてここである日、それらの商品の値段が一斉に上がったとしよう。労働者たちは、いままでの賃金では暮らしていけなくなってしまったため、翌日経営者のところへ皆で出かけていって賃金値上げを要求する。すると経営者の側は、あっさりとその言い分を全部聞き届けて、明日から賃金を物価上昇に合わせる形で上げることを約束する。

しかしそれを公式に発表する際、この経営者はそれといわば抱き合わせの格好で、世間に向けてもう一つの「当然の処置」を同時に発表する。つまり賃金値上げという形で労働コストが上昇してしまったのだから、それは必然的に製品価格に転嫁させる他ない。それゆえ翌日から自社製品を一律に値上げすると発表したのである。

これは事実上翌日から物価水準がもう一段高くなることを意味しており、一種のいたちごっこの構図になっているのだが、ただその場合でも、労働者側が翌日に同じことを繰り返せるなら別に問題はない。

つまりその翌日にも労働者側は再度の賃上げを要求して、経営側はそれに応じると共に商品を値上げする、ということを延々繰り返していけば、一応いたちごっこではあるものの、物価と賃金が仲良く肩を並べて一緒にエスカレーターを上っていく限りは、名目上は別に損をしていない理屈になるはずである。

確かにこの場合、一見どちらも損得ゼロのように見える。しかしそこには一つのトリックがあり、よく見るといつも経営者側のほうが労働者側よりも一手先んじている。実はこれが巧みに労働者たちから金を吸い上げているのである。

それは次の図を見てみれば一目瞭然で理解できるだろう。製品価格の上昇（要するに経営者の儲け）の階段と賃金上昇の階段はほぼ同時進行しているが、問題は前者が一足早くスタートしていることである。 **図3-5▼**

つまり図の斜線部分が差額としてまるごと経営者のポケットに入ってしまうわけで、実はそれは間接的な形で労働者たちが払わされてしまったのである。すべての場合においてこのようなメカニズムが生じるというわけでは必ずしもないが、ともかく労働者側はインフレで貧乏くじを引かされる側に分類される。

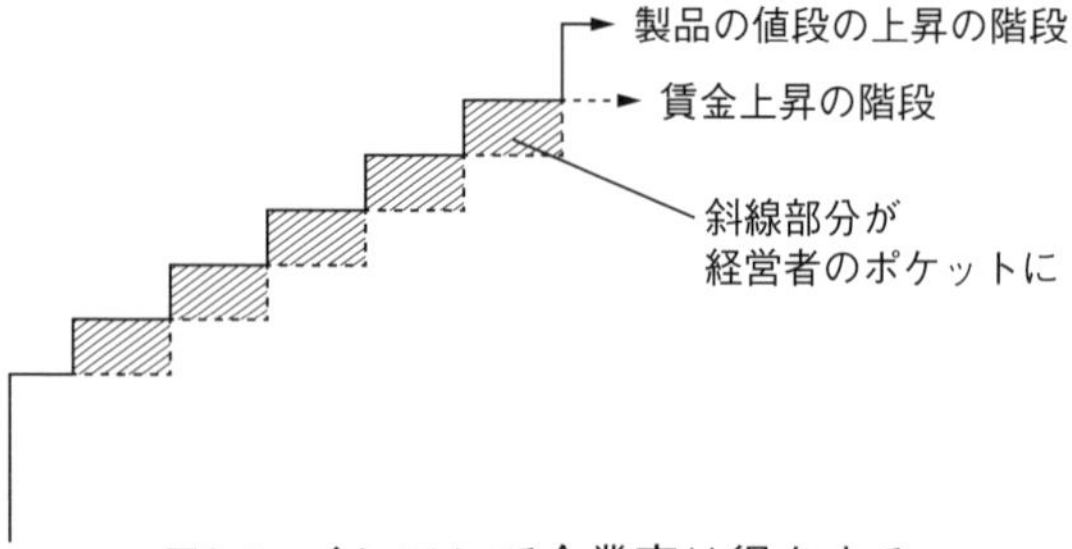

図3-5 インフレで企業家は得をする

労働者層は、全く機動力を欠いているというわけではないが、立ち上がりが遅く受動的な形でしか行動を起こせない。逆にひとたび行動を起こしてストライキに熱中するようになると、今度は暴走して適正点でブレーキをかけることができず、企業ごと共倒れになって元も子もなくしてしまうリスクを負う。そのため労働者階層は反応が鈍重であるという点において、やはり「機動性に劣る」人々である。

もう一度整理しておくと、**インフレ環境のもとでは一般的に、**

- **資産家階層（最も金持ち・その資産で生活＝機動性鈍い）は損をする。**
- **企業家階層（2番目に金持ち・借金多し＝機動性高い）は得をする。**
- **労働者階層（最も貧乏＝機動性鈍い）は損をする。**

という具合に、機動性の優劣によってサンドイッチ状の明暗が生じるわけである。

こうしてみると、短期的に細かいところまで見ていくならば、インフレは実体経済に影響を与えないどころの話ではなく、この局面においては「貨幣の中立性」などという議論は空理空論としてどこかへ吹っ飛んでしまっていることがわかるだろう。

デフレはインフレより恐ろしい

さて、この階段状の図形の話は、デフレの場合にも同じことが言えるはずである。つまりこの場合も時間的な誤差やタイムラグがもしゼロなら、消費者として物を買う際の物価下落と、会社でもらう給料の下落が完全に歩調を揃えて同時進行し、実質的には誰もその影響を被らないことになる。

しかし実際には先ほどと同様にタイムラグによって斜線部分のような差額部分が生じてしまい、得をする者と損をする者が出てきてしまうことになるのである。

ではこの時は、その差額分のメリットを手にするのは誰だろうか。具体的に言えば、一番得をするのは（ある程度の余裕がある）消費者層である。図3-6▼

つまりモノや金がそこそこ手元にあってさほどせっぱつまった状況ではなく、その気になれば手元のそれらでしばらく生活できるという人々が、結果的にこの斜線部分を手にすることができる。

こういう人々は、特に今すぐモノを買う必要はないため、買い控えを行うかどうかの主導権を握っており、その気になれば消費を周囲より1ストローク遅らせた形で行うことができる。

つまり連続的に物価が下落する状況下でそういう買い控えを行った場合、自分の給料水準の低下よりも物価下落が1ストローク早く起こるため、長時間の平均で見ると、結果的にその人はこの斜線部分の合計分だけ得をしていることになるわけである。

一方逆にこの場合、理屈からすると企業の側がこの斜線部分を損失の形で負担することになる。それは企業の経営者の立場になると

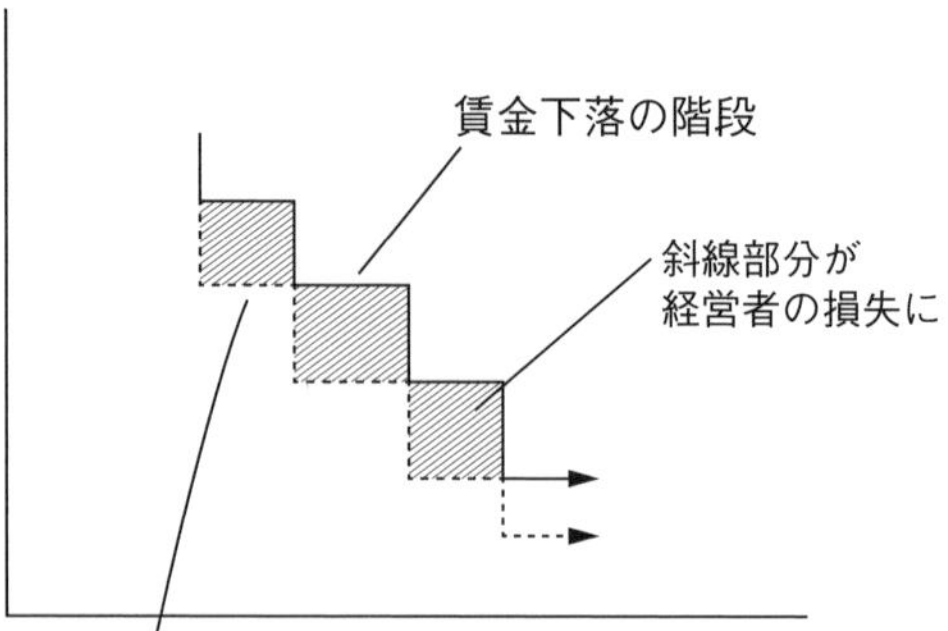

図3-6

よくわかり、大抵の場合、モノが売れなくなった時にはまず自分の側が商品の値下げをしなければならない。

そして従業員の賃金カットはその後で行われるので、どうしても1ストローク遅れる格好で斜線部分が損失となり、このメカニズムが企業の経営に深刻な影響を及ぼすことになるわけである。

しかしそうした消費者にしても、確かに個人レベルでは得をするものの、長い目で見ればそうは言い難い。何よりも問題なのは、それが社会全体で「買い控えが有利になる」という構図を生んでしまうことで、当然ながらこういう状況では誰も彼もが買い控えに走って、社会全体で消費を冷え込ませてしまうことになる。

そうなればこのような物価と賃金の下落の悪循環をさらに加速させて、企業にとってはダブルパンチでその活動の低迷に拍車をかけ、最終的には社会をどんどん貧しくしてしまう。そのため長い目で見れば得をする人間は誰もいないとも言えるのであり、その意味でデフレはインフレよりも遥かに恐ろしいと言える。

逆に言えば、こうしてみると長い目で見ればある程度の緩やかなインフレのほうが、社会全体にとってはまだしも望ましい、ということになってくるだろう。特にケインズなどはそういう見方をとっており、そのため政策当局がケインズの影響を受けている時には、それを経済成長の有効な手段と考えて、しばしば確信犯的に経済を軽いインフレ状態にもっていこうとすることがある。

確かに選挙民の大多数を占める労働者階層のことを考えれば、インフレというものはどうしても抑え込まねばならないが、国の産業の牽引車たる企業や企業家階層のことを考えれば、むしろある程度のインフレは容認すべきだということになるからである。こうしてみるとアベノミクスのインフレ期待論なども、基本的には後者の考え方に立っていると言えるだろう。

戦後日本のサバイバル戦略

それでは過去にそのように、たとえ労働者や庶民には不利となってもインフレを容認し、それが結局は良い結果をもたらした実例としては、どんなものがあっただろうか。実は日本は第二次世界大戦が終結した直後にそうしたものを経験しており、これは先ほどのメカニズムの話を少しはみ出している感もあるが、歴史上のエピソードとして紹介しておこう。

軍事的な戦争においては誰も褒めるものがないようなぶざまな戦略で降服した日本ではあったが、それに続いていわばさらに一段内側の濠《ほり》を守る経済の防衛戦においては、ぎりぎりの線まで追い詰められながらも、日本は的確な戦略と幸運によって、危機的な状況下での防衛戦を戦い抜くことに成功した。実際それは経済史に残るほどのものだったのである。

当時の終戦直後の日本の惨状といえば、工場が廃虚になって財政も破綻しているというばかりではなく、とにかく国内には石油もない、鉄鋼もない、石炭もないという具合に、エネルギーと資源の双方が絶望的に不足していた。

そのため、終戦まで辛《かろ》うじて生き残って生産を続けていた製鉄所でも、石炭が底をついたことによって溶鉱炉の火が一つ、また一つと消えていき、全国で製鉄所が次々に操業停止に追い込まれて日本の生産力は加速度的に縮小していった。

さらに米国側に援助を求めようにも、この頃はまだ米政府内部でも強硬派が主流で、この際日本が再び脅威とならないよう永久に農業国に留め置き、重工業の復興の根はむしろ絶っておこうという過酷なプランすら検討されている有様で、とても復興の積極的援助どころではなかったのである。

このように内外から絶体絶命の危機に瀕《ひん》する中、日本は一つの経済戦術を立案する。それは「傾斜生産方式」と呼ばれる次のようなアイデアのものだった。

それはまず、国内でかき集めたごくわずかな重油を、一旦すべて鉄鋼生産のために集中的に振り向ける。そして生産した鉄鋼を、今度は石炭増産のためにすべて振り向け、そこで産出した石炭を再び鉄鋼に振り向けて、鉄鋼部門と石炭部門の間で相互に生産物を往復させながら双方を拡大していく。

こうして産業の基本となるエネルギーと鉄鋼の基盤を作り上げ、それがある程度達成された時点ではじめて、それらを他の産業にも分けていく。こういう資源の重点集中投入戦術が「傾斜生産方式」である。これは結果的に復興の原動力となり、歴史に残る成功例として数十年後にも冷戦終結直後のロシアのエリツィン政権下で、経済立て直しの手本として注目されたことがあるほどである。

しかしこの場合、国のエネルギーや資源の基盤を蘇生させるために、鉄鋼部門と石炭部門の間で生産物を往復させている期間というのは、いわば利益や経済論理など度外視した行動なので、そのための必要資金は結局政府が出すしかない。

そこで、ただでさえ国庫が空っぽの政府がその資金を供給するため、「復興金融金庫」と呼ばれる特別組織が設立されて、そのための資金供給を行っていった。

しかしながらその肝心の資金をどうやって作るかといえば、とにかく金がどこにもないのだから、最後の手段としての紙幣増発という禁じ手に頼る以外ない。そのためこの時期には日銀の中庭からは毎日、刷ったばかりの紙幣を満載した軍用トラックが次々に外へ出ていき、それを窓から日銀職員が歯ぎしりしながら眺めていたとのことである。

「通貨の番人」をもって自ら任じる日銀にとっては、インフレ阻止こそ第一の任務であるにもかかわらず、これでは自分のところから国中にインフレをまき散らしているに等しい。実際この紙幣乱発によって国中が凄まじいインフレに見舞われ、外見上は第一次世界大戦後のドイツに似た光景となってしまった。

しかしそれと大きく異なるのは、これがもっぱら経済蘇生のための資金として有効に使われていて、無駄な賠償金のために空《むな》しく消えていったわけではなかったことである。またさすがに今回は連合国側にも、第一次世界大戦の時の愚行を繰り返すまいという学習効果があり、それも日本にとって助けとなった。

確かにこのインフレは、耐乏生活を強いられる庶民にとっては災厄以外の何物でもなかったが、復興のサバイバル戦を戦っている産業界にとってはむしろ有り難いものだった。これは極端な事例ではあったが、とにかく前者を一時的に犠牲にして後者を救う格好になっていたことは確かである。

つまり整理すれば、先ほどのサンドイッチ構造的な利害関係において、真ん中に位置する企業・生産者層側が有利になる一方、その上下の資産家と労働者層(ただし前者はこの時点では焼け野原の中で消滅していたが)に不利が襲いかかっていたことになる。国としてはそれを承知の上で、あえて国全体を過酷なインフレの中に投げ込んだわけである。

これは、インフレを選択することが結果的に正しかったという実例としては、世界の経済史の中でも指折りのものであったと言ってよく、日本人としてはこれは覚えておいてよい話ではないかと思われる。

政府当局のインフレへの対応策

これらを見ても、一般に政府は緩やかなインフレというものを決して嫌だと思っていないことが見て取れるが、それでは逆に政府側が、たとえ企業活動を冷え込ませてもよいからインフレを鎮静化させたいと思った時には、一般にどういう方策をとるのだろうか。

それを考えるために、ここで第1章の「経済社会の鉄道網」の話を思い出し、そのイメージを使って、先ほどの日本の戦後復興で政府がインフレを後押ししていた時の状況を眺めてみよう。つまり日銀も含めた金融全体を鉄道と考えた場合、この状況がそれを用いてどう表現されるかということだが、この場合、刷ったばかりの紙幣はいわば経済社会にとっての燃料弾薬であり、それを鉄道に乗せて経済社会の中に大量に運び込んでいる、というイメージになるだろう。

つまりその燃料弾薬が救援物資として企業や生産者の側に届けられることになり、おかげで風前の灯火の状態にあったそれらは、間一髪で補給を受けて全滅の一歩手前で息を吹き返すことができたわけである。ところがそのように大量の燃料弾薬が市中に運び込まれたことで、それがあちこちで火種となって、一般庶民の側はまるで民家が炎上するような災厄に見舞われることになってしまった。

国全体のことを考えれば、後者には一応目をつぶることはやむを得ないが、しかしそれでも物事には限度というものがあり、もしそれが限界に来てしまったなら、さすがに政府としても方針を転換して後者への対応を優先せざるを得なくなる。

ではそういう時にはどうすればよいのかというと、これも鉄道網のイメージを使えば話は簡単で、要するにその鉄道による資金の流入にストップをかけてしまえばよい。図3-7▼

そしてここで再び第1章を振り返ると、そこでは「政府が金利を上げ下げすることが、鉄道の輸送効率のコントロールにつながっている」という話があった。そもそも先ほどの話のように、刷ったばかりの紙幣をどんどん流し込むなどというのは、あくまでも非常事態のもとでの最後の手段に過ぎない。通常のまともな経済状態のもとでは、そんな乱暴なことは行わないのであり、そのコントロールはもっぱら金利を上げ下げすることによって行われるのが普通である。

要するにこの場合には、金利を上げることでその鉄道にブレーキをかけ、たとえ企業活動が補給不足で低調になるという不利をしのんでも、民衆のインフレの災厄を抑え込むというわけであり、これが新聞でよく目にする、いわゆる「金融引き締め策」である。

あるいは読者の中には、いままでその「金融引き締め」という言葉が頭の中でうまく絵になっていなかった、という方もあるかもしれない。しかしそういう読者でも、このようにそれを第1章の内容とうまく組み合わせて発展させることで、より立体的にイメージを把握することができるのではないかと思う。

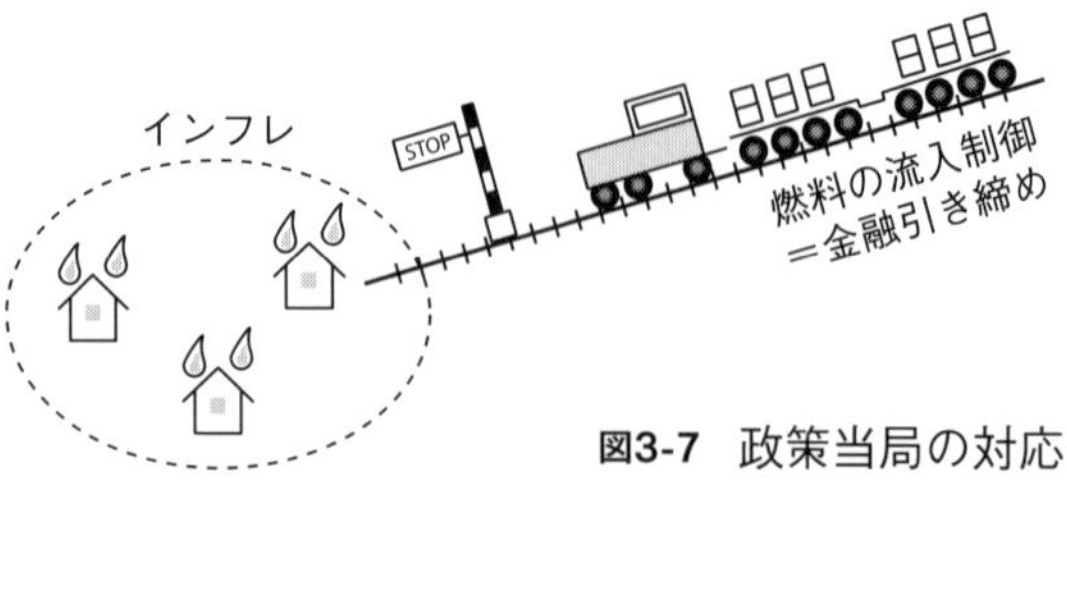

図3-7　政策当局の対応

〈要約〉

・インフレという現象は、基本的には物資と貨幣の対応バランスが崩れることで起こるものであり、そのメカニズムをスマートに直観化するには、１２０ページのような逆ピラミッド型図形をイメージするのが最も早い。

・ただ、それは必ずしも造幣局が紙幣乱発をしたことで起こるものばかりではなく、むしろその多くはサーキットが広くなっていく過程で生じたボトルネックが全体に波及していくというのに似たメカニズムによる。そのため一般に好景気の状態はインフレを発生させやすい。

・そして社会全体を眺めると、インフレ状態のもとでは一般に社会にサンドイッチ状の損得が生じ、資産家階層と労働者階層は損をする一方、企業家階層は得をする傾向がある。そのためインフレの良し悪しは、視点をどの立場に置いて眺めるかで異なってくる。

・景気を良くするためには、政策当局はむしろ故意にある程度のインフレを期待することがあり、それは昨今において多くの場所でしばしば見られている。ただしその際には大勢の民衆の生活が犠牲になっており、もしそちらへの対応を優先してインフレを防止しようと思った場合には、経済社会の鉄道にブレーキをかけて資金の流入を絞ればよい。そのためには金利を上げるのが有効なコントロール策で、これがいわゆる「金融引き締め策」である。

以上、インフレとデフレについて最も基本的なことを述べてきたが、これらの話は後の第5章などでも重要になるので、特に三つの階層で利害が異なるという話などは、頭の隅に留めておくとよいだろう。

第4章 貿易はなぜ拡大するのか

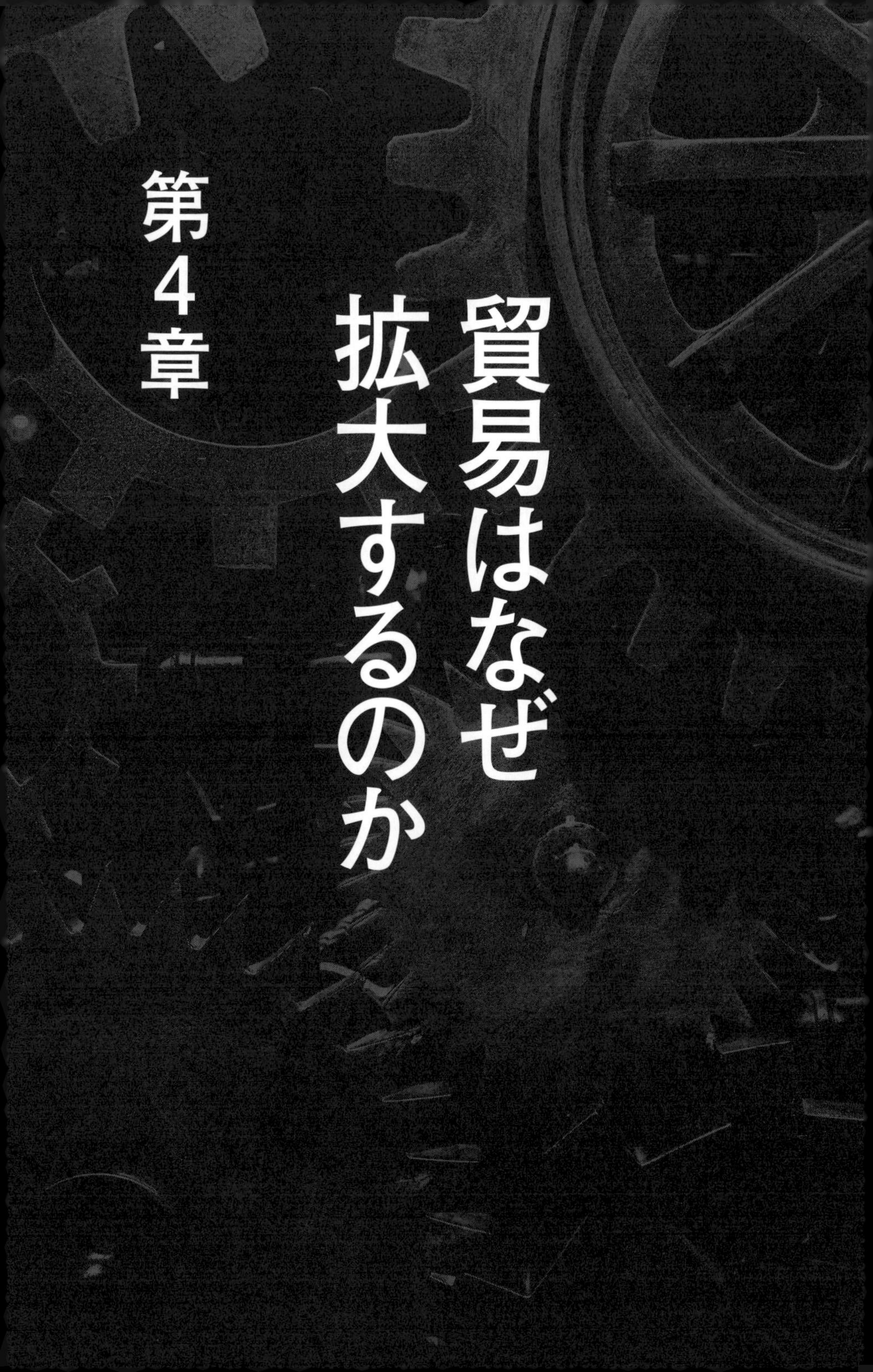

この章では、貿易というものの基本的メカニズムと、その歴史的な概略について述べてみたい。これはいかなる経済問題を考える際にも不可欠となる知識であり、これをでき得る限りコンパクトにまとめておくことは、やはりどうしても必要と思われるからである。

1 貿易のメカニズム

貿易を行う理由

現代世界においては、国境線の存在が時に疑わしくなるほどに、貿易というものが網の目のように発展している。しかし日本のような国の場合、その歴史は比較的浅く、江戸時代にはごくわずかな例外を除いて海外貿易というものは途絶に等しい状況にあった。そしてその近代への激変の過程において、幕末期には貿易をやるかやらないかということが巨大な国家的問題として論議の対象になったのである。

ところで貿易を行うことの必然性については、それを理解できない人は稀であろう。どんな国も国内ですべての物資を調達できるわけではなく、国内で産出しないものに関してはそれを海外から調達し、互いに特産品を交換する。要するにこれが貿易である。

ところが歴史を見てみると、「貿易によって巨利を得る」という話がよく出てくる。幕末期にも、開国派は貿易によって国が富むということを、その大きな論拠として主張していた。実際、日本の近代というものはどんな国よりも劇的に農業経済から産業国家へと変貌したのであり、それゆえこの時期の議論には貿易の問題に関しても、極めて明確にそれが浮き彫りになっており、格好の教材である。

例えば、司馬遼太郎の『竜馬がゆく』に、「するめが大砲になる話」というものが出てくる。小説中で竜馬が喋った内容とは、対馬で産出するするめを上海へ持って行けば十倍の値段で売れる。そうした品目の相場の知識・情報と自由にそれらを運べる船さえあれば、巨利を博することができる。そしてその利潤で上海の武器商人から大砲や武器を買えばよいというのである（竜馬本人がこの時本当にそんなことを言ったかは定かではないが、そういう話を何の不自然もなく物語の中に突っ込めるということ自体、農業社会であった当時の日本の人々にとってそれが自分たちの常識を超えた新鮮な話であったことを物語る）。

これはまさに貿易の本質を言い当てた言葉なのだが、注目すべきは、それは単に絶対的に産出しない品目を互いに供給し合うということではなく、価格差というところに話の中心が移ってしまっているということである。

つまり現代世界の貿易というのは、絶対的に国内で調達不可能なものを融通し合うという局面はむしろ小さなものであり、「**貿易は価格差で動く**」というメカニズムの部分が圧倒的に主力となっているということである。そして過去に貿易が巨大な利益を上げた理由も、突き詰めればそこにあった。そこで、そのメカニズムをあらためてここで明確にしておきたい。

貿易の生み出す巨大な利益

さて貿易は価格差で動くということだが、各地域内部における物の価格は需給関係で決まり、一般に希少なものほど値段が高く、ありふれたものほど安いことを考えると、実は各地における品物の希少性の分布が貿易を動かしていると言える。

例えばここに二つの島があるとして、一方の島は「農業の島」つまり土壌が肥沃で、穀物などの農産物は豊富に収穫できるが鉄などの鉱物資源に乏しいとしよう。そしてもう一方の島はこれとは全く逆に「鉱業の島」、つまりまるで島全体が鉱山であるかのように鉄をはじめ地下鉱物資源を大量に産出し、時には鉱脈が地表に露出していることさえあるが、その代償として土地がやせているため、作物を育てるのは大変骨が折れるとする。

そしてもしこの二つの島を結ぶ水域に、それらを運べる船を大量に保有する集団がやってきたとすれば、まさにこれは彼らにとって絶好の稼ぎ場所であろう。つまり農業の島では穀物は余っていてほとんどただ同然である一方、鉄は貴重品として大変に高価である。そしてもう一方の鉱業の島では全く逆に、鉄は石ころ同然に扱われているが、穀物の高値に皆が苦しんでいる。

そのため彼らはまず、余っている穀物を仕入れるために「農業の島」に船をつけてそれを大量に積み込み、それをもう一方の「鉱業の島」へ運んでいって高値で売りさばく。そして今度は稼いだばかりの金をその場で支払いに使って、安い鉄をこれまた大量に仕入れて船に積み込み、再び「農業の島」へ戻ってそれを高値で売りさばけばよい。つまりたとえ船が数十隻程度でも、この往復輸送を何度も繰り返していけば、いくらでも利益を上げることができるのである。

図4-1◀

事実、この運搬手段を独占していれば、その利益がどれほど巨額なものになるかは容易に想像がつく。仮に運んできた鉄を「農業の島」で売りさばく際に、そこまで値をつり上げずとも、高価だったそれまでの島内産の鉄の値段の半値で売るという条件でなら、それは間違いなくそれまでの島内産の鉄を全部駆逐して、その需要と市場を全部いただいてしまうだろう。

そしてたとえ半値の大サービスであっても、その鉄は鉱業の島でただ同然で仕入れたものなのだから、それはほとんど丸儲けに近い。そして鉄と穀物の双方でこれができるのだから、話の規模は想像以上のものとなってしまう。

話を簡単にするために、ちょっと極端な想定として、どちらの島でも自分のところで余っているものに関しては、ただ同然で取り引きされているため金額で見る限りでは経済の中でほとんど無視できるほどのパーセンテージしか占めておらず、金額に表れる経済活動としての「国内経済の総額」の数字は、不足している物資の取引額だけ――農業の島なら鉱物の、鉱業の島なら農産物の取引総額だけ――で事実上構成されているものとしよう。

この場合、船で運んできた鉄を「農業の島」で売りさばく件に関しては、何しろここでのいままでの金額上の「経済活動」の大半は、要するに高価な島内産の鉄の取引額そのものに他ならなかった以上、それをそっくりいただくとなれば、その売上ないし利益は金額で見る限り、農業の島の「国内経済の総額」に迫るほどの大きさになるだろう。

そしてもう一方の鉱業の島でもほぼ同額の利益が上がるから、合計すると大変なこと

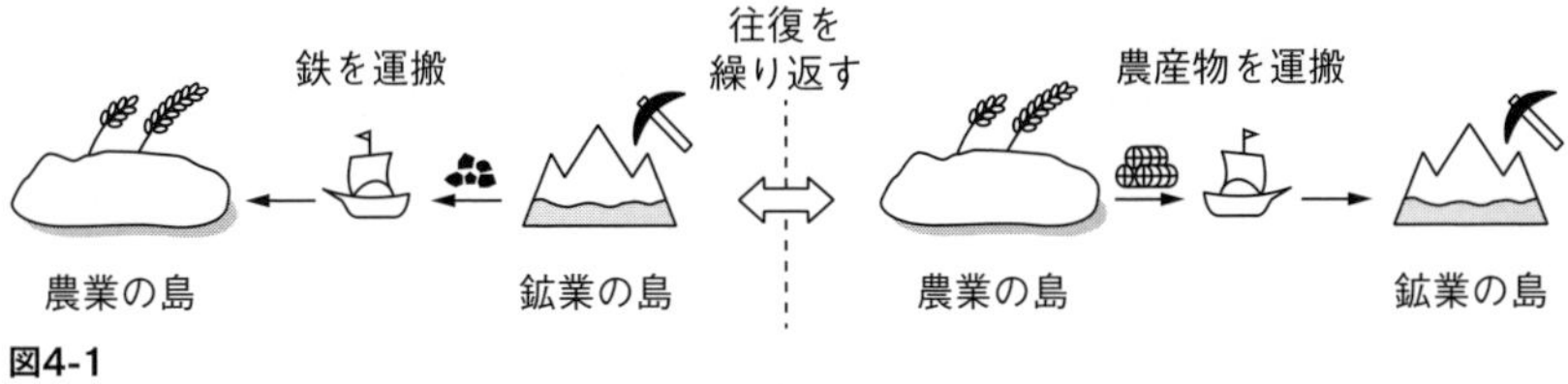

図4-1

になる。つまりたった数十隻程度の船を保有するだけのこの集団は、何と二つの島全体の「国内総生産」に匹敵するだけの金額を稼ぎ出してしまうことになるのである。

このように見ると、近代史においていかに貿易が巨利を生み出すものと見なされて、各国がそれに血道を上げたかもわかろうというものである。そしてそれが最も極端な形で現れたのが、幕末期の日本であった。

実際この時期、開国による海外からの圧力によってそれまでの農本経済と商業抑制政策は根こそぎ撤廃を余儀なくされ、そしてまたテクノロジーの面でも蒸気船の登場による「交通革命」がそれに重なった。いわば貿易というものに対して無菌状態にあったところに、いきなりこんなものが出現したのだからたまらない。

つまり先ほどのイメージに従うならそれは、それまでの金銭面での「国内総生産」の総額に匹敵する規模の利益が、突然新しく誕生してしまうのに等しいことになる。そして当時の日本は政治的な面で一種の連邦国家が微妙なバランスの上に立っていたに過ぎず、そんな巨大なものが突然出現することの衝撃に耐えられなかったのである。

例えばどこか特定の藩が、何らかの形でこの利益を独占的に吸収することに成功してしまえば、その藩は異常に経済的に巨大化して、それだけで国力のバランスは完全にひっくり返ってしまうことになるだろう。そのため幕府側は貿易を幕府だけが独占的に行って諸藩にそれを許さない体制を作ろうとするが、逆にその巨額な利益が幕府だけに流れ込むとなれば、やはり力のバランスが一挙に崩れて、今度は諸藩の独立性が完全に失われることになる。

それゆえ西方雄藩はそれに真っ向から衝突せざるを得なくなり、この緊急時において武力衝突という形で迅速に決着をつける以外に方法がなかったのである。

貿易の力学

ところでこのように貿易がいくら巨大な利益を生み出すといっても、当然それには限度というものがあるはずである。そしてそれを調べていくと、その上限が実は最初の状態によって決定されてしまっており、人間がいくら努力をしても決してそれ以上の稼ぎを生み出すことはできないのだということがわかる。

要するに**貿易というエンジンが動くには、もともと世界各地で品物の産出量にばらつきがあることが不可欠であり、その希少性とだぶつきの具合によって需要と供給による価格差が各地で生まれてこそ、利益を生み出すことが可能となる**のである。逆に言えば、図4-2の左のように、最初の時点ですべての品物の産出量が世界各地で全く均一でばらつきが存在しない状態にあったとすれば、それらの価格も最初から完全に世界全体で均一で価格差ゼロであり、この場合は最初から貿易は動かない。**図4-2▼**

つまりこれを見ると、そのばらつき具合が最初にどうだったかが条件として与えられてしまえば、貿易そのものがどの程度の利益を生み出すかの上限が決められてしまって、どんな目はしの利く人間がどう知恵を絞ってもそれ以上の

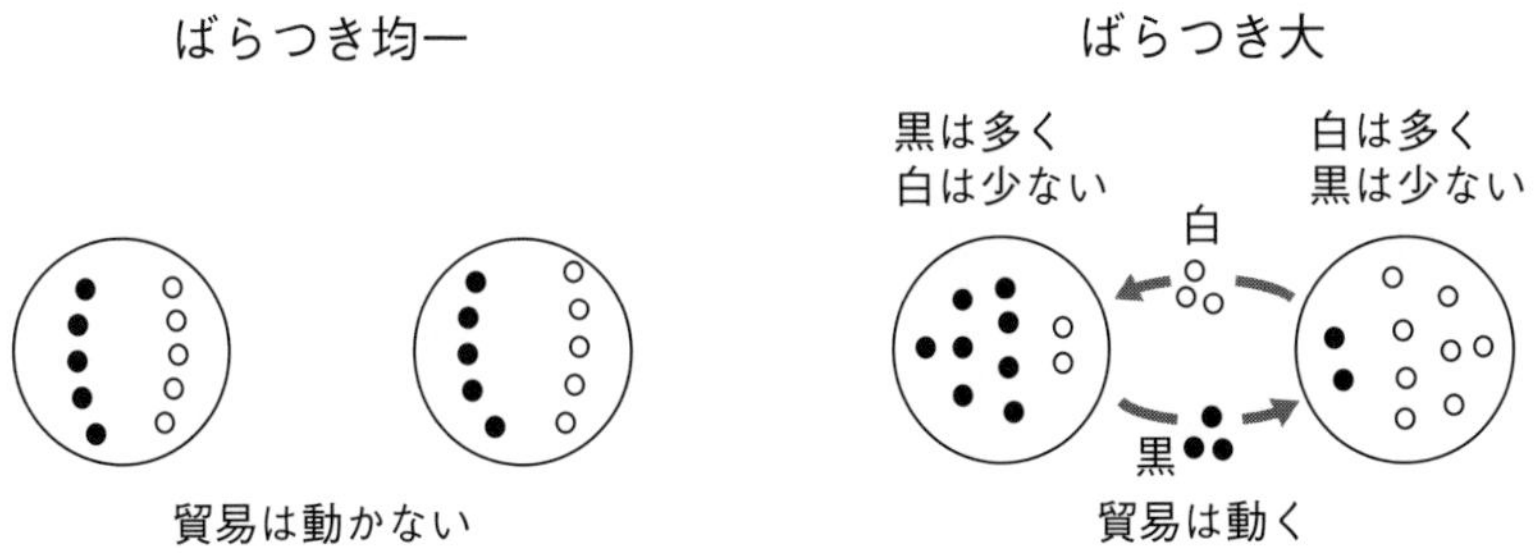

図4-2

利益を上げることはできないことになる。

つまりその上限値は原理的には算出ができることになるが、ともかく一般的に言えば最初の状態ですべての品物の産出量が世界全体で均一ということはあり得ないため、その不均一性が貿易というエンジンを否応なしに駆動させてしまうのである（なお理系読者のために一言無駄話をしておくと、この貿易というエンジンの話は本質的に熱機関の話と似たところがある。つまりそれらは本質的に熱の分布に差があることではじめて動くものであり、熱がどの程度不均衡に分布しているかによって、エンジンが引き出せるエネルギーの上限の値も定まってしまうからである）。

利益の取り分の国家への移行

こうして見ていると、貿易が拡大するのも当然の話であるが、しかし現在ではこういう二つの孤島の間で仲介貿易を行って、一国の「国内総生産」に匹敵する利益を上げる勢力というものは、事実上存在していない。それでは現代世界においては、これらの利益はどこの誰の懐《ふところ》に収まっているのだろうか。

まずそもそも仲介貿易などというものは足元の不安定なもので、先ほど述べたようなことにしても、これが成り立つためには、この勢力が運搬手段と情報を独占していてライバルが存在していないことがまず必要である。

現実問題こうした勢力は、どこへ何を運んでいけばいくらで売れるのかという情報を自分たちだけで独占していないことには、丸儲けの価格設定が暴利であることが取り引き相手にばれてしまう。その上さらに強力なライバルでも存在しようものなら、交渉で足元を見られて次第にただの雇われ運送屋並みの利益水準に低下してしまうことになるだろう。

実際に西欧などでは、18世紀頃までにはそうした仲介貿易勢力はほぼ姿を消し、この分の利益は国家が懐に収めるようになっていく。すなわち貿易とその利益に対して十分な関心と情報を持つ国家が、税関という関門を設けてそこで貿易の出入り全体を管理するようになった時、そこでこの分の利益は国家の側にスイッチされたわけである。

具体的にはそれは「関税」という、国家にとって一石二鳥の制度を通じて行われる。つまり国家は、それまで国内でそうしたものを作っていた業者を安い海外製品から保護する必要があり、価格差をこの関門で調整して国内に入れる。これはちょうど、水位の高低差のある場所をつなぐ形で作られた運河が水位を調節するための水門区画を持っていて、船をそこでエレベーターのように上げ下げして通過させるのに似ている。図4-3▼

つまり高い国内製品が安い海外製品に負けることがないように、ここで関税をかけて値段を高くし、価格の高低差をなくしてから国内に入れる。そしてその高低差をなくすための差額は、関税という

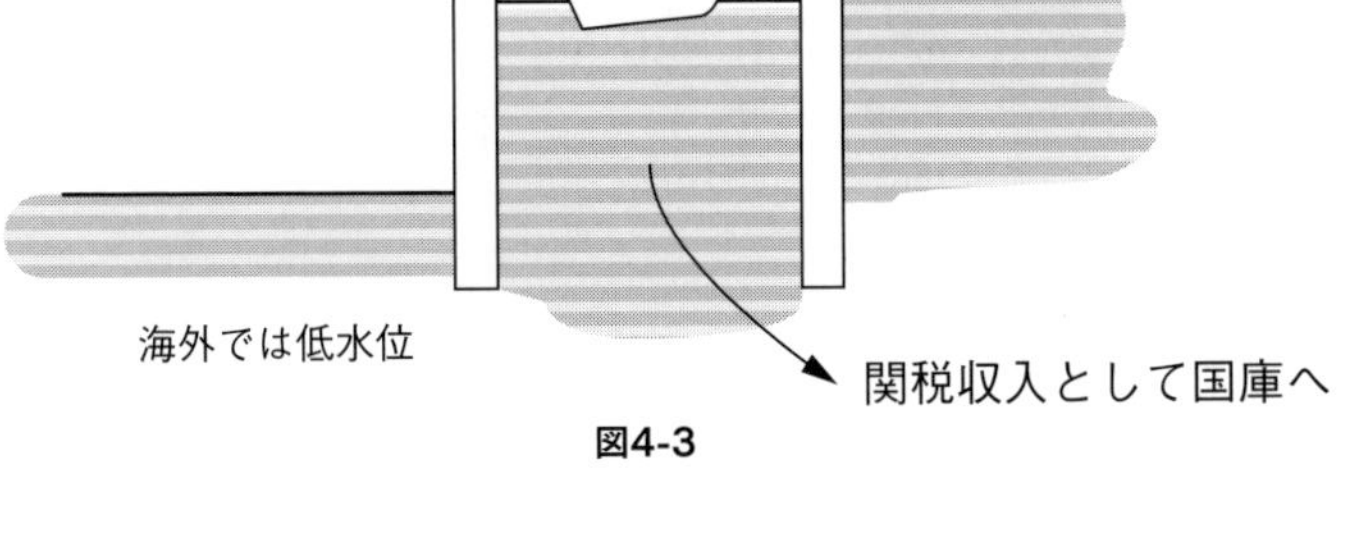

図4-3

税金の形でまるごと国庫へ入ることになる。

要するにこの場合、貿易が生み出すエネルギーの大部分は、まず関税という形で各国政府が吸収する格好になるのである。

自由貿易体制の登場

ところが現在では、こういう体制さえむしろ過去のものとなり、貿易の思想はもう一世代の進化を遂げている。すなわち自由貿易の思想が登場してこれが世界の趨勢《すうせい》となっているからである。

この新しい考えによれば、国家がこんな関門を設けて、本来自由であるべき商業をチェックするなど、時代錯誤的な国家主義の遺物以外の何物でもない。それゆえ関税をはじめ政府による関門一切を撤廃し、個々の企業が自由に海外と取り引きする自由貿易体制をとれば、そこに「神の手」が働いて国際経済を最良の状態にもっていってくれるはずだというのである。

特に第二次大戦後にはＧＡＴＴ（関税及び貿易に関する一般協定）などでその理想の実現が推進されたが、これは一見したところではいかにも自由主義的な主張で、反国家主義的な臭いすら感じられる。そのため本来なら関税というおいしい収入源を取り上げられることになる政府は、およそすべてそれに反対したがるはずであり、正義と自由を求める崇高な精神だけがこれを現実のものとできるように見える。

しかし自由貿易の理論によれば、これは国家や政府にとっても必ずしも百パーセント損な体制というわけではないのである。つまり先ほどのように各国が高い関税障壁を設けている状態は、ある意味で世界全体の商業ネットワークのあちこちに検問所や料金所があって高速走行できない状態を意味し、貿易のエネルギーは最初から大幅に殺《そ》がれていることになる。

つまりそうした関門をすべて撤去してしまえば、貿易、というより世界全体の経済が拘束から解放されて、その本来のエネルギーをのびのびと全開にできるはずである。そうなれば世界全体が昔よりも富むはずだから、各国内部でもその経済規模が拡大することになり、政府としても確かに関税収入こそなくなるものの、国内経済の拡大による一般の税収増大がその分を補ってくれるため、そうまんざらでもないというわけである。

ところで先ほど、貿易によって生み出される巨額の利益は、仲介貿易勢力の退場に伴って「関税」という形で国家の手へ移行したと述べたが、ではさらにそうした国家による管理貿易や関税が撤去され、完全な自由貿易の状態になった場合、その利益は誰の取り分となるのだろうか。

それは特定の誰かの手に集中することなく、企業や消費者一人ひとりに広く薄く分配されることになる。それは基本的にこの体制のもとでは、消費者や企業が買いたいと思う製品や材料など一個一個について世界中から一番安いものを選択し、経済全体がコストの極小化を目指して動いていく。

そのため、その極小化の過程で生まれる差額の合計が、実は先ほどの貿易の利益に等しくなるのである。

図4-4▼

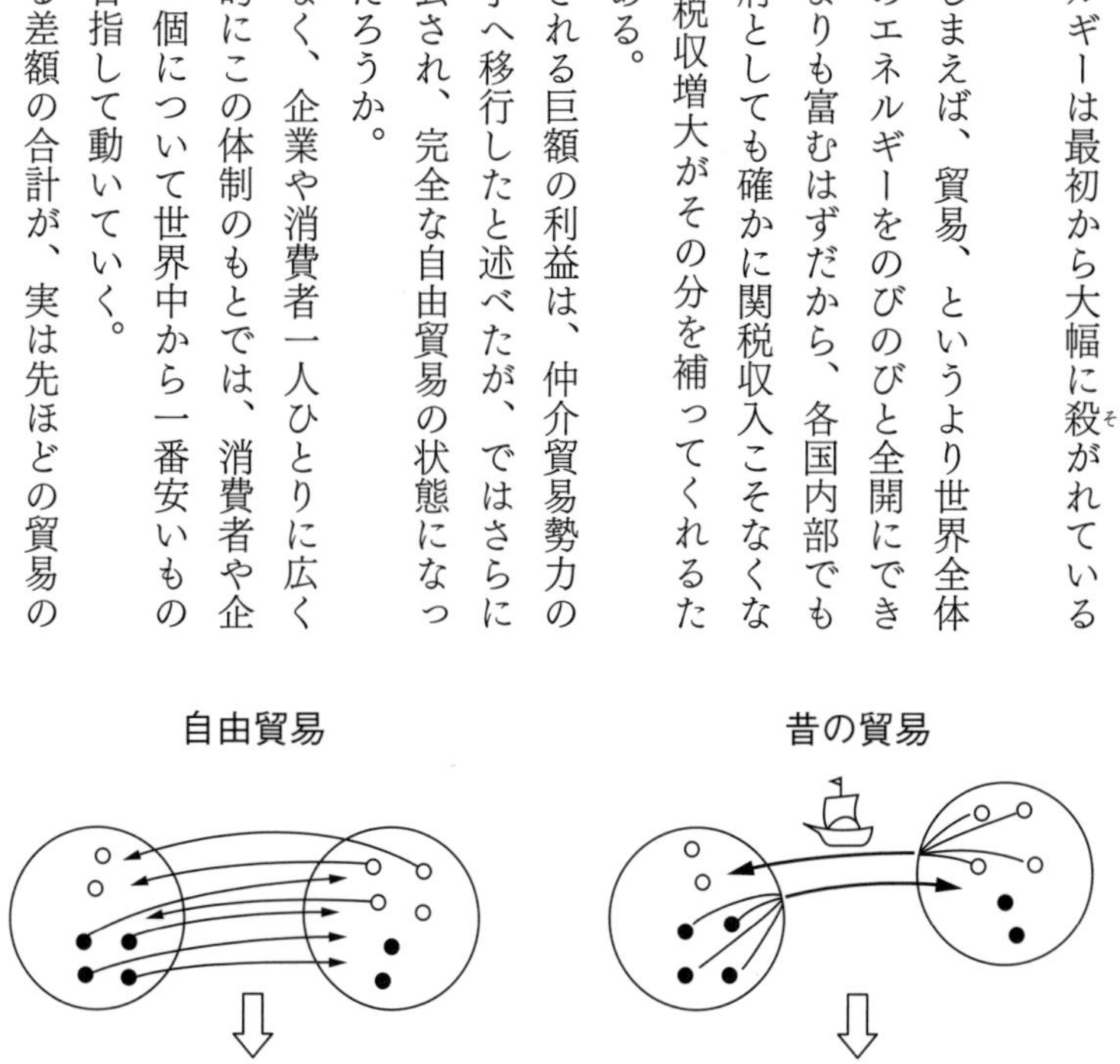
コスト極小化の差額
貿易の利益は貿易商人や国家に

図4-4

つまり自由貿易体制以前と以後で、個々の消費者や企業がどのぐらいコスト面で得をするようになったかを全体で合計すれば、それは理屈から言えば昔なら仲介貿易勢力が手にしていたような巨大な利益の総額に等しくなることになる。

このように少なくとも理屈の上からは、自由貿易体制は各人の利益を極大化する最も優れた制度であると言えるのであり、これに反対すること自体不道徳のように見えなくもない。

ところが現実の貿易の歴史を見る限りでは、必ずしもそんな理屈通りの薔薇《ばら》色の話ばかりではなく、自由貿易はときどき凶暴な牙をむく暗黒面を持っていた。

それというのも、辛辣《しんらつ》な評者によると**自由貿易とは要するに「一番最初に二階に上がった者がはしごを引き上げてしまう」制度**である。どういう意味かと言うと、それは産業競争力においてトップにある国が、後続の国々に追いつく望みを失わせるための仕掛けに他ならないというのである。

実際、そうした後続の国々が追いつくための努力をしようにも、とにかくしばらくの間は国家がその産業を保護しないことには、海岸の波打ち際に砂の城を作るように、作るそばから安くて高品質な外国製品の波に洗われて崩されてしまう。そのため当面それを保護するための防波堤が必要になってくるわけだが、ところが自由貿易とは、まさしくそうした保護のための防波堤を作ることを世界中で禁止する体制に他ならないのである。そのため、自由貿易を強要されて国家経済がまるごと壊滅した国の話は、経済史には枚挙にいとまがない。

このように、自由貿易という制度は善と悪の顔を半々で持つ制度であるが、このことを含めて、以下に歴史的な面からも貿易というものの変遷を振り返ってみよう。

2 貿易の歴史

没落してしまった「商業民族」

では以下に、エピソードを中心に貿易の歴史について簡単に見ていくことにする。これはむしろ経済史そのものの概観とも言えるものであるため、通読はやや煩瑣かもしれないが、読者は折にふれて参照することで、経済史全体を教養として頭に入れるのに役に立つと思われる。

最初にちょっとした余談だが、貿易や商業の歴史というものをみる時、それを現代と比較すると、奇妙な違いがいつの間にか生まれてしまっていることがわかる。

昔の時代の「商業民族」といえば、それは中国人、アラブ人、ユダヤ人であり、これが世界の三大商業民族と呼ばれていたものである。ところがユダヤ人はともかく、他の二つは19世紀から20世紀にかけてはいささかぱっとしなかった。むしろこの時期に貿易黒字を貯め込んだ国といえば、それは日本とドイツであり、この民族はかつては最も商業とは遠く、むしろ農業国で育った「軍事民族」の代表と見られていたのである。要するに19世紀から20世紀にかけての経済世界は、必ずしもかつての商業民族に適した環境ではなく、逆に軍事民族のほうが経済大国になりやすい環境だったということが言える。

これは言葉で指摘されれば一見意外だが、むしろ現場を見れば実に納得がいく。その最大の理由は、**19世紀に経済世界全体が「商業」から「産業」の世界へと移行したからである。**つまり「産業」の時代に入ってからは、兵営にいた軍隊をそのまま工場の中に引っ越させて号令一下、鉄鋼の量産をいくらでもできるという「産業国」こそが経済の主役を占めるようになったのであり、これに比べると、品物をラクダに積んで目ざとく売込先を見つけることが特技の商業民族は、それに寄生する以外に出番がなくなってしまったのである。

この、一見混同しやすいが実は大きな違いのある「商業から産業へ」の流れは、近代西欧においても顕著な形で見ることができ、それは貿易というものにも影を落としている。このことに注意しながら見ると、貿易の歴史というものをより興味深く眺めることができるはずである。

オランダの場合――繁栄を支えたバルト海の穀物輸送ルート

さて、近代のヨーロッパ史において最初に貿易で繁栄した国といえば、まずそれはオランダということになるのだが、実はここでまさしく先ほど述べた「商業から産業へ」の流れが歴史の表面に出てくることになったのであり、われわれはそれをオランダと英国の抗争の間に端的な形で見ることができるのである。

そのオランダであるが、17世紀に入ってスペイン帝国から独立する前後、急速に経済大国となったオランダはヨーロッパにおいては繁栄の代名詞となり、17世紀後半の英蘭戦争の敗北で英国にその立場をとってかわられるまで、最大の経済大国だった。

そしてこの繁栄はまさしく貿易によってもたらされたものである。オランダの貿易といえばまず東インド会社の名が思い浮かべられるが、しかし意外なことに、オランダが最も繁栄した時期において、東インド会社の貿易が出していた利益は、オランダ全体の貿易の利益のたった2%程度でしかなかったという。

では大部分の利益をどこで上げていたかと言えば、それはバルト海からの穀物貿易だった。以下にエピソードの意味を含めてそれをちょっと紹介しておこう。図4-5▼

そもそもなぜこの時期のヨーロッパで穀物の貿易が利益を生んだかといえば、そこには二つの理由があった。

一つは、この頃西ヨーロッパでは人口増加の時期にあり、それに比例して必要とされる食糧も多くなっていたのだが、まだ農業生産力が必ずしもそれに伴って増大せず、穀物の需給バランスが一時的に崩れていたことである。

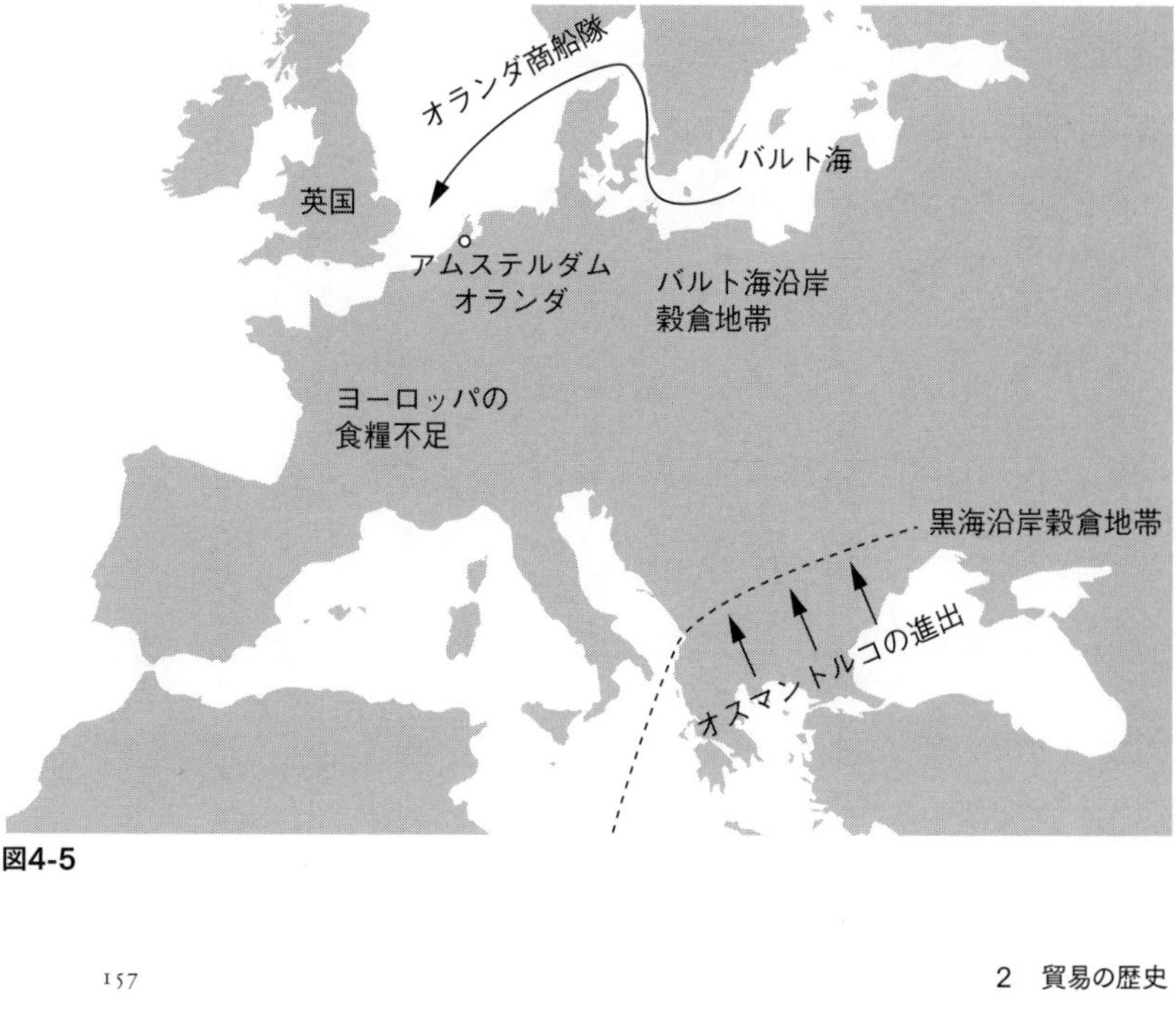

図4-5

そのため外からの供給がどうしても必要だったのだが、ここで思いがけない障害が生じていた。それは穀物を外から調達せねばならないというまさにこの時期、あろうことかそれまでヨーロッパの穀物供給地帯であった黒海沿岸の穀倉地帯が、16世紀に進出してきたオスマン・トルコの勢力圏に入ってしまい、従来の地中海方面からの穀物供給ルートが使えなくなってしまったのである。

そのため急遽《きゅうきょ》、ポーランドの穀倉地帯などをはじめとするバルト海沿岸が新たな穀物供給先としてクローズアップされてきたのだが、これこそオランダにとっての一大チャンスだった。つまりオランダはそれを運ぶためのバルト海貿易を一手に引き受けていたためその穀物供給の輸送を独占することになり、そして競争相手がいないので利益も独占できたのである。つまりこれこそまさにオランダ繁栄の最大の理由だった。

しかし逆にこれを見ると、オランダの経済的繁栄というものが、いかに脆弱な基盤の上に立っていたかが浮き彫りになる。つまりこの穀物ルートが切断されるか、あるいは必要がなくなってしまえば、それだけで繁栄の基盤は根こそぎに崩されてしまうからである。

実際、この後しばらくするとヨーロッパの農業生産が順調に増大して人口増加に追いつくようになり、バルト海沿岸からの穀物に依存せずにすむようになるにつれ、オランダの経済的繁栄の基盤は急速に崩れていった。実際にはそれ以前に、オランダは英国との間の制海権争奪戦に敗れてすでに転落の過程にあったが、これはそこからの立ち直りをいよいよ困難なものとしていた。

そしてこの時期には、世界的にも国民国家や国家産業というものが育ちつつあり、そういう時期にオランダのような海に浮かんだ極めて人口の少ない人工国家（事実その国土は干拓で作られた）が、中継貿易だけで長く繁栄を維持するというのはやはり無理だったようである。そしてオランダの没落は、同時に世界的な「商業から産業へ」の流れの一つの反映であり、また「仲介貿易によって巨額の利益を独占する」勢力の退場でもあった。

英国の場合①——毛織物、毛織物、毛織物

オランダの没落後、それにかわって貿易の王者として長く君臨したのは英国である。そして同じ貿易といっても、英国とオランダではかなり違った形式となっており、それはある意味で経済の「商業から産業へ」の転換点の象徴でもあった。

オランダの貿易の鍵が「バルト海穀物ルート」だったとすれば、英国の貿易の鍵とは要するに「毛織物、毛織物、毛織物」であると言える。

つまりオランダの貿易が基本的に右の物を左に動かす単なる中継貿易だったのとは異なり、英国の貿易は国内で生産した毛織物製品を、望みの価格で海外にどうやって輸出するかという、その輸出振興策こそが貿易の基本となっていたのである。これを見ると、前者が基本的に「商業」そのものであるのに対し、後者が「産業」をベースにしていることがよくわかる。

さてその毛織物であるが、考えてみると海洋国家英国というイメージのせいで、英国の持っている後背地のことはしばしば忘れ去られがちであるが、かつて英国には大量の羊がいて、ゴルフというゲームも羊飼いたちの遊びから発達したのだと言われている。

そしてその羊毛を加工した毛織物工業（そう言われればウールのセーターにはよく「英国伝統」の折り紙がついている）が、長らく英国にとっての最大の輸出品だった。

たかが衣料品がそんなに儲かるのかとちょっと疑問にも思えるかもしれないが、消去法で考えればこれはよくわかる。まず大砲や船などの兵器は、基本的に各国とも自国の兵器廠《しょう》で調達するのが普通だったから、国際間での取り引き額は少ない。

では武器以外の「民生品」はどうかと言えば、精巧な工芸品や馬車などは贅沢品であって王侯貴族しか買えないから儲けの総額はそんなに多くない。一方当時の民衆は自家用車を持っていたわけではないし、数少ない耐久消費財の多くはそれこそ祖父の代から大事に何代も使うものが多いため、買い替えはごく稀である。つまりここではいまだ（エンゲル係数が高くて）穀物が人々の消費額の大部分を占めている。

ところがここで衣類というものを眺めると、すべての面でその中間にあって、かなり有利なポジションにあることがわかる。つまり穀物に比べて単価は相当に高く、買い替えも比較的頻繁である。そして経済がだんだん豊かになっていくと、民衆がまず手軽に買い始めるのはこれであり、しかもその購買総額はかなり多い。

そう考えると、これこそ当時の工業生産品として最も利益を生むホープであり、国家がその最先端産業として位置付けるのも、ある意味で当然だった（ちょうどそれは20世紀における自動車産業の感覚に近かったかもしれない）。そして英国は官民一体となって、徹底的にその保護育成に努めたのである。

そのためこの時期にそうやって官民一体で海外に売り込まれた毛織物は、英国の全輸出額の半分近くを占めていた。そしてそれを売り込む最初の標的は、一昔前までは元気であったラテン系の旧海洋国――スペインおよびポルトガル――だった。

かつて大航海時代にはスペインとポルトガルで地球を二分していた感があるこれらの国も、この時期にはもはや海外植民地の保持さえおぼつかないほど斜陽化しており、英国の産業的進出はそれにとどめを刺した。両国の国内の毛織物産業は17世紀前半にはあっという間に英国に制圧され、これらの国はもはや経済戦争からの完全な脱落を強いられたのである。図4-6▼

このように当時の英国は、徹底した産業保護主義によって国内で生産した毛織物をひたすら海外で売りまくり、周辺諸国の国内産業を壊滅させることもしばしばある、恐ろしい存在だった（こういう政策は重商主義の名で呼ばれているが、実際にはこれは「重工主義」と呼んだほうが実態に近いのではないかと言われることもある）。

英国はこの調子で続いて17世紀後半にはイタリアの毛織物市場を制圧する。そして残った強力な西欧国家といえばフランスであり、さすがにフランスはそう簡単に屈服せず、宿命のライバルとし

図4-6

て100年の間、英仏は軍事・経済の両面で熾烈《しれつ》な抗争を繰り広げることとなる。経済面でのフランス側の対抗策の代名詞としては、コルベールの重商主義政策などが良く知られている。もっとも、重商主義といってもそれは英国のように「官民一体」となって重要産業を保護するというよりは、もっぱら「官だけ」の力で国家による殖産興業政策を行うものと言ったほうがよく、例えばフランスによる米国植民地の開拓（ルイジアナなど）も、もっぱら国家の殖産興業政策の一環として行われたのである。

しかしこの100年に及ぶ英仏経済抗争は、英側の優位に進展していき、18世紀末のフランス革命直前の頃にはフランスはかなりジリ貧状態に置かれ、世界経済は英国を中心とするシステムとして編成されていった。逆に言えば英側のとる、官民一体となって重要産業を保護し、軍事力と二人三脚で強引に海外市場を制圧するかなり侵略主義的な重商主義は、このパワーポリティックスの中では現実に有効であることが示されたのである。

英国の場合②——自由貿易論の登場

しかしこの頃、特に米独立戦争のあたりに、英国の経済思想は変わり始めた。それはアダム・スミス学派の登場であり、重商主義や保護主義を批判する彼らによって、自由貿易の思想が出てきたことである。

といっても、そこから安直にイメージされるように、国家エゴ剝き出しの保護貿易を捨てて世界平和の理想のもとに自由貿易を行うよう改心した、というわけではない。自由貿易というものはそれはそれで暴力性を秘めた制度であり、以前にも述べたが辛辣に言えばそれは「一番最初に二階に上がった者がはしごを引き上げてしまう」仕掛けに他ならない。

実際、**英国の国内産業はこの頃までには世界最強の競争力を身に着けており、はっきり言えばもう国家が鎧を着せて保護しなければならない必要性がどこにもなくなってしまった。そのため全世界に対して、一斉に鎧を脱ぎましょうというのが、英国が自由貿易体制を唱えることの本音だった**わけである。

しかし他の国からしてみれば、まさにその強力な英国産業から国内産業を保護するためにこそ、これから鎧が必要になってくるのであり、鎧の一律廃止は下手な保護主義よりも遥かに危険な代物である。実際、**悪相剝き出しの保護貿易に比べると、自由貿易はときどき偽善の仮面をかぶっていてもっと始末が悪い**ことがある。

さらにこの時期には、産業革命による量産態勢の出現という出来事が重なっており、英国の産業革命と自由貿易の組合せはある国々にとっては文字通りの破滅となった。

英国の戦略的輸出品目は相変わらず繊維製品である。ただしこの時期にはその主力はむしろ毛織物よりも綿織物にシフトしており――それは綿が織機による機械化量産に適していたのに対し、ウールのセーターはせっかくの産業革命の恩恵に浴することができなかったためである――それは一方で原料の綿花生産のため米南部で黒人奴隷の需要を増すことにもつながっていた。

それはともかく、英国の工場から量産される大量の綿製品は、質的にも量的にも競争相手が存在しないほどの無敵の存在で、国内においては保護など必要とせず、海外に出ていけばたちまち市場を席巻できるものだった。

実際この頃、綿製品と鉄の生産において英国の生産量は世界の50％を占め、石炭で60％以上、金属製品全体の40％を英国一国だけで生産していたというから、単純な比率の数字では現代世界の米国経済さえ比較にならず、「世界の工場」という表現はいささかも誇張ではなかったといえる。

このような最強の競争力を身に着けた経済にとっては、自由貿易体制こそが最高の利益を生む仕掛けとなる。そしてその自由貿易の最大の餌食となったのはインドだった。

英国がインドと関わりを持ったのは比較的古く、英国東インド会社が発足したのも17世紀初頭のことである。しかし当初は経済的規模という点ではそれはまださほど大きなものではなく、インドの民衆にとっても必ずしも収奪と破滅の代名詞というわけではなかった。

それが真に恐るべき存在となったのは、19世紀の自由貿易と産業革命のコンビネーションによって、量産された英国の綿製品がインドの国内市場に雪崩《なだ》れ込んできた頃からである。それまでインドには低賃金の労働力によってそれなりに栄えた織物業があり、それが一時は英国に大量に輸出されていたこともある。

ところが英国の綿製品の洪水のような流入はたちまちにしてインドの繊維産業を壊滅させ、その状況は「インド織布工の骨はインドの平野を白くしている」と報告されるほどの惨状をもたらした。そしてインド経済は二度と立ち上がれないほどの大打撃を受けて、植民地モノカルチャー経済への転落を余儀なくされる。インドにとっては、英国の自由貿易はその軍事力よりも遥かに大きな悲惨を国内にもたらした凶暴な存在だったのである。

米国の場合——南北戦争の舞台裏

このように貿易の理論に関しても、保護貿易と自由貿易という相容れない二大理論の対立は、実際にはその国の経済が強いか弱いかによってどちらを採用するかが決まるに過ぎない。

米国などは現在でこそ自由貿易の使徒であるが、実は皮肉なことに近代的な保護主義の理論が最初に確立されたのは米国においてであった。建国間もない米国ではワシントン大統領のもと、若い財務長官のハミルトン（彼は独立戦争時代からワシントンの副官だった人物で、米国の制度を設計する際に徳川幕府の制度も研究したというほどの切れ者であり、「かつて米国に存在した最大の政治的頭脳」と評されることもある）は経済政策として「幼稚産業保護」のプランを打ち出し、政敵のジェファーソンなどの、合衆国は国土も広いのだから農業国として生きていけばよいではないかという意見を排して、断固として工業力の育成に乗り出したのである。

実際この時期の多くの国家にとっては、英国経済という巨大な樹の陰でどうやって生きていくかということが、不可欠な課題として要求されていた。そのため英国以外で貧乏国に転落せずに生き残った国は、いずれもこうした保護主義をとった経験を一度は持っている。

もっとも基本的に米国は、日本などと違って貿易にそれほど依存せずとも生きて行ける国である。石油にせよ穀物にせよ、その大部分は広大な領土から自給できるし、またその大きな国内市場ゆえ、輸出先を見つけることに血眼にならずとも国内産業は生きていける。

しかしそんな米国にとって貿易論議が最も切実になった時を探すとすれば、それは恐らく南北戦争の時（1861〜65年）であろう。一般にはこれは正義感に燃える北部が南部の奴隷解放のために戦った戦争だということにされているが、無論これは正義を自分たちに引き寄せるための後づけの理由に過ぎない。

そして経済および貿易という面から見た場合、意外にも**南北戦争の真の原因は、貿易に関する南部の自由貿易主義的な主張を、保護主義を要求する北部の工業経済があくまで排除しようとしたことにある。**南部＝悪者というイメージを刷り込まれたわれわれにとっては、南部が自由貿易を標榜していたというのはいかにも意外に見えるが、しかしこれは何も不自然なことではない。

まず北部の立場からすれば、工業を経済基盤とする彼らにとっては、とにかくその幼稚な工業を英国の圧倒的な競争力のもとでどうやって自立させていくかが切実な問題だった。そのため保護主義の導入は不可欠な課題だというのに、何とも苛立たしいことに南部の連中にはこれが理解できないのである。**図4-7▼**

南部人の立場からすれば、要するに南部の経済は、広大な土地で綿花という原料を栽培して出荷するだけの純然たる農業経済であり、それを世界中どこにでも自由に売れるならそれでよい。そしてその綿花は大量の奴隷を使って安く量産しているため、世界的に見てその競争力は圧倒的に高いし、他に保護すべき産業も自分のところにはない。つまり南部は北部人が切実に願う保護主義の必要性などさっぱり理解できず、むしろもともと自

図4-7

由貿易を指向するのが当然だったのである。

実際彼ら南部人にとっては、当時英国が世界中に張り巡らせていた便利な自由貿易体制の中で生き、英国と米北部の繊維産業のいずれにも綿花原料を自由に供給できるという姿が一番自然である。逆に米国が下手に保護主義を主張して英国の自由貿易体制を拒否したりすると、下手をすれば綿花の英国への自由な輸出が阻害されるかもしれない。そういった意味では、当時の南部はむしろ米国よりも英国の経済圏の一部だったとすら言えるのである。

ところが米国が一つの国である限り、貿易体制をいずれか一方に決めねばならず、これはどうにも妥協のできないものとなってしまった。それならばいっそ二つに分かれてしまえばよいではないかというわけで、南部が分離独立の方向に向かい始めたのだが、北部がそれを一顧だにせず、結局北部の工業文明と南部の農業文明の激突に発展し、北部が圧倒的な「国力差」をもってその試みを粉砕したというのが、南北戦争の本質である。

そしてこの戦争の後、政治的発言力を完全に喪失した南部を、原料供給基地として北部体制の中に組み入れることで、北部の経済発展はほとんど天井知らずの活況を呈し、戦後わずか30年ほどで英国を脅かすほどの巨人に成長したのである。逆に言えば、南部は米国（北部）の資本主義が最初にモノカルチャー化して取り込んだ、経済的植民地としての最初の「南側諸国」であったと言えなくもない。

日本の場合①——近代化の生命線だった「絹の道」

では次に、米国よりもかなり厳しい状況を生き延びた例として、近代日本の場合を見てみよう。

近代日本は前述のように、それまでの鎖国状態から一挙にこうした貿易戦争のまっただ中へ放り込まれることになった。そして言うまでもなくその貿易とは呑気《のんき》な中継貿易であり得るはずもなく、何か国内に売り物となる産業を早急に見つけてそれを保護育成しなければならない。

幸い当時は国内に輸出品候補として生糸《きいと》という有望株が存在しており、その点では問題なかったが、それよりも厄介なのは開国を迫られた当時、狼狽した幕府がよく事情を知らないまま結んでしまった不平等条約であった。

貿易という面では、この条約は次のような不平等を抱えていた。すなわち列強は自国産業を保護するために自由に高い関税をかけることができるが、日本側は低い関税しかかけてはならないというものであり、これはいわば貿易戦争において一方は高い城壁を築いてもよいがもう一方は低い城壁以外築いてはならないという、実にとんでもない条約だったのである。

そのため明治政府にとっては、この不平等条約改正は大きな国家的課題であり、ようやく数十年ほどかけてそれを達成することに成功する。しかしこうしたことは当時の状況では所詮軍事力をバックとする発言力増大によってしかなし得ることではなかったのであり、言葉を換えて言えば日本の軍事力がようやくその程度のレベルに達したということになるだろうか。

また国内産業の育成というもう一方の問題については、先ほど述べたように政府は生糸の増産に国家の命運をかける。有名な富岡製糸場をはじめとする官営の殖産興業などがそれだが、安い労働力に助けられた日本の生糸は、ヨーロッパや米国に輸出されてそれなりの価格競争力を維持し、日本の最重要輸出品目となって国家経済を支えた。

そして第一次世界大戦前頃にはその生産も拡大してついに日本は世界最大の生糸輸出国となり、もし日本にとっての生糸輸出を大げさに言うなら、さしずめそれは20世紀の「絹の道」であって、日本の国家経済の生命線を形成していたわけである。

そしてこの頃になると、当面の経済的生存という目標をひとまず達成した日本は次のステップを目指す。つまり一口に繊維産業と言っても、日本が輸出している生糸というものはあくまでも素材に過ぎず、それを欧米で最終的に製品としての衣料品に仕上げるというのが当時の構図だった。そのため日本としても、やはりその最終的な製品そのものを輸出する段階まで駒を進めることが望ましいのは当然で、たとえ最先端の重工業製品の輸出などはまだ夢のまた夢としても、せめて軽工業ではそのレベルには達していたかったわけである。

しかし欧米先進国相手では、いくら労働力の安さを武器にしてもさすがにそれは無理であり、自分よりも工業化の遅れたところにしか売り込み先はなかった。それゆえ市場は中国をはじめとするアジア方面へと求めざるを得ず、生糸にかわって輸出品の主力となった綿織物製品を盛んにそこへ売り込んだ。これは国家の生存にとってやむを得ない選択ではあったが、それはやはりかつての列強が行ったのと同じ強引な帝国主義的手法の形をとらざるを得ず、それは後の破局の種となってしまったわけである。

第二次世界大戦とブロック経済への移行

そしてこうした**自由貿易による世界制覇と、それに対抗しようとする保護主義の対決がピークを迎えたのが、第二次世界大戦**であった。

この頃、20世紀初頭の繁栄の中で大量に量産されてきたいろいろなものが、世界全体で一種の飽和状態を迎えて、大量の売れ残りが発生する状況が生じていた。そのため各国は、自国の品物をできるだけ安く海外に輸出する一方、他国からの輸入品には高い関税をかけて、国内の産業を守ろうとした。

そして各国は、誰も他国や世界のことなど考える余裕がなく、自国の経済的不都合を他国に押しつけることしか考えようとせず、国際社会は経済的に無政府状態に陥っていった。

そしてここで起こってきたのがいわゆる悪名高い「ブロック経済化」である。これは常に第二次大戦の原因として語られるものだが、要するに、とにかく自国の安定を図るため自分の勢力圏でローカルかつ閉鎖的な経済圏を作り、その中を高い関税で守って、とりあえずそのブロックの中で体勢の立て直しを図ることである。

図4-8▼

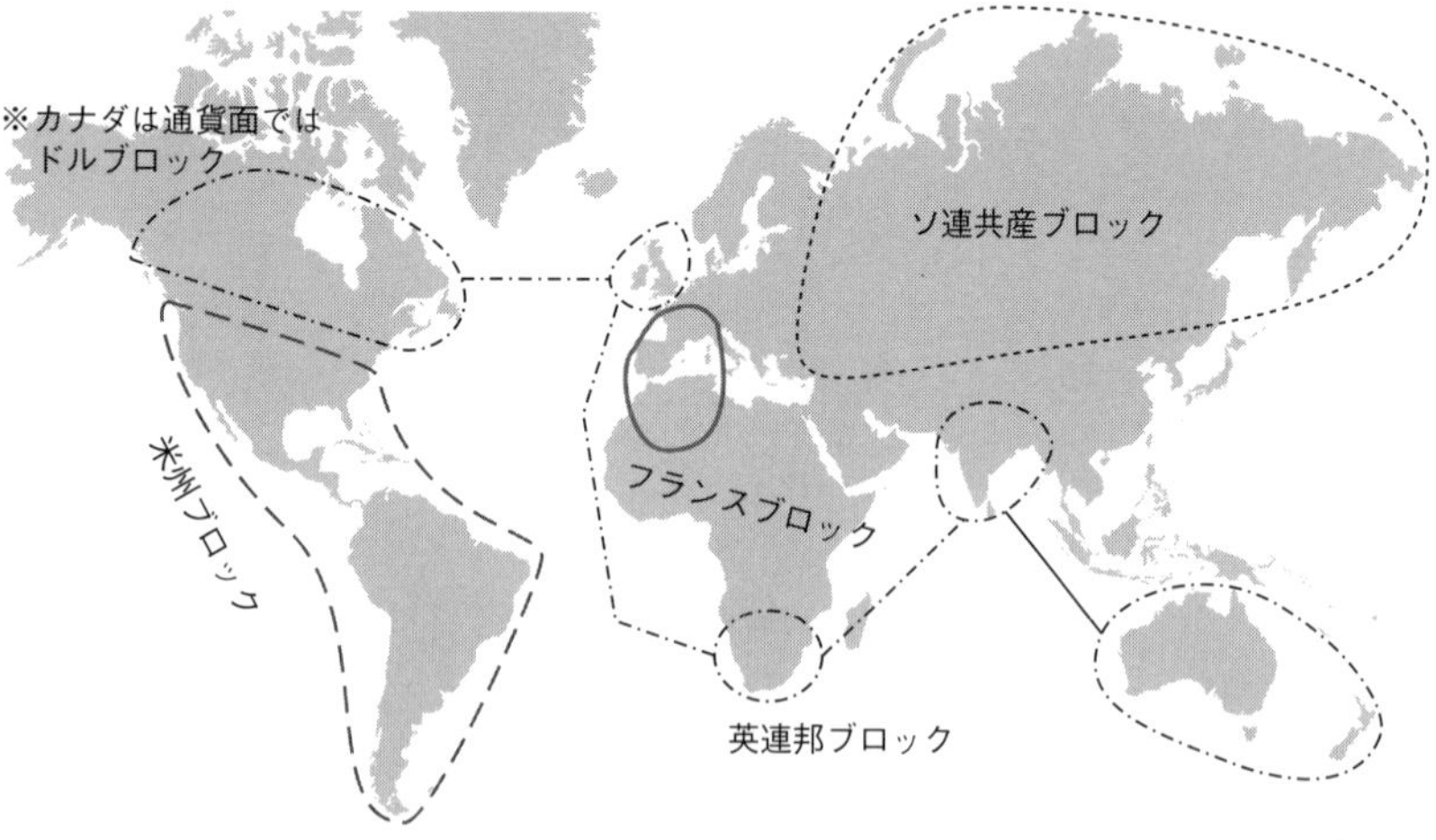

図4-8

このため英国が「オタワ協定」によって英連邦圏をブロック化したことに始まり、米国が南北米国全体で、フランスが旧植民地でそれぞれ排他的な経済圏を作った（またソ連はすでに共産主義経済圏を作っている）。そしてそういうものを作れず、寒風吹きすさぶ世界経済の中に宿無しのように放り出されたドイツと日本が、自分たちもそういうものを作ろうとして強引な軍事行動に出たということが、通常第二次世界大戦の原因として語られている。

これはあまりにも手痛い教訓だったため、現在でも保護主義的な傾向が強まってくると、これは放っておくとブロック経済化を引き起こし、第二次世界大戦の時と同じような災厄の構図になるかもしれないと言われることがよくある。

実際に第二次世界大戦後の世界では、これに懲りて自由貿易が善とされ、各国がめいめいに関税を高くすることはやめましょうということが常識となっている、しかし先ほども見たように自由貿易は自由貿易で悪い部分を抱えており、それを絶対的な善と見なすのは、第二次世界大戦時の失敗による過剰な反動に見えなくもないのである。

日本の場合②——重工業への移行

さて話を日本に戻すと、それまで繊維などの軽工業製品が主力だった日本の輸出品が、重工業製品などへ移行するのは、ようやく第二次世界大戦が終わってからのことである。そして大変皮肉なことに、そのステップへ進むことを可能にした一つの原因は、まさしくそういう破局の中に一旦まともに頭を突っ込んだこと自体にあったと言わざるを得ないようである。

つまり当時の日本の状況では重工業の育成には膨大な初期投資が必要であり、まともな経済の論理からすれば到底元がとれず、そのため本来ならばこんなアジアの国が重工業化に成功するなど常識的にはほとんどあり得ないはずのことだった。ところがここで、これまた常識的に考えれば遂行不可能なはずの戦争を本気でやろうとしたため、結果的にそれが可能となったのではあるまいかということである。

実際経済破綻をものともせず国力を狂気のように兵器生産のための重工業部門に注ぎ込むことで、結果的に日本には「まともな」経済論理のもとでは生じ得なかったほどの技術的蓄積がなされ、戦後その大部分が生き残り、重工業が欧米との競争に伍していくための橋頭堡となったのである。

そしてそれは、1970年代前後になってようやく一つのゴールを迎える。特にこの時期、大気汚染や石油ショックが社会問題になる中で、燃費の良さが売り物の日本車が米国市場を席巻したことは、振り返ってみると何とも画期的な出来事だった。

つまりそれは、アジアの産業がついに最先端の重工業製品を欧米に恒常的に輸出することができるまでになったという点で日本、というより世界史的観点からするアジアの経済史全体から見ても、一種の大きな一里塚だったのである。幕末・明治期に、生糸の輸出をか細い生命線とせざるを得なかった当時の指導者たちがもしこれを見ていたならば、その感慨はいかばかりであったろうか。

そしてまたこの頃に、日本は自由貿易と保護貿易に関する論議に巻き込まれることにもなった。言うまでもなく、自由貿易体制とは最強の競争力を身に着けた国家が最も得をする経済体制なのだが、この点で日米両国の間で互いに妙な性癖が抜けないことが、問題を必要以上にこじらせた。日本側は、工業生産において最強の競争力を身に着け、海外からは恐るべき巨人と見られていたにもかかわらず、長い間しみついた自らを小人と見なす習慣が抜けず、事あるごとに保護主義にこだわり続けた。

一方米国側は、この時期競争力はナンバーワンから滑り落ちて、自由貿易の受益者ではなくなっていたにもかかわらず、自由貿易は彼らにとってすでに信仰となってしまったため、「数値目標」の名のもとに日本の貿易黒字をコントロールしようという、客観的に見れば明らかに保護主義的な主張を、これこそ自由貿易なのだと強弁し、それはヨーロッパ諸国からさえ疑問の声が出る有様だった。

欧米とアジアの関係という点から見れば、これは19世紀とは全く立場が逆転したことになり、およそ当時からは想像できないような状況となったわけである。

「中世自由貿易圏」としてのイスラム世界

では今度は少し時代を遡って、ヨーロッパ文明の台頭以前の貿易について見てみよう。西ローマ帝国の滅亡後、12世紀頃まではヨーロッパの商業は低調だったが、その頃世界経済の中心地はイスラム圏にあった。

そしてその繁栄の理由は地図を見れば一目瞭然である。すなわちこの地域は東洋と西洋の交通路の中央位置を占め、中継貿易の一大中心地となっていたからである。

つまりイスラム圏は、何か特別な産業を国内に持っておらずとも、ただその地理的位置だけで経済的繁栄を約束されていたと言ってよい。

そしてさらにイスラム文明そのものが、その地理的幸運を活かす条件を備えていた、というよりむしろ最初から自由貿易以外の体制はほとんど成立し得ないという制約があったとさえ言える。

その制約とは、まずこの宗教が信徒のメッカへの巡礼ということに高い優先順位を与えていたことである。つまりそれは世俗権力が信徒のイスラム圏内の旅行を原則的には妨げてはならないことにつながり、国境線で商業を厳しく管理するということが極めて難しい。

そしてさらにそれを後押しする条件として、この広いイスラム圏全体で法律や言語がある程度の共通基盤を与えられており、旅行者にとっては当時望み得る最良の条件が整っていたことになる。図4-9▼

それゆえある意味で、その頃の**イスラム圏はGATTに1000年以上先立って実現をみていた巨大な自由貿易圏といっても過言ではない。ただ一つ大きく異なる点は、このイス**

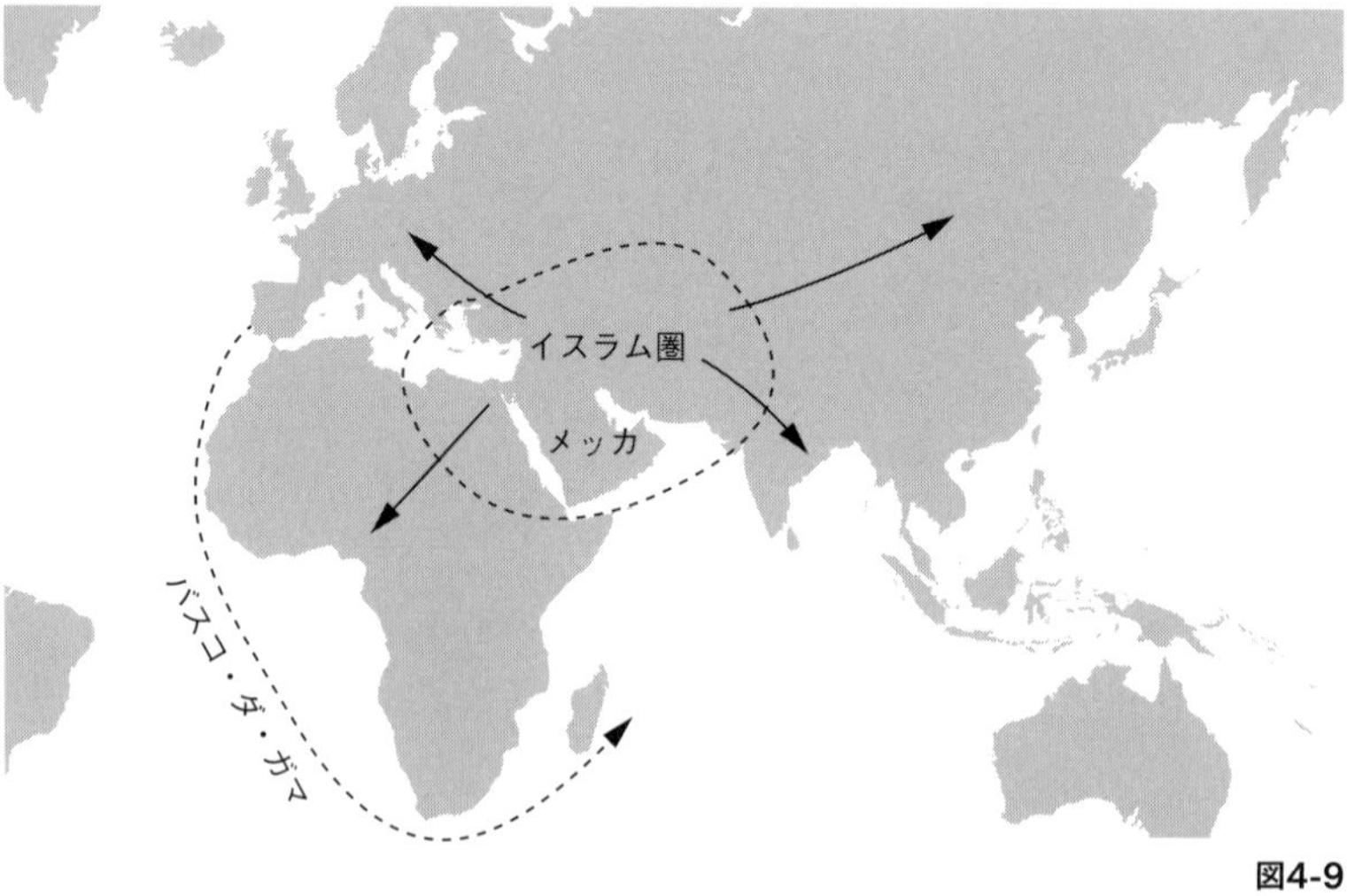

図4-9

ラム圏内の貿易や経済が本質的に「産業」を主力とするものではなく「商業」にしか基礎を置いていないという点である。

つまりこういう好条件のせいもあって、イスラム世界はその域内で何か生産物を血道を上げて量産するということをさほど熱心に行わなかった。その点では英国よりもその前のオランダ型に近かったと言えるだろう。

そしていくら巨大といっても、このように中継貿易で成り立つ商業経済というものはやはり脆弱なものであり、通商ルートが変更されればたちまち廃《すた》れてしまうことは避けがたい。イスラム圏の場合、最大の致命傷となったのは大航海時代の到来で、バスコ・ダ・ガマを筆頭とする喜望峰廻りのルートが開かれてしまったことである。

これによって船で直接大量の物資を輸送できる迂回ルートが主力となって、通商ルートとしてのイスラム圏は一挙にさびれることとなった。そうなると、中継貿易に依存して強力な産業の基盤を持たないイスラム経済は打つ手がなくなって、文明そのものの没落を決定づけられてしまったのである。

それにしても、このようにイスラム世界を一種の自由貿易圏として捉えることは、自由貿易そのものに対してもいろいろと示唆する点が大きい。そもそもこの宗教の成立そのものがすでに自由貿易と深く関わっており、これはよく誤解されるように砂漠の中でベドウィンの土俗的信仰から発展したものではなく、むしろ自由経済が高度に発達しすぎた都市の中で生まれたものである。

つまり砂漠の都市メッカに急速に自由経済が流れ込んできて一種の道徳的退廃が蔓延した時に、その退廃へのワクチンとしてこの宗教が導入されたというのが真相なのであり、その問題自体はむしろ現代的意義すら持っていると言えるほどである。

実際このことが示唆する点は意外に大きく、自由貿易・自由経済が一旦溶解させてしまった伝統的な社会道徳秩序を、宗教がそれにかわって担うという形で支え、この大きな経済圏全体の秩序がそれに大きく依存し続けたということは、一つの例として興味深い。

またもう一つ注目すべきことは、ここでは自由貿易は「産業」と結びつかなかったがゆえにさほど凶暴な顔を見せることがなかったということである。つまり現代と違って、常に外を警戒していないとあっという間に産業競争力衰退の坂道を転がり落ち、地域・国家経済が壊滅するということが起こりにくかった。

一見すると貿易は、国際経済の中で競争を激化させることによって経済戦争を加速・過熱させやすいが、実はそれは貿易の背後にある「産業」がそうさせるのであって、やはりその核に存在するのは、産業に投資するための集中した資金・資本の塊であることが、これを見るとよくわかるのである。

グローバリゼーションの波と新興国の台頭

では話を現代に戻そう。その後、現在の状況は21世紀に入ってどのようになっているのだろうか。ここで新たに登場したのがグローバリゼーションの波であり、それが貿易の構図も以前とは少し違ったものに変えている。

19世紀から20世紀にかけての自由貿易の浸透は、基本的に国家間での勝ち組と負け組の格差をどんどん拡大させてそれを固定化する傾向を持っていたと言える。そのよい例がインドであり、国内の繊維産業を潰されてモノカルチャー化してしまうと、もうその立場から這い上がることはできなくなってしまった。

そしてそういう国の数はその後も増え続けて、一旦そこへ落ちてしまった南側諸国の国民は、恒久的な貧困の中に置かれてしまう。一方、勝ち組の国に生まれた国民は、最初からその国家間の格差に守られて、全員がある程度の豊かさを保証されることになる。

実際20世紀の終わり頃には、このような南北間の格差は絶対的なものとなっていて、豊かな北側諸国は国内から貧困というものを追い出し、それらを南側諸国がまとめて引き受ける、という構図が固定化していった。そして一旦そのような状態になってしまうと、それは恒久化していって、もうそれが覆《くつがえ》ることはないだろうと信じられていた。

ところが21世紀に入った頃から、新たな条件の登場によってこの構図には崩れが生じてくる。それはコンピューター・ネットワークの急速な普及によって、世界のいろいろな場所が国境線を半ば無視して直接つながるようになってしまったことである。

つまりそれまでの北側諸国では、企業のネットワークが国の中で完結していて、割の良い仕事は全部北側諸国が独占し、その内部で互いに発注し合うことでそうした繁栄が固定化されていた。しかし21世紀に入ってからは、条件さえ良ければ北側の企業は南側諸国の企業とでも光ファイバーで結びつくようになり、言ってみれば関係全体がシャッフルされてしまったのである。

その新しい世界では、もはや企業は多国籍企業という概念さえ超えて、国境線をほとんど無視して半ば液状化した状態でアメーバのように、一番安く下請け仕事ができる場所を世界中から探し回るようになった。そしてそれらのいわば無国籍企業がこの時発見したのが、そうした発展途上国の力は、細分化した形で取り込むならば、まだ十分に自分の中に取り込む値打ちがあるということである。

いまにして思えば、この「細分化」ということが一つのキーポイントだったのであり、それまでの常識では後発工業国は、国家一丸となって先進国に挑戦するという思想が王道とされた。つまりその国が得意とする分野に全力を集中し、低賃金を武器にした国営企業などを先頭に立てて突破口を開くというのがその基本的なイメージである（考えてみるとそのパイオニアは明治時代の日本だったのかもしれず、有名な富岡の国営製糸場などはさしずめその代表例だったわけである）。

しかし1980〜90年代頃の世界では、そのような低賃金を武器とする国営企業などでいくら安い製品を作っても、もはや先進国の製品との間では技術面での格差がつきすぎて、誰が見ても価格の安さだけでは競争できない状況に陥っていた。そこにさらに追い討ちをかけるようにして、低賃金という切り札自体が産業用ロボットによって無力化されるとなると、もはや途上国側は先進国に対抗する能力を根底から失ってしまうことになる。

そのため20世紀末の見立てでは、もはやそういう形での挑戦が完全に限界に達し、それゆえ南側諸国は北側諸国にもう追いつけない、という見解が一般的だったのである。ところがアメーバのような多国籍（無国籍）企業が光ファイバーを通じて浸透していくとなると、状況が少し変わってくる。

つまりそれらの北側の多国籍企業が、国境線を無視して下請け作業を安く行ってくれる部分を探そうとする場合、南側途上国の国内でも比較的教育の高い少数の集団だけを一部屋に集めて、産業用ロボットと一緒に使い、その一部屋分の仕事だけを光ファイバーで本社と結ぶことを考えるならばどうだろう。

それならば質の点でも問題はなく、その低賃金というメリットはまだまだ魅力がある。そして国内にそういう「細分化すれば取り込める」部分を膨大な規模で持っていたのが中国やインドだったわけである。

逆に南側途上国の立場からすると、確かに国家一丸となって国営企業での挑戦を行うことは限界となったかもしれないが、それを断念して各部をばらばらな形でそのアメーバに参加させることは十分可能である。そのため彼らは一種の賭けとしてそちらに舵を切ったのである。

結果的にそれは吉と出たわけで、現在見られる新興国の台頭もそうしたことに大きく助けられている。しかしそれは同時に、それまで南側諸国がまとめて負担していた貧困が、北側諸国の中に逆流してくることも意味していた。

そう思って振り返ると、21世紀に入ってからというもの、本来なら永遠の豊かさを勝ち取ったはずの先進国の社会の中にいても、周囲に貧困というものが徐々に忍び寄っているのを目にすることが多い。実際、もしある町の産業がそうした南側諸国の下請けに仕事を奪われて失業者が出ていたとすれば、その失業や貧困の原因の少なくとも一部はこれによるものである。

また1980年代頃に日本が稼いでいた巨額の対外黒字は、実は産業用ロボットを世界中に売りまくることで得ていたものだったが、それもここでブーメランのように跳ね返ってきてしまった。とにかくそのロボットを現地の工場に持って行って据えつけてしまいさえすれば、世界中のどこでも高度な製品を生産できるため、北側諸国が持っていた「高い生産技術の独占」という優位が崩れてしまったのである。

こうしてみると、産業用ロボットの普及は、当初は低賃金の単純労働者の価値を失わせることで、南側諸国に不利になると考えられていたが、蓋を開けてみるとどうも話は逆で、それは北側諸国が持っていた生産技術をロボットごと南側諸国に簡単に移転させてしまうことで、むしろ北側先進国の首を絞める結果をもたらしているケースが多いように見える。

そしてそれらが組み合わされることによって、先ほどのようなことが起こっているわけで、その意味では、本来ならいままで南側諸国がまとめて負担していたはずの貧困が、われわれの周囲に逆流してきているとも言えるのが、現在の状況だというわけである。

ただしそれは同時に、南側の新興国でも国内の格差を広げる効果をもたらしている。そのため現在の新興国の豊かさは、かつて日本が米国に追いついていこうとしていく過程で得ていた社会的な豊かさなどと比べると、少なくともその面ではかなり性格に違いがあることになり、この点は注意が必要だろう。

世界経済全体の効率化か国内の安定か

そしてさらに将来を見据えると、このように世界が細分化されてネットワークでつながっていくことが加速していった場合には、経済的な国境線がすべて消滅することになる。そのためそれを突き詰めれば、国家間の貿易という概念はいずれ消滅し、国際貿易やその流通は、言ってみれば単なる巨大な一国内の宅配業のようなものに過ぎない、という状況になるだろう。

では本当に将来そういう世界に移行するのだろうか。この場合、もし世の中が経済の論理だけで動いていくとすれば、確かにそういうことになるかもしれない。しかし現実には国家や政府が国内の貧困を放置しておけず、恐らくそれに対する歯止めをかけようとして行動を起こすはずであり、それがブレーキとしての最大要因となってくると考えられるのである。

その際には当然ながら、政府が打ち出す政策はある程度の保護主義的な色彩を帯びざるを得ない。そして理屈からする限り、そのような保護主義に戻ることで、当然ながら世界全体の経済効率そのものは最適の状態からはやや後退することになるはずである。

そうだとすれば、確かにいままではそうしたグローバル化が進行して、一時は一つの極に達していたが、今後それは揺り戻しの時期を迎えることになるかもしれない。現在すでにそのような傾向があちこちで見られており、トランプ政権の登場などはさしずめその代表である。

ただそれをどう評価するかは難しい。確かに経済学の標準的な教科書に照らす限りは、自由貿易に逆らうそのような政策は、効率において劣る以上、非難の対象となるのが普通である。しかしその保護貿易的な主張が百パーセント悪かと言えば、必ずしもそうは言い切れないように思われる。実際完全な自由貿易体制のもとでは、そこで経済的に生き残れる者は恐らくわずかで、多くの国はそれには耐えられない。かといって第二次世界大戦時のような露骨な保護主義に戻るわけにもいかない。問題は、これらが本当のところどのあたりでバランス点を迎えるのかが、誰にもわかっていないということである。

その意味で、保護主義といえども適度なものなら絶対的に悪だとは言い切れないのであり、世界経済全体の効率化と国内の社会的安定に関して、そのバランス点がどこにあるのかの答えがはっきりするまでには、まだしばらくの時間を要するようである。
ではこの章の要約である。

〈要約〉

・貿易というものは、基本的に各地方における品物などのばらつきによる価格差によって駆動される。そして過去の農業社会などでは、貿易が突然入ってくると、その巨大な利益が国家経済のバランスそのものを根底から崩すことも稀ではなかった。
・近代になると貿易の世界、というより経済世界全体が「商業」から「産業」の世界へ移行したが、それは貿易においても中継貿易で生きるオランダやイスラムなどのような存在を駆逐し、英国をはじめとする、国内の生産品を官民一体となって強引に売り込む産業国家を貿易の主役としていった。
・貿易が生み出す利益は、最初は中継貿易勢力が吸い取っていたが、そのような「産業化」に伴って、関税という形で国家政府の金庫に流れ込むことになった。そしてそれはさらに自由貿易の登場によって流入先を変え、その利益は個々の企業にコスト低下という形で広く分散されている。

・自由貿易体制は、貿易による利益を極大化してそれを広く分散するという点において、いわば最終的形態であるため、その進展を止めることは難しい。そして理論的に言えば最も公平で善なる体制ではあるが、しかし産業世界と自由貿易が結びついた場合、それは最悪の苛烈な経済戦争の温床となりやすい。

　実際これは「先に二階へ上った者がはしごを引き上げてしまう」制度でもあり、歴史において、自由貿易はインドのように、いかなる保護貿易より悲惨な爪跡を残すことがあったのである。

・一方現代の世界では、コンピューター・ネットワークの発達によるグローバル化によって、それまでの貿易の常識が変わりつつあるが、そういう状況下で自由貿易と保護主義との本当の適正点がどこにあるかは本当はまだ誰にもわかっておらず、いまだにそれを模索している最中だというのが現状である。

　以上、貿易というものについて、最も基本となる知識を整理して述べてきた。そのため読者は最低限これだけのことを知っていれば、将来の世界について考える際にその部分で大きな助けとなるはずである。

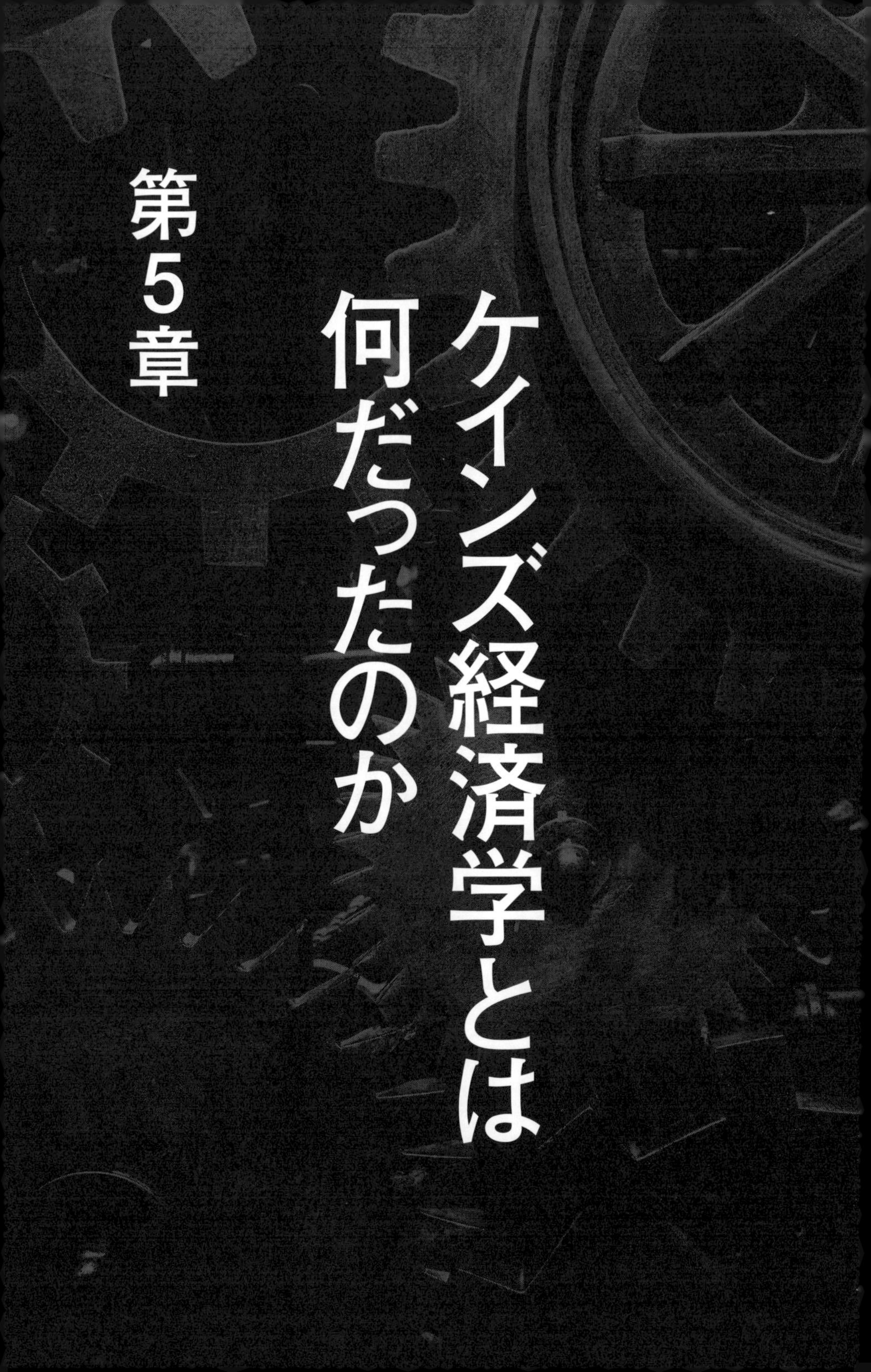

第5章

ケインズ経済学とは何だったのか

20世紀の経済学を振り返ってみる時、その中盤の1940年代から70年代を支配していたのは英国の経済学者、ジョン・メイナード・ケインズ（1883〜1946年）のケインズ経済学だった。人によってはこれをもう過去の経済学だと評することもあり、現在の米国の経済学の主力は、基本的には市場経済の均衡メカニズムに信頼を置く、いわゆる新古典派などと呼ばれるものである。

しかしケインズ経済学には、物の考え方として経済学全体の基礎となるものが多く含まれており、第1章で紹介したマクロ経済学の重要原理などもこれに基づくものである。また近代経済学の思潮を大きく眺めると、そこではこのケインズ経済学とアダム・スミス流の市場均衡の経済学が二大潮流をなしており、それを知ることは経済学の歴史全体を把握することにもつながってくる。

そのためこの章ではその本質部分について、最短距離での解説を行うことにしたい。読者はこの章を熟読するだけで、ケインズ経済学の最低限の概要について頭に入れることができるはずである。

ファラオの名誉回復

ところで昔に書かれた西洋史の本などを見ると、そこではピラミッドというものは圧政の象徴として描かれることが多かった。その挿し絵では、しばしばピラミッド建造の光景として、巨大な積み石を綱で引っ張る無数の奴隷の中を監視人が鞭を持って歩き回り、衰弱して倒れた奴隷を斜面から足で蹴り落とすなどという場面が描かれていた。

とにかくよほどの圧政がない限りあんなものはできないだろうということで19世紀以降、自由・

平等主義の高まりと共に、エジプトのピラミッドは悪しき君主制時代の圧政を象徴する、無意味な遺物の代表例とされたのである。

ところが思想の力というものは大したもので、ケインズ経済学が登場して以来、こういう見方はめっきり減った。ケインズ自身が著書の中で半ば冗談まじりにピラミッドについて言及していることも手伝ってか、実はこのピラミッドというものは圧政とは逆に、むしろ失業救済という意味があったのではないかという見解が一般にも語られるようになったからである。

それというのもナイル川は定期的に氾濫《はんらん》を起こすことが知られており、毎年その間は農作業が不可能となっていた。そのためその期間、国家が食料と住居を保証して、ピラミッド建設という公共事業のための労働者として彼らを雇うことは、立派な失業対策になるではないかというわけである。

まあピラミッドが本当にそういうものだったかは別として、こうした公共事業による失業救済策の現代における代表例としてしばしば挙げられるのが、米国の大恐慌時代にフランクリン・ルーズヴェルト大統領の実施したいわゆるTVA＝「テネシー川総合開発」（1933年）である。これは失業者が街に溢れていたあの時代に、政府が税金でダムを作って彼らを労働者として雇い入れ、とにかく今日一日分の賃金は持たせて家に帰してやろうというプランだった（これはケインズ経済学の応用例として語られることもあるが、実際には政府が「何かしているふり」をして、民衆に安心感を与えることを目的とする、やや行き当たりばったりのプランに過ぎなかったと言われている）。

ケインズ経済学はそうした政府が行う公共事業の経済的効果について、学問的にきちんとした裏付けを与えた。そしてその実際の効果は、単に労働者に今日一日分の生活費を与えて家に帰すというのに留まらないものがあることを示したのである。

ところが当時の、俗流アダム・スミス学派の「自由放任の神の手」信仰に凝り固まった経済学者たちにとっては、その考え方を受け入れることは、あたかも天動説から地動説に乗り換えるほどの思想的激変を要求するものだったのであり、そのことがかえって、単に失業に対する処方箋の提供ということ以上の「ケインズ革命」というものを巻き起こすこととなったのである。ではその中身を以下に見てみよう。

奇妙な石油ポンプ

本書の第1章「資本主義はなぜ止まれないのか」で、金貨が電車で上り下りする図が出てくるが（46ページ）、実を言えばあの考え方そのものが最初からケインズ的であると言えなくもない。そして第1章で行った説明の中にすでに、「神の手」を信仰するいわゆる古典派に頭を抱えさせる問題が潜んでいるのである。そこで次のようなイメージでこの問題を詳しく見てみたい。

ここで、地下から石油を汲み上げる次のようなポンプを考えよう。このポンプはちょっと永久機関を思わせる仕掛けで、自分が汲み上げた石油を燃料にして自分自身が動くようになっている。ところがいささか間が抜けたことに、せっかく汲み上げた石油はただ自分を動かすためだけに全部使ってしまい、地下に石油がある限り石油を自分の燃料タンクへ汲み続けながら、一人で無意味に動き続けるとする。

その状況についてもう少し詳しく言うと、このポンプ（というより井戸とつるべのようなもの）は1 **図5-1◀**

ストロークごとに石油燃料を汲み上げて、脇に取り付けられたポリタンクに溜めておく。そして汲み上げに際しては、まずサイクルの前半でエンジンを集中的に吹かして勢いをつけ、その時点で手元のポリタンクの燃料は一旦全部使い切ってしまう。**図の①▼**

そしてサイクル後半はその惰性で動く。その時にはポリタンクは一旦空になっているわけだが、間もなく惰力運転で地上に上がってきたつるべの石油がタンクに補充されて、再びタンクの水位は元通りになる。そして次のストロークでも全く同じことが繰り返されるわけである。**図の②▼**

ここでさらに次のようなことを仮定しよう。それは、もし最初の時点でポリタンクに燃料が少ししか入っていない場合には、スロットルを絞って運転するため、確かに1ストロークで汲み上げられる石油は僅かとなるが、燃料消費の方も少なくてすみ、それでちゃんとバランスがとれて運転できるということである。つまりサイクル全体を通して、燃料の使用分も補充分も共に少ない状態で、それなりに定常運転を続けていけるわけである。**図5-2のA▼**

逆に満タンならばそれを目一杯使って石油を多く汲み上げられるが、燃料消費量も多いので、やはり使用分と補充分が多い状態で均衡してBの図のように定常運転を続ける。結局タンクの水位が最初

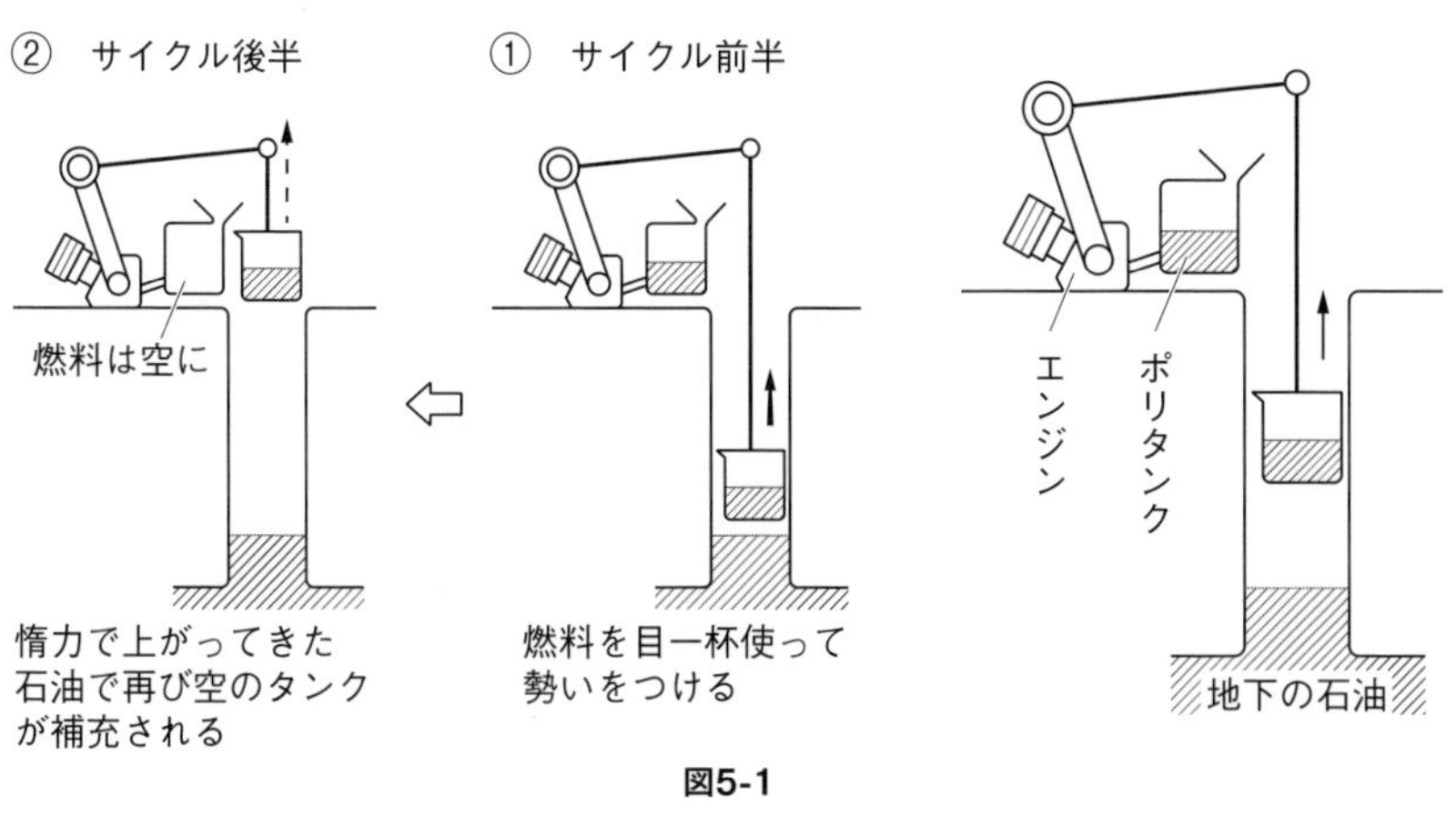

図5-1

にどうであったとしても、ポンプはその水位で定常運転を続けていくわけである。

さてもしこういう状態で、動いている途中に何らかの理由でポリタンクから燃料がこぼれて一時的にタンクが空になってしまったらどうなるだろうか。こうなるとまるでそれはニワトリと卵の関係のようなもので、燃料タンクが空ならばポンプは動かないし、ポンプが動かなければタンクには石油が供給補充されない。そのため少なくともその時だけは人間が外からバケツで石油をタンクに入れてやらねばこのサイクルは全く動き出さないことになる。

要するにこの汲み上げポンプは、最初の時点でポリタンクに燃料がどのくらいあるかで運転状態が恒久的に定まってしまい、人間が外から燃料を注ぎ足してやらない限り、決して自力でいまより高い運転状態へ移行していくことはできないわけである。

ケインズ的な経済観

そして経済の場合も、消費と所得に関する話にはある意味でこれと似たところがあり、この石油ポンプのような奇妙な構図を本質的に抱え込んでいる。

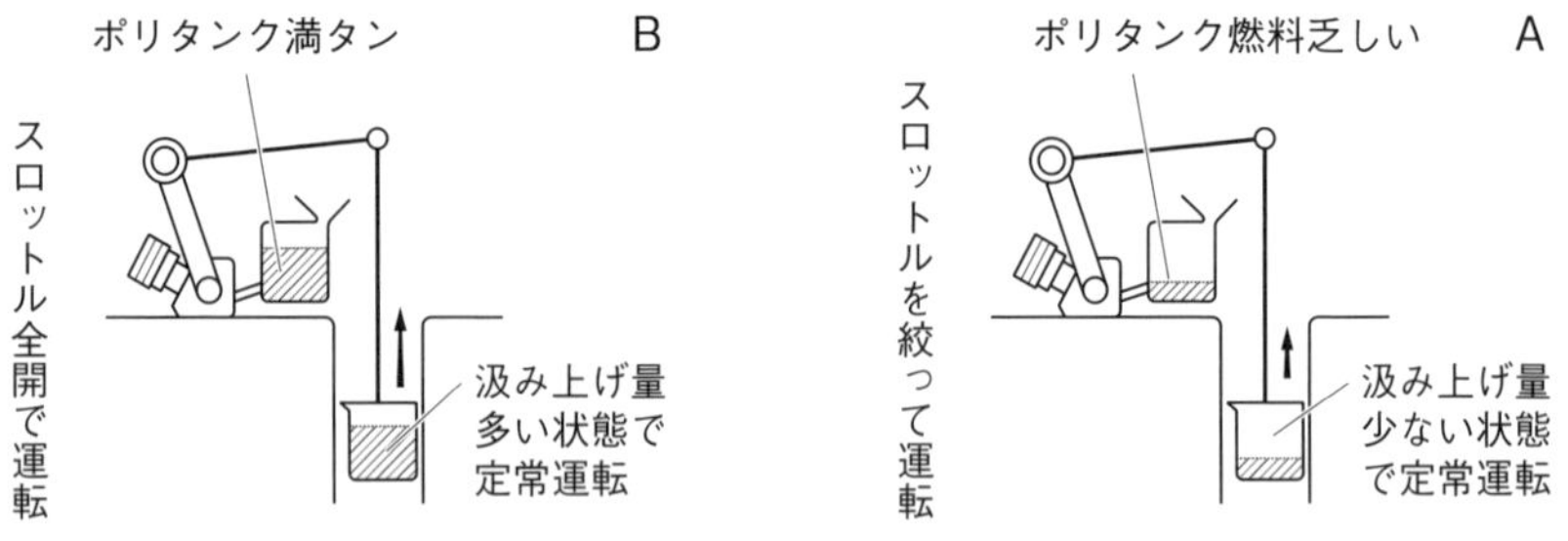

図5-2　水位がどちらでもそのまま定常運転が続く

要するにこの場合もニワトリと卵のようなジレンマが生じ、最初の時点で消費と企業活動の水準が非常に低い状態に設定されてしまえば、恒久的にその水準に留まり続けるという現象が生じるのである。

つまりまず消費者側の家計が豊かでないと、ちょうどポリタンクの燃料残量が乏しいのに似て、消費が盛り上がらないので企業の生産・販売活動もスロットルを絞って運転せねばならない。一方企業の側はこんな低速運転では売上げ金を十分に汲み上げられないために、給料の形で各家庭のポリタンクに豊富な燃料を供給することができない。

そしてこのように双方が低い状態でそれなりにバランスをとってしまった場合、この往復システムの内部には、その低い水準から脱却して全体を高い水準での往復に移行させる力というものは存在しない。それは誰かが一時的に外からバケツで燃料を流し込んでやらない限りは不可能なのである（これは、以前の第1章の金貨が電車で行ったり来たりする図の上でも同じであり、電車で行ったり来たりする貨幣も恒久的にこの低いレベルで往復運動を繰り返すことになる）。

もっとも現実の経済社会というものはそれほどタイトな構造ではなく、金融機関による前貸しのようなかなりいい加減な「遊び」の部分があって、ある程度ならその部分を通じての増減や水準移行が可能である。しかし何らかの巨大な経済的災厄によってあまりにも低い水準に落ち込むと、やはりこのメカニズムのように自力での回復や水準移行は極めて難しくなる。

一見あまりにも当たり前に話が進んでしまったが、実はこれこそ自由放任主義者の「神の手」万能論、すなわち「経済は必ず自力で最適状態を達成する力を持っている」との確信を根底から揺るがしかねないものであり、そしてこれがケインズの経済観の最大の特徴なのである。

つまり経済は必ずしもすべての場合について自動回復機能を持っているわけではなく、ときどき神の手にかわって人間がバケツで燃料や貨幣を注いでやらねばうまく動かないというのである。そしてさらにその、バケツで燃料を一時的に注ぎ込むことを、政府が予算を投入して行うべきではないかというのが、「ケインズ的処方箋」なのである。**図5-3▼**

ただしそれを流し込むに際しては、直接援助金を配るというやり方ではなく、ピラミッドやダムのような公共事業を政府の予算で興し、その際に雇った労働者に賃金を持ち帰らせることで、そこからの波及効果を通じて間接的に経済社会に流し込むという形をとる。

さてここでようやく最初の話題に戻ってきたことになる。つまりこれがケインズ経済学と公共事業の関係の基本だというわけであり、ともかくこれだけを見ても、公共事業の効果というものは、単に失業者に一日分の日当を渡して当面の生活を確保させるだけに留まらないものであることはわかるだろう。そしてさらにそれに定量的な形で理論的根拠を与えたのがケインズ経済学だったのである。

金貨と銀貨の経済効果

ではもう少し詳しく見てみよう。石油ポンプの例でも良いのだが、一応

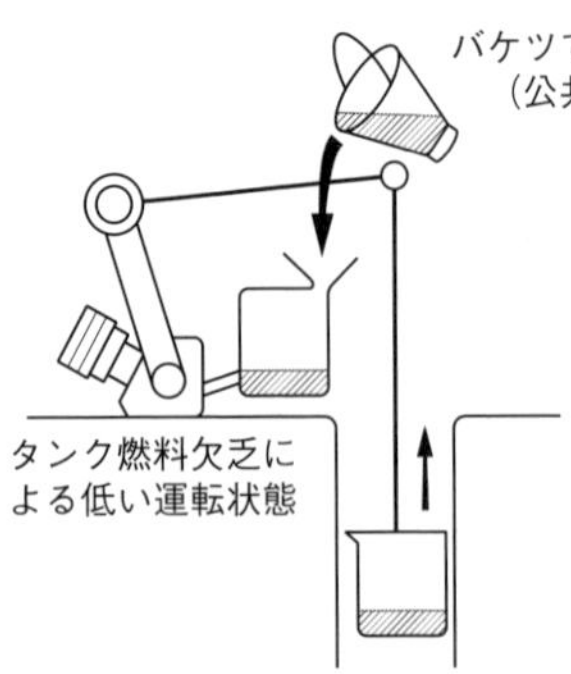

図5-3

第1章で行ったような、線路の上を金貨が往復している例に沿って話を進めることにする。

さてまず先ほどと同様、消費も企業活動も共に縮小してしまってその状態から抜け出せない、という状況を考えよう。つまり経済社会を往復する金貨の量全体が少なくなっているから、経済が自力ではどうにも拡大ができなくなっているというわけだが、この状況下で、政府が外からバケツで一定量の貨幣を注ぎ込んで、往復の総量を拡大したとする。

そしてこの場合、イメージの上で区別を容易にするため、いままでは金貨だけが流通していたが、政府が新たに注ぎ込んだものはすべて銀貨だったとしよう。つまり銀貨の動きに注目しさえすれば、この措置がもたらした影響がすべて明瞭に判別できるという寸法である。そしてその新たに注ぎ込まれた銀貨の量は、いままで流通していた金貨総量の5分の1に相当する量であったとする。

さてそのようにして、経済社会にこれだけの量の銀貨を注ぎ込んだらどうなるだろうか。この場合、もし翌日にそれがちゃんと全部消費に回ってくれるなら、買い物に使われる貨幣の量全体が、銀貨が加わることで昨日の1・2倍に増えることになるわけだから、デパートの売上げもそれだけ拡大することになるはずなのである。

そしてもしデパートのレジで、客が品物を金貨で買っていったか銀貨で買っていったかがちゃんと記録されていたとすれば、その記録の上には、増えた分の2割の部分が銀貨で支払われていることが、明確に表れていることになる。

そのため政府の統計局が、銀貨を注ぎ込んだことによる経済拡大効果を知りたいと思ったならば、デパート側に頼んで、レジで銀貨で買われた品物のリストを作ってプリントアウトしてもらい、それを年末にすべてのデパートで合計すれば、実際に求めることができる。要するにそのリストそのものが、この措置によって可能となった消費の増分を意味しているからである。もっとも、金額の面でどの程度の経済効果があったかはプリントアウトを見るまでもなく、消費全体は当然1・2倍に拡大していることになる。**図5-4▼**

そして銀貨は次の年度も前年度と同じ比率で金貨と一緒に循環を続けるから、レジの記録システムがずっとこのまま作動を続ければ、銀貨で買われた品目の量を表示するプリントアウトも、この経済社会の終わりの日がやってくるまで年々うず高く積まれていき、その経済効果の累計金額の数字も100年分、200年分と加算され、理論上はその累計は無限大となっていくことだろう。

乗数効果のメカニズム

もっとも現実には、経済効果累計の数字がそのように無限に大きくなっていくという現象は起こらない。確かにもし金銀貨の循環過程でそれらが毎回、漏れなく全部消費に使われるとすれば、累計は毎年同じだけ増え続けるが、現実にはその都度、その中の幾分かが貯蓄に回って目減りしてしまうからである（このあたりの捉え方がいかにもケインズ的という

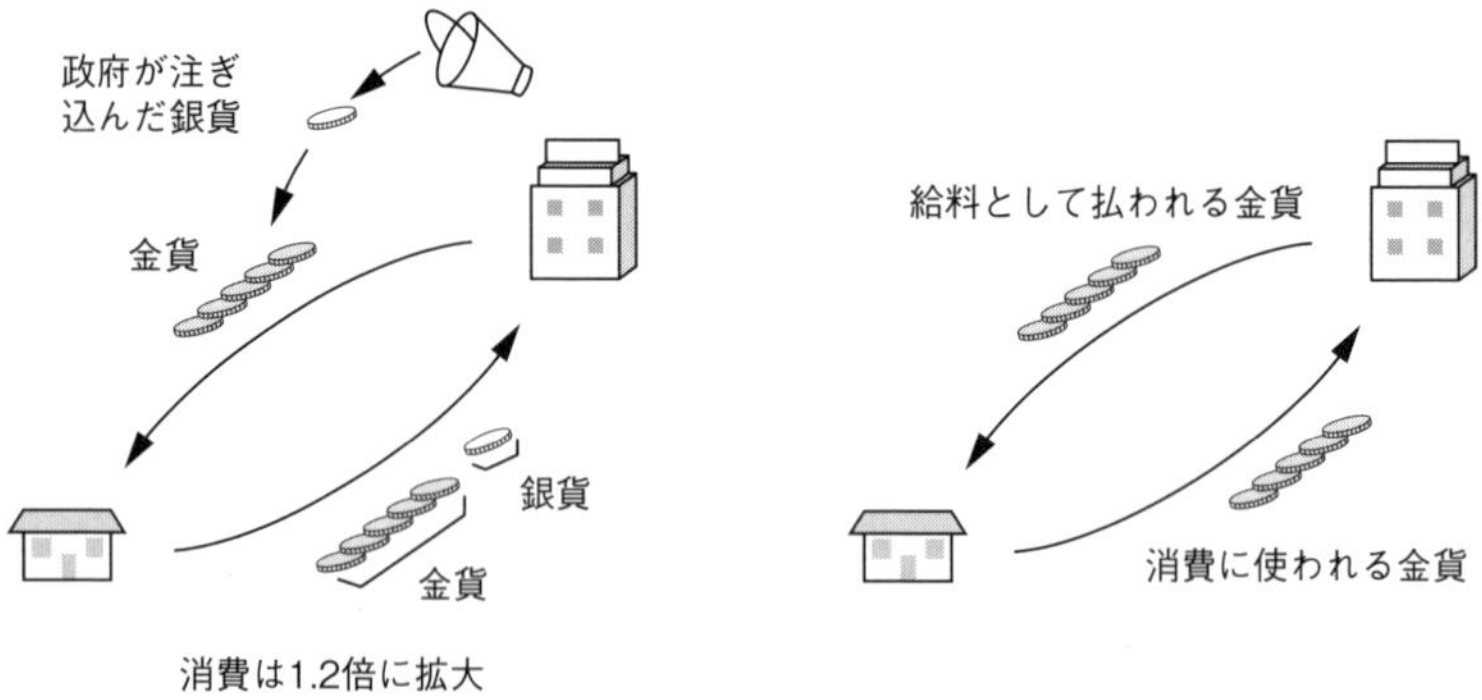

図5-4

か、だいたいケインズ経済学では貯蓄という行為は厄介ものと見られることが多い)。

具体的には、例えばここで金銀貨1回の往復で必ずその10%が貯蓄として裏庭に埋められ、次の往復ではその都度、循環量が前回の90%に目減りするとしよう。この場合、金貨も銀貨も等しくその比率に従うであろうから、銀貨の経済効果累計も、2回目の往復では90%、3回目の往復では81%、という具合に減っていき、その最終的な合計を求めればよいことになる。**図5-5▼**

つまりこれは1+0・9+0・81+……という等比級数の和になり、公式集を引っ張り出して計算すると、それは10という値になる。つまり例えば最初に1億円分の銀貨を注ぎ込んだとするならば、その経済効果の累計、すなわち銀貨で買われた品物の数十年間での金額合計値は、最終的に10億円程度ということになる(なお等比級数の公式を眺めると、この「10」という数字は、貯蓄にどのぐらいの比率の金が回ってしまうかの数字の逆数として求められることがわかる)。

さすがに無限大というわけではなかったが、それでも最初に外からバケツで注ぎ込んだ資金の10倍もの経済効果が生まれるというなら、これはやはり大したものである。

この効果は「乗数理論」の名で呼ばれていて、ケインズ経済学を理解する重要な柱であり、これがケインズ学派によってはじめて理論的に明らかにされた時には、当時の多くの経済学者に大きな衝撃を与えた。

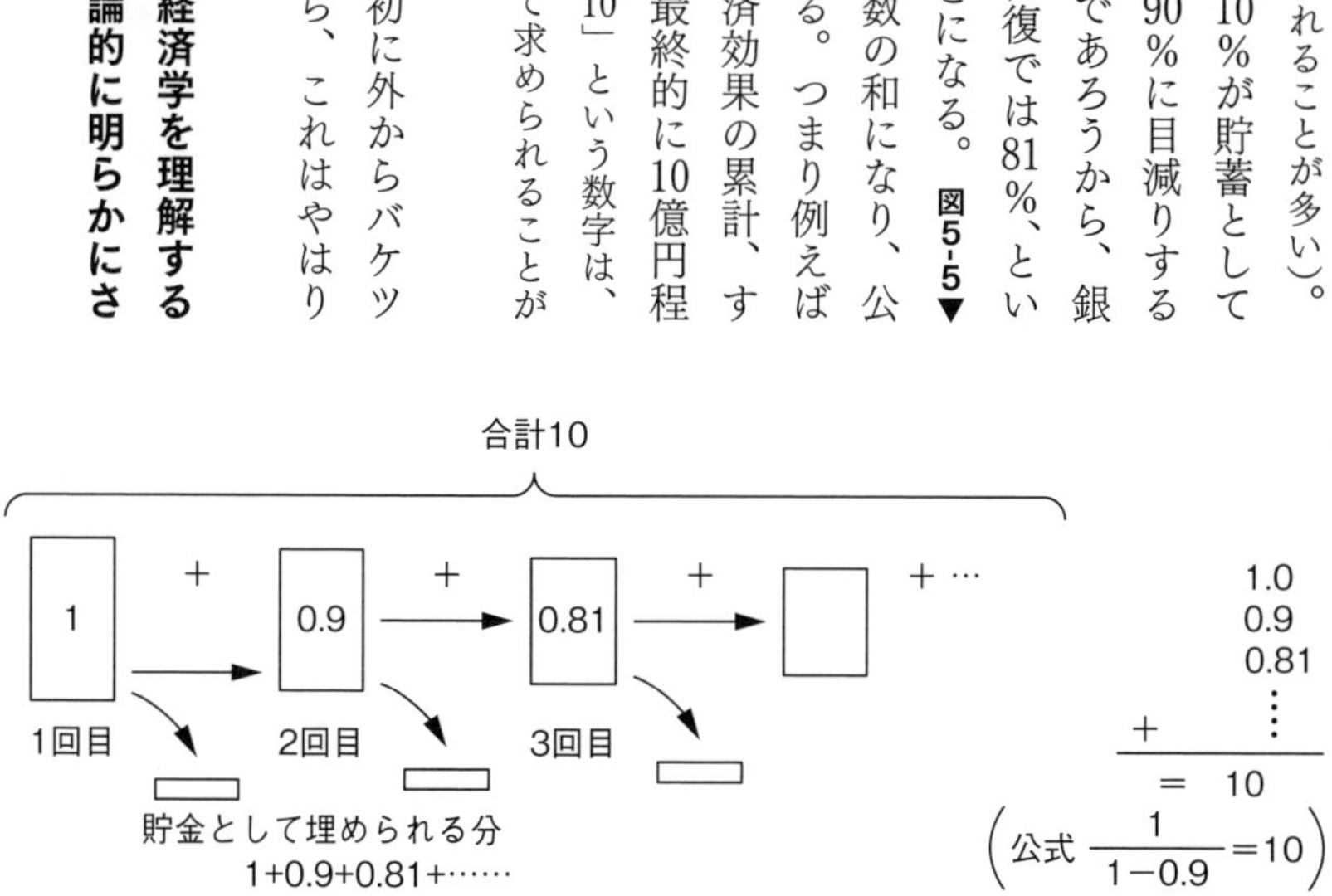

図5-5

こうなってくると、政府の金でピラミッドやらダムやらを作ったりすることは、失業者に一日分のパンを買う賃金を与えてやるどころの話ではなくなってくることがわかるであろう。そうやって政府がバケツで流し込んで彼らに与えられた賃金は、最終的にその数倍の経済効果を経済社会全体に及ぼして、その規模を拡大することになるのである（なお誤解のないよう言っておくと先ほどの図の場合、銀貨が1回往復するのに要する時間は、特に1年などと決まっているわけではなく、もし貨幣の循環速度が大きければ、比較的短期間でこの等比級数の総和にほぼ近い値の経済効果が出尽くすことになる）。

大恐慌下でのケインズの挑戦

ここで現実世界に戻ると、ケインズ経済学が登場した1930年代、世界は大恐慌のまっただ中にあり、そこでの問題の焦点の一つが、消費と企業活動が世界全体で縮小均衡に陥ってしまっていたということだった。ところが当時の主流だった古典派は、「神の手」に任せておけば事態は収拾できるとの処方箋に頑迷にしがみつき、病気をますます重くしてしまったのである。

そしてこの時、従来の処方で治療をすればするほど病が重くなっていく状況下で、処方箋以前の話として、そもそも物の見方が間違っていたと主張するケインズの登場は、まさしく救世主的な特効薬と見られ、戦後における地位を決定的なものとしたのである。

例えば経済が縮小均衡の状態に落ち込んでしまった時、当然ながら企業は人件費削減のため、大量解雇を行うことで、町には失業者が溢れることになる。この時従来の古典派は、その失業問題解決に関して「神の手」は次のように動くはずだと説いていた。

つまり、彼らの合言葉である「需要と供給の関係」が人事部にもそのまま適用されると考えれば、問題は単純である。そして人件費削減を決定する企業の財務部にとっては、人件費の総額全体をいくらに抑えられるかが重要なのであり、そのパイを何人で分けるかはこの際どうでもよい。

そこで労働者側が自分の給料も所詮需要と供給で決まるということを受け入れれば、需給関係の神の手が働いて一人当たりの賃金を下げ、パイを少しずつ大勢で分け合うことで失業は解決されるはずだというのである。 **図5-6のA▼**

ところがケインズに言わせればこれは浅慮以外の何物でもない。そもそも経済が縮小均衡から脱出できないことが問題なのだから、それを拡大することを第一目標としない策は最初からうまくいくはずがないというのである。

実際古典派の言うように、減らされた人件費のパイを全員で分け合う「賃金削減」という処方箋は、確かにその日はそれで解決だろうが、問題は彼らが次の日には消費者に立場を変えてしまうことである。

つまりその労働者の家庭では、もし解雇は免れたものの賃金が昨日より大幅に減額になったとなれば、早速家計を切り詰め

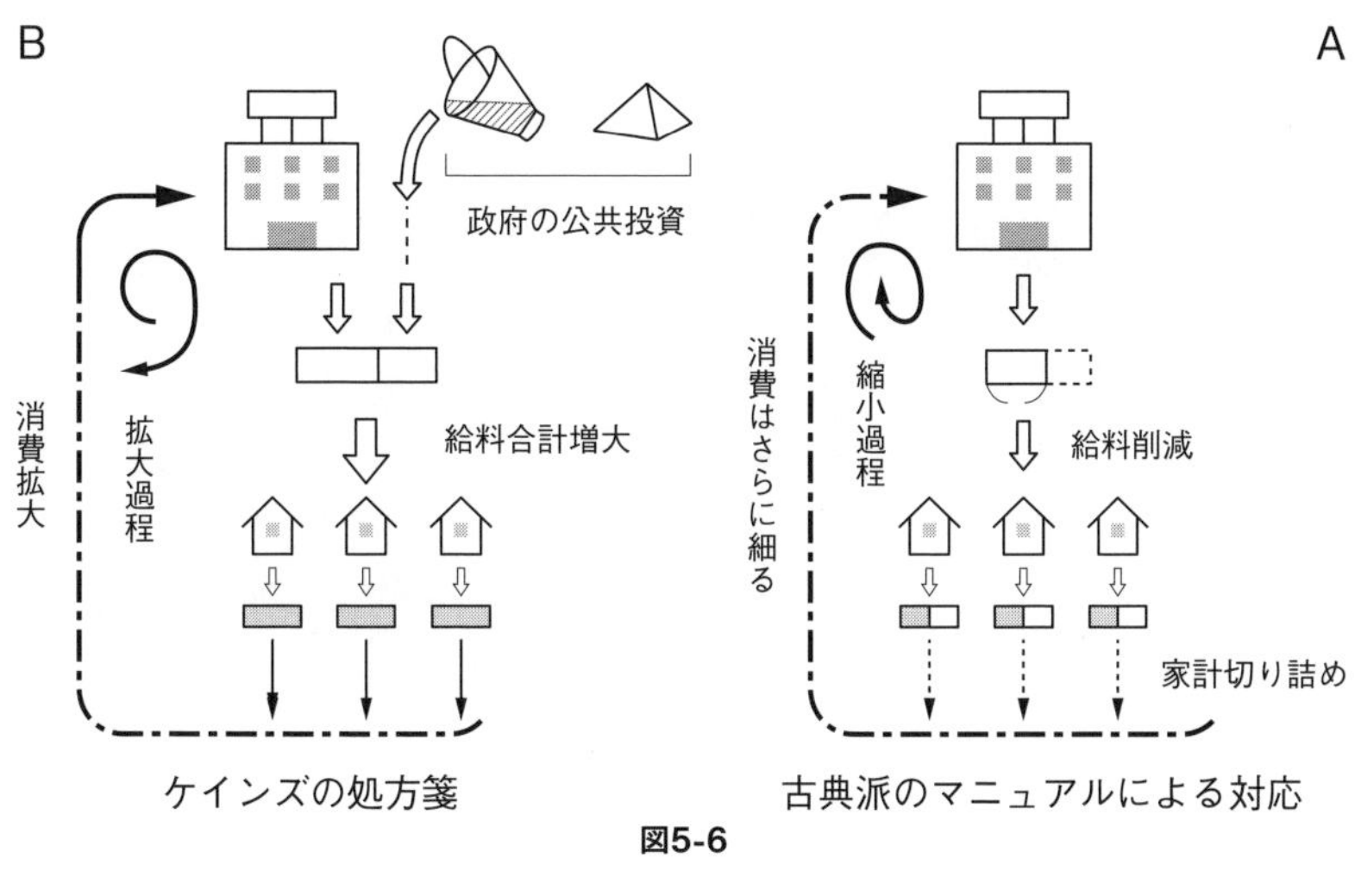

図5-6

て消費削減に励むことは間違いなく、それは翌日の経済の売上げ減となって企業の側にブーメランのように跳ね返ってくることになる。そうなれば再び人件費削減という悪循環になって縮小の坂道をずるずる滑り落ちることになるだろう。

それに比べるとケインズの処方箋は全く対照的に、労働者の賃金削減どころか、逆に彼らに持ち帰らせる賃金の総額をいまより増やしてしまえという、一見パラドックスじみた無謀なことを主張する。それは、ケインズの失業問題の処方箋の基本的な考え方が、経済全体を拡大して縮小状態から脱出し、結果的に全員を収容できるようにすべきだというものだからである。

実際労働者に昨日より多くの給料を持ち帰らせれば、翌日に彼らが消費者に立場を変えた時、予期せぬ収入増に安堵した彼らによって消費が増え、デパートの売上げが大幅増となって、社会内部で企業の業績全体が上向いてくれることを期待できる。

そうなれば企業としても規模拡張のために人件費を増やす余裕が出てきて、経済全体が拡大の勢いをつけてくることになる。そうこうしているうちに、失業問題など知らないうちに解決されてしまっているはずだというわけである。

そしてこれがそんなにうまく行くものかという疑念に対しては、先ほどの乗数理論が理論的にそれを保証しており、バケツで注ぎ込んだ量の数倍の効果が生まれる理屈になっている。そしてその最初の鍵、つまり労働者に余分の賃金を持ち帰らせることを、政府による公共投資という形で行えばよいというのが、いわゆる「ケインズ・プログラム」である。 **図5-6のB▶**

素晴らしい！　これが本当にうまく行くならば、これほど明るさに彩られた斬新な処方箋はないわけで、これが多くの若い経済学者の心を捉えたというのも納得の行くことだった。

新旧学派の言い分

さて以上のように労働者、というより国民全体がどの程度物やサービスを買う能力と意志を持って、それが現実の需要となるかは、経済学の用語では「有効需要」と呼ばれており、「有効需要の喚起」ということがケインズ・プログラムの要点となっている。

一般にこの有効需要が足りない時というのは二つのケースがあり、まず一つは、いくら物を買いたいという望みがあっても、それを買う金が手元にないという場合である。もう一方は、たとえ金は潤沢にあってもそれを消費に回す意志がなく、大部分を貯金に回してしまっている場合で、いずれも有効需要は低いままに留まることになる。

もっとも後者のようなことは、生きていくのがやっとの極貧困社会では最初からあまり心配する必要はない。なぜならそういう状態では、所得は右から左に生活必需品の購入に消えてしまってとても貯蓄どころではなく、まず100%消費に回ってしまうはずだからである。

それはともかく、これを見る限り、**貯蓄行為そのものがまるで豊かな社会の成人病か何かのように有効需要の足を引っ張っていることになり、それゆえ豊かになった社会はこの貯蓄という贅肉を何とか燃焼させねばならない宿命を負うことになるわけである。**

そしてここで第1章の話を振り返るとわかるように、それは本来なら「設備投資」への資金に回り、企業が機械などを買い込んで有効需要の補完を行うことで、何とか貨幣の定常的な循環が維持されているということだった。ところが問題は、その重要な鍵を握っているはずの設備投資が、不況のもとでは消費活動に輪をかけて、急速に縮こまりやすい体質を持っていることである。

ただでさえそれは経済社会の勢いというものに強く影響されて、ちょっとでも不況の気配が感じられると、企業はたちまち設備投資計画をキャンセルしてしまうし、また常識的に考えても、何しろこれは生産設備の更新ということである以上、飽和しやすいものであることは想像がつく。

そこで何らかの理由でこの設備投資が急激に縮小して固まってしまった時には、政府がそれにかわって「公共投資」という形で外から強制的に資金を注いで回復させねばならないというのが、ケインズ経済学の主張である。

しかしながら一般的に言って、資本主義社会というものが常にそういう具合に政府がバケツで定期的に燃料補充をしてやらねば止まってしまうとすれば、ずいぶん不便なものである。実際自由放任主義の神の手のドグマによれば、そんな人為的なものは必要ではない建前になっており、それまでの俗流アダム・スミス派の自由放任主義経済学は、わざわざそんなことを政府が行わずとも、「神の手」はそれをちゃんと解決してしまう偉大な自動回復機構を備えているはずだと主張していた。

しかし彼らの主張の致命的欠陥は、その肝心の神の手が「縮小均衡」という概念、つまり汲み上げポンプなどが低い運転状態に陥ったまま一個の均衡状態を作ってしまう問題には本質的に無力だ、という点を見落としていたことである。つまり神の手は確かに各運転状態の枠内でそれなりの均衡状態を作り上げることはきちんとできるが、逆に言えばそれが限度であり、運転状態自体を高いレベルに引き上げたりすることは、本来その能力の中には含まれていないのである。

このように理屈からすれば、ケインズの物の見方のほうが明らかに正しく、そのため多少時間はかかったものの、ケインズ経済学は若い経済学者たちの熱狂的な支持を受け、従来の古典派の経済学を次第に駆逐していった。そして米国でも1960年代になるとそれは信奉者の若手経済学者と共にケネディ政権の内部に入り込むことになった。

こうして、大不況という経済全体がきりもみ降下に入った非常事態の時ばかりでなく、比較的平常状態のもとで経済が軽い景気後退に陥った時も、政府がきめ細かく調整を行っていけば、人類社会が永久に不況とおさらばするのもあながち夢ではないという思想が、世界全体の流行となったのである。

現在でも、ちょっと不況の気配が漂ってくると「財政出動」という言葉が語られ、公共事業を行うかどうかが議論されるが、それはまさしくこのことを意味している。

ただしここで一点注記しておきたいのは、実際にこのケインズの処方箋が大恐慌そのものに対してどの程度役に立っていたのかということになると、それはいささか心許ないということである。前述のように、米国の大恐慌では、ルーズヴェルト大統領の行ったTVAなどの公共事業は、ケインズ経済学などとは無関係に行われており、実質的にはあまり効果はなかった。むしろ**大恐慌を最終的に解決した真の主役は第二次世界大戦だった。つまり政府が特大のバケツで軍需産業に予算を注ぎ込んだことは事実上巨額の公共投資に等しい効果を持ち、結局はこれが大恐慌を吹き飛ばしてしまった**のである。

中世には貯蓄の問題はどうだったのか

ところで、「貯蓄行為が有効需要を細らせてしまう」という困った傾向は、経済の仕掛けのかなり根本に位置している以上、本来なら近代だけでなくあらゆる経済社会の中に潜在的に存在していたはずである。では近代以前の社会ではそれはどうなっていたのだろうか。

まずカトリックの支配する中世ヨーロッパを見てみると、ここでは困るどころの話ではない。なぜなら教会権力はもともと社会全体が商業的に繁栄することを退廃の温床として危険視し、清貧な農業経済をよしとしていたため、豊かな消費経済活動などというものは痩せ細ってくれるならむしろ有難いという事情があったからである。

そこで教会権力は、第1章でも述べたように民衆の持つ余剰の金を「寄進」の名で教会の地下に集めて、それを経済社会から抜き取っていった。そのため社会全体で有効需要の大幅な減少を招くことになったはずではあるが、その代償に清貧だが豊かな信仰生活を提供できるというのが、彼らのプログラムだったと言えるだろう。

ではカトリックのこのような方針に対して、中世社会のもう一方であるイスラム経済はどうだったかというと、ここはここでまた独特のアプローチをとっていた。

以前にも述べたが、原則として金利を禁じていたこの文明は、民衆の間に発生していた余剰資金が無闇に貯蓄に回らないよう、「喜捨」という形でそれに撤退路を与えていた。ところがそれは、ケインズ的観点から見ても結果的に、興味深い機能を果たしていたのである。

先ほども述べたように、一般にぎりぎりの生活をしている低所得者層は収入を貯蓄に回す余裕がなく、それらを右から左に生活必需品の消費に使わねばならない。つまり所得の大半が消費に回っており、経済学の用語で言えば「消費性向が高い」ことになる。一方逆に、使い切れないほどの金を稼いでいる高所得者層は、必要なものを買ってしまった残りの金はとりあえず貯金するため、一般に所得が消費に回りにくく「消費性向が低い」性格を持っている。

つまり全般的にはこういうことが言える。つまり社会全体の富の「重心」が高所得者層の中にあるほど、富の大半が貯蓄に回りやすく、経済全体で消費性向が低くなりがちだということである。そして「貯蓄が有効需要を細らせる」という原則に従えば、これはサイクルの次の循環で有効需要の不足となって現れることを意味する。

逆に、富の重心が低所得者層にあって、富が民衆全体に比較的高い平均額で分配されていた場合、低所得層にとっては食料をはじめ買わなければならないものはまだまだたくさんあるため、社会は全体として消費性向が高くなり、こちらのほうが有効需要が大きいことは明らかだろう。

そしてイスラム経済の場合、この「喜捨」という行為が、実は社会の富の重心を消費性向の低い層から高い層へシフトさせ、結果的に有効需要を安定したレベルに維持するという、意外な役割を果たしていたと考えることもできるのである。

図5-7▼

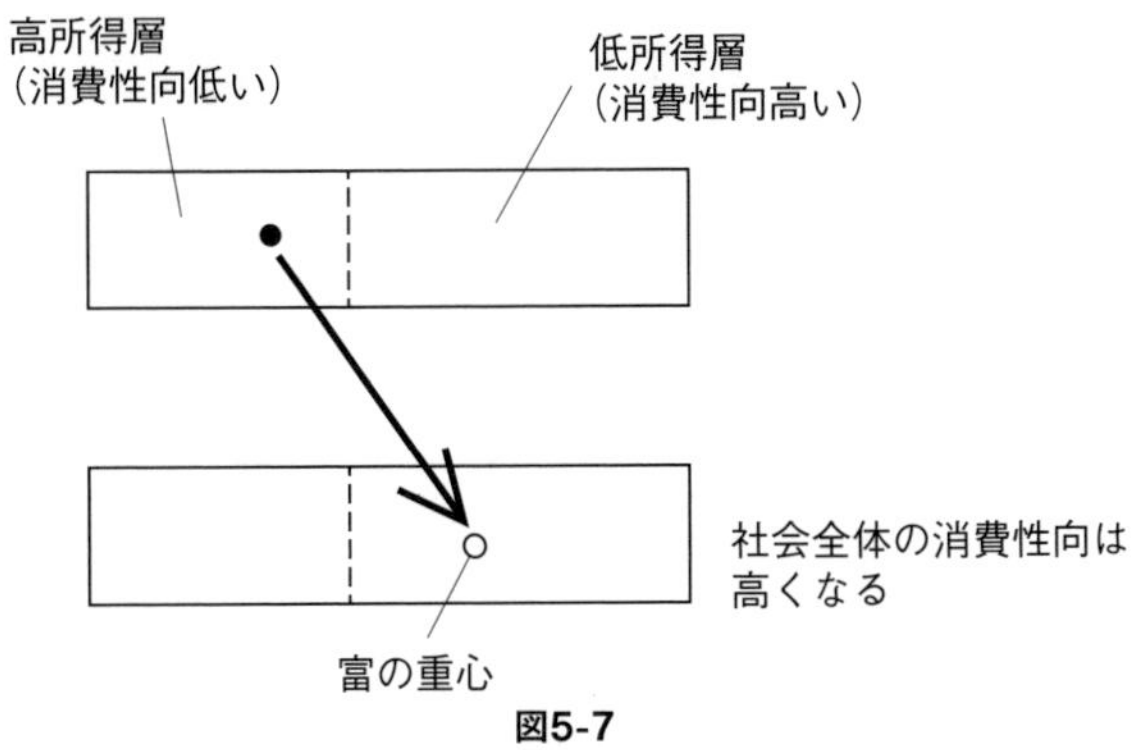

図5-7

本質的に商業社会であるイスラム文明は、中世において世界で最も豊かな経済圏であり、また文明そのものが多分にその豊かさを前提に成り立っていた。それゆえ本来なら富が貯蓄という形に凝固して有効需要の減少を招くという病気に悩まされ、バグダッドやカイロにいる経済官僚がその解決に必死にならねばならないはずだった。

ところがこの意外なメカニズムのため、少なくとも彼らは有効需要の不足という問題にさほど悩まされることなく、中世の基準からすれば「成熟した」経済社会をかなり長期間にわたって安定的に維持することができた、とみることもできる。極端に誇張して言えば、イスラム経済のメカニズムはケインズのプログラムを最初から必要としていなかったとも解釈できるのである。

また富の再分配という問題に関しては、一般的な話として洋の東西を問わず古代から多くの君主国では次のような傾向が見られていた。それは、中央の権力が強い場合、とかく首都の宮廷に富が集まってしまいがちなのだが、そうした宮廷の多くは、いかに贅沢をして金を吐き出すかに非常に熱心だったということである。

例えばその種の宮廷では、簡単な仕事に対して必要もないのに大量の召使いを雇っていることが多かった。これは一般には行政改革の失敗の結果と見られているが、しかしこの観点からするならば、むしろそれは富の低所得層への再分配という意味もあったと解釈できるかもしれない。つまり宮廷にとって贅沢は、社会の有効需要を保つための一種の義務だというわけである。

この富の重心を高所得層から低所得層に移転するという問題は、有効需要確保という問題に取り組む者にとっては避けることができず、それはケインズ経済学もまた例外ではない。

ケインズ自身には、貧民救済に燃えるキリスト教的博愛精神といったものはあまり見当らないが、それでも純粋に経済システムの問題を突き詰めていくと、必然的に外見上は一種の福祉国家に似た、富裕層から貧困層への富の強制移転の仕掛け（直接的に行うか間接的に行うかは別として）を作っていかざるを得なかったのである。

それは必然的に政府そのものの性格を、国民から大量の税金を徴収してそれを公共投資・福祉に大量に再分配する、いわゆる「大きな政府」にすることを要求する。これがしばしば政策上の大きな議論になることは、読者も目にしたことがあるのではないかと思う。

ケインズ経済学の泣き所

さて話を元に戻そう。先ほどの結論によれば、経済が何らかの理由で縮小均衡に陥ってしまって自力でそこから脱出できない時には、政府が公共投資という名のバケツで経済社会に金を注ぎ込んでやれば、乗数効果によって拡大が可能だということだった。

しかしこれだけを聞いていると、不況に陥った時にその都度、政府が正しくこれを実行していれば、人類社会は永久に不況と無縁でいられるということになる。しかしおよそ世の中にそんなうまい話があるはずはなく、その代償としてどこかに必ず欠点が生じていると考えるべきだろう。**ケインズ政策の場合、泣き所がどこに出てくるかと言えば、それはこの政策がとかく財政赤字とインフレの温床になりやすいことである。**そこでこれを少し詳しく見てみよう。

先ほどの結論では、不況下で労働者が家計支出を減らし、それがさらに企業業績を悪化させるという悪循環から経済がどうにもこうにも抜け出せないという時、ケインズによれば、その解決策としての公共事業の効果とは、要するに労働者に昨日より多くの賃金を持ち帰らせて、消費を盛り上げるきっかけを作り出せることにあった。

ところがここで公共事業の財源をどうするかというのが問題である。一般に「大きな政府」の特性は、福祉や公共事業の予算も大量にばらまくが、その分税金も大量に徴収するということになっている。ところがこういう緊急事態のもとでは、それをそのまま実行しても効果は期待できにくいのである。

なぜなら労働者・消費者の消費意欲を高めようとして、消費にふんだんに使えるよう政府の予算を割《さ》いて賃金をどっと大きく持ち帰らせても、その財源確保のために年末に税金がどっと高くなるというのでは、とてもではないが消費を楽しむどころではない。つまりまず消費者たる一般大衆への大幅増税は論外ということになる。

それならもっぱら貯蓄の多い富裕層に対して増税を行えばよいではないかというかもしれないが、現実にそれを行ってみると、意外に得策ではないという場合が結構多い。実際そのように経済全体が縮小状態に陥っている時には、彼らが珍しい高価な新製品に飛びついて、新たな産業や市場が育つきっかけを作り、好況感を盛り上げる最初の先導役として、企業側の設備投資の導火線となることが稀ではないからである。

結局この場合、政府は増税なしでその種の財源を確保しなければ、ほとんど効果はないことになる。ところがこれは何とも困惑させられる話であって、国の予算に関して入り口と出口、つまり収入と支出がちゃんと同額という健全な状態（いわゆる「均衡財政」）にある限り、結局お金が政府から政府に戻るだけで、このプログラムは効き目がないということになってしまうのである。

そこで税金に頼らずに支出だけは増やすとなれば、それは国債（赤字国債）発行という手段に頼る他なく、早い話が国の借金である。そしてこのような状態はいわゆる「赤字財政」であり、均衡財政よりも不健全な状態にあることは言うまでもない。

要するにケインズ・プログラムによる経済拡大効果を現実のものにしようとすれば、少なくとも一時的にせよ財政赤字というものに目をつぶる他どうしようもないことになる。そして国債発行というものは、紙幣増刷ほど悪質ではないにせよ、広い意味からすれば一種の通貨膨張であり、ちょっと油断すればたちまちインフレを招いてしまうのである。

こうなってくると、どうも薔薇色の処方箋とも言い切れなくなってくるわけであり、実のところこの、**「財政赤字という毒は一時的に良薬となる」という認識を受け入れるか否かが、ケインズ経済学そのものを受け入れるか否かの分岐点となった**と言える。

その点で言えば、戦前の大恐慌の時の米政府などはさしずめ拒否派の極端な例で、彼らはいまからは信じ難いほどの頑迷さで均衡財政主義にこだわり、それがただでさえ重い経済危機をさらに重くする結果を招いたのである（現在ではそんなことはやろうにもちょっと無理で、恐らくそんな経済危機のもとでは、政府は議会と世論の突き上げで結局公共投資の予算を組んでしまうであろう）。

ケインズ政策の暴走と新古典派の台頭

さてこのような泣き所を抱えつつも、米国では1940年代への反省がいささか極端な反動となり、60年代には公共投資による有効需要刺激政策がブームになった。

ところが一時的にはともかく、これが恒常化してしまうとどうだろうか。経済が急性病の時にはやむを得ないとしても、問題は経済がどんな状態にあろうと、乗数理論がまるで覚醒剤でも使うような形で、必ずある程度の効果を保証してしまうことにある。

そして60年代の米国の場合、公民権運動をはじめとする「弱者救済ブーム」にこれが重なってしまったことが大問題だった。つまり政治家たちは極端な話、町に失業者が一人いても、その救済のために税金を使って公共事業を興し、「完全雇用」を公約するようになってしまったのである。

こんなことは恐らくケインズは予想もしていなかったろうが、ともかくある点を過ぎてしまえば、大して効果が上がらない割には税金ばかりが高くなる非効率な状態に陥ることは、常識的に見て当たり前だろう。

そしてケインズ政策が本来持つ、インフレの温床という欠陥が発火点寸前に達していたところに、１９７３年に中東で火を吹いた石油ショックの原油価格高騰が引き金となって一挙にこれに引火し、70年代の米国経済は慢性病のようにインフレに見舞われることになったのである。

そこで「弱者救済ブーム」を苦々しく眺めていた米経済学界の本流の人々は、何らかの形で反撃の必要を感じていた。その一番手は米国の自由放任主義学派の中でも最右派と見られている、ミルトン・フリードマン率いる「マネタリスト」たちであり、彼らは過度の失業救済を諫《いさ》める「自然失業率仮説」という話を出してきた。

すなわち、経済社会は健全な自然状態でも、本来多少の失業者が必ずいるものであり（中には夢を追いすぎて結果的に職にあぶれている自発的な失業者も当然いることだろう）、その「自然失業率」以下に無理に救済のための税金を割くと、どこかに歪みが出てしまうと主張したのである。

そして1980年代になると、米国にレーガン政権が誕生し、本格的にケインズを殲滅《せんめつ》にかかる。彼らは「新古典主義」を名乗るが、まあ中身は古色蒼然たる古典的な自由放任主義である。

そして彼らはいわゆる「小さな政府」、つまり政府は軍事や司法など必要最小限のことしか行わず、福祉予算も大幅に削減するがその分税金も大幅に安くする、要するに自分の面倒は自分でみろという哲学を掲げ、かつてのケインジアンたちの「大きな政府」への決別を宣言した。

だいたいにおいて米国民には最初から税金の高い福祉国家のような体制は適合しないため、そこからの決別に抵抗があろうはずもなく、80年代以来、財政赤字からの脱出には「小さな政府」を目指す以外に策なしというのが世界的傾向となって、それは金融危機の直前まで続くことになった。

ところで日本の場合を見ると、ここでもケインズ的な政策は米国より少し遅れて採用され、そして似たような問題を作り出した。米国の場合はインフレが一番大きな問題だったが、日本の場合はむしろそれが作り出した巨額の財政赤字のほうが重大で、それはいまも大きな問題となっている。

ただその財政赤字を作り出した「ケインズ的暴走」は、米国のように「弱者救済ブーム」によるものではない。むしろその主原因は、70年代に石油ショックに見舞われて大不況に陥った時、その企業救済のためバケツで外から大量の資金を注ぎ込んだことにある。

つまりその際に財源を大量の国債発行に頼ったため、それが残ってしまっており、またそれに味をしめてその後も公共事業が癖のようになってしまったことが、その主たる原因である。

そのためやはり日本でも90年代の終わり頃から2000年代に、米国と同様に弱者救済を切り捨てる「小さな政府」へと舵を切り、その代表が小泉改革だったのだが、少なくとも財政赤字に関しては結局大した効果がなかった、というのがこれまでの経緯である。

英国におけるケインズ経済学の特殊事情

こうしてみると、**ケインズ理論というものは、それを処方箋として用いると確かに景気を浮揚する力は持つものの、インフレという副作用をほとんど必ず伴うものとして、どのみち健康にはなれない欠陥処方箋のように見えなくもない。**

確かに1960年代の米国で用いられた時には、結局その一長一短が相殺《そうさい》されて効果は薄かったが、ケインズがいた当時の英国への処方箋として見た場合、むしろその副作用であるインフレが、かえって望ましい効果を与える一石二鳥としての側面を持っていたのである。

そこでこれについても簡単に見ておこう。これらの知識は必ずしも経済学の常識として不可欠なものではないが、教養として知っていると、通常のケインズ経済学の常識レベルより一段高い知識を得られるので、読者はここから先はそういう興味で読まれるとよいだろう。

さて読者は第3章のインフレに関する内容で、一種のサンドイッチ構造の話があったことを覚えておられるだろうか。すなわち社会を資産家・企業家・労働者の三階層に分けた時、インフレで誰が損をして誰が得をするかという話である。

あの時の結論では、インフレのもとではサンドイッチの真ん中である企業家（生産者）階層はむしろ得をし、上と下に位置する資産家（投資家）階層および労働者（消費者）階層は損をするという結論だった。

しかしこの例に限らず、どうも一般的に見ても経済政策で生じる利害関係とは、このようにサンドイッチの真ん中とその上下両側の間の対立となることが多いのである。そこで、この対立における両者の利害関係を整理してみよう。

・投資家階層および消費者階層

インフレで損をするからデフレのほうがよい

高金利がよい

世界資本主義

自由貿易

・生産者・企業家階層

インフレで得をする

低金利がよい

一国資本主義

保護貿易

ということになる。そしてもしケインズ経済学の特性を注意深く検討してみるならば、それがだいたいにおいて生産者・企業家階層の立場に味方する文脈で貫かれていることがわかる。それに対してアダム・スミスの亜流たる古典派は、消費者や投資家階層の立場に味方する文脈になっていることが多いのである。

ではどうしてケインズは、企業家階層の肩を持って投資家階層に不利となるような方策を処方すべきだと考えたのだろうか。実はそれは当時の英国の特殊状況が大きく作用していたのである。

英国の資本主義の大きな特徴は、それが世界のトップを切って走っていたため、すべてを一からじっくり育てていくという形になっていたことである。そのため英国企業は借金をあまりせず、同族経営の自己資金でだんだん大きくなっていくという健全経営を行っていることが多く、外から大量の資金を調達することはあまりなかった。

ところがこれは資本主義にとっては一種の皮肉な現象を引き起こした。本来の資本主義のシステムであれば、国内で生じた余剰資金は、銀行などを通じて企業に貸し付けられるはずである。ところがそれを英国内の企業に持って行っても、うちは同族経営なので外からの金は別に必要ありませんといって、受け入れを断られるケースが多かったのである。

その点に関しては、後発資本主義国だった米国のほうがむしろ純粋な資本主義に近く、そこでは外から巨額の資金を調達して一夜で企業を立ち上げる、ということが普通に行われていた(これは現在の日本のアジアにおける技術面での立場と比較すると興味深い。日本の企業が技術を長い時間をかけて自社内部でじっくり育てて大きくなっていったのに対し、中国などの企業は技術と最新の製造機器を外から導入して一夜で最先端の企業を立ち上げることが多く、その点で一脈通じた構図が感じられなくもないのである)。

つまり英国は資本主義のトップを走っていて国内に豊富な資金を貯め込んでいるにもかかわらず、国内にはその投資先がないことになる。そこでそれらの投資先はもっぱら海外へ求められることになった。19世紀だとその代表例は米国の国債や州債であり、英国の投資家たちにとっては英国企業の債券のかわりにこれらの債券を買うことが「投資」だったのである。

逆に当時の発展途上国であった米国の立場からすれば、工業化のためにはいくら金があっても足りない状態であり、米国の大陸横断鉄道などの資金にしても、そうした英国の投資家たちが米国の州債を買ってくれたことで調達が可能になったのである。

しかし一時的に英国の資金は米国など海外に逃げてしまってはいるが、これは長期的に見ると英国経済にとってはそれほど困らない。なぜなら米国の鉄道会社にそうやって資金を供給したとしても、当時の米国の工業力では機関車やレールを生産する能力がない以上、彼らはどうせ英国にそれらを発注するはずであり、結局すぐにその資金は英国に舞い戻ってくることになるからである。

そのためこの投資システムは当面は投資家にとっても企業家にとっても満足の行くもので、19世紀に大英帝国が「世界の工場」として繁栄のピークにあった時には、基本的にこういう構図になっていたのである。**図5-8の右▼**

ところがケインズの時代になると、これがほころびを見せてくる。常識でもすぐ予想がつくことだが、この時期になると、左図のように、米国の工業力が機関車やレールを自前で調達できるまでに成長してしまい、米国の鉄道会社が国内にそれを発注するようになってしまったのである。

そうなると、英国の投資家が、どうせすぐ帰ってくるだろうと高をくくって米国に供給した資本は、米国に行ったきりになって戻ってこず、その後はもっぱら米国の産業のための肥料となって海の向こうで還流を続け、逆にあてが外れた英国の産業はだんだん枯れていってしまう、ということが起こったのである。**図の左▼**

状況がこうなってくると、投資家と企業家の利害関係にも大きな乖離《かいり》が生じることになる。企業家にとっては、米国などの新興国の追い上げに対抗するため、そうした資金が国内に投資されて英国企業の強化につながることが望ましい。ところが投資家たちにとっては、別に国内の企業がどうなろうが、自分の財産が大きくなって戻ってくればそれでよい。

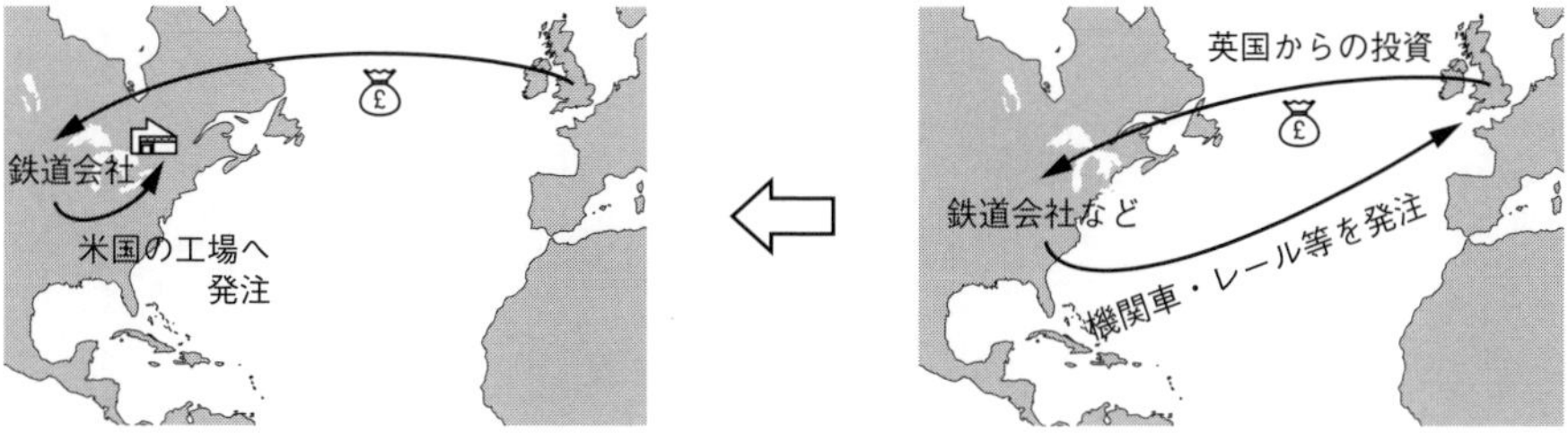

英国が斜陽化したケインズの時代　　英国の黄金時代

図5-8

そして英国の場合、そういう投資家たちが大勢いて一個のれっきとした社会階層をなし、政策にも大きな影響を与えていることが問題だった。特に英国の場合、投資家層の中には若い頃にインドなどの植民地で一山当てて作った富を本国に持ち帰って、その投資で食べている者も多く、他国に比べると投資家階層と企業家階層との隔たりはやや大きかったのである。

そして特にここでクローズアップされてくるのが、先ほどのインフレを巡る両者の立場の違いである。つまり企業家階層にとっては、むしろある程度のインフレ状態が望ましいのだが、投資家階層にとってはインフレは自分たちがせっかく蓄えた富を手の中で蒸発させてしまいかねないものとして、忌《い》むべきものだった。

しかし客観的に見ると、先ほどのような状況では英国全体のためには企業家階層の主張のほうに分があり、ケインズはもはや投資家階層の存在は今後の英国経済にとって邪魔者だとすら考えていた。そうなると、ケインズ経済学の本来の泣き所であったインフレという副作用は、逆に投資家たちの富を蒸発させて解体に追い込むという点で、プラスの効果さえ期待できることになる。

ところで三つの階層のうちの残った労働者階層についても見てみると、彼らにとっては確かにインフレは困るが、その一方でケインズ理論は失業救済ということも大きなテーマとして謳《うた》っており、もし後者の効果のほうが大きいようなら、彼らにとっても歓迎できるものとなる。

そのためこの処方箋は企業家階層、労働者階層の二者にとっては望ましい一方で、投資家階層だけが割を食う格好になる。しかし全体としてみれば副作用も含めて英国経済にとってはプラスになる、というのがケインズの見方だった（なおそのようにインフレを密かに歓迎するというのは、現在——2020年時点の日本——でもちょっと似た話がある。現在の日本では、国の借金つまり政府の巨額の財政赤字が巨大な額に達しているが、それがインフレで蒸発してくれることを密かに期待しているのである。ただそれがなかなか期待通りの高さのインフレ率になってくれないというのが、われわれが現在見ている状況である)。

そして企業家層を元気にするにはもう一つ、金利も下げて事業計画の投資をしやすくすることも必要であり、ケインズはそのための仕掛けも別に用意していた。これは後にもう少し整理されて「IS—LM分析」という手法となったが、どうも現在ではややアカデミックな古い話題となってしまっている感がなくもない。そのためそれに関してはここでは割愛するので、興味のある読者は拙著『経済数学の直観的方法』(講談社ブルーバックス)なども参照されたい。

それにしてもこうしてみると、ケインズは何か普遍的な経済学の体系を作るというより、むしろ当時の英国が抱えていた問題を解決するための、いわば一回限りの理論を作ろうとしていたらしいことがわかる。逆に言えば米国などでは、無理やりそれを普遍的なものとして使おうとしたために、いろいろと問題を引き起こしたのだとも言えるかもしれない。

経済学の勝者を決める「同盟ゲーム」

ところで先ほどの話では、三つの層の間で誰と誰がそれを歓迎するかということが、一つの重要なポイントとなっていたが、実はこういう構図はもっと一般的に、他の時代でもいろいろなバリエーションの形でしばしば見られている。

そしてそれを念頭にあらためて全体を整理し直してみると、大変面白いことがわかる。それはほとんどの場合において、この三つの層の中で二者がくっつく一種の同盟関係が成立していて、その

2対1の構図がしばしば一種の外交ゲームのように状況を支配していたということである。

これを踏まえて19世紀の資本主義の時代を振り返ってみよう。この時期の三つの階層の状況がどうだったかを見てみると、この時期には投資家も企業家も「資本家」の名で呼ばれていて、両者の違いが外からはさほど明確ではない。つまりこの時期には一番上と二番目が一枚岩のように手を組んで、二人三脚で資本主義を軍隊のように遮二無二前進させていたわけである。

そして経済思想という面では彼ら「資本家」たちは共に、アダム・スミスから進化したいわゆる古典派経済学を奉じていた。自由放任主義を主張するこの思想は、拡大解釈すれば経済人が欲望通りに動いてさえいれば、神の手の働きで世の中は結局幸福になるということだったのだから、いわば彼ら両者にとって、やりたい放題やるための免罪符として圧倒的な価値を持っていた。

そのため必然的にこの古典派経済学が、当時の経済を実際に動かす理論の主流になっていたわけだが、こうなってくると、その同盟からはじき出された格好の一番下の労働者層としても、自分たちの味方をしてくれる理論を欲しがるようになる。

そのため彼らが対抗馬として押し立てたのがマルクスの理論だったわけであり、それによってわれわれがよく知っている、古典的な資本主義vs.マルクス主義という二大理論の形の対立構造が生まれたわけである。

要するにこの場合には一番上と二番目が手を組んで、一番下がそれに対抗するという形態になっており、それが経済学の背後にあったのである。 **図5-9の①◀**

ところが20世紀初頭を過ぎてケインズの時代になると、先ほど述べたように英国では投資家層と企業家層との間の蜜月関係がほころびを見せ始めて両者の同盟は解消され、むしろ企業家層と労働者層が手を組む構図に移行していった。

そして世界全体を見ても、この時期の最大の問題は大量失業問題であり、労働者層としても企業が潰れてしまって就職先が消滅してしまっては元も子もない。それに対して投資家層（当時は悪名高き「国際金融資本」の名で呼ばれていた）は、労働者の雇用に最も関心を持たない層であったため、結局上から2番目の生産者層が一番下の労働者層と手を組んで、一番上の投資家層から主導権をもぎ取るという形で、ケインズ経済学が20世紀中盤を制したことになる。 **図の②▼**

しかしそれが1980年代に入ると、同盟関係はまた違う形へと変化することになった。ただこの頃には社会が豊かになるのに伴って、一番下は労働者層というよりもう少しソフトな「消費者層」という形に変化しており、また企業家層も「生産者層」と呼ばれるようになっていたが、とにかくこの時期には一番上の投資家層が反撃を始め、一番下の消費者層を誘って新たな同盟関係を作り上げ、真ん中の生産者層から主導権を奪回することを狙ってきたのである。 **図の③▼**

この頃の世相を思い出しても、金融というものが何かスターのように脚光を浴びるようになっていたが、実はそれはこの変化が背景にあったのであり、それは2008年のリーマン・ショックあたりまで続くことになる。

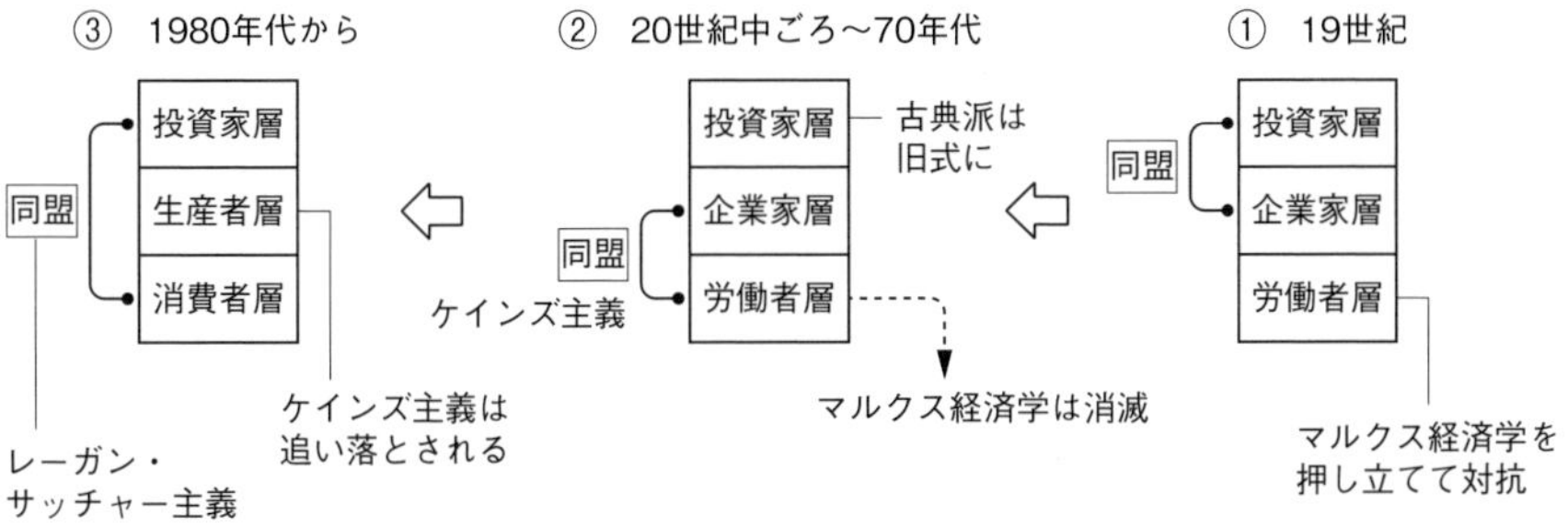

図5-9 経済学の興亡と同盟関係の変遷

また同時にこれは経済のグローバル化とも歩調を合わせており、新しい同盟関係のもとでは、一番上の投資家層は自分の資金を世界中のどこでも一番有利な場所に投資するし、一番下の消費者層は世界のどこからでも一番安いものを買う。

これを一昔前の、真ん中の生産者層が中心になっていた頃と比べると、その時代にはこうした企業家層に「国民経済を背負う」という意識があって、それが国民全体に共有されていた。そのため経済全体も一国資本主義的な色彩が強かったのである。

しかしこれはグローバル経済にとっては障害物で、そのため同盟関係の組み直しによって真ん中の層から主導権を奪い取ることは不可欠だった。そして当時はレーガン政権やサッチャー政権が先頭に立ってそれを推進していったわけである。

このように全体を俯《ふ》瞰《かん》してみると、（当然といえば当然のことだが）要するに**いつの時代においても2対1の同盟関係の構図において多数派の側に立っている者が、経済理論の主流になってそこを制していたということがよ**

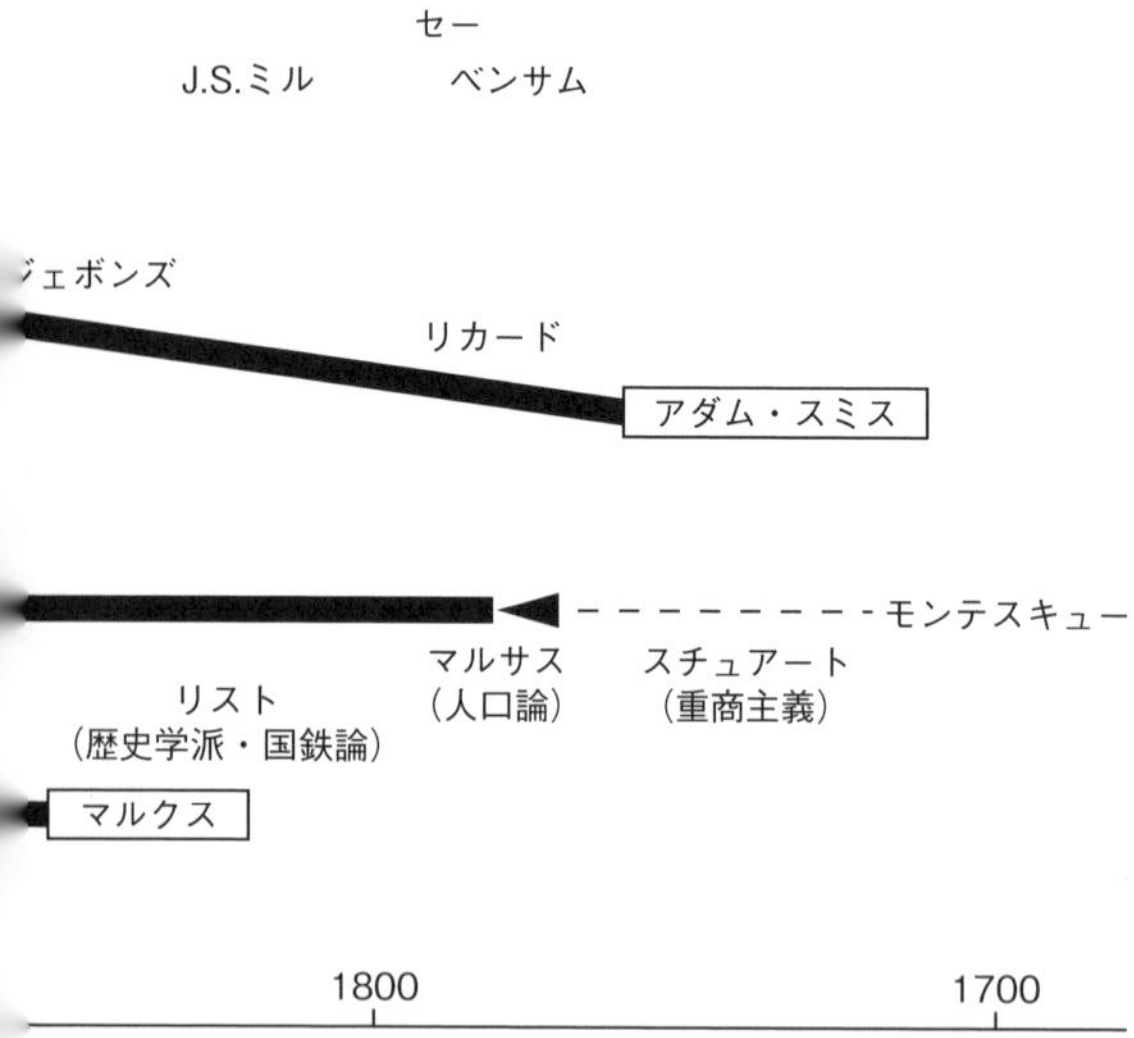

くわかる。つまり一見アカデミックな経済学の興亡も、実は多分にこのような一種の同盟ゲームに裏から支配されていたと見ることもできるわけである。

経済学の系譜

ところでこの章の冒頭では、歴史的にはアダム・スミス流の古典派経済学とケインズ経済学が二大潮流をなしていたと述べたが、そのためここで、経済学史全体を見た時にどのようにしてそういう流れが作られ、いろいろな経済学がどういう形でそこに流れ込んでいたかをパノラマ的な図にまとめてみよう。

図5-10▼

この図を見ると、大きく3本の流れが示されていて、マルクス経済学が一人離れたところで短い流れを作っている。

そしてこの図では上へ行くほど自由放任主義的傾向が強くなるよう描かれているが、それを先ほどの話に照らすと、この図の上のほうにあるものほど、投資家層にとって有利な世界観を提示する傾向にあり、そのため一番

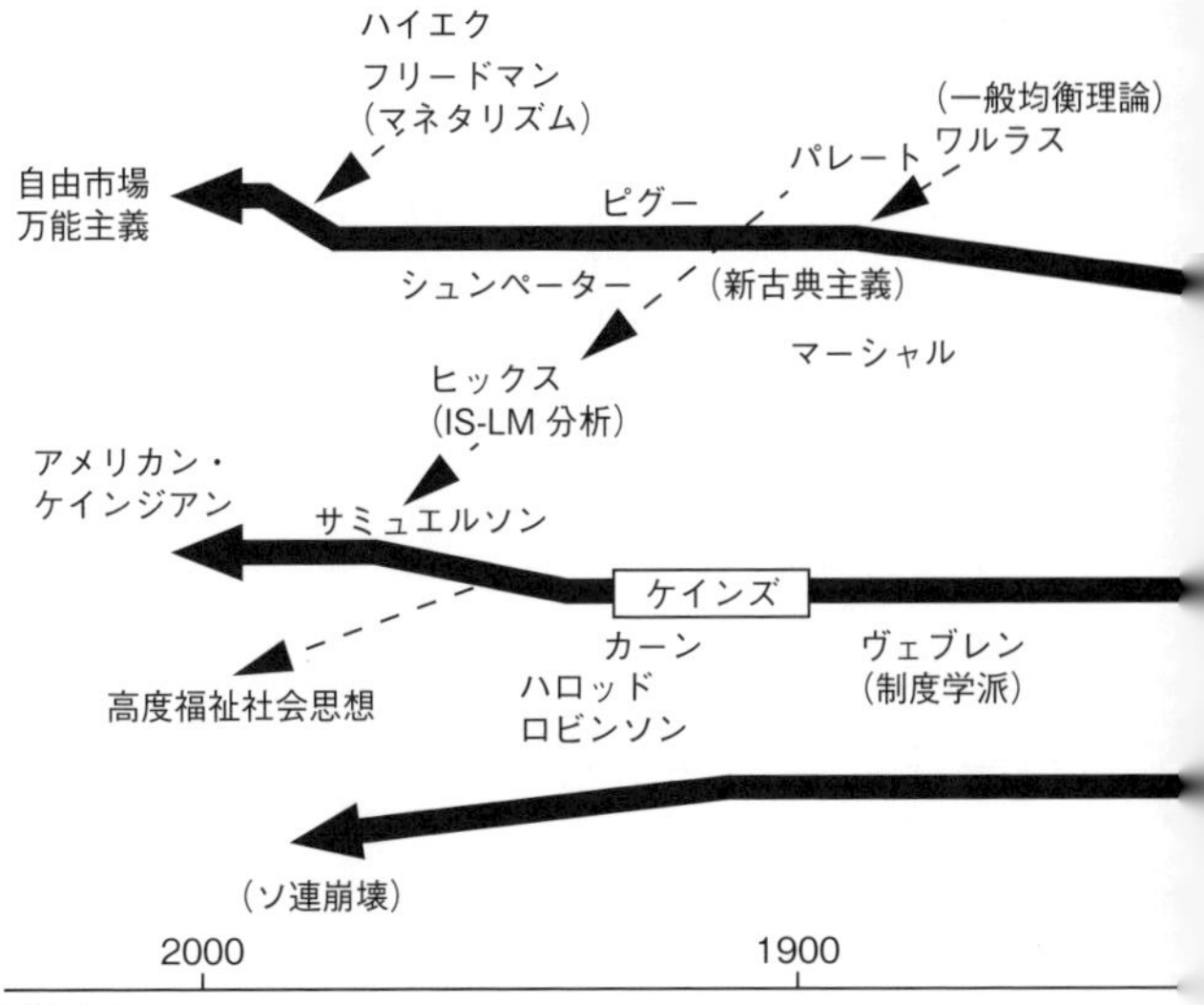

図5-10

上のアダム・スミスから発する矢印の流れがその中核となることが多かった。それに対して、ケインズ経済学を含む上から二番目の矢印の流れは、真ん中の生産者層に味方をすることが多かった。

一方図の一番下にあるマルクス経済学は、一番下の労働者階級のために特化した理論である。だいたいにおいてマルクス経済学というものは、経済学の中ではある種の「万年野党」というべきか、とにかく主流の経済学となったことは一度もない。

しかしどうしてそういうことになったのかも、先ほどの同盟ゲームの話を通じて眺めるとよくわかり、それが天下をとれないことは最初から構造的に運命づけられてしまっていたと言える。

それというのも、**マルクス経済学は「経済学の同盟ゲーム」を考えた場合、基本的に多数派になることができないからである。**実際それは基本設計の段階から「プロレタリアート独裁」の名のもとにあまりにもただ一つの層（つまり労働者階級）に重きを置きすぎており、他の層との同盟の可能性を最初から極めて困難なものとしてしまっていた。要するにこの点を何とかしない限り、マルクス経済学は常に同盟ゲームで2対1の劣勢の側に立たされてしまうわけで、そうなると絶対に天下は取れない理屈になるのである。

もっとも共産主義それ自体に関しては、その後マルクス経済学の看板だけをいただいたスターリンがその軍事力を活かして、一応旧ソ連国内だけではそれをどうにか一つの経済体制として成立させることに成功していたが、そのあたりの事情もこうしてみるとよくわかる。

そもそもスターリン体制の中身は、実質的にはマルクス経済学の内容とは似て非なるもので、むしろそれは帝政ロシアのツァーリを思わせる軍事国家独裁制である。そのためスターリンはその絶対権力を活かすことで、一番上の投資家階層を抹殺すると同時に、真ん中の生産者階層を完全に国家・党の支配下に置いて、一番下の労働者階層といわば強制結婚をさせることができた。

要するにその強制結婚でとにかく曲がりなりにも「二つの層の同盟」は成立したことになり、そのためスターリンのもとでは（もうマルクス「経済学」の中身はどこかへすっ飛んでしまってはいたが）少なくとも数十年間、閉鎖的な経済社会が一応は存続することができたのである。

まあこれなども経済学の同盟ゲームの一例であろうが、以上の議論はわれわれに多くの示唆を与えてくれる。

それは、もし**将来何らかの形で新しい「経済学」を作ろうとした場合、三つの層のどれとどれを選んで同盟構造を作るかを、前もって考慮しておく必要があるということである。**そしてそこで二対一の優位な立場に立つことができなかった場合、経済学の主流として世界を制することは非常に難しいということである。

またスターリンの例を見てもわかるように、その際には外から経済学以外の、軍事力や社会制度などの力を用いてそうした同盟関係を強引に作るという方法も、少なくとも一時的には有効だということである。これは過去の経済学の俯瞰を行う上でも、また将来の経済学の動向を占う上でも、極めて役に立つと思われるため、頭の隅に置いておくとよいと思われる。

ともあれこの経済学の歴史的な流れの図は、そうした同盟ゲームの話とセットで覚えておくと、いままでの様々な経済学の系譜を効率良く把握するために非常に役に立つだろう。

〈要約〉

・経済というものは、石油ポンプが自分の汲み上げた燃料で動いているようなもので、何らかの形でひとたび縮小均衡の状態に陥ってしまった場合、ニワトリと卵の関係に似て外から一度バケツで資金を注ぎ込んでやらないと、自力では拡大が難しい。
・そのためそのバケツの役割は、政府の公共事業が果たすのがよいというのがケインズの考えで、極端な話、その「公共事業」はピラミッド建設のようなものでも構わない。そして失業救済もこうやって経済全体を拡大させることで行うべきだというわけである。
・そうやってバケツで注ぎ込まれた資金は「乗数効果」によって最初の何倍もの最終的効果を伴って経済拡大に寄与する。
・ただしケインズ・プログラムの一般的な欠陥は、そうしたピラミッド建設のような公共投資を行うため、「大きな政府」を要求する上、その財源としてしばしば国債発行という手段に頼るため、財政赤字とインフレの温床になりやすいことである。

ともあれ以上がケインズ経済学の概略だというわけだが、これを読まれた読者は、単にこれが一個の理論というだけでなく、経済思想の大きな流れの中の不可欠な構成ピースであることを実感されたのではないかと思う。

現在ではこれは過去の理論として、適当に省略されてしまうことも多いが、やはりこれをどこかできちんと学んでおくことは、経済学全体の理解のためにどうしても必要なことなのである。そのため読者には、そういう意識で本章の内容を頭の中に入れておくことをお勧めしたい。

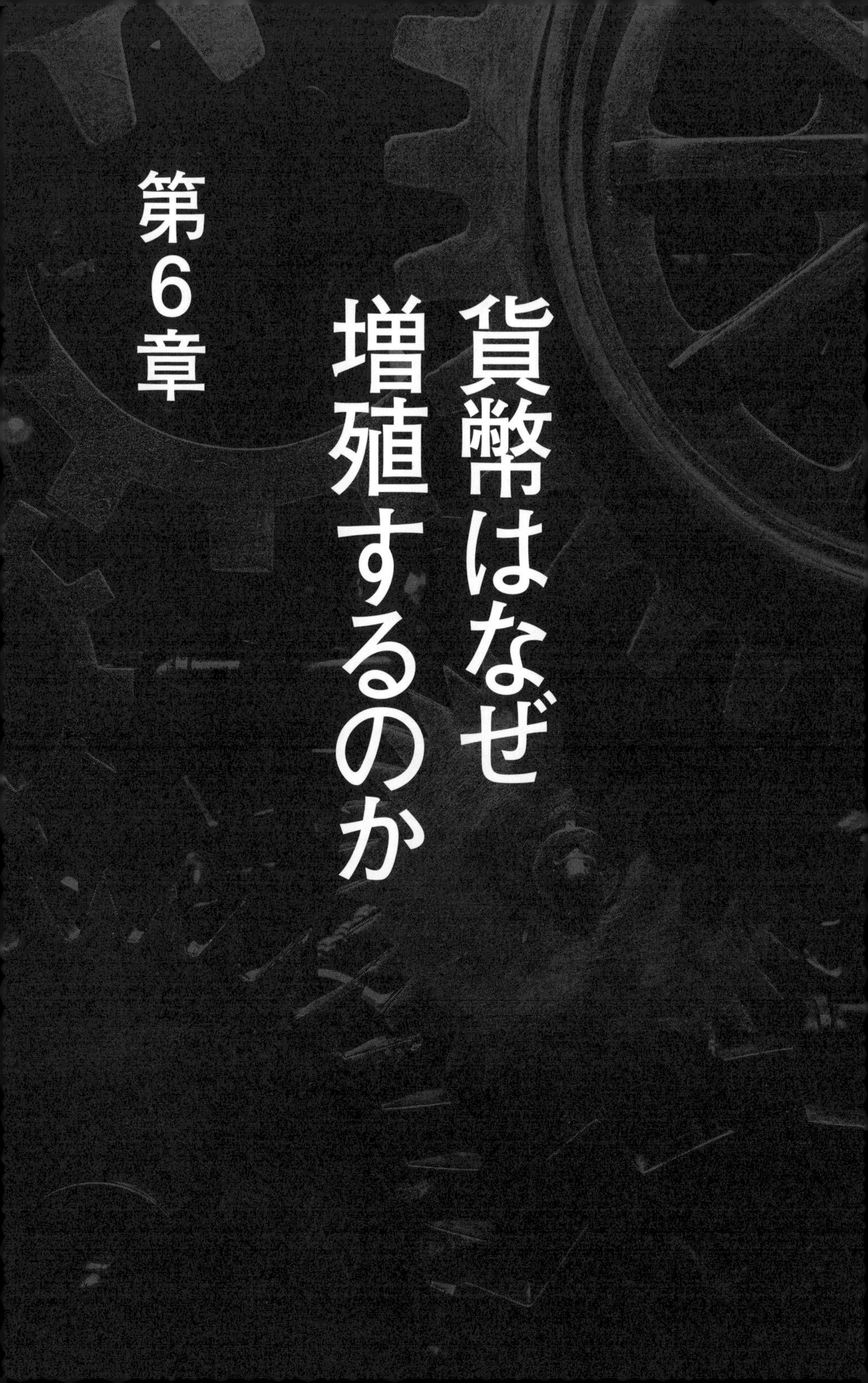

第6章

貨幣はなぜ増殖するのか

近年ではコンピューター・ネットワークの発達によって、様々な形で仮想通貨をはじめとする新形態の貨幣というものがどんどん発達を遂げている。そしてそれが日々増殖し、その様子はあたかも見えない生き物がどんどん自己増殖していくような不気味さを感じさせないでもない。

ただもし読者が、そういう現象はコンピューター・ネットワークが急速に発展した最近になってはじめて起こった、全く新しいものだと思っているのだとすれば、それは大きな誤解である。実はそういう自己増殖のメカニズム自体は遥か古くから存在していて、人類の経済社会は長い間それと付き合ってきているのである。

逆に言えば、最近見られているそういう状況は、ある意味でその古典的な増殖メカニズムの一つのバリエーションに過ぎないとも言える。そしてそこに昔から横たわっていた原則や問題点も、やはりほとんどそのまま引き継がれており、そのため最新のテクノロジーによる通貨を理解するためには、むしろその古典的な理屈を理解しておいたほうがしばしば早道なのである。

というよりむしろ、その部分の理解があやふやだと、最新のそうした問題も本当に理解することはできないはずなのだが、しかし現実にはなかなかそれらをきちんと学ぶ余裕がない。そしてそのように基礎がいい加減なままで放置されているため、最新の情報に振り回されるばかりで、本当に理解した気になれないという人が非常に多いように思われる。そこで、普通では余裕がなくて学びにくいそのメカニズムについて、ここで最短距離で集中的に解説しておきたい。

またそれに関連して、一見すると過去の制度に見える金本位制というものが、現代の仮想通貨の話を理解する上で意外に参考になるので、この章と次の第7章でそれについても簡単に述べておくことにする。

増殖してきた貨幣

現代世界はこれほどまでに膨大な量の貨幣が流通しているが、実はそこを流れる貨幣のうち、実体を持った物質としての現金というのはその一部のごくわずかなものに過ぎない。残りの大半は銀行のコンピューターの中に数字の形でしか存在せず、しかもそれが日々どんどん増殖を続けている。

これは、キャッシュレスが言われ始めた現在だけの話ではない。実際には数十年前の昭和の時代にすでにそうだったのである（読者はこの章を読むに際しては、現在のキャッシュレス社会を一旦忘れて、その時代のイメージで基本を理解した方がわかりやすい）。

例えばその頃からの一般的な構図として、日本に存在する「貨幣」のうち、紙幣などの現金は大まかに言って8〜10％程度であり、残りは預金通帳やコンピューターの中の数字としてしか存在しない「虚」のマネーだった。

そしてその現金にしても、もっと昔は金＝ゴールドが真の貨幣だったのであり、現代世界では紙幣に対する金の割合もわずかなものとなっている。つまり本来の貨幣であった金の量から比べると、現代の貨幣量は変貌を続けながら驚くべき増殖ぶりを示しているのである。図6-1▼

先ほども述べたように、人類史において貨幣というものは、最初は貴金属とし

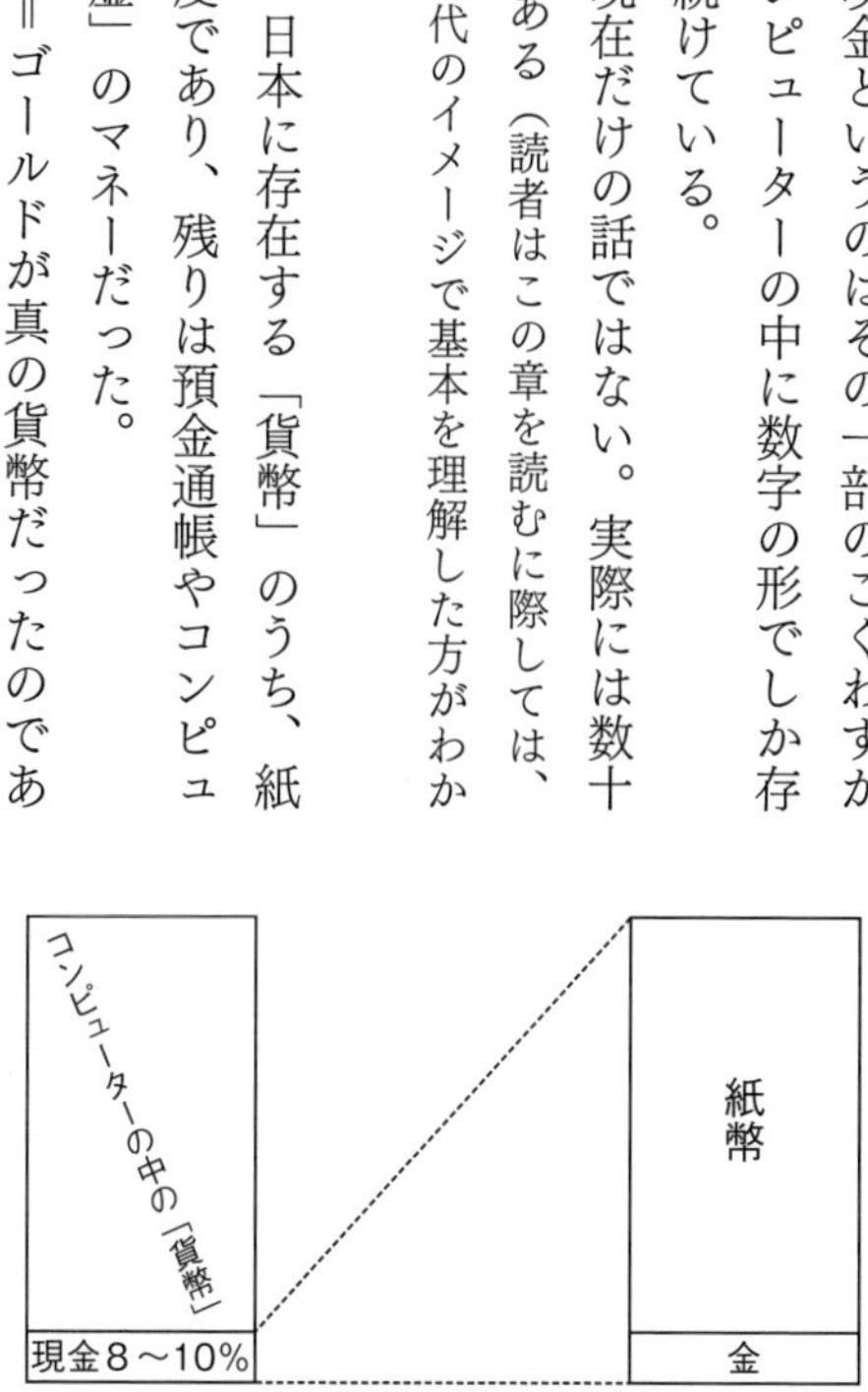

図6-1

て生まれたが、それはやがて紙幣にとってかわられ、現在ではコンピューターの中に記録された情報として、物質であることすらやめてしまっている。

そして**貨幣の「自己増殖」という観点から見てみると、やはり貴金属から紙切れに変化した時が、最も大きな質的変化であった。**金や銀というものは、単に見た目の美しさや鉱物的特性ゆえに貨幣としての資格を得たわけではない。むしろその本質は、希少性が十分に保証されていて人間が勝手に増やせないことにあり、それこそが貴金属が貨幣たり得た理由である（実際、有史以来のこれまでの金の産出量総計は推定18万トンであり、立方体にすれば一辺がたった21メートルほどに過ぎない）。

ところがそれが、単に絵や文字が印刷されているだけの何の価値もない紙切れ——しかもその気になればいくらでも増刷できる——にとってかわられた時、どこかで何かが大きく変わっていたはずである。では人類史において紙幣というものはどのようにして登場したのだろうか。

イングランドの紙幣とモンゴルの紙幣

ここで紙幣出現の歴史というものを見てみると、実はそこには異なる進化をたどった2種類の紙幣が存在していたことがわかる。それを端的に示すのが、17世紀にイングランド銀行が発行を始めた近代的紙幣と、その数百年前の13世紀に元帝国すなわちモンゴルで作られていた紙幣である。実はこの両者は、かなり対照的な環境で生まれたものなのであり、そこで本書では便宜的に両者をそれぞれイングランド型紙幣、モンゴル型紙幣と呼んでおこう。そして両者の特徴を際立たせるため、少しデフォルメした形で述べていくので、そのあたりは了承されたい。

さて現代の紙幣の直接的な先祖がどちらであるかと言うと、それは前者のイングランドの紙幣である。ところがその誕生の過程というものは一般には大きく錯覚されているようである。イングランド銀行というものは、通常「世界最初の発券機能――つまり紙幣を発行する能力――を持った銀行」と説明されており、これだけを見ると、何か当時の英国政府が遠大なマスタープランと整備された行政機構をもって、画期的な紙の貨幣の導入に成功した、というイメージを抱きがちである。

しかし本当はそれは後者のモンゴルの紙幣について当てはまることなのである。フビライらが導入したモンゴルの紙幣とはまさしくそのようにして誕生したものであり、これは不幸にもその後すぐに消えていってしまったが、それでもイングランドの紙幣に先立つこと数百年に生まれていた画期的なものであり、当時の西欧はこの紙の貨幣の存在を知って大いに驚いたものである。

そしてこれは、元帝国の治安が最も安定していた時期に、その整備された行政機構の力によって、国家の意志として上から流通させていった、いわば国家推奨の優等生として登場した紙幣であった。

ところがそれに対して、イングランドで生まれた紙幣というものは、およそそれとは正反対で、その成長の過程は必ずしも優等生としてのスタートではなかったのである。

だいたいにおいて、われわれは銀行券――紙幣――というものは、もっぱら政府機関によって発行されるものだと思っているが、この紙幣が出現した経緯を見ると、その常識自体が根底から覆ってしまう。つまりそうした「銀行券」は最初は何と、市中の個人業者が無許可でめいめいに発行していたものであり、さらに詳しく言えばそれは当初は銀行券というよりは、金細工を営む業者などが発行した単なる預かり証書に過ぎなかったのである。

イングランド銀行が成立した時期（１６９４年）というのは、英国史においてはちょうどいわゆる名誉革命の時期に当たる。この前後の時期は国内においてはカトリックとプロテスタントが争い、無政府状態に近いこともあって、社会の治安は極めて悪かった。

当時の盗賊の横行する社会を生きる市民にとっては、金や貴金属を家に置いておくことは極めて危険なことであり、彼らはどこかに安全な保管場所がないかと探し回った。その結果、意外な職業に従事する者がそれに適した存在として重宝されることになった。それが金細工師たちである。

金細工師たちは金の地金を細工することを職業とする以上、その高価な原材料は常に盗難の危険に晒されている。そのため彼らはその職業的必要にしたがって大抵の場合、自分のところに厳重な防備の保管庫や金庫を持っていた。その金庫こそが、無政府状態の中で金の最も安全な保管場所であることに、市民たちは気づいたのである。

そこで彼らは皆、自分の家にあった金の地金を金細工師のところへ持って行って、その保管を依頼した。そしてそれを証明する預かり証書（引換え証書）を発行してもらったのである。つまりそれは、「金の地金何ポンドを預かりました」と明記された証書であり、それを金細工師のところへ持って行くと、証書に記載された量と同じ重さの金の地金といつでも交換してもらえることになっていた。その種の証書は、もし家に置いておくのが危ないようならば、重い地金と違って何枚でも鞄に詰めて持ち歩くこともでき、これは当時考えうる最も安全な富の保管手段であったろう。

そして皆がこういう引換え証書を持つようになり、そしてそれを誰がいつ金細工師のところへ持って行っても確実に金の地金に交換してくれる、という信用が確立されてくると、今度はその引換え証書自体が一種の貨幣のように流通を始めてしまうことになる。

それはちょうど、競馬場の周囲では当たり馬券が場合によっては貨幣がわりになり得る、というのに似ているが、例えば外で小麦だの材木だのを買い付けようとした時に、この引換え証書を持ち歩いていれば、取り引き先の使用人か誰かに頼んで、それを持って金細工師のところへひとっ走りして金の地金を引き出してもらえば支払いができる。

そしてさらに、取り引きに際して売手も買手も平素からその引換え証書のお世話になっており、そしてまた双方ともいちいち金細工師のところへ出かけていく手間が面倒臭かったとすれば、地金のかわりにその預かり証書を渡してそれで支払いをすませてしまうことも可能となる。

ともかく社会全体でこういうことが行われるようになっていったとすれば、この預かり証書はもはや立派な銀行券といっても差し支えない。そしてイングランド銀行が成立した時には、すでに社会全体にこういう形で自然発生した「銀行券」が大量に流通していたのである。

むしろイングランド銀行成立の意義とは、そうやって市中でばらばらに発生していた銀行券に、国王が特別許可状を与えて一本化したことにあったと言えなくもない。そもそもイングランド銀行の母体自体が、政府の造幣局というよりそうやって発展してきた民間の銀行業者に過ぎず、当時の国王ウィリアム3世が、戦費調達の見返りとしてそこに銀行券の発行を許可する特許状を与えたのである。

そしてその特許状を持たない他の業者の銀行券は、原則的には流通が禁止されたが、それでもしばらくの間はそれらも流通を続け、後にもっと時間をかけて法整備などが進んでいく過程で、次第にイングランド銀行が発行するものだけが、英国の唯一の銀行券となっていったのである。

つまり何とも驚いたことに、イングランドの紙幣はモンゴルで紙幣が登場した時とは全く逆に、すでに民間で大量に発生していた銀行券を国家が統合整理したに過ぎず、そしてそれは整った行政機構どころか、国家の権限が弱くて社会が無秩序だったからこそ誕生したという、常識とは逆の経緯によるものだったのである。

磁化される貨幣

ところで貨幣が価値を帯びる過程というものは、磁石がそばにある鉄を磁化させてしまう現象にやや似たところがある。単なる紙切れでも、それが常に金の地金の隣に置かれて、それとの交換を約束されていると、時が経つうちにちょうど鉄片が磁化されるように、それ自体が価値を帯び始めてしまうのである（宝くじの当たり券や商品券がときどき貨幣そのもののように見えてしまうという現象は、日常よく体験することである）。

そのイメージでいけば、イングランドで紙幣が誕生していった過程というのは、ちょうど金の地金という天然の永久磁石によって紙切れが磁化されていった、という形で捉えることができる。

それに対してモンゴルの紙幣の場合、その導入に当たっては元帝国の政府当局は一応は銀の裏付けを保証することでその流通を図ってはいたが、しかしそれは十分とは言えず、むしろその紙幣に本当の意味で価値を付与していたのは、フビライの軍隊の存在であったと言える。

実際に元帝国では、この紙幣の受け取りを拒否すると刑罰を科されることもあったとのことで、そのあたりはイングランドの紙幣とずいぶん異なっている。

つまり安定した帝国の権力そのものが、何よりもその紙幣の価値を保証していたのであり、その権力の最終的な保証先をたどっていくと、帝国の軍事力に行き着く。これは上から導入を図った紙幣というものが必然的に持つ体質である。

また軍隊が価値を保証していた他の紙幣の例としては、いろいろな時代で占領軍がしばしば現地で発行した代用紙幣としての「軍票」などがあり、これらも性質《たち》はもっと悪いが一応はその仲間だと言える。

そしてイングランドの紙幣が永久磁石でゆっくり磁化されたのだとすれば、モンゴルの紙幣はちょうどフビライの軍隊という電磁石によって急速に磁化された紙幣であったと言えるだろう。

もっとも先ほども述べたように、後者も一応最初は銀の裏付けがあったので、これは少し誇張した表現だが、このように故意にコントラストをつけたほうが最初は頭に入りやすいと思われる。そのためこの話はモンゴルの紙幣そのものというより、それと軍票などとの中間的な存在を考えて、それらに共通することについて述べていると思っていただくとよいかもしれない。

それはともかく、このように中央の巨大な電磁石によって磁化を行う方式というものは、国全体で一斉に磁化を行うため、極めて迅速にそれらを流通させることができる。ところがそれは同時にこの紙幣のアキレス腱でもあって、中央の電磁石のスイッチが切れてしまえば、やはり一斉に磁力を失ってただの紙切れに戻ってしまうということになる。

具体的にも一般に価値を軍隊の力に依存するこの種の紙幣は、発行に際して権力の恣意を受け入れやすいという弱点を持っている。そのためこのタイプの紙幣は、しばしばその末期には乱発によるひどいインフレを引き起こして自滅する、というパターンをたどることが多い。

モンゴルの紙幣もその例外ではなく、実際に元帝国が滅亡するや否や、これらはただの紙切れとなり、次の明朝では消滅して次代に後継者を生み出すことなく、紙幣そのものがしばらく歴史から姿を消してしまった。

これに対してイングランド型の紙幣の場合、たとえ一時的に中央で停電が起こったとしても、磁力の源である永久磁石はそのまま存在しているため、理屈から言えば即座に紙切れに戻るということにはなりにくい。皮肉なことに、誕生時に国家の権力が絶対的なものではなかったことが、数百年も安定して存続できる紙幣を生み出す助けとなっていたとも言えるのである。

磁化はどこまで続くか

このように貨幣というものは、そのそばにある物を「磁化」させてしまう作用があるというわけであり、昔は貴金属という永久磁石のそばに置かれた紙切れが磁化されたことで、紙幣というものが生まれていた。そして現代になると、今度はその紙幣との交換の約束をコンピューターに記憶させたものそれ自体が貨幣となっており、いわば「第二段階の磁化」が行われている。

実際先ほども述べたように、現在では世の中に存在するマネーのうち、紙幣という形で物質として実在するものはその何分の一という量でしかなく、その大部分は定期預金などの銀行の預金通帳の数字として、コンピューターの記憶素子の中にしか存在しない「虚」の貨幣である。

これは、磁石が周囲の鉄片をどんどん磁石に変えていった結果生じた現象なのだが、では貨幣の増殖というものはどこまで可能なのだろうか。実はその量は定量的に定まっているのである。

ここでこんなことを考えてみよう。それは1本の磁石が周囲の鉄の棒を磁化して磁石に変えていく時、最終的にどのぐらいの量の磁石を生み出せるかという問題である。

ただしこの問題の場合いくつかのルールが設けられる。まず1回の磁化作業において、新しく生まれた磁石はオリジナルの磁石よりも若干弱い磁力しか持つことはできず、それは常にオリジナルの90％の強さに減っているとしよう。これは孫の磁石を作る場合も同様で、それはさらに90％に低下するから、孫は81％の強さでしかなく、それはどんどん弱くなっていくわけである。

そして本物の磁石とは異なるもう一つの制約として、1本の磁石は1回しか磁化に使えず、次の磁化はその時に作った子の磁石で行わなければならないとする。つまりこの磁石はその次の孫も曾孫も常に一人っ子として増えていくわけだが、その場合には全体の合計はいくらになるだろうか。

この場合、この磁化作業を繰り返すことで誕生する磁力の最終的な合計は、一番最初の磁石の磁力を100とした場合、

100＋90＋81＋……

という等比級数の和となり、その値は公式集を引っ張り出して代入すれば、100／(1－0.9)を計算すればよいことになって、その最終的な合計は1000となる。図6-2▼

つまりオリジナルの10倍の値に達したあたりで磁化の限界が訪れるわけだが、ともかくオリジナルの磁石の立場からすれば、自分の他に9本分の磁力

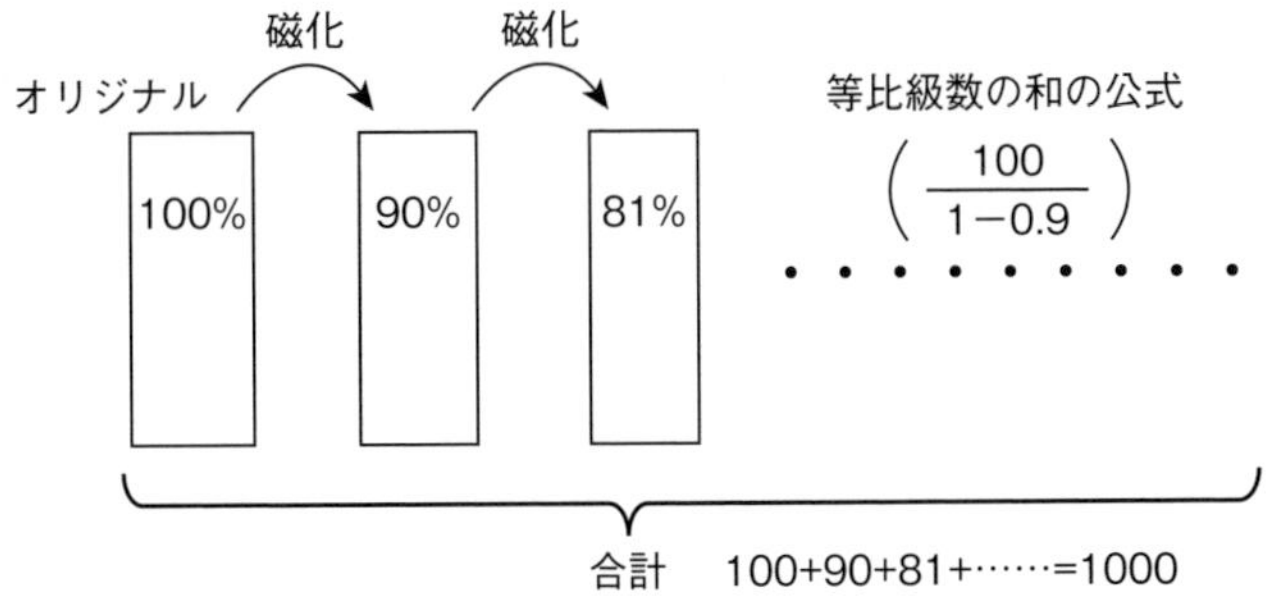

図6-2

が湧き出てしまったことになる。

実は貨幣の場合も本質的にこれと同じである。すなわちオリジナルの磁石が、本来の物質としての実体を持った「実」の貨幣（紙幣など）に相当し、それによって磁化された9本分の磁石が、コンピューターの記憶素子の中にしか存在しない「虚」の貨幣である（なおこの「虚」の貨幣は、借り手と貸し手の信用によって生まれるものであるため、これは正式には「信用」という名称で呼ばれている。しかしこの呼び名ではどうもあまり貨幣を連想しにくく、そのあたりも初学者のとっつきを悪いものにしている一因のようである）。

そして本来は紙幣と貴金属の間にも同様の関係が存在していたのであり、言うまでもなく金の地金がオリジナルの磁石で、それで磁化された何倍もの紙のお金が、オリジナルと同じ顔をしてまかり通ってきたのである。

この磁化の増殖機能は、経済学では「信用創造」のメカニズムと呼ばれ、経済学を学ぶ際の最も理解の難しい難関の一つとされているが、それでは具体的に経済社会ではどんなことが起こっているのかを、以下に見てみよう。

増殖してしまった金細工師のお金

例えばわれわれは日常において、銀行が預金者から預かった預金を企業などに貸し付けている状況を見ても、何も奇異に思わない。

しかし**銀行が企業に貸しているお金は、銀行自身がもともと保有している資産でも何でもない。**

それは単に預金者が一時的に銀行に置いているだけの預かり物や借り物に過ぎず、「預かる」という言葉の本来の意味からすれば、それは預金者が引き出しに再び銀行に訪れる時まで、金庫から一歩も出さずに確実に保管しておくべきものである。それをどこの誰だかわからない第三者に貸し出してしまうというのは、定義からしてもまぎれもない又貸し行為に他ならない。

つまり銀行は、恐らく預け主の全部が今日明日にも「預けたものを返してくれ」といってやってくることはあるまいと、高をくくってこうした行為を行っている。逆に言えば、もしそうしたことが起こったら、銀行は取り付け騒ぎで破綻するのであり、常にその危険にびくびくしながらしか存在できないというのが、いかなる銀行といえども避けることのできない宿命なのである。

この貸し付けという又貸し行為は、単にそうした破綻の危険と隣合わせになるという厄介事を社会に持ち込むばかりではない。実はそれを行った時に、貨幣の量がそこで自己増殖を起こすという奇妙な現象を伴うのである。ここで原点に立ち返るため、先ほどのイングランドのような、金の地金と引換え証の話で見てみよう。

先ほどのように、金細工師の金庫に人々が金の地金を持ち込んで保管を依頼し、引換え証を発行するところまでは、話は前と同じである。ところがここで、金細工師のところに、船で遠隔地の貿易を営んでいる男が訪ねてきた。

彼の言うことには、自分のカンでは恐らく今年の冬に北国で毛皮の需要が盛り上がるだろうから、それに備えるべくいまから北国の別の地方へ行って毛皮を大量に買い付けてきたい。ところが遠い北国では金融制度などは未発達で、毛皮を獲っている猟師たちには金何グラムという形でしか支払いができず、とにかく商売の全部を金の地金で行わなければならない。

ところが今のところそのための資金が手元にない。そこで、金の地金が保管されているここへやってきた。冬が終わるまでには北国での商売を終えて、全額を金の地金の形で回収し、春になる頃には同じだけの量の地金を必ず返せるはずだから、どうか必要な分を貸してくれないか。無論、面倒代として何がしかの利子はつけて返す、というのである。

金細工師の側としても、信用できる男の言うことだし、金の地金にしたところで冬の間中ただ寝かせておくよりも、北国に旅をさせて春になったら利子と一緒に返ってくるなら明らかに得である。問題は、ここの金庫に地金を持ち込んで預けている本来の持ち主が、もし突然引換え証を持って現れて、地金を今すぐ返してくれと言ってきたらどうするかだが、いままでの行動パターンから判断すると、春の前に引き出しに訪れるとは思えない。

こうして危険に対して高をくくることを決めた金細工師は、金の地金を金庫から出して貿易業者に貸し出した。その結果は幸いにして八方丸く収まり、貿易業者は冬の間に北国で毛皮を完売して同じ重さの地金をちゃんと返却し、一方引換え証の持ち主は、春になるまで返却要求に訪れることはなく、その期間中にそんなことが行われたことさえ気づいていない様子だった。そして金細工師は貿易業者から面倒代としての利子を手に入れた。

これはまさしく現代の経済社会と金融機関において起こっていることの一種の縮図である。

ところで、ここで貨幣の総量というものに着目すると、この時奇妙なことが起こってしまっていることに気がつく。

まず金の地金であるが、これはそれ自体がまぎれもない貨幣であり、金庫の中に眠っていようと貿易業者が北国で毛皮買い付けのために持ち歩いていようと、それはいわば貨幣の不変の絶対量として存在している。

ところが問題は本国の地金の預け主が手元に持っている引換え証である。これはこの小さな地域社会においては（ちょうど競馬場の周囲では当たり馬券が貨幣として使えるのと同様）、いつでも地金と交換できるという信用によって「磁化」され、それが地域の常識として共有されることで、すでに一種の銀行券としての扱いを受けて、小麦だの日用品だのの買い付けに日常的に用いられている。図6-3▼

実際には彼らの知らないところで密かに前記のようなことが行われており、そのため実は冬の間はこれを持って行っても地金との交換はしてもらえない。しかしこれを使っている彼らは、いちいち重い地金と交換することを億劫がって、現実には誰も金細工師のところへ持って行くことはせず、その秘密は最後まで露見しない。

その結果、冬の間もその価値は一度たりとも疑われず、こちらも立派な貨幣として市中で流通を続けている。つまり金細工師の金庫から外へ出て北国で支払いに使われている地金は貨幣であり、そして市中でその価値への錯覚が解けないまま磁気を維持している引換え証も貨幣であり続ける。

要するに金細工師がこの危ない又貸し行為を行ったことで、永久磁石（地金）と、それで磁化した鉄片（引換え証）の両方が同時に世の中に出回ってしまい、統計上はこの時貨幣の総量は2倍になってしまっているのである。

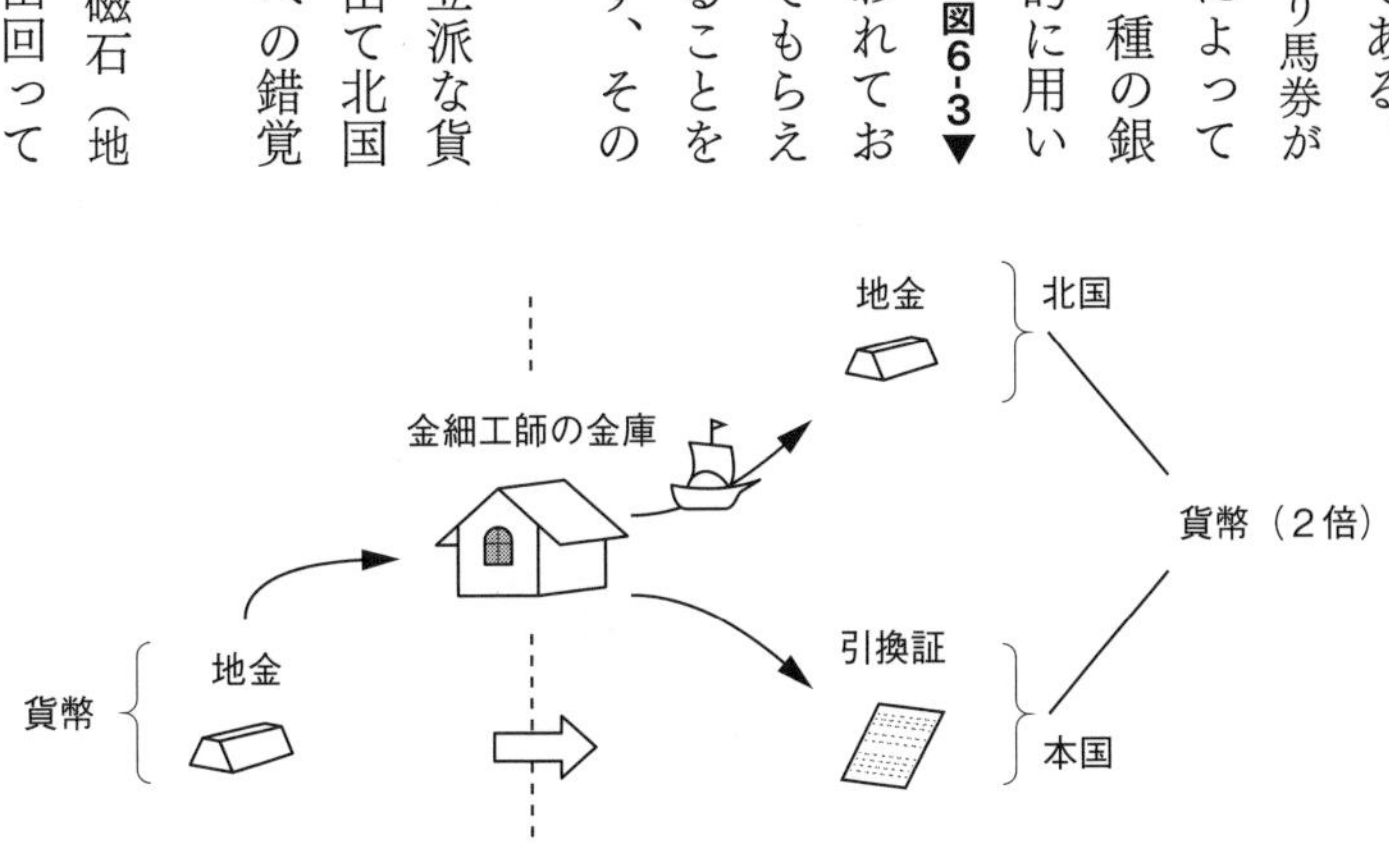

図6-3

現代の銀行での貨幣増殖

現代においても、基本的に同様の過程によって紙幣の何倍もの量のコンピューター・マネーが生まれてしまっている。つまり銀行が貸し付けという名の又貸し行為を行った時に、自動的にそれに比例した増殖過程が発生するのである。

先ほどの場合は、金の地金と引換え証が二重に市中に出回ることでそれが起こったが、現代社会の場合は、紙幣と預金通帳の数字がそれに相当する。つまり紙幣などの現金を持ち込まれた銀行は、預金通帳に数字を書き込んでそれを「磁化」して預金者の手元に返すと共に、現金のほうは融資という形で企業などに貸し出してしまう。図6-4▼

預金通帳の数字は、例えば小切手という形にすればすぐにでも直接的に支払いに用いることができるし、そこまでしなくとも見方次第ではそれ自身が立派に「貨幣」として通用する。少なくとも預金通帳の持ち主が、自分の金がそこにあると確信してそれを貨幣と同一視している限り、それは実質的にはまぎれもない貨幣であり、しばしば泥棒もそれを狙って留守宅に侵入するのである。

つまりここで前の例と同様の現象が起こってしまっていることがわかる。

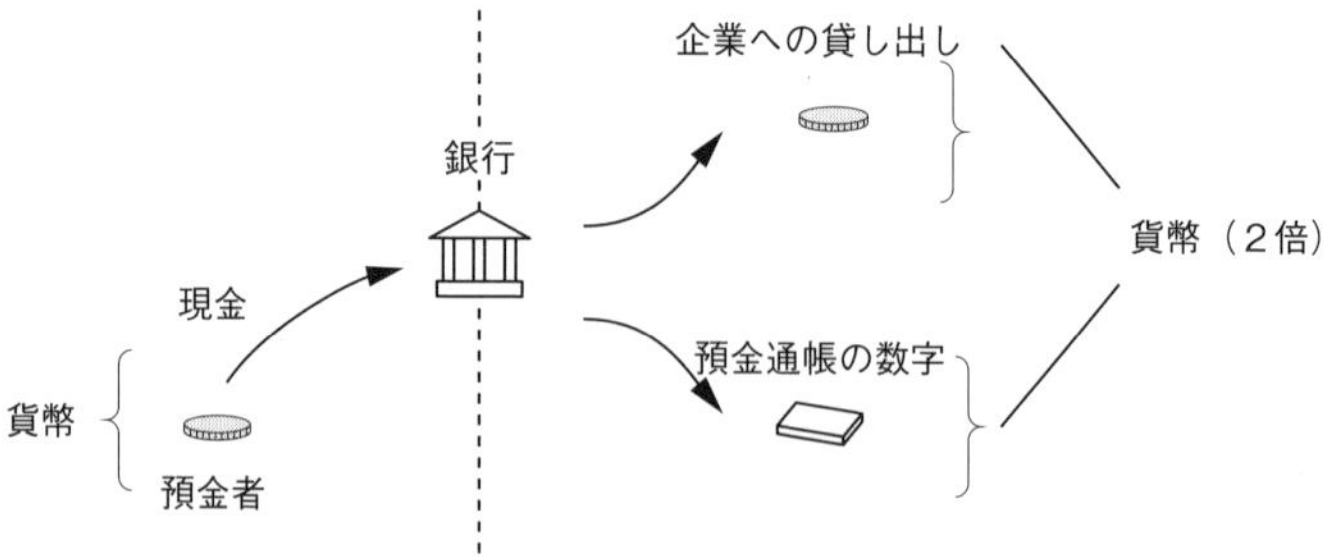

図6-4

この場合、先ほどの例で北国に旅をした金の地金に相当するのが、銀行が企業などに貸し出した現金であり、これはもともとの貨幣の不変の絶対量である。そして先ほどの場合の地金の引換え証書に相当するのが、現代の預金者の手元の預金通帳であり、この双方が「貨幣」として世の中に二重に出回ってしまうことで、明らかに現代世界においても貨幣量は増殖を来してしまっている。

そして金細工師が、もし冬の間に地金の預け主が引換え証を持って現れたらどうしよう、とびくびくしていたのと同様、現代の銀行も、もし預金者全員が偶然ある日一斉に、自分の預金を引き出そうと思って同時に銀行を訪れたとしたなら、ちゃんと全員に返せるだけの現金は銀行の中には置いておらず、それは取り付け騒ぎに発展して銀行は破綻する。

銀行は確率の問題として、引き出しに訪れる預金者の流れが一定期間に平均でどの程度重なるかの定常値を見計らって、それに対応できる程度の現金だけしか確保していないのである。

そして読者はもう一つ重要なことに気づかれたのではあるまいか。それはこうした貨幣の増殖ということが、コンピューターなど全く存在しなくても起こる現象だということである。つまりこのメカニズムの原点となる話は金細工師と毛皮商人の間で紙の証書を使って遥か昔から行われていたものであり、その紙の証書の部分がコンピューターに置き換わったに過ぎないのである。

逆に言えば、もし読者が現代の世界のあちこちで見られている貨幣の増殖という現象が、コンピューターの電子マネーの出現によってはじめて起こったことだと錯覚していたならば、恐らくこの現象の本質は理解することができないのではあるまいかと思われるのである。

貨幣はこのように増殖する

さて話を戻すと、この場合そうした貨幣の増殖過程は一度では終わらない。それが何度も何度もループのように繰り返されてしまうというのが、現実の経済社会というものである。

それというのも、企業などに貸し付けられた金は、常識的に想像されるよりも遥かに早く銀行に戻ってきて、そこに滞在してしまうからである（ただし銀行に戻るといってもそれは多くの場合、別の銀行にではあるが）。

例えばここで、あるミシン・メーカーの場合を考えよう。ある日この会社のミシンを衣料品メーカーが何百台か買ってくれて、ミシン・メーカーはその代金を受け取ったとする。そのお金は、前歴をたどるならば、衣料品メーカーがミシンの台数を増やすために銀行から借りたお金だったのだが、まあそれはどうでもよく、そこから先のところで一体何が起こるかというのがここでの問題である。

さてミシン・メーカーが得たこの売上げ金だが、別に彼らはそれを全部飲み食いに使うわけではなく、その大半は恐らく運転資金として使われて、右から左へ材料やネジなどの部品の購入費として手元を去る運命にある。

しかし「素通りする運転資金」のイメージとは裏腹に、実際にはそれにはややタイムラグがある。ミシンの売上げ金を受け取ってから、それが部品・材料の購入費の支払いに使われるまでには、しばしば2～3ヵ月の時間のずれがあるのであり、翌日にすぐに支払いに使われたとすれば、それはよほどせっぱつまった経営状態にある場合だけであろう。

そのためミシン・メーカーは売上げ金を受け取ったら翌日にはそれを銀行に持って行ってしまい、2～3ヵ月後に部品の購入費として引き出されるまでは、それは銀行に置いておかれる。

つまり「運転資金」という名前から受けるイメージでは、それらの金は下の図のAのようにそれらの金は企業から企業へと休む間もなく鞄に詰められて歩き回っている、という印象を受けるのだが、それは一種の錯覚で、実際にはわれわれが想像するより遥かに多くの時間を銀行の中で過ごしているのである。 図6-5▼

つまり「運転資金」とは言っても、それらは図のBのように数ヵ月間銀行に放っておかれて、一日だけ呼び出されて鞄の中に詰められて旅をし、翌日にはもう別の銀行の中に新しい居場所を見つけてしまうというのがその「生活パターン」なのである。

これは、支払いが銀行のコンピューターの間の振込みの形をとるともっと激しくなり、金が市中を歩き回っている時間は1日どころか秒単位にまで短縮されてしまい、99・99……%の時間は銀行の中で暮らし続けていることになる。

要するに企業などに貸し付けられた金は、たとえそれが名目上は運転資金として企業から企業へ渡り歩いていることになっていても、実際にはほとんど即座にどこか別の銀行に新しく預金の形で預けられてしまってい

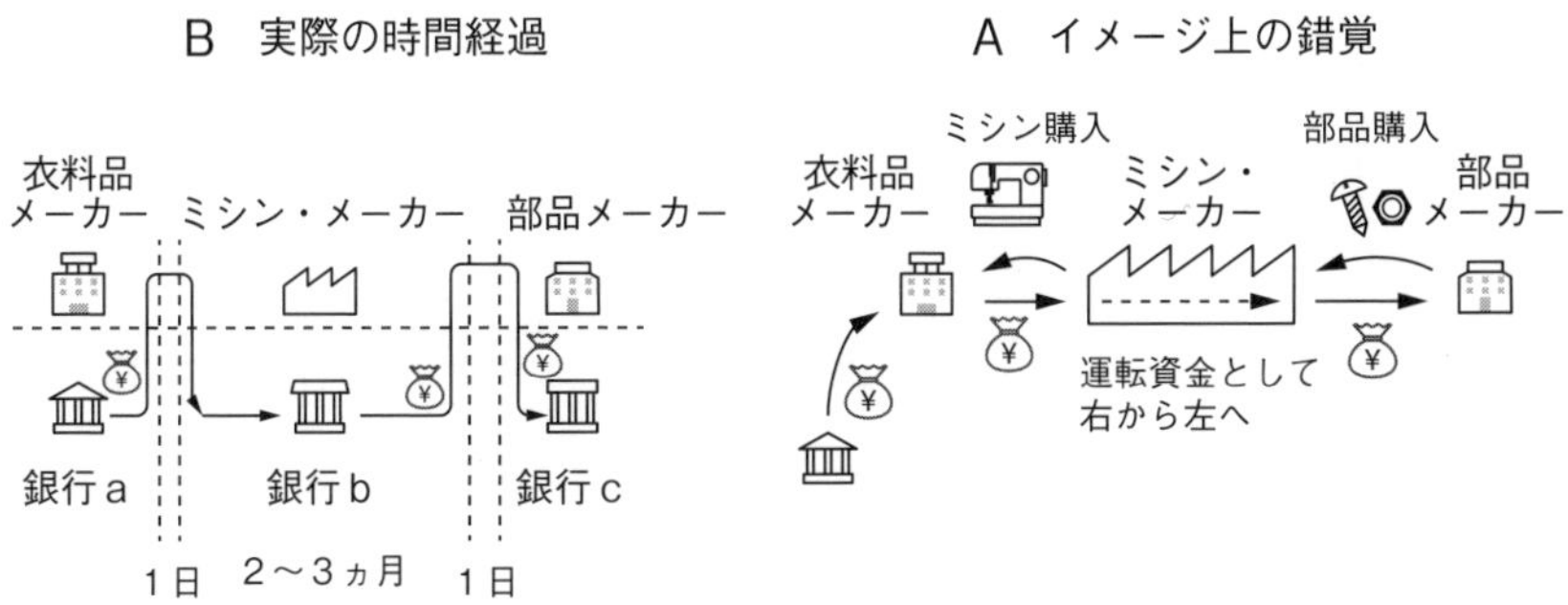

図6-5

る。そしてこの新しい預金先の銀行にとっては、預けられた預金の前歴など知るよしもなく、それが預金であることには全く変わりがないので、銀行の金庫の中で他の預金とごちゃまぜにしたあげく、それをまたどこか別のところへ貸し付けてしまうのである。

ところが銀行の立場から見ると、こちらもこちらで似たようなことをやっている。つまり銀行としては、預金された金はなるたけ早くどこかに融資先を探して一日でも長く貸し付け、その分の利息を稼ぎたいと願っているのであり、やはりせいぜい1日か2日ぐらいしか自分のところへ置いておきたくない。

そうなると一つの疑問が生まれる。つまりもし企業も銀行も自分のところへ1日ぐらいしかそれらを置いておきたがらず、企業は翌日には銀行に預けに行き、銀行は翌日には企業に貸し付けてしまうとすれば、預金者が銀行に預けた現金は1年間を一体どうやって過ごしているのだろうか。

ここで問題を単純化するため、最初の預金者は年頭に現金を銀行に持って行って1年間それを預け、年末にそれを全部引き出すとしよう。そしてその間、資金は銀行と企業の間を往復するように移動を続け、移動に際しては行きも戻りも1日を要するとする。

この場合、経済の知識など全部忘れて単純に理屈から考えれば、次のようなことが起こっていると考えるのが最も自然である。つまり誰も彼も1日しかそれを持っていられないのだから、ちょうど熱くて長く持っていられない湯タンポを、皆でキャッチボールしているのに似たことが起こる。

具体的に言えば、恐らく1年間の前半の約180日間は、1日おきに企業と銀行の間を預金と貸し付けという形を交互に繰り返しながら進んでいき、結局約90の企業と約90の銀行の間を旅していく。

そして折り返し点を過ぎて後半からは、180日間をかけてそれを逆にたどって、年末には最初の預金者のところへ戻ってくるというわけである（ただしこの場合、その後半部分の話は割合にどうでもよい）。図6-6▼

理屈から考えるとどうもそうなってしまうのだが、本当にそんな凄いことが起こっているのだろうか。無論細部においてはいくつか現実の修正を受ける（例えば実際には多数の預金者からの預金が重なって定常的な流れを作るため、こんなきれいなピラミッド型の図形は作られない）。しかし原理的にはまさしくこのようなことが起こっているのである。

さてこれで、現代世界の貨幣増殖メカニズム全体を見ることがようやくできるようになった。そしてこれを見ると、以前に出てきた磁化の繰り返し問題に似たようなことが起こっていそうだということは、容易に想像がつくことだろう。

増殖メカニズムの定量面

さてそれではこの場合、貨幣はどのぐらい増殖してしまっているのだろうか。しかしそれは先ほどの図が頭にあれば意外に単純で、要するにこの図の中に預金通帳が何冊あるかを数えればよい。

この場合、銀行が企業に貸し付けを1回行うごとに、そこには1冊の預金通

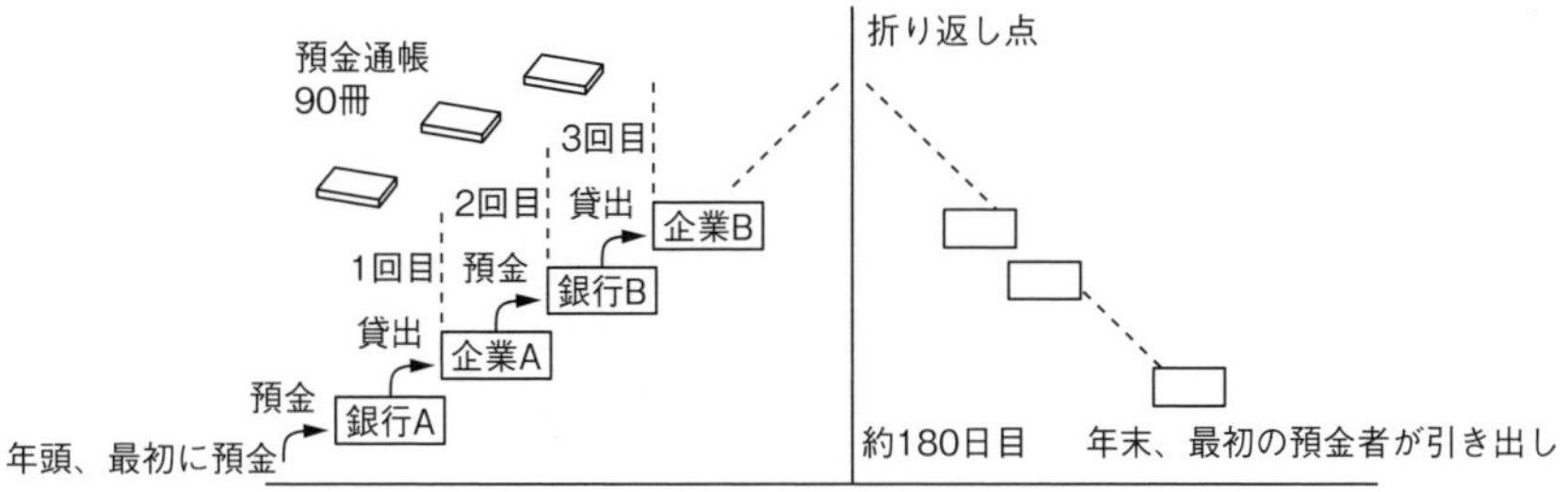

図6-6

帳があってその中に数字が書き込まれる。そのためこの図の中には、全部合計すると90冊の預金通帳が存在していることになる。

そして数字が1回書き込まれるたびに、そこでちょうど以前の毛皮商人の図のように、オリジナルの貨幣と貸し付けの貨幣が二重に発生して、その都度、社会全体の貨幣の量は増えて行く。

そしてここで話は、以前に述べた磁石のコピーの最終的限界量の話とつながってくるのであり、それと全く同じメカニズムが、現実の経済社会における貨幣について生じているのである。

先ほどの磁化の繰り返しの問題では、オリジナルからの磁化の際に100%の磁化はできず、90%のやや弱いコピーしか作れないという設定が設けられていた。そのため磁石の無限の増殖は不可能となっていたわけである。そして銀行の貨幣増殖過程の場合には、突然の引き出し要求の可能性に備えて、いくばくかを手元に準備しておかねばならず、それが同様の制約を作り出している。

つまり確率的にみて預金者の10%が引き出しのために銀行を訪れる可能性があるとすれば、銀行はそれに備えて最低限それだけの現金は「正直に」手元に置いておく必要がある。そのため「又貸し」=貸し付けのために外へ出せるのは、持ち込まれた預金の9割で我慢しておくことが必要になり、1回の増殖過程では90%しか増やせない。

これがもし、手元の準備資金がゼロでもよく、全部貸し出してしまえという無責任な銀行――つまり預金者がいきなり引き出しに行っても、空っぽの金庫を見せられてうちには金は置いていませんと言われてしまう――ばかりで経済社会が構成されているとすれば、100%の磁化ができるので、統計上、社会全体の貨幣量は理屈から言えば無限に増大していくだろう。

しかし無論そういう無責任なことはできないので、90%で我慢する必要があり、そのため先ほどの磁石の増殖過程と全く同じ構図になるのである。

　この、手元に置いておく10％の資金のことは経済用語では「準備金」と呼ばれ、そこでの10％という数字は「準備率」などの名で呼ばれている（ただし用語などは正確にはもう少し複雑だが、今はこういうざっくりした形で筋を追ったほうが頭に入りやすいので、正確な詳細は各自で補っていただきたい）。

　これは伝統的に政府が定めて銀行に守ることを義務づけており、そして結局この値が貨幣の最終的な増殖の限界を決めることになるのである。つまりこれが10％の場合だと、以前の磁石増殖の話と完全に同じになり、オリジナルの現金の10倍の量の「貨幣」が（0・9の等比級数の和で）生まれることになる。**図6-7▼**

　これは預金通帳が何冊あるかには基本的に無関係で、この準備率などの値を決めてしまえば、それだけで貨幣増殖の最終的な限界量が定まってしまう。そして現実の経済でも準備金の部分の割合は、いろいろ合わせれば10％弱という数字になることが多く、だとすればこの章の冒頭の図のように、現金が貨幣全体の8～10％という割合になるのである。

　なお、疑問に思った読者もあると思うので付け加えておこう。つまり「この時に世の中の現金は一体どこにどういう形で存在しているの

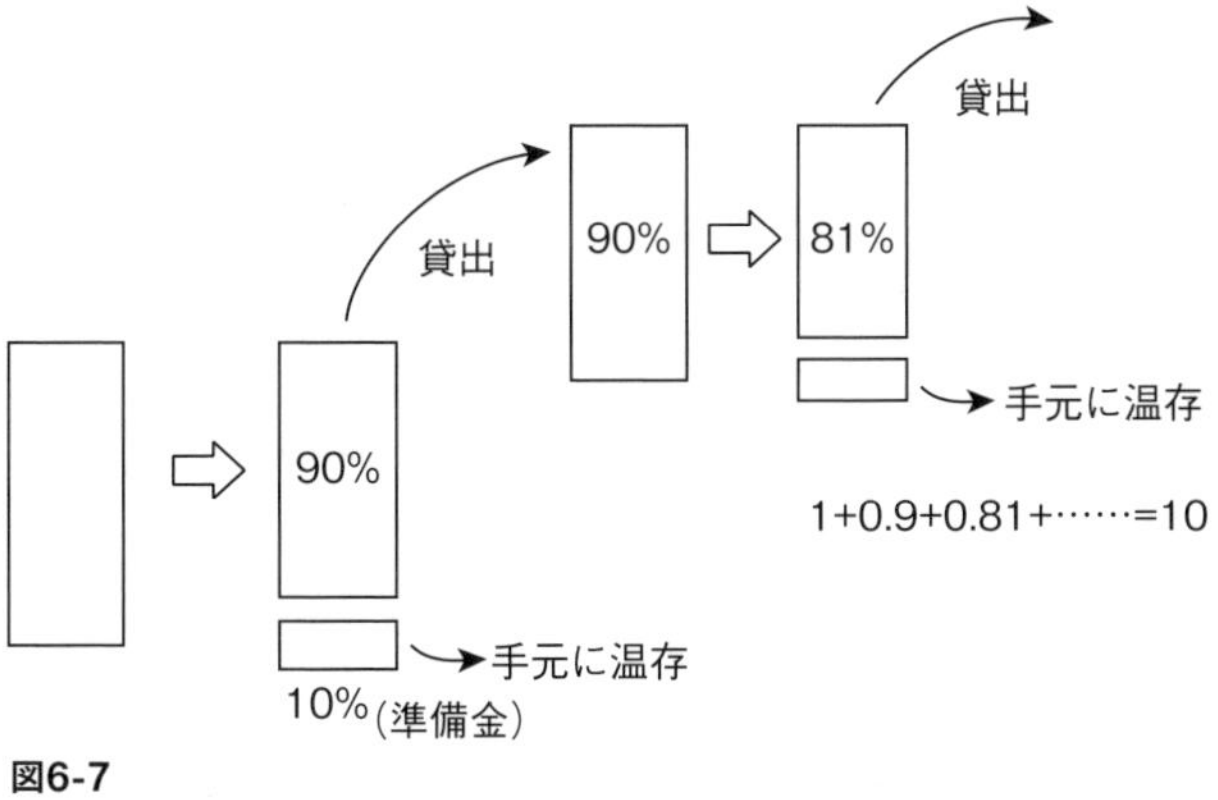

図6-7

か」という問題である。それは、先ほどの90段のピラミッドを上っていく図を見ればよくわかる。

つまり一段上るたびに少しずつ漏れがあるのである。金を借りた企業は、全額は預金せず一部を現金として手元に置いておく。また資金を貸し出す銀行は、一部を先ほどのような準備金として銀行内に温存する。その合計量こそが、経済社会内部での現金のすべてである。

「通貨供給量」の定義

なおここでちょっと概念や用語の解説をしておくと、このような形で増殖してしまった貨幣を最終的に全部合わせたものは「マネー・ストック」（あるいは「マネー・サプライ」）の名で呼ばれていて、その合計量が「通貨供給量」と呼ばれている。要するにこれが世の中にある抽象的な「お金」の総量である（これは以前は「マネー・サプライ」の呼び名が使われていて、長い間それが定着していたが、2008年に「マネー・ストック」の呼び名に変更されて現在に至っている）。

そしてどこまでを貨幣つまり「マネー・ストック」に含めるかには、いくつかの定義があり、基本的にはそれは、現金と普通預金、定期預金の合計にいくつか付随的なものを加えたものとされている。

要するにそれが「社会の中の貨幣量」を表現する代表的な指標なのだが、その量的な内訳を眺めると、現金の割合はかなり低くて、むしろ定期預金などがそれより遥かに多い割合を占めている。つまり実は世の中の「お金」の量的なメインは、定期預金などから成っているわけである。

この「預金通帳が事実上の貨幣である」という話は一見馴染みにくいが、それは先ほどの議論や図のように、通帳が現金によって「磁化」されて市中に出回ってしまうという話を思い出せば、一応は納得できる。ただそうなると今度は、預金通帳が他の何かを磁化してそれがまた貨幣になる、ということは起こらないのだろうか、という疑問が生まれてくる。

つまりこの場合、何らかの形で「ここまでが『貨幣』である」という線引きがなされていないと、それが際限なく拡張される恐れがあるのだが、今の話だけでは一見するとその基準がよくわからない。ではこの場合、一体どういう理由や基準でそこに線が引かれているのだろうか。

そこでの一番肝となるポイントを一言で言うと、それは要するに「**その価値がきちんと確定した数字になっていて変動せず、他のものの価値の指標として使える**」ということだと思われる。

その観点からすると、普通預金や定期預金はその条件を満たしていて、預金通帳の中の数字はたとえ1年後でもその価値がきっちりとした数字になる。そのため他のどんな品物の価値も「預金通帳何冊分」のような形で、現在でも1年後でもこれを基準に換算できることになり、確実な指標として使えるために、これは「貨幣」の代役が十分務まるわけである。

では定期預金のかわりに株券などは貨幣になるだろうか。確かに資産という観点からは、株券も定期預金も似たようなもので、米国などでは日本と比べると、資産を定期預金より株券などの形で持っていることが多い。ところがこちらは価値が変動する性質をもっていて、その数字が固定値として定まらないという弱点がある。そのように1年後の価値がいくらなのかわからないものでは、到底指標に用いることはできず、そのためこちらは「貨幣」とは見なせないことになる。

極端な話、もし株券などを貨幣に含めてしまうと、世の中がバブルになって株式の時価総額が膨れ上がった時には、通貨供給量がそれに比例して膨れ上がるということになってしまう。そういう話は日本でも米国でも聞いたことはなく、株券などはたとえ資産の中で重要な地位を占めていても、やはり「貨幣」にはならないし、それが膨張しても通貨供給量は増えないのである。

一方定期預金が増えた場合はどうかというと、もしそれが増えた時に銀行がそれに比例して融資という形の「又貸し」を増やしたならば、その時には（240ページの図6-4の預金通帳と現金が二重に世の中に出回るイメージに照らしても）通貨供給量は明らかに増えていることになる。

そもそも「通貨供給量の増大」という現象が、この銀行の「又貸し」のメカニズムと不可分で、定期預金などがそこでの中心的な構成要素となっていたことを思い出せば、それが「貨幣」の線引きにおいて重要な位置にあることも納得が行くだろう。

つまり抽象的な「お金」としての「マネー・ストック（マネー・サプライ）」や通貨供給量などの概念では、こうした考えがメインになって線引きがなされている、と考えればよいのではないかと思われる。ただその細部は国や年代によって多少の違いがあり、細かいことはこれを頭に入れた上でそれぞれの本を参照するとよいだろう。

なぜ社会は貨幣の増殖を容認したのか

それにしても、銀行が預金の「又貸し」をしたり、それによって貨幣が勝手に増殖したりすることは、常識から考えれば極めて不健全なことである。それではなぜ社会はこうした不健全さを容認してきたのだろうか。あるいは、その不健全さを一時的にでも根絶した社会というものは過去に存在しなかったのだろうか。

しかし実はこうしたものの必要性というものは、経済社会のかなり根本に根ざしたものなのである。一般的に言って、経済活動が不活発になっていけば、そこを循環して流れている貨幣の量は少なくなる。要するに人々は少ない金額だけしか買い物をしないし、給料として支払われる金額合計も少ない。（第1章の、貨幣が線路の上を行ったり来たりしている図を思い出していただきたい）。このため貨幣の量をいまより減らした状態で経済社会はバランスがとれることになる。

こういう場合、経済社会を循環する貨幣の量をいまより減らそうと思えば、それはさほど難しいことではない。要するに誰かがサイクルの中からある程度の現金を抜き取って庭にでも埋めてしまえば、翌日から循環量はそれだけ減ることになるからである。図6-8▼

ところが逆のことを考えると、一体どうすればよいのかちょっとわからなくなる。つまりいまの例とは逆に、現在よりも経済活動を拡大しようとする場合である。この時は、買い物で一度に使われる金額も増えるし、給料として支払われる金額も多くなっている。要するに現在よりも多くの貨幣が必要になるわけである。しかし貨幣を減らすには庭にでも埋めてしまえばよかったが、いまより増やすとなればその増分は一体どこから来るのだろう？

ちょっと考えると、それは造幣局の輪転機をフル回転させて紙幣の大量増刷に踏み切ることで対応が行われると錯覚されがちだが、実はそうではな

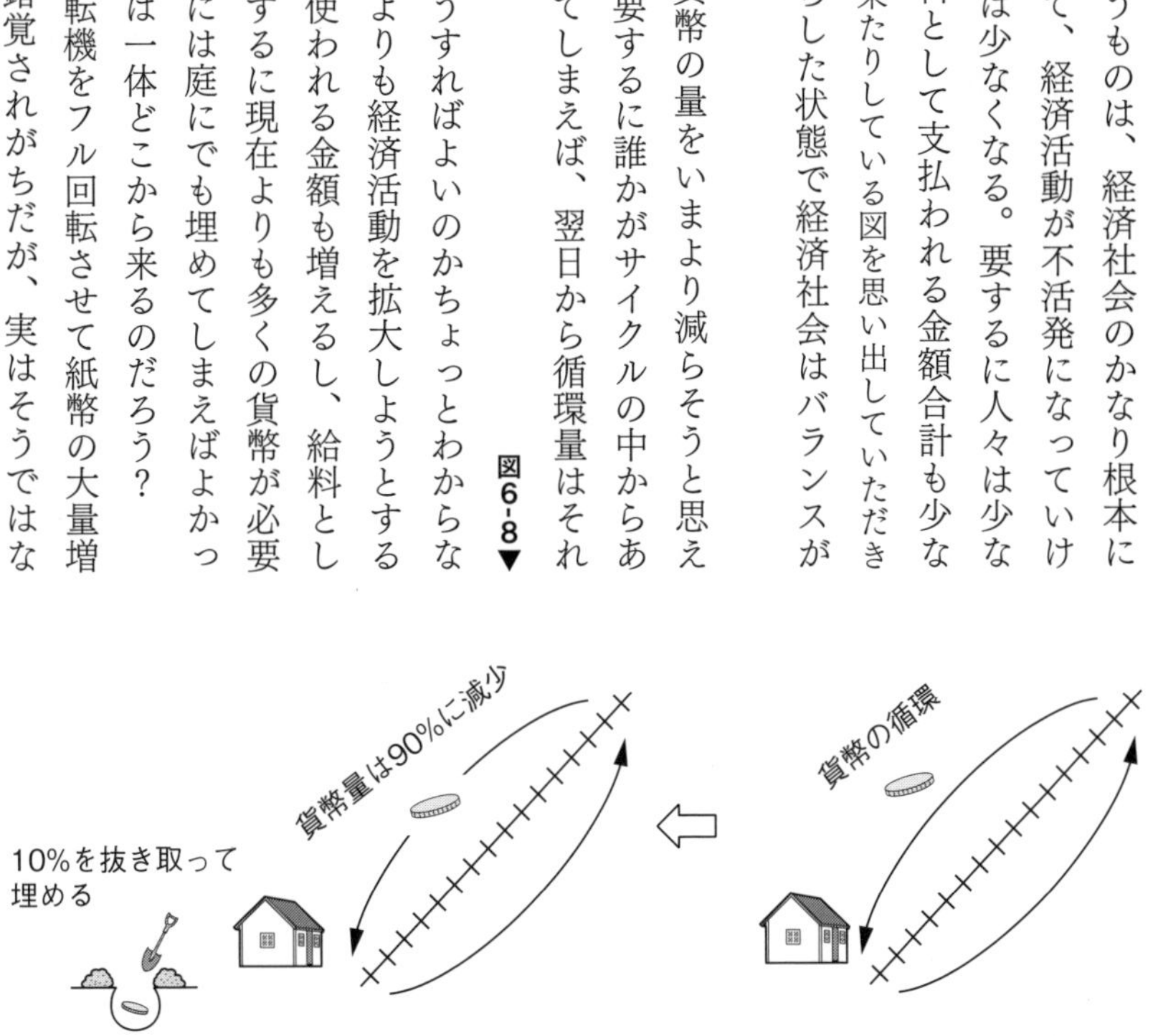

図6-8　経済縮小

い。確かに長期的でゆっくりした定常的変化に対しては、紙幣の発行量はある程度連動してそれに対応する。しかしながら、好景気の到来などというものはそんなものより遥かに気紛れに、急速に、頻繁に訪れるものなのであり、そんな鈍重で大仕掛けな方法では到底対処し切れるような代物ではない。

そこで、急に生じてしまうこの種の貨幣量の増加要求に対しては、銀行が行う「又貸し」による貨幣増殖機能が、もっぱら引き受けてきているのである。

そもそも考えてみると、**「絶対的健全経済」、すなわち経済社会が恐ろしく堅実な人々だけで構成されており、危ない借金などは一切行わず、手元にある現金以上の消費を絶対に行わないという常識で社会全体が貫かれているとしたなら、そこでは経済の拡大などということはあり得ない**のである。

つまりすべての人が、どんなに欲しいものがあっても、給料としてもらっている手元の現金以上の買い物は絶対にしないということだと、その総額が需要の上限として最初から定まってしまい、そしてそれは必然的に売上げの総額が絶対伸びないということを意味し、各人の給料の額も絶対に上がらない。つまり消費も生産も減ることはあっても増えることは絶対ないということになってしまう。

しかし現実の経済社会ではそれはちゃんと伸びることが可能である。ではそれは具体的にはどうやって増えているのだろうか。実はそれは誰かが、将来あるかどうかわからない需要を見込んで、銀行から借金をして物を仕入れたり製造機械を買ったりすることから始まる。

この人が見込みを立てて借金を行った段階では、それは「見込み」である以上、いまだしっかりした実体を持った経済活動というよりは、いわば「架空の経済活動」に属するものである。そのためもし需要が見込み違いで空振りだった時には、それはそっくりこの人の負債となってしまう。

しかしとにかくその人が、その借入金を仕入れの代金などの形でどこかにばらまいた時点で、それは少なくとも一個の現実となる。つまり何だかよくわからないがいろいろと買っていったこの人が通った後では、その代金を受け取った純朴な商店主にしてみれば、くだんの人物がどんな危ないリスクを背負っていようが、手元にあるのはまぎれもない現金なのだから、暖かくなった懐で何か買おうということで、ここで消費が拡大する。

つまり**誰かがどこかでただの見込みを信じてリスクの大きな行動に出た時、その絵空事から経済拡大の最初のきっかけが作られ、消費と生産の拡大が行われるわけである。**そしてその絵空事を現実化するに際して、最大の鍵を提供した銀行の貸し付け行為が、実は同時に貨幣の増殖を伴っているため、造幣局などが乗り出さずとも自動的に経済の拡大と貨幣の増加が釣り合う形で実現しているわけである（うまくできているものである）。

このように見てみると、およそ**経済社会というものが規模の変動を伴うものである限り、こうした銀行の「又貸し」と貨幣増殖という不健全な行為は、経済社会のかなり根源的な部分に根ざしたものであることがわかるだろう。**

仮にもし、銀行に対してこのような行為を法律で禁止したとしても、末端で経済活動が活発になってしまえば、貨幣すなわち支払い手段の不足に悩んだ結果、商人たちは自分たちで独自に何らかの支払い手段を工夫し、彼らが作った手形や、あるいはそれこそ紙切れに支払い金額を明記しただけの代物が代用貨幣として大量に流通を始めてしまうことになる。

こんな、どれが偽金かわからないような信用のない紙切れが大量に流通するよりは、結局は銀行の信用のもとに貨幣増殖に対応したほうが良いということになってしまうのである。

実際、過去の文明の例で見ても、イスラム文明などは金利を禁じたが、基本的にイスラム社会が商業社会である以上、ついに金貸しの存在を根絶するには至らなかった。というより彼らは最初からそんなことが不可能であることを認識し、イスラム教徒に対してはそれを禁じたものの、イスラム圏内に住む異教徒であるユダヤ人やアルメニア人にその種の金融業を委ねるという逃げ道を設け、「イスラム教徒に対しては」原則禁止しつつも、どうしても必要な活動だけは彼らに頼ることでうまく共存を行っていたのである。

これに対して、旧ソ連のような計画経済においては、品物の生産量と価格を中央で決定するため、理屈から言えば経済拡大に伴って必要となる貨幣量もその時、同時に算出できることになる。そのため基本的には造幣局による対応が可能であり、こうした「虚」の貨幣に頼らずとも表面上経済社会を運営することができる。

多少デフォルメした形で述べると、例えば中央政府が今後の市民の生活水準の向上計画として、新たに「テレビというものが各家庭にある豊かな社会」へ移行することを決定した場合、テレビの年間生産量とその公定価格は政府によって決定され、その具体的数値が計画表に書き込まれる。

そしてこの時、その「経済活動の拡大」に伴って新たに必要とされる貨幣量も、この表から自動的にはじき出されることになる。つまり例えばもしテレビの年間生産計画が100万台、1台の価格が1000ルーブルと決められたならば、大雑把に言ってその積である10億ルーブルの貨幣が、年間あたりテレビの売買という新しい経済活動のために必要になると算出されるだろう。

そして市民がそれを買うための金は、どうせ大半は国有企業の給料という形で支払われるのだから、造幣局で増刷した紙幣を国有企業に配付すれば、それで経済社会が要求するだけの貨幣の増分を新たに供給できることになる。

これは一見非常にすっきりしており、銀行家たちが怪しげな生き物を増殖させている世界よりもこっちのほうが良さそうに見えはする。しかしこういうことは、民衆の間で自然発生的に盛り上がって中央政府が把握し切れない、社会の微妙な経済需要を基本的に無視することで成り立っていたのであり、その結果がどうなったかは周知の通りである。

金本位制度の弱点

この章の最も重要な議論は以上で終わりだが、ここでそれを発展させた練習問題として、いわゆる金本位制度について見てみよう。

金本位制度というものは、金の地金の総量で貨幣の総量を厳格に定めてしまう体制であり、世の中にインフレが起こるたびに、その特効薬と見なされて論議の対象になるものである。

実際、例えばかつてのドイツの天文学的なインフレの時などは、政府当局がその財政難に苦しんだあげく、その場しのぎのために造幣局の輪転機を勝手に回して際限なく紙幣を大量に印刷し、それを市中にばらまいていた。そのような情景を思い浮かべる時、もし金本位制が採用されていて、政府が勝手に増やしたりできない金の地金が貨幣の世界をしっかり支配していれば、こんなことは避けられるではないかと考えたとしても、実に無理のない話である。

ではこんな素敵な制度がどうして採用されていないのか。読者はすでにそれに対して答えることができるはずである。すなわち経済の拡大がやりにくいからである。

つまり金本位制度のように貨幣の量の変動のない世界では、確かにインフレを避けることはできるものの、その代償として経済が拡大しかけた時にはそこら中で支払い手段の不足に対する不満の声が起こるのである。

では無理やりこの制度を厳格に、完全な形で社会に押しつけた場合には何が起こるのだろうか。それに対しても読者はすでに解答ができるはずである。すなわちその貨幣不足を補うべく、手形などのあまり信用できない代用貨幣が裏で大量発生してしまうのである。

そしてこういう信頼性の低い代用貨幣は、それを受け取ってもらうには大抵の場合、リスク代としてそれなりの代償を払わねばならず、それは社会全体で見ると、資金調達コストの上昇を伴うことになる。要するに取り引きを行う場合、その支払いにこういう信用できない代用貨幣しか使えないとなると、受け取る側としてはそのリスク代を少し上乗せした形でないと、そのままではなかなか受け取れない。

これは実質的には高金利と同じような状態となり、リスクの上乗せ分が金利の高さと同じように作用してしまう。そのためそんな高利で借金をすることを怖がって事業拡大を諦めてしまう人が続出するわけである。このようにして経済拡大の足を引っ張ることになるので、金本位制というものは、本質的に急速に拡大する経済にとってはあまり向いているとは言い難い（実際に、第二次世界大戦後の国際経済のドル体制は、一種の金本位制であったため、国際社会でその種の問題が吹き出してしまった。このことについては次の第7章でも述べる）。

ただし参考までに述べておくと、こういう制度であっても、非常にゆっくりとした拡大に対してならば、何とか対応はできる。つまり一旦定常状態になってしまえば、以前にインフレの理論のところで見たように、物の価格に反映させることで一応の安定状態に移行するからである。

以前に第3章で出てきた図を使えば、経済が拡大した状態においては、世の中に出回る品物の総量は多くなる。その一方貨幣の総量は変わらないのだから、品物と貨幣の対応状態が図のAからBへ変化し、貨幣1単位に対して多くの品物が対応する、つまり品物の価格が下がっている。図6-9▼

長期的な変化に対しては、このような価格変動での対応が行われて安定状態に達するというのが、金本位制度の基本的な理屈であるが、ちょっと考えればわかるように、こうした変動が末端まで行き渡って完了するにはかなり長い時間がかかる。そのため急な経済拡大に対しては巨大な軋轢《あつれき》が生じてしまうということが、弱点として残ってしまうのである。

貨幣の世界の「実と虚」の変遷

ところで本章の冒頭でも述べたが、最近ではいわゆるキャッシュレス化が進行したことで、この一連の話を理解する際に少し紛らわしい誤解を生じる恐れが出てきてしまっている。そこで、その誤解にあらためてもう一度釘をさして

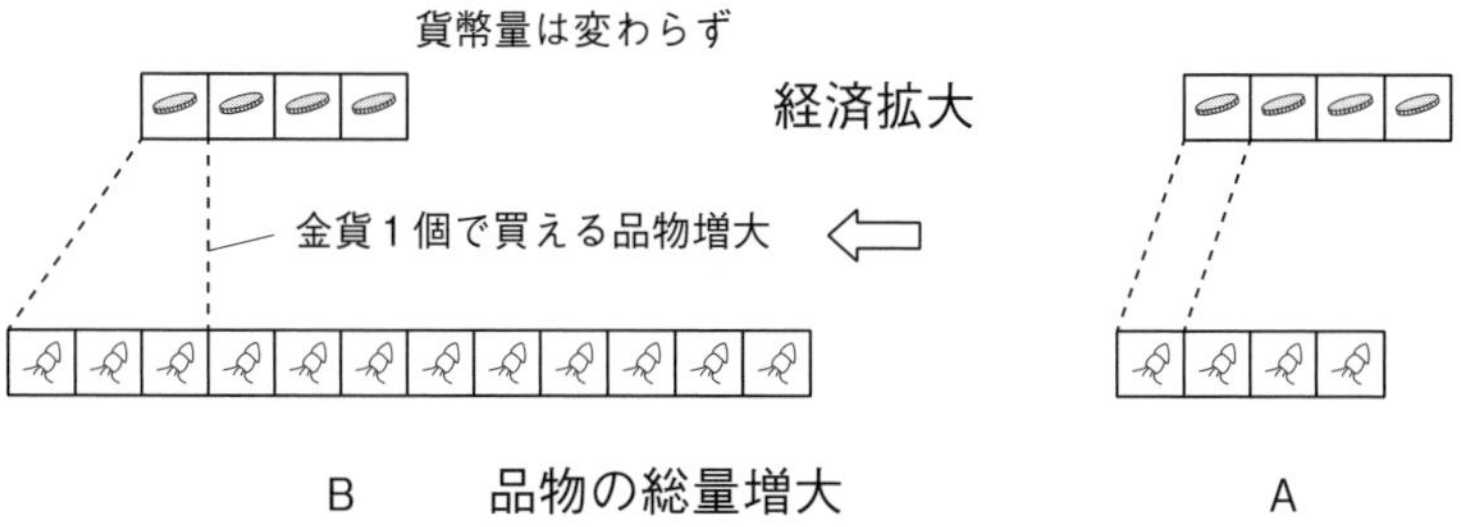

図6-9

おこう。

これまでの議論を整理しておくと、世の中のお金というのは、貴金属や現金紙幣などの「実」のマネーと、銀行の預金通帳の中にだけ存在する「虚」のマネーの2種類がある。そして前者の「実」の部分の存在をコアやベースにして、その数倍の量の「虚」のマネーが発生し、両者が質的・量的に互いに支え合う格好になっている。

しかし先ほどから述べているように、これは必ずしも最近生まれた構図ではなく、コンピューターなど全く存在しなかったもっと古い時代から存在していたものである。その時代には「虚」のマネーは紙の冊子として、銀行の台帳や預金通帳の中にインクで書き込まれた数字の形で存在していた。

その意味ではずっと昔からそうしたものが存在しており、最近になってこれが電子化されてきているわけだが、現在から振り返ってみると、この「実」と「虚」の2種類のマネーの対照ぶりは、特に1970年代の末から2000年代の最初あたりの時期に、外から見ても最もわかりやすい姿をとっていた。

つまりこの時期に、銀行預金の管理に大幅にコンピューターが導入され始め、そうした「虚」のマネーが、インクで書き込まれた数字からコンピューターの磁気テープやメモリーの中の数字に置き換わることが、本格的に始まったのである。

そのため全体の構図が、現金紙幣で構成される「実」のマネーと、コンピューターのメモリーの中で預金の数字の情報として存在する「虚」のマネー、という非常にすっきりした形にまとまることになり、イメージの点では非常にわかりやすいものになっていたのである。

ところが最近になってキャッシュレス化が進行したことで、どうも全体の構図が何だか再びわかりにくい格好に戻ってきてしまっているようである。つまり現在では、かつて1970年代頃に「虚」の世界で紙の預金通帳が電子化されていったのとはちょうど逆に、今度は「実」の世界で現金紙幣が電子化され始めているからである。

要するに話をもう一度整理すると、貨幣の変遷を三つの時期に分けて眺めた場合、最初の時期つまり昔の時代から1960年代頃までは、「実」のマネーも「虚」のマネーも、共に紙に数字を書いたもの（紙幣や通帳）で成り立っていた。**図6-10の(1)▼**

それが次の2番目の70年代から2000年代はじめの時期になると、「実」のマネーが紙、「虚」のマネーが電子化された情報、という状態になる。これは対照ぶりが非常にはっきりしており、結果的に最もわかりやすい格好になっていたと言える。**図の(2)▼**

ところが最近の3番目の時期になると、「実」のマネーも「虚」のマネーも共に電子化されたものになる。そのため、わかりにくさという点ではどうも昔の時代に戻ってしまったのである。**図の(3)▼**

読者は、最近のキャッシュレス化ということを誤解せずに正しく把握するためには、どうやらこの図を覚えて頭の隅に入れておくことが早道のようである。

今後のキャッシュレス化の進行に際しては、恐らくその過程でいろいろな予想

	「実」のマネー	「虚」のマネー
(1) 昔〜1960年代まで	紙の紙幣	紙の預金通帳の数字
	⇩	⇩
(2) 1970〜2000年代まで	紙の紙幣	銀行のコンピューターの数字
	⇩	⇩
(3) 現在のキャッシュレス化時代	電子通貨	コンピューターの数字

図6-10

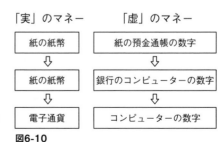

外の問題が発生すると思われる。例えばパスワードの流出やその管理、またキャッシュレス化で個人の消費活動の情報が把握されることによるプライバシー消失の問題などがしばしば社会問題となり、そのたびにそれらに関する議論が必要になるだろう。

ただそれらの多くは、「実」の部分の貨幣が電子化されることに伴って発生するもので、先ほどの議論とは全く別の場所で起こる問題であることに注意する必要がある。

一方「実」と「虚」の話は、より本質的な経済全体の問題として、貨幣が紙でも電子マネーでも共通して起こるもので、これをしっかり区別しておかないと、今後は頭の中が混乱して議論が把握できなくなる恐れがある。そのため読者はいまのうちからこれらのことを、こうしたイメージでしっかり頭に入れておくとよいだろう。

仮想通貨は「虚」か「実」か

これは仮想通貨の議論でも言えることである。読者はあるいは仮想通貨というものはこの分類で言えば「虚」の側に属するマネーなのだと思っていたかもしれない。しかしそれは誤解なのであり、現在の仮想通貨もやはり基本的には、「実」の世界の中で、貨幣の素材を貴金属や紙から電子の領域に移転させただけのものである。

ただ読者は、このあたりで頭がこんがらがって、「実と虚」の線引きがどう行われるのかがわからなくなってきていると思う。その場合にはとにかく次の一点に留意すればよい。

それは要するに、その仮想通貨が先ほど述べた「又貸し」のメカニズムを持っているか否かにある。もしそのメカニズムを持っているなら、それは恣意的にいくらでも増やせる「虚」のマネーとなるが、それがない場合には「実」のマネーの範疇《はんちゅう》に留まることになる。

そして後の第8章でも見るように、仮想通貨の多くは、発行に際してそれを無闇に増やせないようにすることには一応留意しており、その点からする限りは、少なくとも今の段階では基本的に「実」の貨幣の範疇に留まると思ってよい。

ただもしそれがどこかに「又貸し」のメカニズムを持ってしまうと、それは恣意的に増やせる「虚」のマネーの領域にはみ出してしまう。そうなってしまった場合には、政府はそれをコントロールするために規制に乗り出してきて管理下に置かねばならなくなるだろう。

あるいは読者はこれらの話がややこしくて全部は把握できないと思われたかもしれない。しかしそれは無理もないことで、何しろこれはプロですら議論の真っ最中の段階にある話であるため、むしろ把握しきれないのが当然なのである。

ただ、この「**実と虚**」**のメカニズムのほうが、「マネーが紙か電子情報か」ということよりも話の規模としては一段大きい、**ということだけは、頭の隅に置いておいても良いのではないかと思われる。そしてより根源的な理屈であるだけに、この話はもっと抽象化すれば、そのパターンや論理を他のいろいろな問題に対して広く応用できる可能性も秘められているのである。

それは必ずしも経済の話には限られない。むしろ一見全く無関係な経済以外の別の分野でも、この「実と虚」の理屈が思わぬ形で応用が利くということは十分にありうるだろう。余談としてその例を一つ述べておくと、将来の青写真として極端な話、例えば次のような形での応用も考えられないではないのである。

少々唐突な話で恐縮だが、現代世界では人工知能の発達によって人間の仕事がどんどんなくなることが懸念されている。ところが場合によっては意外にも、この一見貨幣とは無関係な重要課題に対して、将来的にこの理屈の応用が利くかもしれないのである。つまりそこでどうやって人間の仕事を量的に十分なだけ維持していくか、という問題に際して、この「実と虚」のメカニズムが応用できる可能性が考えられるのである。

その詳細についてはさすがにここで述べる余裕はないので、人工知能の話を扱った別の近著の中で論じたいと思うが、とにかくこの課題に対してこのメカニズム一式を発展させて応用することで、あるいはその難題に意外な形で一つの答えが得られるかもしれず、その際にはこの章で述べたことを参照していただければと思っている。

とにかく貨幣や仮想通貨の話は、放っておくとすぐに際限なく複雑化していくので、読者は基本をなるたけ単純化するため、今のうちからそれをこうしたイメージでしっかり頭に入れておくとよいと思う。

〈要約〉

・貨幣というものは、必ずしも当局が紙幣を増刷せずとも、自分で「虚」のマネーを増殖させる性質を持っており、それはちょうど磁石が周囲の鉄片を磁化させていくのに似ている。

・そもそもイングランドで近代的紙幣が最初に誕生した時、それは元は金細工師が発行した引換え証書だった。それらはいわば金という永久磁石で磁化されたものだったが、その時点ですでに世界には「虚」のマネーの増殖が起こっていた。

・貨幣の増殖は、銀行などが預かったものをどこかへ「又貸し」した時、又貸しした「永久磁石」と預金者の手元へ渡した「磁化した預かり証」が二重に市中に出回ることで起こる。現代世界では、預金通帳の数字自体が後者に相当して実質的な「虚」の貨幣となっている。

・よく経済新聞などを見ると「通貨供給量が増えた」などという記述があり、これを見ると造幣局が紙幣をその分だけ増刷したのかと錯覚しがちだが、実際には銀行が貸出量を増やし、それに比例して預金通帳の数字という形で「虚の貨幣」が増殖してしまったことを意味しているのである。この場合、銀行が企業などに貸し付けた現金と、預金者に渡した預金通帳が二重に市中に出回ることで、社会の貨幣量は増えている。

・その際には企業も銀行も現金をなるたけ短い間しか自分の手元に置いておきたくないので、それは多数の企業と銀行の間をたらい回しのようにされて、何重にも預金と貸出が繰り返されてしまう。そのため磁石が延々と子孫を作っていくのと同じようにして、オリジナルの何倍もの貨幣が生まれることになる。

その際に増殖の限界を定めているのは「準備率」というもので、銀行が預金全部を貸し出せずに、ある程度を予備として手元に置いておかねばならないことが、その無限の増殖に制限を加えている。

・こうした増殖メカニズムは、一見不健全な制度に見えるが、実は経済社会が好景気などによって拡大したがっている際には、どうしても要求されるものである。逆に言えば、このメカニズムと縁を切るには、経済が全く成長しない絶対的な定常社会でない限りは無理である。

・これらの一連のことは、貨幣の電子化が起こる遥か以前から存在するもので、最新の仮想通貨といえども結局はこの大きなメカニズムの一部である。そして現在のキャッシュレス化というものは、単に「実」の現金貨幣の部分が電子化しているに過ぎず、そのあたりの状況をよく頭に入れておかないと、結局は仮想通貨の話もどこかで理解できなくなってしまうだろう。

ともあれこの章で述べた貨幣の増殖メカニズム（つまり「信用創造」の話）は、経済学を最初に学ぶ際の難物の一つで、それは第1章の「投資と貯蓄が一致する話」と並んで、最も理解しにくいものとされている。

そのため読者はこの二つ、つまり第1章の話と本章の「信用創造」の話が頭に入ったならば、とりあえず経済学に関して入り口付近に横たわっている最大の難所は越えたと思っても差し支えないだろう。

第7章

ドルはなぜ国際経済に君臨したのか

この章では、現代世界のドルというものを中心に、国際通貨というものが抱える問題点の最もわかりにくい部分を、最短距離で突破することを試みたい。

またこの章ではそれに付随して、金本位制の特性やその問題点についても述べるが、これを基礎知識として持っていることは、次の第8章で仮想通貨について議論する際にも非常に有効なので、それを意識して読まれるとよいだろう。

1 ドルから見た国際通貨

国際経済に君臨するドル

もし遠い未来において経済史というものが書かれることがあった時、そこではドルというものは「史上最強の通貨」の名を与えられているかもしれない。少なくとも第二次世界大戦後の数十年の経過を見る限り、ドルは間違いなくそう呼ばれる資格を持っており、ここまで地球全体に広汎な影響力を持った通貨というものは、過去の歴史に存在しなかったからである。

実際に第二次世界大戦後の国際経済を見た時、そこに「世界通貨」というものがあったとすれば、ドルだけがそう呼ぶに値するものだった。つまり第二次大戦前まではドルというものは、単なる米国という国の中で使われる国内通貨＝ローカル・カレンシーに過ぎなかったのだが、大戦後の世界ではそれは米国内だけではなく、世界全体で使われる唯一の基軸通貨＝キー・カレンシーだったのである。

具体的に言うと、ドルがいわゆる「基軸通貨」になるということは、周辺諸国にとっては次のことを意味する。つまりそれは基本的に、各国が外国と貿易を行う場合、たとえ米国を相手としない場合――例えば日本とタイの間での貿易などの場合――でも、その取り引きの決済は円やバーツではなくドルで行うということである。これはまさしく「唯一の世界通貨」以外の何物でもない。

しかしドルのこの数十年の歴史はとても平坦なものとは言えず、ドルは最初の姿から次第に奇妙な変貌を遂げ、そのたびに国際経済はそれに巻き込まれて、思い出すのもうんざりするほど右往左往した。

それらを振り返ってみると、まず第二次世界大戦が終わってから1970年代はじめの時期には国際通貨の世界全体が非常に単純だった。なぜならその時期はドルは金と結びついていて、1ドル＝360円で固定されていたため、それさえ覚えておけば簡単に換算ができたからである。

ところが1973年にドルが金との結びつきを断って、価値が変動する変動相場制に移行して以降、毎日のように誰もが「今日の円とドルの相場がいくらなのか」を注視し、経済界のみならず世の中全体が神経をすり減らすということが常態化したのである。

そのため当時から、ドルとドル体制が最初の姿のままでいてくれればどんなにありがたかったかと思っている人は多く、特に1980年代頃のように輸出企業などが為替の変動にのたうち回り、1日の円高の進行で1ヵ月の現場のコストダウン努力が水の泡と消えることもあるという状況では、1ドル360円とさえ考えていればよかった固定相場制の時代は何と楽だったのか、と考えたとしても実に無理のないことである。

ところがこの固定相場制の廃止は、単なる一時的な病気によるものではなくもっと根本的なもので、それはおよそ世界通貨なるものが必ず抱えてしまう宿命的欠陥に起因するものだったのである。ではなぜそんなことが起こったのかを、以下に見てみよう。

ドルの奇妙な変貌

さてそうは言うものの、これはいささかややこしい問題であるから、視点の設定を少々工夫しないとコンパクトに説明できない。そこでこの問題を、前の第6章で述べたことの延長として眺めてみることにしよう。

考えてみると国際社会には世界政府が存在するわけでもなく、いわば複数の大国の中でどうにか秩序を維持するだけの一種の無政府状態である。そんな中で世界通貨などというものを作り上げようとすることは、一般社会で単なる紙切れを紙幣として流通させようとする時の苦労と、かなり共通した部分があるように思われる。

実際に、20世紀の国際社会でドル体制が確立されて、金と結びついた形でドルが世界通貨として導入された時の状況というものは、実は17世紀にイングランドの国内で最初の近代的紙幣が誕生していった経緯とどこか似通ったものが感じられるのである。

その共通点とは次の点である。ここで前章の内容のおさらいをしておくと、イングランドの紙幣

（銀行券）というのはそもそも最初は、無政府状態の中で市中の金細工師が勝手に発行していた金の地金との引換え証として生まれていたのであり、その引換え証としての信用によって「磁化」されたこの種の紙切れが、次第に紙幣として流通するようになったということだった。

そしてドル体制の中のドルというものも、ある意味では一種の国際的な金との引換え証だったのである。それというのもドル体制の発足に際して、米政府は1オンスの金を35ドルで必ず交換するという約束をしており（つまり1ドル＝金0・8グラム）、これはまさしく金との引換え証以外の何物でもない。

そして**国際社会の第三国同士の取り引きにおいて、ドルが用いられるようになったのは、要するにドルが金との引換え証だったからに他ならず、ドルが米国という強い国の通貨だったことはむしろ二義的な問題だった**（実際後者の条件だけでは、いかに米国が有力な国家であろうとも、単なる一国の国内通貨を世界全体の通貨として採用するにはかなり抵抗があったろう）。

要するにこれは、無政府状態の中で金の引換え証が進化していったという面で、かつてイングランドで紙幣が成立していった過程によく似ているのである。そして前章で貨幣が価値を帯びる過程を「磁化」のアナロジーとして捉えた時、イングランドの紙幣は金という永久磁石によって磁化されることで価値を帯びるようになったと表現したが、それと同様、世界通貨としてのドルも最初は金という永久磁石によって磁化されることで、無政府状態のような国際社会でも皆が安心して国際間の取り引き決済に用いることのできる、世界通貨の地位についたのである。

ところが現在ではドルは金との結びつきを断っている。つまりもはやこれは「金との引換え証」ではなくなってしまっているのだが、にもかかわらずドルはその地位を失うことなく、いまでも依然として世界通貨の資格を保持している。これは本来なら理屈に合わないはずなのだが、ではこの奇怪な現実をどう捉えたらよいのだろうか。

ここで、前章の内容をもう一度思い出すと、その議論では、世界史の中の紙幣には金との引換え証から発達したイングランドの紙幣の他に、別の形態で誕生した紙幣がもう一つあったと述べた。すなわちそれはフビライらの発行したモンゴルの紙幣であり、実は現代のドルはこの点に注目して分析すると、極めて興味深いのである。

あの話を復習すると、このモンゴルの紙幣はおよそイングランドの場合とは対照的に、元帝国の無敵の軍事力をバックにする中央政府の意志として、上から流通させられたものであり、必ずしもイングランドのような無政府状態の中で、金との引換え証から自然発生して下から流通していったものではなかった。

確かにそれは一応は銀との交換が約束されていたが、その力は十分ではなかったため、むしろ最終的には軍事力の存在がその価値を保証していたと言える。つまりそれは、イングランドの紙幣が金という「永久磁石」によって磁化されていたのとは対照的に、むしろフビライらの軍隊という「電磁石」によって磁化されていたというのが前章の（多少デフォルメされた）分析である。

そして金との結びつきを断った現在のドルについて検討してみると、それはむしろ後者すなわちモンゴルの紙幣にどこか似てきているのである。もしそうだとしたならば、何によって現在のドルの世界通貨という特権的地位が最終的に保証されているのかという問題は、この場合「フビライの軍隊という電磁石」に相当するものは何かという問題に置き換えられることになる。

ではそれは何かと問われれば、その解答は恐らく米国の保有する軍事力と核兵器である。つまり

現代のドルは「核兵器という電磁石によって磁化された特権的な世界通貨」なのであり、第二次世界大戦後の国際経済の中で、最初はイングランド型の国際通貨として出発したドルは、いつの間にやらこの種のモンゴル型の国際通貨に変貌を遂げてしまっていたのである。

ではどうしてドルはそんな変貌を遂げねばならなかったのだろうか。実はよく検討してみると、このドル体制というものは最初からとんでもない無理を抱え込んだ制度だったのである。

ジレンマに陥ったドル

それがどんな無理を抱え込んでいたのかという理屈は少し後で述べるとして、まず具体的には世界がどんな問題に悩まされたのかを見てみよう。

さてそのようにドルが唯一の国際通貨となって、各国同士の貿易もドルが使われるようになってくると、各国は貿易を行うために、ある程度の額のドルを外貨準備として持っている必要がある。例えば日本が第二次世界大戦後の経済復興を遂げていく過程などでは、この外貨準備が少ないことは悩みの種だった。そこで政府は「外貨準備がこれ以上割り込んではならない危険ライン」を25億ドルに設定し、このラインを割り込まないようにすることを基本とせねばならなかった。そしてその心配が生じた場合、しばしば国内経済が好況にあるにもかかわらず、外貨準備がそのラインを割り込む危険を避けるために、せっかくの好況に水をかけて冷え込ませねばならないこともしばしばあったのである。

とにかくドルが手元になければ米国ばかりでなくどこの国との貿易もできないので、手元のドルの限度ラインを割り込む目減りは、他の問題より優先されねばならない。一方で一般に国内経済が好況にある時というのは、輸入も活発化して外から原料や製品を吸い込みやすく、そのためには外貨のドルを使わねばならないので、当面それは手元のドルの急速な目減りの危険を伴いがちなのである。

確かに好況の中で吸い込んだ原料は、明日には加工されて大量の輸出品となって外貨を稼いできてくれるだろう。しかしたとえ明日の見込みがどうであろうと、とにかくいま現在、肝心のドルが手元になくては原料を買えないという現実はいかんともし難い。

それゆえこの場合には、涙をのんで自らせっかくの好機を手の中で握り潰し、すぐ明日にあるはずの黒字と繁栄の芽をみすみす摘み取らねばならないのである。いまだ貧乏国であった当時の日本にとっては、自国に豊富な外貨準備があればどんなにか良いだろうというのが、恐らく誰もが口にする夢であったろう。

ところがこの外貨準備としてのドルというものは、何も米国が慈善事業としてあらかじめ各国に配っておいてくれるものではない。ＩＭＦや世界銀行などが援助してくれる場合もないではないが、基本的には各国が自力で稼いで貯えねばならない性格のものである。

実のところ先ほどからやや誇張してドルのことを「世界通貨」と呼んでいるが、やはりこのあたりが真の世界通貨と単なる基軸通貨の違いであろう。**真の世界通貨ならば、どこの国の国民も日常生活の買い物をドルで行うことになって、ドル以外の円だの人民元だのは消滅し、国連より強い組織の「世界中央銀行」が責任を持ってドルを世界中に供給せねばならない。**

これに対して基軸通貨は、所詮は米国民のために刷られたドルを、周辺諸国が「貿易のための通

貨」としても利用する、というだけの話に過ぎないのである。

そして各国がそれを貯えることは、基本的には貿易黒字を稼ぐことで行われるのであり、単純に米国との二国間で考えた場合、米国に多くの品物を輸出して大量のドルを国内に取り込み、そしてその一方で、逆に米国からの輸入をなるたけ我慢して貴重なドルをあまり使わないように心がけ、可能な限り多くのドルが手元に残るようにしなければならない。

しかし逆に米国の立場から見ると、これは貿易赤字の状態に他ならない。要するに世界各国に十分な量の支払い手段が供給されるためには、米国が巨額の貿易赤字を出さねばならないということである。こうしてみると、とんでもないジレンマが浮かび上がってきたことがわかる。

実際に第二次世界大戦後のドル体制というものは、年代によってこのジレンマが異なる形で鮮やかに出ており、1950年代は本質的に「ドル不足」の時代だった。この時期、米国経済は貿易黒字の状態にあったが、ドルの健全さの代償として、周辺諸国は手元に少ないドルしか持っておらず、各国は貿易の決済手段としてのドル不足に苦しんだ（先ほどの日本の話もその一例である）。

ところが60年代に入ると、これとは正反対の状況が出現する。すなわち「ドル不安」の時代である。この時期には米国が世界にふんだんにドルをばらまいたため、前の時代のドル不足は解消に向かい、各国は豊富なドルを手元に保有して、貿易の決済手段の不足にあまり悩まずにすむようになった。ところがそれと表裏一体の形で米国は巨額の貿易赤字を抱え込み、ドルの価値がこのまま維持されるのかどうかについて、各国は不安を募らせていく。

これでは新たな問題の噴出に過ぎないことは明白であろう。つまり巨額の貿易赤字を出している国の通貨など、いつ価値が目減りして紙屑になるかわかったものではなく、それは信頼できない紙幣である。つまりドルを受け取る各国にとっては、量の不足が解決された途端に、今度は質の面での心配が出てくるという、実にどうしようもないメカニズムがその根本に組み込まれてしまっているのである。これこそドルのジレンマだった。

こんな根本的な欠陥を小手先の手段で解決することなど所詮できることではなく、70年代に入って、ついに米国はこれを制度ごと投げ出さざるを得なくなったのである。

解決し難いジレンマ

このジレンマの本質をもっと簡潔に理解したければ、次のような話を考えてみるのが手っとり早いかもしれない。

例えばある社会では、人々の体が次のような奇妙な性質を持っているとしよう。それは、自分の血液を他人に輸血すると、輸血された側はその血を受け入れたことで、なぜか物の感じ方や考え方が血の提供者と似てきて、阿吽《あうん》の呼吸で協調行動がとれるようになるというのである。

この社会はふだんは言語もばらばらで、およそ統一的な社会行動というものがとられにくいのだが、輸血を行った間同士では一種の統一感覚が生じるので、強力な「血縁集団」を形成することとなり、結局社会内部でそのグループが強い集団を形成していく。

つまりこの世界では権力を握るには、輸血によって子分との間に「血縁関係」を作ることが何より効果的な権力掌握手段だというわけで、腕力や知恵よりもまず豊富な血液を輸血できる健康体であることが、ボスたることの第一条件なのである。

さてそこで、ある体の大きな男が自分こそまさにその条件にうってつけだと考え、早速それを実行に移す。何しろこの男は並外れた巨漢で、周囲の人間に比べるとガリバーと小人、とまでは言わないまでも、とにかく体内の血液の絶対量そのものも格段に多いため、自分に比べれば小人のような子分たちをかなり大勢周囲に集めても、十分彼らに自分の血液を輸血して与えることができる。そんなわけでこの男はそれを活かして強力な一枚岩の「血縁共同体」を作り上げ、自ら親分に収まることに成功していた。

　ところが血液の供給源であるこの親分は一つの誤算をしていた。それはてっきり小人のままでいるとばかり思っていた子分たちの体が、だんだん成長して大きくなってしまうということである。**図7-1▼**

　ここでもし、輸血が効力を持つためには最低限、相手の体の血液の何%か以上の量が必要だとした場合、最初子分たちがまだ小さくて体格の差が圧倒的だった時分には、こちらがせいぜい太い注射器1本分の血液を抽出してそれを数十人分に分けるぐらいでも、その比率を十分に満たすことができた。

　ところが子分たちの体が大きくなっていけば、必然的に彼ら一人ひとりの血管を流れる血液総量も多くなり、同じ比率を保つには輸血量をだんだん増やしていかねばならない。現実に子分たちからは、このままでは影響力が薄まって集団がばらばらになってしまうから、もっと追加の血液をくれとの催促がくるようになった。

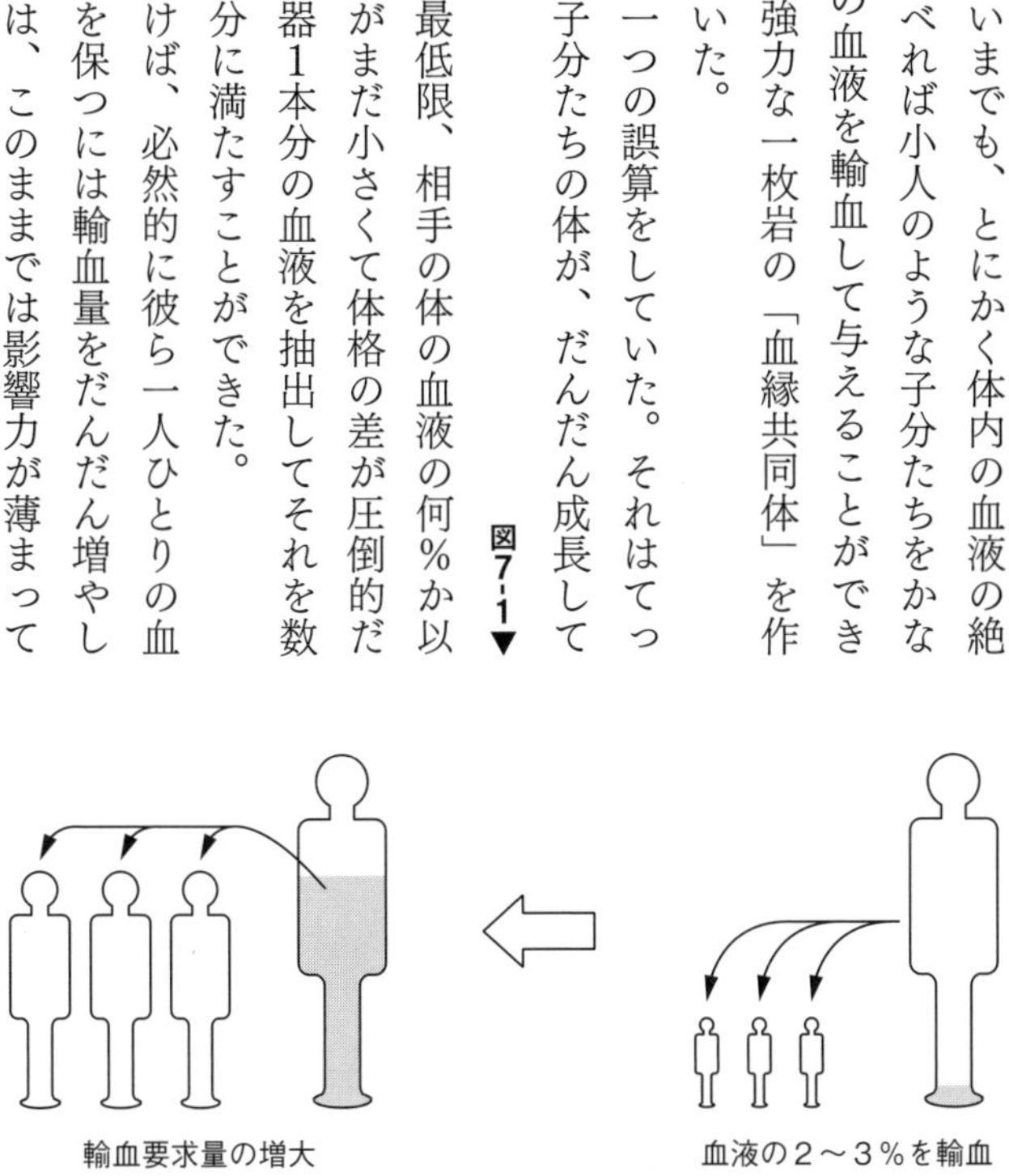

図7-1

そして彼らがもしついに自分と同じ背丈まで成長してしまったと想定して試算すると、この親分は蒼くならざるを得ないだろう。少なく見積もって計算しても、自分の血液の大半を輸血のために体外に絞り出さねばならないのである。

そこで何とか血を増やそうと、水をがぶ飲みしたりするのだが、効果は期待できそうにない。だいたいにおいて体内で作り出される血の総量がいくらであるかは、体全体の代謝バランスで決められてしまっているのだから、そんなに大量の血液を体外に出してしまえば、何をやってもどこかで健康は損なわれてしまうのである。

そんなわけで親分はついに寝込んでしまい、寝台の上に横たわって血液を採取すること以外何もできなくなってしまうのだが、こうなってくると子分たちからしてもこれは本末転倒ではないかということになってくる。

そもそも彼らはこの親分が強くて頼れると思ったからこそ、「血縁集団」に加わり、輸血をしてもらって一心同体となるべく努力してきたのである。それが肝心の親分が寝込んでしまえば、わざわざ寝たきりの病人と心中するために輸血をしてもらっているようなものではないか。

しかしこれは実に越え難いジレンマであって、輸血による影響力が権力の鍵であるという、この奇妙な世界の住人が永遠に悩まされる問題である。そしてドルの上にのしかかったジレンマも、本質的にはこれと同様のものだった。

つまりその流通量がどれくらいであるべきかの数字に関して、ドルを世界通貨だと思っている国際社会は「国家間の貿易にそれがいくら必要か」という観点から独自にその要求値をはじき出してしまうのに対し、米国の立場からすればもともとドルは米国の通貨なのだから、本来ならドル紙幣をいくら発行するかは、もっぱら米国の国内経済という観点から決められるべきなのである。

その二つの別個の立場から違う要求値が出てきてしまうため、その狭間でどちらへ行けば良いのかを悩まねばならない。**要するにある国の国内通貨を同時に国際通貨としても使うということの二重性が、どこかに必ず無理を来してしまうのである。**

先ほどの輸血の話で考えると、せめて子分たちの体がそんなに成長しないで最初のサイズでいてくれるならば、それはそれで何とか手の打ちようもあろうというものだが、あいにくドル体制が置かれた世界は、どこの国も成長を続けるべき成長社会だったのであり、このことがいよいよ矛盾を決定的なものとしたのである。

そしてそのように各国で使われるドルの量が膨張したことは、最初の約束だった金との交換の保証も困難なものとしていった。つまり最初の時点で米国が国内に持っていた金だけでは、それを約束通りに交換することができなくなり、米国はその制度そのものを投げ出す他なかったのである。

国際通貨の困難の根源

こう見てくると、この経緯が実は単なる制度上の困難というより、むしろ国際通貨の世界そのものの中に存在する解決し難い問題であったことがわかる。つまり本来、金に裏打ちされる固定相場制などというものが、ここ数十年のような成長著しい国際経済の中に存在できたこと自体が異常なことだったのであり、為替変動にのたうち回るいまのような変動相場制こそが、国際通貨の自然状態なのである。

それにしても、どうして国際通貨の世界というものはこっちへ行ってもあっちへ行っても欠陥ばかりなのだろう。

しかしそもそも考えてみると、現代世界で人類は貨幣というものに対して極めて虫の良い要求をしてしまっており、それがある意味で問題の根源なのである。

すなわちそれは、**貨幣の量というものに関して「ある場合には絶対に増やせないが、別の局面では自由に増やせる」という矛盾した性質が要求されてしまっていることである。**例えば耐衝撃用のハイテク素材などで、ゆっくり力を加えると柔らかく変形するが、急速な力を受けた時には硬い材質のように全く変形しないというものがあるが、貨幣に対する要求というのもこれにやや似ているかもしれない。

つまり人類は、経済の拡大に合わせてゆっくり増やしていくことは自由にできるが、その一方誰もが自分の勝手で急速に増やすことはできないという、半ば二律背反の性格を貨幣に要求してしまっている。そしてハイテク素材なら実現できたこの要求を、国際貨幣に関してはいまだ実現できずにいるのである。

もっともこの場合でも、要求の一方だけに対してならば対応は難しくない。例えば後者すなわち、誰もが勝手には増やせないという要求をかなえるだけならば、産出量が自然に決まっていて人間が増やせない貴金属などを貨幣にするだけで問題解決である。

ところがこれは成長経済が持ってくるもう一方の要求、つまり「経済の成長に比例して、血液たる貨幣の量もちゃんと増えてくれなければ困る」という要求に答えることができない。

逆に言えばこういうことが言えるかもしれない。つまり、国際経済が成長を前提とする産業社会ではなく、ラクダで商品を運んで交換するだけの商業社会であったとすれば、問題はずっと簡単だったのではないかということである（これについては後にあらためて検討してみることにする）。

ドル以外の選択肢なし――「モンゴル型」への変貌

さてこのようにして、金と結びついたドル体制は、国際通貨が宿命的に抱える問題をまるごと背負ってしまって、その立場を放り出さねばならなくなったわけだが、しかしながらこの後も国際通貨としてのドルの特権的地位そのものは揺らぐことはなかった。

本来の理屈からすれば、「金との引換え証」であることがドルの特権的地位の最大の拠り所だったのだから、その看板を下ろした以上、ドルは紙屑になりはしないものの、少なくとも国際経済の中ではその地位を失い、他の通貨と同様、単なる国内でのみ使われる国内通貨の地位に落ちるはずである。ところがその後もドルは事実上唯一の基軸通貨であり続けた。

そしてそれこそが実は「モンゴル型の国際通貨」への変貌の結果ではあるまいかというのが、ここでの分析である。そして金にかわってかつてのフビライの軍隊に相当する意味を持って、現在のドルの価値を最終的に保証しているものは、恐らく米国の保有する軍事力なのである。

それは積極的な変身というよりは、むしろ多分に消去法によってそうなってしまったと言えるかもしれない。つまりこのようにドルが国際通貨たることの条件を失った後も、国際社会は基軸通貨となるものが一つも存在しなくなる事態は避けたいと願い、引き続きドルにその役目を引き受けることを要請したのである。古い格言に「いかなる専制政治も無秩序よりはましである」というものがあるが、経済社会もまたこの格言の信奉者であり、**それがどんな問題を抱えていようとも、基軸通貨はあったほうが存在しないよりもまし**であるというのが共通した見解であったろう。

そして世界は不本意ながら一つの教訓も学ばざるを得なかった。つまり国際通貨の世界というものが本質的にジレンマを抱えており、それは所詮力ずくで押さえ込む以外にないのだということ、そしてそれが曲がりなりにもできる存在として、ドル以外の選択肢がないことを、世界は消去法によって認めざるを得なくなったのである。

そしてこの要請を受ける格好で、1980年代に入ってからドルはいわば「モンゴル型の国際通貨」への変貌再生への道を歩み始めた。そして経済以外の背後の国際状況もそれを後押しする。つまりこの時期にソビエトの没落が決定的となって米国は世界唯一の核・軍事力大国の位置を占めるようになったのであり、国際社会そのものがかつてのイングランドの無政府状態よりも、無敵モンゴル軍をバックとするフビライ治世下の状態に近くなっていたのである。

80年代の状況を見てみると、まさしく象徴的な形でこういうドルの変貌を示す現象が現れていた。この時米国は「強い米国」を標榜するレーガン政権の大軍拡政策の影響もあって、巨大な赤字国に転落してしまった。そのためもし経済学の教科書通りに物事が進むとすれば、この双子の赤字（財政赤字と貿易赤字）ゆえにドルの価値は暴落し、基軸通貨の地位を維持することさえ危ぶまれるはずだった。

ところが現実は正反対で、経済学の原則を無視するように、政権当初はドル高が続き、ドルの国際的価値はいよいよ揺るぎないものとしか見えない状態だったのである。そしてそれは米国が自らの意志でドル高是正に乗り出すまで続いていた。

だいたいにおいて昔から「有事に強いドル」と言われ、世界で何か紛争が起こって硝煙の臭いが立ちこめてくると、決まって皆が最も安全な富の保存手段としてドルを持ちたがる傾向があったが、この場合も核兵器をバックとするレーガン政権の強気が、経済的な後ろ盾の薄弱なドルの価値を、それでも支えてしまったのである。

こうしてドルは再び押しも押されもしない基軸通貨としての地位を固めていくことになる。実際その時点で、ドルは金との結びつきを回復することなど全く考えていなかったし、またドルは依然として豊富に海外にばらまかれているにもかかわらず、70年代の頃に比べると、米政府の人間はまるでドル暴落の心配など永遠に忘れてしまったかの如くであった。しかしそれは、米国が唯一の核・軍事超大国である以上当然のことであり、核兵器を擁する無敵の軍事力がある限り、別に金の備蓄など必要なかったのである。

現実にもし仮にドルが紙切れになるという事態が起こった場合、それは経済だけの問題で収まるはずがなく、必ず政治・軍事レベルの大混乱を引き起こすだろう。そうなれば米国は「安全保障」の呪文と共に心置きなく軍事力の行使へ移行でき、そしてその際に核兵器の存在はそこでの絶対的不敗を保証することになる。そうなれば騒動が全部片づいた後には再びドルは頼りになる貨幣として、元通り王座についているという寸法である。

米国は経済力以外の面でも、軍事力をはじめ七つ道具よろしくいろいろなレベルでの強力な国際的影響力を持っているが、その最後の究極的な砦として存在していたものこそ、米国の保有する核兵器に他ならず、まさしくそれが当時のドルの最終的な価値を保証していたのである。

円の基軸通貨への道は遠かった

一方、1980年代末頃の日本経済が絶好調であった時期には、このまま行けば円が基軸通貨になり得るのではあるまいか、ということがしばしば議論されていた。しかしこれまで述べてきたことの応用問題として眺めてみると、それが不可能であったことがよくわかる。

つまり先ほど述べた基軸通貨国の義務によって、周辺諸国に豊富な円を供給しようとすれば、それは即座に日本経済を巨額な貿易赤字体質にすることを意味し、円そのものが信頼できない通貨となっていく。そうなった場合、核兵器はおろか、経済力以外の切り札を何一つ持たない日本の弱点がもろに噴き出てしまい、円が特権的な地位につくべき理由が一つもなくなってしまうのである。

先ほどの喩《たと》え話で言うと、自分の血を輸血することで周囲に影響力を及ぼそうとすれば、いずれは自分の血液を過剰に体外に絞り出すことの無理が健康を損ねてしまう。そのため病気の状態でも体を外から支えられる鎧やコルセットを、あらかじめ経済とは別の場所に用意していなければならない。

つまり少なくとも当時はその鎧やコルセットが核兵器だったのであり、それでとりあえず自分を支えつつ、相手国に輸血した血液の影響力が徐々に出てきてくれれば、やがては親分としての立場が物を言うようになり、その中心にいるだけでも支配力を及ぼせるはずだというのが、基軸通貨を持つ者の戦略なのである。そしてドルと米国はまさにそれができたことになる。

現実にその立場を得ることの強みは大きく、まず当然の話だがこれによって米国は対外決済のために外貨を持つ必要はなく、それは手元でドルを刷ればよい。さらにドルが基軸通貨であったがゆえに、米国はいかなる国際経済会議も牛耳ることができたし、背後の経済データがいかに悪化しても、経済体制の中枢部付近の位置にい続けて支配力を及ぼすことができたのである。

逆に言えば、**経済力しか武器を持たない国の通貨は基軸通貨になれない**のであり、このことは将来、どこかの国の通貨が強くなった時にそれができるのかを知る上で、頭に入れておくべきことだろう。

現代の経済世界で貨幣価値を保証する後ろ盾は何か

しかし2000年代を越えて現在の状況を見ると、さすがにこの構図にも多少の変化が生じているように見えなくもない。少なくとも当時と比べると、ドルが最終的に無敵であるという意識はかなり弱まっているのは、誰もが感じるところだろう。

またこれまでは「有事のドル」と言われて、国際情勢が緊迫すると皆がドルを持ちたがったのだが、最近ではむしろそういう時には、円が安全通貨として買われるなどという、一昔前の常識では考えられなかったこともしばしば起こっている。

こうしたことの一つの大きな背景として考えられるのは、コンピューター・ネットワークの力の巨大化である。つまりその力が核兵器のそれを上回りつつあるため、かつての世界に比べると、核兵器が持っていた影響力というものが相対的に若干低下しているのではないかというわけである。

これをもう少し詳しく眺めてみよう。一般にコンピューター・ネットワークで経済が他国の思わぬ場所とつながるようになると、経済全体で地政学的な一種のモザイク化が進むという現象が起こってくる。つまり自国経済の末端部分が細分化されて、そのモザイクの一片が相手国領土の中に存在するようになると、軍事力や核兵器で他国にダメージを与えようとしても、それが自分自身の末端部分を思わぬ形で傷つけてしまう可能性が増え、その脅しの力が弱まってしまうわけである。

先ほど述べたような「有事の際に円が安全通貨として買われることがある」という、これまでの常識では考えられないようなことも、別に皆が円を将来の基軸通貨だと思ってそうしているわけでは全くない。これもやはり、そのように核兵器の影響力が昔よりも薄まっていることを示す現象の一つではないかと考えられるのである。

ではその効果や影響力が薄まった時に、何がそこを埋めていくのだろうか。現時点で結論を出すのは時期尚早かもしれないが、一応の予想を述べておくと、それは一種の「慣性質量の大きさ」とでも表現すべきものではないかと思われる。

例えば、船がもし錨《いかり》でつなぎ止められておらず一種の漂流状態にあったとしても、船の図体が大きければ少しぐらいの力を加えただけでは動かない。それと似たような形で、コンピューター・ネットワークの巨大さが作る一種の「慣性質量」が、日常的レベルでは物を言うのではないかということである。

これは将来の仮想通貨の話でも重要になってくると思われるが、要するに「大勢の人が使っている」という安心感や、「どうせ明日も今日と同じような世界が続いて、大した変動は起こらない」という具合に世の中全体が高をくくっている場合、日常的に一種の代用貨幣として使っているものであっても、図体さえ大きければその「慣性質量」は非常に大きいのでそれが効いてきて、たとえ貴金属や核兵器といった明確な後ろ盾は持っていなくても、その価値はしばしば惰性で維持されるのである。

考えてみると、現在の国際社会では本当に核兵器の存在が重要になるほどの大事件というのは、さすがにそうそう起こるものではない。それはあまりに大掛かりなものでありすぎるため、現実にはなかなか出番がないのである。

つまりもし国際社会にはこれを下回るレベルの事件しか起こらないとすれば、たとえその後ろ盾がない通貨でもその「慣性質量」さえ十分大きければ、周囲がある程度まで高をくくることで、当面はどっしりとした存在として、少なくともその範囲内では十分に誰もが頼りにすることができるわけである。

これは仮想通貨についても言えることかもしれない。世の中では仮想通貨が将来、ドルにとってかわるものとして国際社会で使われるようになると信じている人も少なくないが、無論それらは核兵器の後ろ盾などは持っていない。

しかしそれを補うものとして、「コンピューター・ネットワークの巨大化に伴って生じる『慣性質量』の大きさ」というものは馬鹿にならないのであり、実際に仮想通貨に期待する人々は「一体何がその価値を支えるのか」と問われた時に、結局はその種の慣性質量の力の将来性に期待しているのではあるまいか。

確かにそれは半分までは真実で、現代の世界ではコンピューター・ネットワークの発達が、世界のモザイク化を進めて核兵器の有効性を狭めており、それを埋める形でこうした「慣性質量」による価値の保証が占める割合は、大きくなっていく傾向があるように思われる。

しかしだからといってそれが基軸通貨の役割を果たせるかといえばそういうことにはなりそうに

ない。なぜならそれは貨幣というものに求められる「すぐには勝手に増やせないが、経済の拡大に合わせてゆっくりとなら増やせる」という永遠に矛盾した要求に対しては、応えることができないからである。

特に後者に関してはどこかで人為的・恣意的なコントロールを行う部分が必要となるが、そこは仮想通貨が最も苦手とするところであり、これは次の第8章でも論じることになるだろう。

いずれにせよこうしたことを見ると、仮想通貨の基軸通貨としての限界の話などを理解するためには、やはりドルが辿ったその苦難の歴史をどこかで一度きちんと学んでおかないと、結局はわからなくなってしまうのではないかと思われるのである。

2　過去の国際通貨はどうだったか

ではここでは、ドル以前のもっと昔には、国際通貨が同様の問題を抱えていたのかについて、歴史的な視点から振り返ってみよう。

ここで先ほど述べたことを思い出していただきたい。すなわち確かに現在の資本主義経済では、国際通貨というものは根本的にジレンマを抱え込む宿命から逃れることはできないが、もし仮に国際経済が成長を前提とする産業社会ではなく、ラクダで商品を運んで交換するだけの商業社会であったとすれば、問題はずっと簡単だったのではあるまいかということである。そこでまずこの点から過去を振り返ってみよう。

イスラム貨幣はどうだったか

ラクダで商品を運んで交換する商業社会の例といえば、過去のイスラム経済圏はまさにそういうものだった。第4章で、これがやや誇張して言えば「GATTに1000年以上先立って実現をみていた巨大な自由貿易圏」だったと述べたが、実際に中世の世界全体を見渡せば、そこで最も有力であった国際通貨は間違いなくイスラム貨幣であり、どうやらそれはヨーロッパの内部においてさえも流通していたらしい。無論広大なイスラム世界内部においては、文字通りその世界全体で流通する統一通貨だった。

ではイスラム貨幣体制の性格を一言で表現するとどうなるだろうか。それは基本的に単純な貴金属本位である。「貴金属」と言ったのは、金と銀の両方が対等の地位にあって、金はディナール金貨、銀はディルハム銀貨という形で並行して流通していたからである。

まあそれが金か銀かは大して重要なことではないが、イスラム世界の幸運は、金銀貨を作るに際して必要となる地金を大量に手に入れることができたことである。まず最初の入手先は、7世紀のイスラム征服戦争で占領したペルシャ帝国の王宮であり、ここに王侯のための装飾品・贅沢品として集められていた大量の金銀を鋳潰《いつぶ》して貨幣として市中に放出することで、最初の時点からイスラム世界は良質の金銀貨を豊富に所有することができた。

その後も広大な版図の中で次々に金鉱が発見され、イスラム経済圏はその大部分の期間を豊富な金銀に支えられて、安定した通貨と共に過ごすことができた。これはある意味で20世紀のイスラム世界が地下の石油に恵まれたことに匹敵する幸運であったかもしれない。

それは例えば、フビライの元帝国が貴金属の不足ゆえその広大な版図の中で、紙切れを貨幣として半ば強権的に流通させねばならなかったのとは、いかにも対照的である。

実際徹底的に貴金属を基盤としていたため、イスラムの中央政府はだいたいにおいてフビライのそれに比べて遥かに「小さな政府」であったにもかかわらず、安定してそれを流通させられたし、イスラム世界が統一を失って分裂し無政府状態になることがあっても、イスラムの金銀貨はその間を生き延びることができたのである。

こうした幸運に恵まれたとは言え、イスラム貨幣というものは数百年の長きにわたってほとんど問題らしい問題も起こさず一種の広大な自由貿易圏を支えたという点で、見方によってはかつて世界史に存在した「世界通貨の幸運な優等生」だとさえ言えなくもない。

しかしそれならドルにその真似はできないのかと言えば、話はそう簡単ではない。何といっても両者の最大の相違点は最初にも述べたように、ドルが成長の宿命を抱えた産業社会の中の世界通貨であるのに対し、イスラム貨幣がラクダで商品を運んで交換する、必ずしも成長を前提としない商業社会の世界通貨だったことである。

実際それが年3％も成長するというような成長経済社会であったとするならば、当局はその恐ろしい勢いの通貨量の増大要求に応えるため、金銀の地金などに頼りきりになっていることは到底できず、人工的に貨幣を増やそうと努力を始めた途端に、あらゆる問題を噴出させてしまったはずである。

もう一つの大きな相違点というのは、イスラム貨幣の場合は世界通貨とは言ってもその本質はイスラム経済圏の中で流通する「単一の国内通貨」であり、単にその経済圏のサイズが圧倒的に大きかったために事実上の世界通貨であったということに過ぎないことである。

この点でドルの遭遇した二重性の問題、つまり国内経済が要求するドルの体のサイズと、国際経済が要求するサイズが食い違い、どちらの要求に体のサイズを合わせればよいのかわからない、という矛盾に陥ることから、イスラム貨幣は逃れることができた。

実際中世のイスラム貨幣の場合、もしヨーロッパ――前述のようにイスラム貨幣はここでも流通していたらしい――が、自分もイスラム経済圏の一部として商業的発展を行いたいと願い、そのためにイスラムのディナール金貨を大量に欲しがったとしたならば、この時イスラム貨幣は真の意味での国際通貨となることを求められ、自身の経済圏が要求するサイズとヨーロッパも含めた国際経済圏が要求するサイズの二重性に悩むことになったろう。

現実には中世ヨーロッパは、教会が商業を危険視していて本質的に商業抑制的な社会であったから、そういうことにはならなかった。しかしたとえヨーロッパがそのように大量のディナール金貨を国内で流通させたがったとしても、経済システムが現代の資本主義と違って本質的に成長の宿命を持たない単なる商業社会である限りは、問題はそんなに大きなものには発展しない。

つまり仮にイスラム文明が主宰する中世経済圏に、ヨーロッパが新たに商業文明として参加してくるとなれば、確かにその過渡期は一時的に金貨の不足が生じて大騒動になるに違いない。しかし世界全体が現在の資本主義と違って永遠の成長の宿命を抱えていない以上、それがある程度落ち着けば、金貨の追加要求もあるレベルで定常状態に達するはずである。

そしてこの場合、もし幸運にもその貨幣増大に見合うだけの新しい金鉱が発見されたとすれば、その時には通貨体系は何の問題もなく新しい安定状態に達して、中世イスラム＝ヨーロッパ統合通貨にスムーズに移行したであろうし、それがなくても一時的な調整期の混乱を経験するだけで、やはり一応の定常状態にはどうにか達したであろう。

ポンドの場合

一方、もう少し近い時代についてみると、第二次世界大戦後にドルが国際通貨になる前には英国のポンドが事実上その地位にあり、ドルはそれにとってかわったということになっている。そしてまたポンドもドルと同様、金によってその価値の裏打ちがなされていた。だとすれば、ドルについて起こった前記のようなジレンマは、ポンド時代には起こっていなかったのだろうか。

理屈からすれば本来はそのようなことが起こるはずであったが、実際にはそんなことはさほど起こっていなかった。それは一つには、英国が米国に比べて、世界を理想社会にしようという宣教師的・十字軍的な情熱をあまり持たなかったことにありそうである。

ポンドが近代において国際通貨になった理由というのは、確かにそれが安定した金本位制の上に立っていたことにもあるが、むしろ単に英国が海外に出かけていって手広く商売をし、また海外投資にも熱心だったことの反映としてそうなったに過ぎない。要するに別に彼らには、必ずしも最初から国際経済の中に「ポンド体制」を作ろうという設計図があったわけではなく、むしろ単に英国経済自体がそのまま海外にまで膨張して行っただけなのだと言ったほうが、どうやら本当のところである。

つまり**国際経済の中のポンドはあくまで「たまたま海外にはみ出してしまった英国の通貨」に過ぎない**のであって、最初から世界通貨たらんとする意志があったわけではないのである。

これは、米国が最初から世界規格で国際金融の鉄道網を作り上げようとしたのとは少々感覚が異なり、むしろ海外に英国による英国のための鉄道網を作っていたというのが実情に近い。そして外国人でも乗りたい人があれば勝手にどうぞ、という形で存在していたため、その最も整備された鉄道網を外国人も便利だからといって利用し、結果的に国際通貨となっていたというのが、どうも真相なのである。

こういう状態だから、もし他国でポンド不足が起こったとしても、その国は自分のことをいわばポンドへの便乗客だと思っているから、それを自分たちで解決すべき問題とみて、国際社会に経済問題として訴え出るなどということはしなかったのである。

そもそも英国は、他の英連邦諸国が経済成長をすることに対して、英国が責任を負うべきだなどとはあまり考えていなかった。実際この時期には他国の経済成長速度はあまり速いものではなく、この点でもドルについて起こったジレンマというものは心配する必要はなかった、というより問題にする必要があまりなかったのである。

要するにポンドの立場は、ドルとイスラム貨幣の中間点のようなものであったと言えるかもしれない。つまり、英国経済がすでに成長を前提とする産業社会に入っていたという点ではポンドはドルと似た立場にあり、それゆえ紙幣を増刷していくという手段に頼らざるを得なかった。

その一方で、周辺諸国の成長がまださほどでなく、彼らが大量のポンドを要求することで二重性のジレンマにさほど悩まされなかったという点では、イスラム貨幣に似た立場にあったと言えるわけである。

ただし20世紀に入るとその立場は大きく揺らいでくる。その最大の原因は、それまで英国が蓄えていた金が米国に流出して、米国が最大の金の保有国になってしまったことである。

それが具体的にどのように流出したかについては、以前に第5章で紹介した、英国からの米国への投資がどういう形になっていたかの図5-8（213ページ）などを思い出すと、よりよくイメージできるだろう。

つまりその時に英国の投資家は米国の州債などをポンド紙幣で買っており、そのため米国内に多くのポンド紙幣が入って行くことになる。しかし最初のうちは、そのポンド紙幣は英国の製品を買うためにすぐに英国内に戻ってくるので、何の問題もなかった。

ところが米国の工業が力をつけるに従って、だんだんそれが英国に戻って来ずに米国の中に溜まったまま米国内で回るようになっていく。そして米国内にあるそのポンド紙幣は、金と交換するよう請求できるのだから、結果的に金の地金が米国に溜まっていく仕掛けになっていたわけである。

そしてそれによる金の流出が限界に達し、また2度の大戦によるダメージも重なったため、英国は金本位制と国際的なポンド体制を一緒に放棄せざるを得なくなり、それらがまるごと米国に行ってしまったのである。

英国以外の紙幣の進化

ところで話が前後するが、第6章の議論で、現在の紙幣の祖先がイングランドの紙幣だという話が出てきた時に「それなら他の国の紙幣もやはりそういう金との引換え証として生まれていたのか」ということを知りたくなった読者もあるかもしれない。

しかし歴史的にはそのような形で、民間での金との引換え証の時期を経て生まれていたというのは、どうやら必ずしもどの国の紙幣についても言えることではなく、むしろそれはトップランナーだった英国に特有の出来事だったようである。

ただ各国の紙幣の話はどれもそれぞれ細かい点がややこしく、それをあまり正確に述べようとすると話の筋が見えにくくなってしまう。そのため読者がその疑問に悩まされずに本筋の議論を追えるぐらいにデフォルメして、余談として述べておこう。

さて、他の国の紙幣はどうだったかをざっくり一言で言うと、そこでは紙幣の登場以前には当然ながら金貨や銀貨が主力だったが、それらは先ほどのような過渡的な時期を経ることなく、金貨銀貨の時代から一足飛びに近代的な紙幣に移行していることが多かったのである。

それは日本の場合も同様で、江戸期は大判小判の時代だったが、近代化に際して明治政府はいきなり海外製の最新の印刷機を使って近代的な紙幣を発行しようとしている。ところがわれわれはここで一つ奇妙なことに気づくのであり、それは当時の人々の中には、「紙のお金が本当に使えるのかどうか」ということ自体に疑いを持つ人はあまりいなかったということである。

つまり世の中がそれを疑わなかったからこそ、そういう一足飛びの移行も容易だったと考えられるわけだが、それは一つには当時の人々がすでに英国のポンド紙幣を見ていて「紙のお金が本当に使える」ということをモダンな常識として受け入れていたからではなかったか。つまりこれは見逃されやすいことだが、実はポンド紙幣の存在が常識の地ならしをしていたことが、結果的に他国の紙幣の進化を容易にしていたとも考えられるわけである。

そのように金貨からいきなり近代的紙幣に移行したという点では、ドルの歴史も似たようなものだったと言えるかもしれない。ドルの場合も、それが新大陸で生まれてかなりの間は金貨銀貨が主力だった。そして金貨銀貨がそれなりにしっかりドルの基本を担っていたためか、補助的な立場で生まれた紙幣の運用に関しては結構いい加減な部分が多かったように見受けられるのである。

例えば戦費調達のために金や銀との交換を保証されない不換紙幣を大量に発行する、などということを割合平気でやっており、その結果後になってインフレを引き起こすなど、それは決して信頼性の高い紙幣とは言えなかった。しかしそれでも曲がりなりにも不換紙幣を発行できたということ自体、世の中全体が先輩である英国の紙幣の実績を見ていたからこそ可能だったのではないか、という気がしてならない。

ただそんなドル紙幣も、さすがに米国経済が国際的に成長するのに伴って次第にしっかりした紙幣となっていき、同時に金貨銀貨から紙幣への主力転換も本格化していく。そして第二次世界大戦後の世界経済体制を見据えたブレトン・ウッズ会議（1944年7月）を機に、ちょうど背広から靴から全部を新調するようにして制度面をきちんと一新し、世界的にも模範となる立派な紙幣としてあらためて国際舞台にデビューした、というのが本当のところだろう。

金本位への奇妙な愛情

さて話を戻すと、このように先輩であるポンドがさほどの苦労もなく国際通貨としての役割を担っていたため、恐らく戦後のドル体制を作った当事者たちは、物事を比較的簡単に考えていたようである。そして彼らの安心を支える理論的根拠は、金本位制への信頼であった。実際イスラム貨幣にせよポンドにせよ、それを支えていたのは安定した金本位制だったからである。

余談となるが、どういうわけか米国人の金本位制度に対する郷愁というものはかなり根深いものがあるらしい。そしてその種の人々は政治思想について一つの共通した傾向を示すことがある。これは後の仮想通貨の章でも述べるが、彼らはだいたいにおいて**厳格な直接民主主義の信奉者であり、経済的にはアダム・スミス流の自由放任主義、そして国際経済においては徹底した自由貿易主義者である。そしてその仕上げとして、通貨制度においては金本位制を好む傾向が強く、それが一種の三位《み》一体をなしているのである。**

考えてみると、これらは思想においてある意味で一貫している。つまりそれは、大衆社会や市場の中の「神の手」がすべてを支配し、政府内部にいる少数の人間が意図的に社会をコントロールすることを許さないという点で一致しているのである。

これとはある意味で**対照的なのがケインズで、彼は自由放任のメカニズムに対して基本的に懐疑的である。**そして彼の思想には、廉潔なエリートがかなり強力な権限を持って社会を律していることが必要である、といういかにも英国的かつ非米国的な前提が存在していると言われる。

そのため米国の経済人から見ると、ケインズ一派は共産主義者とはまた少し違った意味で、事あるごとに彼らの信仰にけちをつける、煙たくてとりすました、嫌な奴らである。

　そしてケインズは戦後のドル体制発足時においても、その金本位的性格の問題点を指摘して猛反対した。実際にその後、ケインズの指摘が正しかったことは次第に明らかになっていったのである。

一見魅力的な国際収支回復のメカニズム

　しかし、米国人が国際的な金本位制にそのように魅かれたことには、当時の常識から見ればそれなりにちゃんと理由があったのである。それというのも、国際的な金本位制には一種の自動調節機能が内蔵されていると言われており、そのメカニズムは、アダム・スミス流の神の手の自動調節機能のメカニズムに魅力を感じた人にとっては、その心をしっかり捕らえられずにはいられないような素敵なものだった。

　その自動調節機能とは、貿易赤字の自動解消機能、つまりたとえある国が貿易赤字に陥っても、金本位制の下では輸出が自動的に増えて、放っておいても赤字は解消してしまうという、国際貿易における「神の手」のメカニズムである。何とも不思議な話だが、ここでは参考までに、その理論上のメカニズムについて少し見てみよう。

　その基本的な構造は、以前第3章で述べた「物価は貨幣量との対応によって決まる」ということと、第4章で述べた「貿易は国際間の価格差で動く」ということの、いわば連立方程式だと考えればよいだろう。

さて完全な金本位制というものを考える時、そこでは金というものは国際通貨であると共に国内通貨である。そしてある国が貿易を行って何かを相手国から輸入した場合、国内に保有していた金のいくばくかが、その代価として国外に出ていく。**図7-2▼**

そしてここで、金イコール国内通貨であることにも注目すると、代価が支払われて金の保有量が少し減った時点で、実は国内にある貨幣の量そのものが減っていることになるのである。それゆえここでインフレの対応図を思い浮かべると、この時国内での物価レベルそのものも変動してしまうことになるのがおわかりだろう。要するに他国への支払手段として金が外へ流れ出たことによって、国内の物価は少し下がっていることになるわけである。

さて国内の物価水準が下がったといっても、これは何も「国内」という話に限定されるわけではない。例えば米国内で、それまで10ドルだったガソリンが1ドルに値下がりしたというニュースが流れたとすれば、それが国内ニュースとして流されようが国際ニュースとして伝えられようが、海外の商社は耳ざとくそれを聞きつけて一斉に安い米国ガソリンの輸入に走るはずである。

つまり先ほどの話に戻ると、ここでまさしく「貿易は価格差で動く」というメカニズムが登場し、国内の金の保有量が乏しくなった国の製品は、

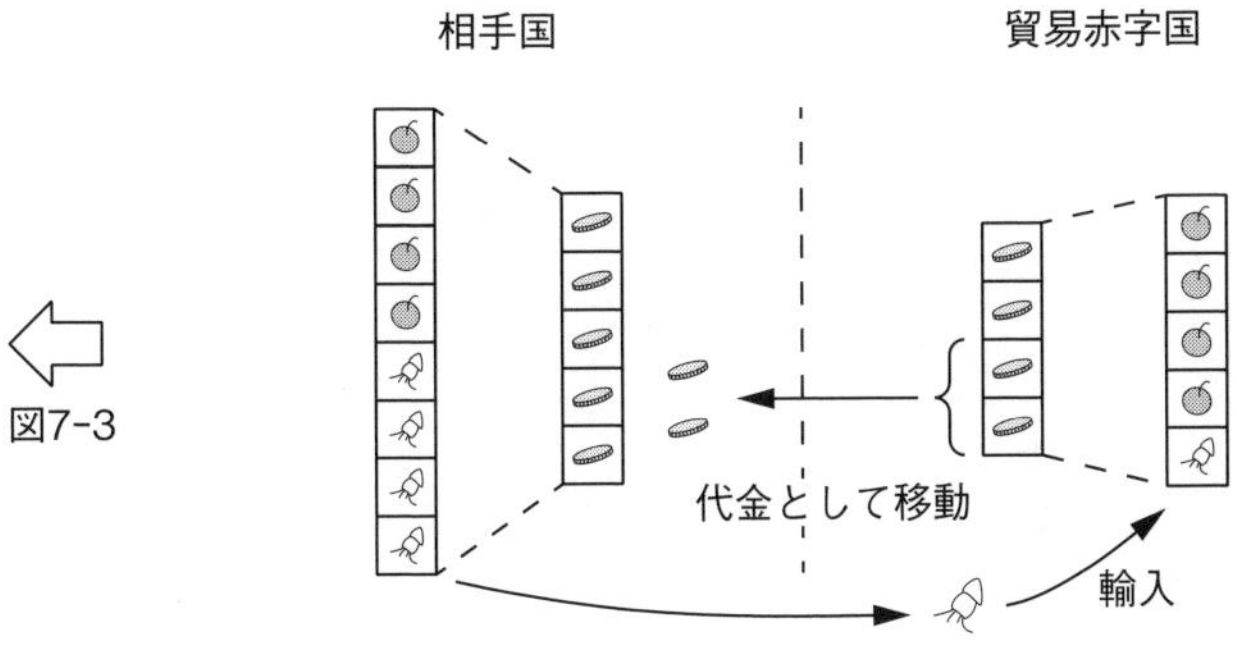

図7-2

外から見れば価格面で魅力が出てきてしまっているわけである。

だとすれば、金が国際・国内双方の両用通貨である（つまり金本位制を採っている）限り、ある国は貿易赤字を続けていても、金が国外へ流れていけば自動的に国内物価が下がり、そうなれば貿易のメカニズムが輸出を増やして逆に黒字の方向へ引き戻してくれる、つまり自動的に貿易赤字は解消していくことになる。図7-3▼

素晴らしい！ このように「神の手」の一種のバリエーションのような形で、国際的な貿易赤字状態を自動的に回復させる機構が内蔵されているというのが、金本位制度の理論的メカニズムなのである。この場合には、為替レートのかわりに、国際的な物価変動でそれを行っているのだが、とにかくアダム・スミス流の「神の手」のメカニズムに影響されたことのある者ならば、誰しもこのメカニズムにも魅力を感じずにはおられまい。

しかし現実にはこのメカニズムは理論通りにうまく働かなかった。その理由は一つには、この自動回復機構が極めてゆっくりとしか働かないいため、現実の迅速な経済社会の動きにほとんど追随できなかったということもある。しかしもっと大きな理由は、このメカニズムがもっと本質的な部分で欠陥を抱えており、それゆえにこれは制度としては捨てられてしまったのである。

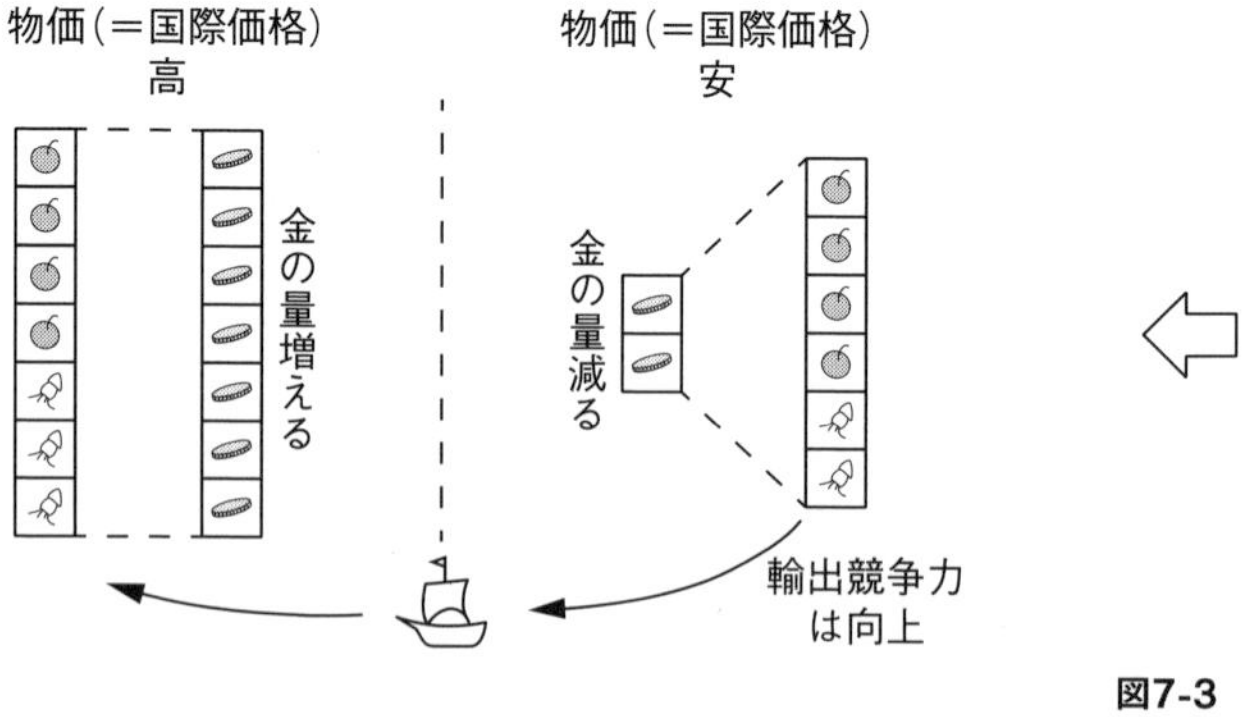

図7-3

金本位制の意外な落とし穴

ではその本質的欠陥とは何だったのだろうか。以下にそれを見てみよう。まず企業家の立場から見た場合、この自動回復機構の眼目は、自国が貿易赤字の状態になった時、自動的に海外で自国製品の値段が割安になって、逆に価格競争力で有利になってくることにある。

それゆえ海外で売りまくるチャンス到来とばかりに、一旦深呼吸してから海外市場に飛び込んで製品をそこへ大量に吐き出せばよいのだが、ここでその深呼吸を酸素ボンベで行うというイメージでこれを考えてみよう。

さて、「深呼吸」のためにマウスピースを口にくわえて勢いよく吸い込もうとしたところ、ホースの先にあるタンクの圧力が下がって空気が出てこなくなってしまったらどうだろうか。これでは飛び込むどころではなく、空気不足でその場にしゃがみ込む以外にあるまい。そして実際にこの場合にはそういうことが起こりやすいのである。

先ほどの議論で、1950年代のドル体制下の日本において、外貨不足の危険ゆえにしばしば好景気の芽を自ら握り潰さねばならないことがあったという話をしたが、その例もある意味でこの「飛び込む前に深呼吸ができなくなる」問題の一種のバリエーションである。

つまり本来なら製品が海外で大量に売れる見込みが確実に出てきたとなれば、その勢いに乗って今日にも早速工場で製品を大量に量産し、それを明日にでも海外に輸出することで国は富を得ることができるはずである。

ところが現実にはそううまくは行かない。なぜなら製品を大量に生産するとなれば原料の輸入が必要で、とにかく今日量産に乗り出すためには、とりあえずその前に一旦深く空気を吸い込むように、原料を海外から買い込まねばならない。ところがその購入は基本的には十分な量の外貨が手元になければできない。

要するに外貨不足はその今日の深呼吸を不可能にして、肝心の製品の生産を不可能としてしまうため、すぐ明日にあるはずの海外発展のチャンスを自ら見送る以外なくなってしまうのである。

金本位制のもとで起こりがちな問題というのも、（これと全く同じというわけではないが）イメージの点ではやはりこの「飛び込む前の深呼吸ができなくなってしまう」問題の一種であると言えるだろう。つまり多くの場合、貿易赤字で金が外国に流出して国内で物価が下がっている時というのは、とかくホースのすぐ先でタンクの圧力が下がってしまいがちだからである。

もっと一般的に見ても、企業というものは軽いインフレ状態のほうが元気が良いのが普通であり、この種のデフレ状態のもとではとかく企業が元気を失って国内経済の気圧が下がってしまいやすい。つまり金本位制の「素敵な自動回復機構」は、これを致命的な欠陥として本質部分に内蔵しており、貿易赤字の状況下でせっかく海外で自国製品の価格が下がって価格競争力がついた時、同時に必ず国内でデフレを引き起こして気圧を下げ、飛び込む前の深呼吸を困難にしてしまうのである。

これはその本質からして直しようのない欠陥であるから、金本位制自体が欠陥システムの烙印を押されるのも当然の話であろう。

それにしても、およそこの種の「ホースの先で気圧が下がって深呼吸ができなくなってしまう」問題に苦しめられる者にとっては、マウスピースの先に小さな空気カートリッジでもついていてくれればどんなに助かるかと思うに違いない。つまりたとえ深呼吸の際にタンクからの圧力が下がってしまっても、そのカートリッジのバルブを開けば1呼吸分の量だけは空気が供給されるならば、それを吸い込んでとりあえず飛び込むことができ、その後のことはどうとでもなるからである。

実は戦後の経済体制を決めるブレトン・ウッズ会議においては、ケインズなどはこうした問題が起こることを予想し、ある程度人為的に増やすことのできる国際通貨を創設して、それを「バンコール」と名付けることを提案していた。

つまりそのアイデアによれば、金本位あるいはドル本位体制のもとで貿易赤字になった国が、製品の輸出を増やしてそれを解消したいと願った時、一種の国際的な中央銀行がしばらくの間この人工通貨をある量まで貸してくれて、少なくともしばらくの間は国内でデフレ現象が起こるのを防ぐというものである。

これはまさしく先ほどのマウスピースの先の小さな空気カートリッジの機能に対応するものであり、一番肝心な時に国内で企業が元気をなくすことを当面阻止し、スムーズな経済拡大ができるようにしようというアイデアである。

しかしこのケインズのかなり革命的なプランに対し、会議に出席していた米代表のホワイトが推す金本位＝ドル本位制案が優勢を占め、画期的なケインズの案は葬られることになった。

実際ケインズの案には一つの問題点があった。それは空気の総量を厳格に一定に保とうとした場合、カートリッジから空気が出てきてしまえばその時空気の総量は増えてしまうことになり、金本位制のように、とにかくその総量を一定にすることにこだわる体制からすれば、それは許せないことなのである。

逆に言えば、金本位制といわず、とにかく「増えない厳格な貨幣」を旨《むね》とする制度はすべてこうしたカートリッジをつけられないという問題に悩むことになり、そしてその厳格さはやがて別のいろいろな意味で、他ならぬドル自身の首を絞めることになったのである。

そして一度は米国によって葬られたこの「バンコール」であるが、結局は類似のシステムを導入せざるを得なくなり、それは1969年に「SDR」(IMF特別引出権)という名で現実のものとなった。これは現在でも例えば97年のアジア通貨危機などにおいて一定の役割を果たしており、国際通貨の主力となる力はないものの、国際経済に何か問題が起こった時に、しばしばその活用は議論の種となっている。

現代世界では舞台から消えた「グレシャムの法則」

ところでこれまで述べてきた問題を振り返って眺めると、その議論ではどれも紙幣の存在が前提となっている。しかし読者も知るように、近代以前には紙幣がまだ存在せず、金貨や銀貨が貨幣の主力だった。ではその時代には先ほどまでの話はどういう格好になっていたのだろう。そもそもそこでは国際社会の貨幣はどういう状態にあって、どんな問題に悩まされていたのだろうか。

ところがそう思ってその時代を眺めてみると、様相はひどく異なっている、というよりそこで悩んでいた問題そのものが全く別物であったことに少々驚かされるのである。それというのも金貨銀貨の時代にのしかかっていたのは、有名な「グレシャムの法則」だったのだが、現代世界ではこの問題に悩んでいる国はほとんどなく、いわば問題そのものが退場してしまっているのである。

つまり貨幣の素材が貴金属から紙へと変わったことで、話の構図自体が根本的に別物になってしまっていたわけだが、こういうことが起こるのは歴史的にも珍しい。普通はたとえ素材や形態が多少変化しても、本質的なパターンはそのまま引き継がれることが多いものである。しかし貨幣の場合、素材が貴金属から紙に変わった時には、悩む問題そのものが根本的に変わってしまったのである。

ひるがえって現代を眺めると、ここでは貨幣の素材が紙から電子情報に変わるという変化が起こっている最中である。だとすれば今回も似たようなことが起こる可能性はないのだろうか。まあ大方の見方としては、今回は素材の変化はそこまで根本的な違いは引き起こさないと考えられているし、そこでこの金貨に関する話が再び甦ってくるわけでもない。

そのため確かに現代の経済を理解するためにはそれを学ぶ必要は全然ないのだが、しかし過去にそういうことがあったということ自体は、やはり教養として知っておいたほうがよい話ではある。そこであくまでも参考という形ではあるが、最後に簡単にこの説明を付け加えておこう。

さて金貨銀貨の時代に造幣局にとって最大の課題は何だったかを一言で言うと、それは要するに「いかに少ない貴金属でいかに多くのコインを鋳造して社会に大量に流通させるか」ということだった。

まず当然のこととして、国内にある金銀の地金の量には限りがあるので、金貨銀貨を１００％無垢の地金で作っていたのでは到底足りない。そのため大量の金貨銀貨を鋳造するには少し質を落として、他のもっと安い金属と金銀を混ぜて鋳造することが必要である。

ところがここで一種のジレンマが発生し、確かに金の含有量を少なくすれば大量の金貨を鋳造できるのだが、含有量が少ない金貨は信用されずに値打ちが下がって、実質的な額面金額も小さくなってしまう。つまりせっかくコインを大量に鋳造しても、金額で測った流通総額は下手をすればかえって小さくなってしまうという、あべこべの現象も起こりうるわけである。

そのために当局としては、できることなら「金銀の含有量が少ないにもかかわらずコインとしては信頼されていて、高い額面で流通する」というものを作りたかったのであり、それができれば豊富な金貨銀貨を国内に流通させられる。

そしてその信用を確立するためのステップとして一旦、金の含有量を増やした上質の金貨を作って流通させ、十分なブランド力が定着した時点で金の含有率を減らして鋳造量を増やす、などの方策が考えられるわけである。

ところがここで一つ大きな問題があり、それはもしせっかくその方針に従って質の高い金貨を鋳造しても、隣の国に強い金貨があると、その試みが片っ端から挫折させられてしまうのである。

ここで仮に、隣の国は経済力が強くて、その金貨は国際的な信用や人気があり、金の含有量は少ないにもかかわらず高い額面で流通していて、国際的なレートも高いとしよう。その時に何が起こるかというと、まずこちらの額面の安い金貨は、相手国の強い金貨1枚を使って簡単に何枚も買い集められてしまう。そしてそれらは買い集められると、すぐに鋳つぶされて金や銀だけ取り出されてしまうのである。

理由は簡単で、それは金や銀を額面の安い金貨銀貨の中に閉じ込めておくよりも、溶かして金や銀の地金にしてしまい、それを相手国で額面の高い金貨を何枚も鋳造することに使った方が、相対的に値打ちが高くなるからである。

そのためこういう状況では、いくら質の良い金貨を鋳造しても作るそばから溶かされて消えてしまい、国内に自前のコインを豊富に流通させようとしても、いつまでたっても貨幣の自立ができないのである。これこそ有名な「グレシャムの法則＝悪貨は良貨を駆逐する」の一つの結果なのであり、それが最も切実に現れていたのがこの国家的課題だったというわけである。

ではなぜ現在ではこの問題自体が消えて、貨幣の世界が悩むべき問題のパターンが根本的に変わってしまったのだろうか。それは貴金属が基本的に「増えない量」であるのに対して、紙の紙幣が「その気になれば増やせる量」であるという、非常に根本的な違いがあって、金貨から紙幣へと素材が変わる際に、人類の貨幣の世界がその敷居を越えていたからである。

その理屈で現代を眺めると、たとえ通貨が電子化してもそれは紙幣と同じく「その気になれば増やせる量」であることに変わりはなく、そこまで大きな敷居を越えるわけではない。そのこともあって、当面これは必要な話ではないと考えられるのだが、しかし読者が未来の貨幣の問題について考えようとするなら、過去のいろいろな基本パターンについてひととおりの知識を持っていることは、何かと力になる。その際にはこれはやはり知識の一つとして知っておいてよいことではないかと思われるのである。

ではこの章の要約である。

〈要約〉

一般に国際通貨が持つ問題の根源は次のようなものである。

- 国際通貨としてのドルの問題の本質は、世界政府も中央銀行も存在しない国際社会に、全員が使える共通通貨が存在してほしいという要求を、しかも成長の宿命を抱えた経済の中で実現しようとしたことにある。その矛盾した要求の中で矛盾が噴き出してしまうのである。
　つまり前者の部分では、その通貨が誰かの恣意で増やしたりできないという厳格な硬直性が要求されるが、後者の部分ではその通貨が世界全体の経済成長に合わせて量を増やせるよう、ある程度の柔軟性が要求される。つまり「急速には絶対に増やせないが、長期的にはゆっくりと増やすことができる」という、完全に矛盾した要求を課されてしまうのである。
- ドルの場合、本来は米国の国内通貨として整えられたものだったが、周辺諸国は第三国同士の国際貿易でもその支払いにドルを使いたがり、そのため前者が要求するサイズと後者が要求するサイズが矛盾を来してしまうという宿命を抱えることになった。
　それでも当初は米国経済の規模が圧倒的に大きかったので、その余裕の分を周辺諸国が利用するという形で何とか維持されていた。しかしそれら周辺諸国が自分も経済成長して、その図体が米国を脅かすほどに大きくなると、それを支え切れなくなってしまった。
- 当初ドル体制は、金との交換を決まったレートで約束する、実質的な国際的金本位制だったが、そういう事情でそれを支え切れなくなって、その約束を放棄する変動相場制に移行せざるを得なくなった。つまり当初はそれはイングランドの紙幣のように金に価値を支えられた国際通貨だったが、それが途中からかつてのモンゴルの紙幣に似て、軍事力がその価値を支える形態に変わったのである。

・そのように国際通貨としてのドルは当初は金本位制を採用していたが、金本位制というものは、その矛盾する条件の一方、すなわち発行量が増えないという条件は完璧に満たすことができる。また理屈の上からは貿易赤字を解消させる自動回復機構さえ内蔵していると言われるが、それは各国が経済成長の宿命を抱えている際には、欠陥を暴露してしまう。具体的に言うと、この理論上の自動回復機構は「飛び込む前に深呼吸をしようとした時に空気不足に陥る」という欠点を抱えており、国際経済はその難点を克服するために紆余曲折をせねばならなかった。

・ただここで注目すべきは、もし経済成長の宿命を抱えていない世界なら話は簡単だということである。例えば過去のイスラム経済などの場合、基本的にラクダで品物を運んで交換する商業社会であって成長の宿命を持つ産業社会ではなかったため、そこでの通貨はそういう問題に大して悩まされずにすんだ。一般にそのように成長の宿命がない世界なら、金本位制度に似たもので基本的に対応できるのである。

こうしたことは仮想通貨などにおいても恐らく将来的に根本的な問題としてついて回るはずであり、そのため読者が将来の経済システムを考えようとする際には、こうした基本的メカニズムを理解しておくことは少なくとも通貨の面で不可欠になるはずで、そのためにもこの章で述べたことを役立てていただきたい。

第8章

仮想通貨とブロックチェーン

最近では仮想通貨に関して次々に新しいトピックスが現れて、それらについて知っておくことは、現代経済を理解する上で不可欠なものとなっている。

この章の内容についても、最初に書き始めた時には仮想通貨といえばビットコインのことだったが、その後リブラなどの仮想通貨が登場し、話はどんどん複雑になって、今日書いた話が次の日になるともう古くなってしまう、という状態になっているのである。

そのためここでも本書の他の章と同様に、正確な最新情報などは他の本に委ね、内容の大筋を多少デフォルメして、とにかく基本的な「ものの考え方」を把握するという一点に徹することとする。一旦それさえできてしまえば、後はそこに自分で最新情報をどんどん接ぎ木して補っていくことも可能になるので、読者はそれを了承されたい。

そのスタンスにしたがって以下の解説では、読者が自分で非常に簡単なブロックチェーンを作っていくような感覚で理解できるよう工夫されており、それを電卓片手に追っていただくことで、たとえこれまで何冊本を読んでもわからなかったという読者でも、この話を理解できるようになるはずである。

なお章のタイトルには、正式名称である「暗号資産」ではなく「仮想通貨」を用いているが、後に述べるように、実はこれをどちらで呼ぶかということ自体に、これらの本質に関わる話が反映されているため、そこを強調する意味であえてそうしておいたので、その点も了解されたい。

電子の世界の金本位制

この話題については、やはり最初はとにかくビットコインとはどんな仕掛けのものなのかについて、その大筋を理解しておかないと、基礎ができていないために途中でわからなくなってしまうと思われる。そのためまずそこから見ていこう。

さてビットコインとは何か。その本質を一言で言うならば、電子的な世界に金＝ゴールドを作り上げようという試みであると言える。

というのは、仮想通貨というものが持つ特性を経済の視点から大きく眺めると、それは過去の世界で金本位制が持っていた性質と極めてよく似ているのである。そうだとすれば、その本質や弱点などを俯瞰するには、最先端の情報を知るよりも、むしろ過去の金本位制について理解しておいたほうが手っとり早いことになるだろう。

実は本書の章の一つとしてこれを設けることのメリットもそこで、普通ならその仮想通貨の経済的側面を理解する前提として、まずは金本位制度について学ばねばならないが、そんなことは面倒でやっていられない。しかし本書では第6章と第7章に金本位制についての解説があるので、そこを参照するだけで良い。

ではその際に何が最も重要なポイントとなるのかについて、最初に予告の形で一言だけ述べておこう。以前の章での貨幣に関する議論では、一般に貨幣というものは一つの根本的なパラドックスを抱えているということだった。それは、「短期的にはその量を絶対に増やせないが、非常にゆっくりとであれば状況次第で増減させられる」という矛盾した要求を課されていることである。

そのためいままでに登場したどんな通貨もそのどちらかの面で弱点を持っており、金本位制は後者の要求をほとんど無視することで、前者の要求を完全に果たせるよう設計されていた。そしてこのタイプの仮想通貨の基本思想が、電子的な世界に金＝ゴールドを作るというものであるとすれば、恐らくやはりそれと同じ特性や弱点を引き継ぐ格好になると想像されるのである。

どうやって電子の世界に「増えない量」を作り上げるか

ではまずビットコインのような仮想通貨がどういうメカニズムによって可能になっているのか、それがブロックチェーンによってどう実現されているかということから見ていこう。

さて金＝ゴールドの特性とは何かと言えば、それは人間が勝手に増やしたりすることが絶対できないということ、そして人から人へと渡っていって、誰でも自由に使えるということである。

ところが電子的な世界の中にそういったものを作ることは難しい。なぜならそこにあるのは単なる情報なので非常に簡単にコピーすることができる。つまり物質的な自然障壁がないため、人間が恣意的に勝手に増やすのを防ぐには、より大きな工夫が必要になるのである。

実はビットコインは、その要求を満たすことに最大の関心を置いて作られたものである。つまり先ほどの「すぐに増やすことが絶対できないが長期的にはゆっくり増減させられる」という要求のうち、とにかく前者の要求だけに特化していて、後者は第二優先として犠牲にしている。そのためこのことが仮想通貨に最後までつきまとう弱点になるのであり、われわれは後の議論でそれを眺めることになるだろう。

それはともかく、そういう「恣意的に増やすことが絶対にできない量」というものを抽象的な形で作り上げるにはどうすればよいかということだが、ここで次のようなことを考えよう。それは、金の地金などが世の中でどう動いているかを、空から追跡してスクリーン上に映し出す、という思考実験を行ってみるのである。

そしてその際の追跡方法には二つの方法がある。一つは実体としての金の地金そのものに注目して、それがどこからどこへ動いているのかを徹底的に追うことである。

もう一つは、地金の姿を直接追跡することは行わず、そのかわりに、それが誰から誰へ渡り歩いたのかの「足跡」だけを完全に把握してしまうという方法である。

この両者の方法は、ちょうど互いにネガとポジのような関係にあると言えるかもしれない。つまり地金そのものを追う前者を「ポジ」とすれば、その足跡を追う後者の映像は、いわば前者を反転させた「ネガ」であり、たとえ地金の姿それ自体の情報がなくても、その黒白を反転させたネガとしての足跡の情報がすべて手元にあれば、ポジの情報を全部再現できる。要するに足跡のネガの情報だけでも、完全に揃っておりさえすれば、それは十分にポジのかわりが務まるのである。

そして電子的なコンピューター・ネットワークの世界では、実体としての地金をそこに作り出すことは難しいが、すべてのコンピューターの中に残っている足跡を残らず書き出すことは容易にできる。そのため後者のネガの方法を使えばよいのであり、ここでその足跡に関するルールを厳密化することで、「絶対増えない量」をそこに作り上げることが可能になってくる。

要するに「誰がいくらそれを支払い」「それを誰が受け取ったか」という情報が、コンピューター・ネットワークの台帳のどこかに必ず記されていて、常にその両者のプラスとマイナスが絶対等しくなるよう記載されているとすれば、それは立派な「増えない量」がそこに存在していることと同等の意味を持っているはずである。そしてその上で、

・その台帳を誰もが必要に応じて見ることができ、
・その記録を誰も改竄《かいざん》することができないようになっている、

という二つの条件が共に満たされていたとすれば、まさに金の地金と同じようなものを電子的な世界の中に作り上げて、それを金貨のように誰もが利用できるようにすることが可能となるわけである。

ところが実は、いま述べた二つの条件は両立させることが難しい。つまり誰もが必要に応じてその台帳を見ることができるということは、言葉を換えれば不特定多数の誰でもがそこにアクセスできるということである。ところが誰でもアクセスできるとすれば、改竄される危険もその分だけ大きくなるだろう。

実際これまでの常識では、その種の台帳というのは鍵のかかった部屋のロッカーに厳重に管理保管されて、特別の許可を得た人間しか閲覧できないようになっているのが普通だった。そしてそのロッカーの警備を厳重にすることで改竄の危険を防いできたのである。

しかし当然その場合には不特定多数の人間がアクセスすることはできず、先ほどの前者の条件の側が犠牲にされていることになる。要するにこれら両立し難い二つの条件を共に満たすためには、何か一種の発明が必要で、それを可能にしたのがブロックチェーンの技術なのである。

ブロックチェーンの「超大型機」と「中・小型機」

ただここで筆者には、この**ブロックチェーンの技術全体が将来たどるかもしれない道が、過去に**

われわれが航空機開発などでしばしば目撃してきた光景に似たものになるのではないか、という予感がある。その光景というのは例えば「画期的な超大型機を作ろう」などという話を巡ってしばしば見られてきたものである。

一般にこういう場合はまず最初に科学雑誌などに、いままで見たこともなかったような超大型機の構想が掲載されて人々の夢を掻き立てる。それは現在の技術だけではまだ作れないもので、これからいくつもの新技術を編み出さねばならないのだが、多くの場合その夢自体が牽引役となって、いろいろな場所で技術的なブレークスルーが起こり、結果的にそれによってそういう超大型機が本当に空を飛ぶようになるのである。

ところが実際に使ってみると、そうした超大型機はしばしばコストや燃費などの面で取り回しが悪いことが判明する。むしろもっとコンパクトに設計し直して、高級すぎる装備も外してしまった廉価版の中型機や小型機のほうが遥かに使いやすい、ということになりがちなのである。

そのため主力の地位は次第にそうした中型機や小型機が占めるようになって、この超大型機は特殊な用途に一部が残されるだけとなり、結局最終的に空港はそれらの中・小型機で埋め尽くされるようになる、というわけである。

しかしだからといって、その超大型機のプランが無駄だったというわけではない。それらの中・小型機にしても、まず超大型機を作ろうという夢があったからこそ、技術的なブレークスルーが起こってそのスピンオフの形で作ることができたのであって、最初からその構想が存在しなければ、そうした取り回しの良い中・小型機も結局は生まれることはできなかったろう。

そして仮想通貨やブロックチェーンの話を眺めていると、どうもよく似たことが起こりそうな気配があるのである。この場合には「ビットコインなどの仮想通貨を国際的な通貨として作り上げ、それを将来ドルなどにとってかわる国際的な主力貨幣にしよう」という壮大な構想が、いわば超大型機の話に相当する。

一方ブロックチェーンに関しては、ビットコイン以外にも、もっと小規模な場所で使えるようないろいろな応用が考えられている。それらをよく見ると、超大型機のために必要だったいくつかの高度な技術を最初から取り除き、一回り小さな技術で成り立っている場合があり、これが先ほどの話の中・小型機に相当する。

そしてその両者がたどる道は、先ほどと似たようなものになることが予想されるのである。つまり将来の一つの予想として、超大型機としての仮想通貨やビットコインは、必ずしも当初語られていたようにドルにとってかわる画期的な新しい主力通貨にはなれず、局所的に使われるだけのものになってしまう恐れがある。

その一方で低コストの中・小型機として作られた簡略版のブロックチェーンのほうは、取り回しの良さのためにいろいろな場所で広く使われて、むしろ主力はこちらが占めるようになっていく可能性が小さくないのである。

ただしここでも先ほどと同様、そうした中・小型機のブロックチェーン技術はあくまでも最初は超大型機を作ろうという夢に牽引されて実用化され、そのスピンオフの形で結果的に世の中に浸透していったもので、超大型機の構想が存在しなければ世の中に浸透していくことは難しかったろう、というストーリーになるわけである。

とにかくこういった事情が複雑にからみあった結果、仮想通貨とブロックチェーンの話はわかりにくいものとなってしまっているように思われる。そのため本書では、これを理解するために次のような方法をとる。

・まずブロックチェーンの基本的メカニズムについて、その理系的な本質を最も単純化した形で直観的に理解できるよう工夫する。そしてその際には通常の解説の順序とは異なって、先ほどの超大型機と中・小型機の話で言えば、まず比較的簡単な「中・小型機」の側をメインに据えてこちらを先に理解する、というアプローチをとる。そして「超大型機」である本格的な仮想通貨やビットコインの話は、むしろその後で行ったほうが全体の構図がわかりやすい。

・一方文系的な話題としての仮想通貨と実際の経済との関係、また仮想通貨に関する将来的な予想に関しては、金本位制との比較で理解する。これは以前の章を参照すればよく、そして最後にそれを先ほどの理系的な話とつなげれば、その将来性などの全体像を視野に収めることができる。

このような独特の方法をとることで、読者は非常に短時間で「半分しかわからない」状態を脱して、かなり高いレベルの理解まで到達できるはずである。では早速それを見ていこう。

中・小型機タイプのブロックチェーン

それではまずブロックチェーンのメカニズムについて眺めていくが、ここでは先ほど述べたアプローチに従って、まず中・小型機タイプのほうを一足先に見ていくことにしよう。

さてその「中・小型機タイプ」のブロックチェーンとは、具体的にはどんなものだろうか。これは必ずしも国際通貨などの大きな場所で使うのではなく、もっと小規模な場所、例えば小さな町の商店街の中だけで通用する地域通貨や、いくつかの企業・店舗が共同で運営する共通ポイントサービスなどで使うためのものである。

あるいはもっと小規模なものとしては、学生サークルのような組織で、次々と人が卒業で代替わりしていく際に、その組織の経理や、あるいは何か値打ち物の管理や取り引きを代々引き継ぎながら行っていく、という場合などを考えても良いかもしれない。

こういう場合の特徴が何かというと、それはこの種の地域通貨やポイントなどの台帳は、その管理が必ずしも中央の1ヵ所で行われておらず、寄り合い所帯のような統制の緩い組織の中でいくつもの台帳が分散して置かれ、それらの間で保管・運営がなされていることである。

ただしその台帳への記載ができる者は、ある程度の責任を持った人々に制限されている。つまりその記載は、それらの組織に属する何人かの担当者の間で交代で行われていて、必ずしも不特定多数の誰でもが行えるわけではない。実はこの点が、後に述べる超大型機の場合との最大の相違点で、仮想通貨の場合には世界中の不特定多数の誰でもが、台帳の記載に参加できる建前になっているが、この場合には必ずしもそうではないことになる。

ただそのように確かにこうした中・小型機タイプでは、アクセスできる者がある程度の責任を持った何人かに制限されているとは言っても、何しろ寄り合い所帯の緩い組織なので、誰かが過去の台帳を改竄して不正に利益を得ようと企む危険はかなり大きいと言わざるを得ない。

それをこういう緩い管理体制の中、おまけにいくつもの台帳が分散して並行的に存在するような状態で、一体どうやって改竄を防ぐような仕組みを作り上げるか、というのがわれわれの直面する課題である。

台帳ファイルを細かく分けてタグをつける

そこでこれを、次のような方法でクリアすることを考えてみよう。

先ほども述べたように従来の常識だと、この種の台帳というものは次のような形態となっているのが普通である。つまり過去の取り引き記録などを全部まとめたものを分厚い1冊のファイルに綴じ込んで、中央事務所の金庫やロッカーに鍵をかけて厳重に保管する。そしてもし「数ヵ月前の何月何日の記録を見たい」という要求があった時には、この重いファイルを引っ張り出して対応するわけである。

しかしここではその発想を少し変えてみよう。つまりそういう分厚い台帳をもっと細かく分冊し、取り引き記録を1ヵ月ごと、あるいはもっと短く1日ごとにまとめて、それらを何冊もの薄い台帳ファイルにまとめておく形にする。そしてその各台帳ファイル一つひとつに、改竄されたかどうかを迅速にチェックできるような一種のタグをつけておくのである。

このタグは特殊な工夫がなされたもので、誰かが過去のファイルを改竄しようとした時、その痕跡がタグの上に現れてしまう仕掛けになっている。そのような形になっていれば、このタグを見るだけで何かがおかしいということがわかってしまい、改竄が行われたかどうかを迅速に知ることができるというわけである。

では具体的にはどんなものを考えればそれが可能になるのだろうか。そこで、実際に簡単なものをここで作ってみよう。いままでブロックチェーンの話を何度聞いても結局理解できなかったという読者でも、電卓を用意してそれを追っていけば、必ずそれを理解できるはずである。

では早速やってみることにするが、まずここで原点に戻って考えると、そもそも台帳というものに記載されるべき必須情報とは「いつ」「誰が」「いくら使ったのか」という三つの情報である。そしてこの三つの基本情報が洩れなく記載されておりさえすれば、どんな形式のものであってもそれは一応は、台帳としての機能を果たすことができるはずである。そこで例えば、

・16年5月21日の13時41分に
・個人ＩＤ番号２０１９５３の人物が
・３１６３円を使った

とすれば、それは、

・１６０５２１１３４１
・２０１９５３
・３１６３

という３個の数字で記録できる。

同様に二日後の、
・16年5月23日の9時18分に
・個人ＩＤ番号５１０７４２の人物が
・４０２１円を使った
とすれば、やはり
・１６０５２３０９１８
・５１０７４２
・４０２１
という3個の数字で記録される。
そして例えばこの5月に行われた取り引き記録をとりあえず1冊の台帳ファイルにまとめるとすれば、その1ヵ月分の記録は、この3個の数字の組がたくさん並んだものとなるはずである。
そしてわれわれはここで下の図のように、それらの数字をすべて足し算で合計する、ということを行うのである。ここで「すべて足す」というのは文字通りの意味で、日付ごと、ＩＤごと、金額ごとにそれぞれ分けて合計するのではなく、それら全部をごちゃまぜにして合計してしまうのである。 図8-1▼
ちょっと待ってくれ、と言いたくなった方も多かろう。この場合、日付や金額などは単位の異なる数字で、それを単純に足しても

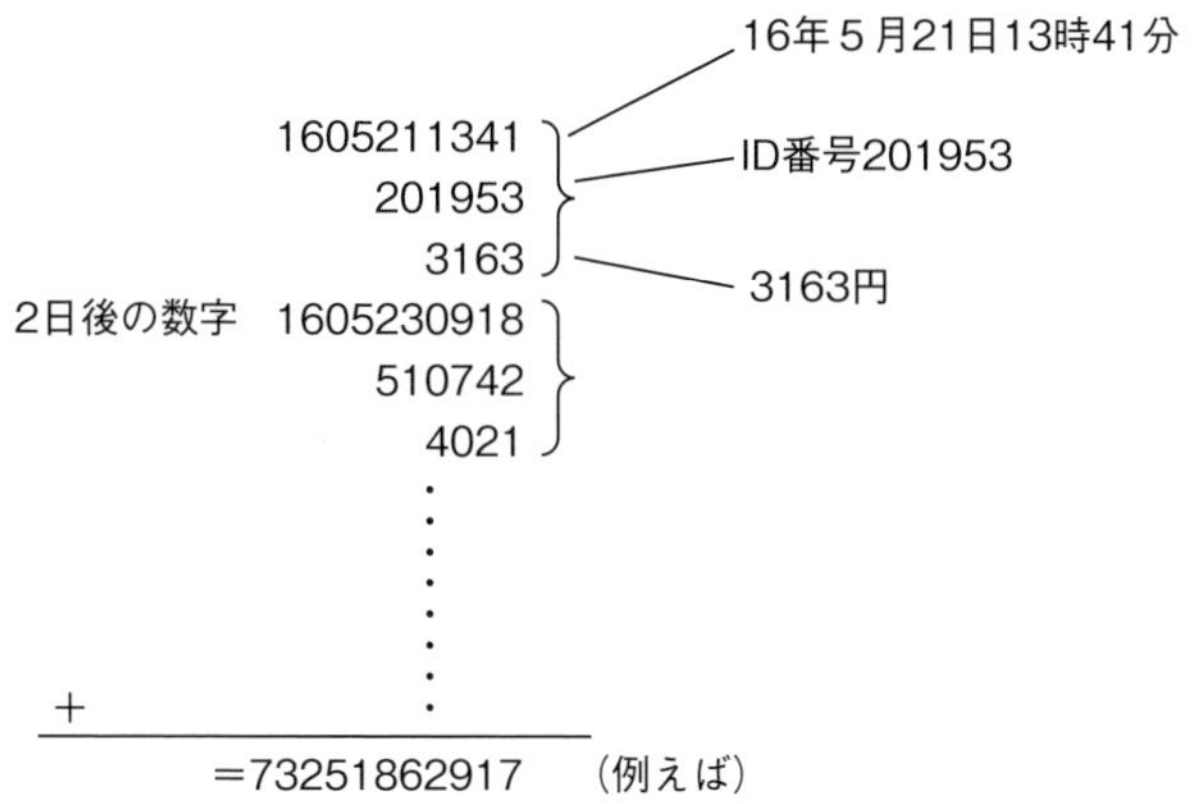

図8-1

まともな計算として意味をなさないはずである。これは小学生がよく算数の授業で「単位の違うもの同士で足し算をしてはいけません」と注意されることと同じだが、しかしここでは単に数字を作り出すことが目的なので、そういう無意味な足し算でも差し支えないのである。

　ともあれそれを行った結果、その全合計値が例えば先ほどの図8-1のように「73251862917」などという数字になったとする。**図8-1のいちばん下▶**

　ここで話は次のステップに移行する。われわれはこの合計値を、何か適当な3桁の数字で割って、その余りを求めるのである。

「適当な3桁の数字」というのは文字通りの意味で、適当にランダムに選んだどんな数字でも良い。そこで例えばそういう数字として「913」というものを選んだとしよう。

　要するにわれわれが行うべきことは「73251862917÷913」という割り算を実行して、その余りの数字を求めることである。そこで実際にこの計算をやってみると、その割り算の値は「80232051」で、余りは「354」である（読者は別にそれを確認する必要はないが、手元に電卓があれば一応キーを叩いて検算しておくと、より自信を持って以下を読み進められるだろう）。**図8-2▼**

　そして実はわれわれにとって重要なのは、その答えの中の割り算の値そのものではなく、むしろその余りの値「354」である。そこでわれわれはこの「354」という数字を、この5月分の台帳にタグとしてつけておく。あるいは

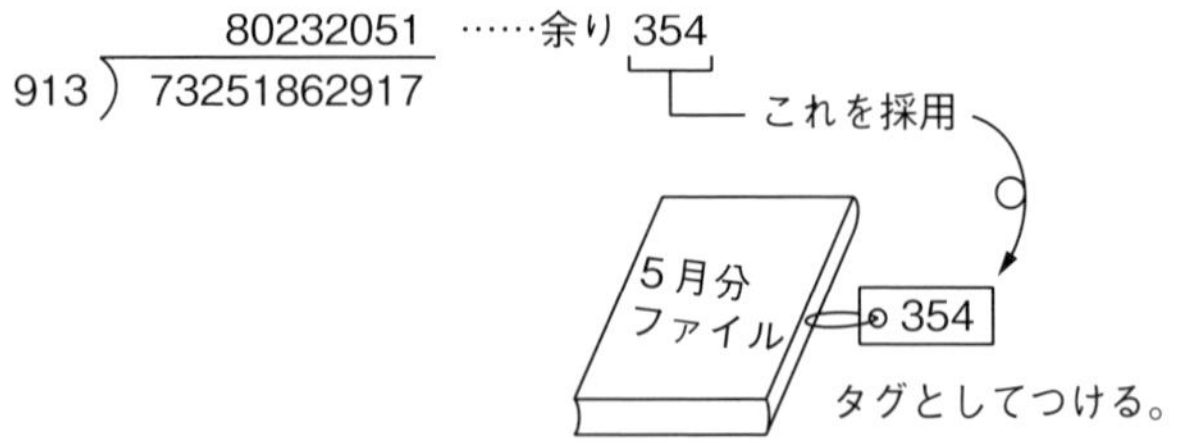

図8-2

タグのかわりに台帳ファイルの表紙にこの数字を書いておいてもよい。とにかくこの数字があると、その台帳が改竄されたかどうかを非常に迅速にチェックすることができるのである。

改竄をどうやって防ぐか

さてこういう状態で、誰かがこの台帳を改竄しようと企んで、その中に書き込まれていた取り引き記録の一つを別のものに差し替えたとしよう。

例えば先ほどの取り引き記録の「16年5月21日の13時41分に、個人ID番号２０１９５３の人物が３１６３円を使った」という部分を、もっと少ない額を使ったかのように書き換えて、その日時と金額を「16年5月20日の9時33分に１８１５円を使った」という形に改竄したとしよう。つまりこの場合には、

・日付の数字が「１６０５２１１３４１」から「１６０５２００９３３」に
・金額の数字が「３１６３から１８１５」に

という形に内容が変わるわけである。

この場合、日付も金額もわずかに数字が小さくなっていて、改竄前と後での差を見ると、日付の数字が「10408」のマイナス、金額の数字は「1348」のマイナスとなっている。そのため合計値全体では、その両方を足した「11756」だけ値が小さくなる。

そして先ほどの改竄前での全部の取り引きデータを合計した数字は「73251862917」ということになっていたのだから、そこからこの「11756」を引くと、改竄後の合計値は「73251851161」と

いう数字に変わってしまっているはずである。

そして合計値がそのように変わるとなると、当然そこから求めたタグの数字も変わって来なければならない。そこでそれを求めてみると、改竄後の合計値を先ほどと同様に913で割った時には、その割り算の値は80232038で、余りが467となる。つまり改竄後の台帳ファイルには、この「467」という数字がタグや表紙に書き込まれることになるわけである。

ここであらためて改竄前と改竄後を比べてみよう。改竄前のタグを見ると、そこには「354」という数字が書き込まれていたのに対して、改竄後にはそれが「467」という全く違った数字になってしまっていることがわかる。要するにこの場合、タグを一目見るだけで、改竄されたことが一目瞭然になってしまうのである。 図8-3▼

こういうことができるとなれば、台帳は分厚い1冊の形にまとめて置いておくより、薄く分冊してタグをつけておいたほうが遥かに改竄を防ぎやすい。

実はブロックチェーンの最初の基礎となる最も本質的なことは、右の話にほぼ集約されていると言ってもよい。ただしまだこの方法では、本気で使おうとすると、さすがに簡単すぎてまだ改竄を防ぐための能力は不十分である。特にこの方式の場合、大きな弱点となるのは「改竄がごくわずかならばタグの数字もわずかしか変化しない」ということである。

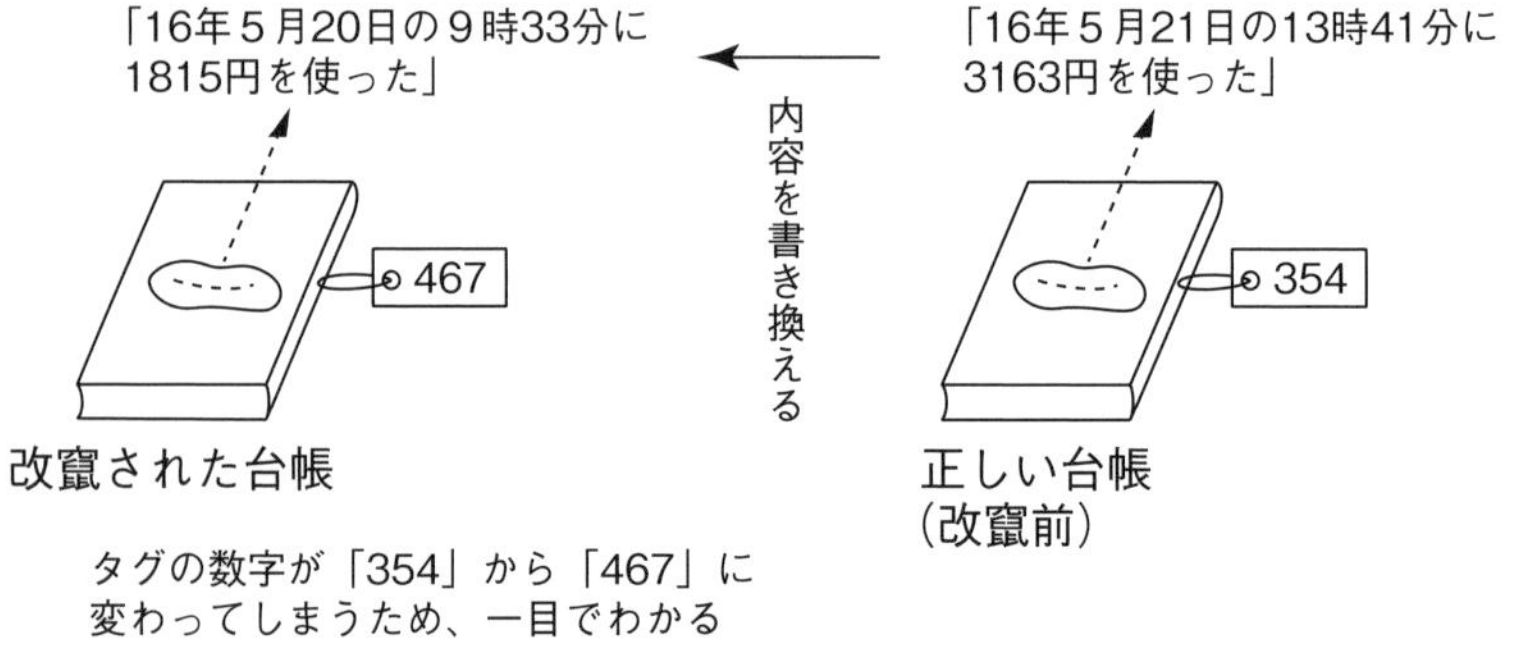
「16年５月21日の13時41分に
3163円を使った」
354
正しい台帳
(改竄前)
内容を書き換える
「16年５月20日の９時33分に
1815円を使った」
467
改竄された台帳
タグの数字が「354」から「467」に
変わってしまうため、一目でわかる

図8-3

例えばこの場合に、入力する金額の数字を1円だけ大きくしたらタグの値はどう変わるだろうか。実はすぐわかるように、この方式だと単に余りの数値に1が加算されるだけとなるので、タグの数字も1だけしか変化しない。

つまり最初に、金額の入力値が３１６３円だった時のタグの数字が「354」だったとする時、もし金額を改竄してそれを３１６４円に変更すると、改竄後のタグの数字は「355」となる。

これは逆に言えば、もしタグの上に本来のものとは1だけ大きい数字が現れていたならば、入力値のどれかを1だけ小さくするだけで、タグの数字を表面上は正しい数字に修正して、改竄が露見しないように辻褄を合わせることができるということである。要するにこういう状態だと、入力値をどう操作すればタグの数字を修正できるかが簡単に推察できてしまうのである。

そこでこれを避けるため、単なる割り算の余りよりも一歩進んだバージョンとして「入力値をたった1だけでも変化させると、タグの値が大きく変わって全く別物になってしまい、何をどう変えたのかほとんど推測できない」という性質を持つものが欲しくなる。

そのため以下にそういうものを実際に工夫してみよう。ただそれは細かい技術的な話に過ぎず、ブロックチェーンの本質そのものを理解するには先ほどまでの話で十分である。そのため面倒な読者は次の項はざっと斜め読みして、３２８ページから再び力を入れて読み始める、ということで差し支えない。

「入力を1だけ変えると結果が大きく変わる」例

さてそのように「入力データの数字をたった1だけ変えた時に、タグ上の数字が全く別の似ても似つかぬものに変わってしまう」という方式を以下に工夫してみるわけだが、しかしそういう改良型の計算方式を考えるのは、そう難しいことではない。その一例として、次のようなものを試してみよう。

まずこの場合、台帳の中のデータの数字全部の総和を求めて、その割り算を行うことは先ほどと同じである。ただ、その割り算を実行する前に、次のような操作を一つ加えてやるのである。

ここで、データ数字の総和として求められた値の末尾3桁の数字に注目し、100の位をa、10の位をb、1の位をcとしよう。そしてここでaとbの数字を並べて2桁の数字「ab」を作る。そしてこの2桁の数字「ab」をc乗するのである。

その上で、この「ab^c」をもとの数字に足してやって、それら全体を先ほどと同様に「913」などで割ってやるのである。

面倒な話をするより、実際に数字を入れてみたほうがわかりやすいだろう。ただ先ほどの例では合計値は11桁の数字だったが、桁数が多いと検算して確認する作業も面倒なので、もっと少ない4桁の数字でやってみよう。

そこで、まず金額や日付の総和で求めた合計値が「2812」という4桁の数字だったとする。そしてここでその下3桁の数字だけで右のような数（ab^c）を作るのであり、この場合a＝8、b＝1、c＝2なので、$ab^c=81^2=6561$である。

そして元の合計値の数字にこれを足すと2812＋6561＝9373となり、これを913で割ってやる。するとその計算結果は9373÷913＝10で余りは243となる。つまりこの「243」が、2812を入力した時の出力値＝タグの数字である。**図8-4**▼

それではこの入力値を1だけ大きくするとどうなるだろうか。そのためには「2813」という数字を入れて試せばよいのであり、この場合には$ab^c=81^3$で、計算全体は$(2813+81^3)\div 913=585$となって余りは149となる。

この「149」を先ほどの243と比べるとどうだろう。これは全く似ても似つかない数字になっており、まさにわれわれが欲しかった形になっていることがわかる。

さらにもう一回、駄目押し的に試してみよう。つまり入力値をもう1だけ大きくした「2814」を入力してテストするのであり、その場合には$(2814+81^4)\div 913=47151$で余りは672となる。そのためあらためて三つのケースを並べてみると、次のようになる。

入力	出力
2812	→243
2813	→149
2814	→672

このように、入力する数字の大きさをたった1だけ変更するごとに、出力される数

「2812」を入力した場合

a b c
↓ ↓ ↓
2 8 1 2

$ab^c=81^2=6561$

$$
\begin{array}{rl}
2812 & \text{— もとの合計値} \\
+\ 6561 & \text{— } ab^c \\
\hline
913\,)\ 9373 & \\
10 & \rightarrow \text{余り}\boxed{243}
\end{array}
$$

図8-4

字は大きく変わっていて、全く予測し難い数字が表れてきていることがわかる。

こうなると、タグにつけておく暗号としての信頼度は大幅に増すことになるだろう。つまり先ほどのようにもし偶然、タグの上に本物とわずかに違うだけの数字が現れてきた場合でも、入力値を1だけ修正してタグの値を簡単に正解と同じものに直してしまう、という芸当はできなくなるからである。

要するにこうしてやると、タグの値がうまく正解になるようにうまく台帳を改竄することは大変に難しくなることがご理解いただけることと思う。

まあこれでもその気になれば、まだ攻略は一応不可能ではなく、防備は完全とは言えないが、それは無理もないことで、何しろ今の方法では「ab^c」のような項をたった1個付け加えることだけしか行われていない。そのためこれをもっと増やして2個、3個といろいろやり方を変えてたくさん手を変え品を変えて付け加えていけば、どんどん攻略を難しくしていくことができる。

無論本格的にコンピューターを使われたらひとたまりもないが、改竄を企む側がせいぜい数千円程度のごまかしをやろうとしているような局面で、改竄の道具にも電卓ぐらいしか動員できないような状況であれば、実用に使うことも十分可能だろう。

「ハッシュ関数」とはどんなものか

さてとにかくそういう仕掛けを作れることがわかったので、ここから話は本筋に戻ることになる。以下の理解のためには先ほど述べた改良版の話は「要するにそういうものを作れる」という結論だけを知っていればよく、またタグのイメージとしては、最初の最も簡単な割り算の余りを使う方法までが頭に入っていれば十分である。

そこで、先ほどまでに考えたタグの性質についてあらためて整理してみよう。この場合それが次の三つの性質を持っていることがわかる。それらは、

- **どんな桁数の数字を入力しても、必ず同じ桁数の数字が出力される**

- **出力された数字だけからは入力された数字を割り出すことはできない**

- **入力する数字をわずかに変更しただけで、出力される数字は大きく変わって全く別物になる**

の三つである。

実はこれは、ブロックチェーンにおいて中核となる「ハッシュ関数」と呼ばれるものの根本的な性質なのである。

このハッシュ関数というものは、必ずしも一通りのものが定義されているわけではなく、いろいろなものを考えることができる。ただしそれは必ずこの三つの性質を満たしていることが条件で、逆にそれらを満たしていれば、一応どんなものでもそう呼ぶことができる。

そこで念のためここであらためて、先ほどのタグの仕掛けがこの条件をちゃんと満たしているかを確認しておこう。まず先ほどの場合、割り算の余りの数字は常に000から912までの3桁で表示でき、第一の条件は満たしている。またもし手元に割り算の余りの3桁の数字があっても、入力された数字をそこから推測することはできず、第二の条件も満たしている。

そして最後の第三の条件については、単なる割り算の余りの場合には満たされないが、先ほどの改良バージョンなら十分に満たすことができる。要するにこれは一応その3条件をすべて満たして

いるため、非常に単純ながらも一応は立派にハッシュ関数なのである。

つまり読者は先ほど自分でハッシュ関数を実際に1個作ったことになり、そのためいままで「ハッシュ関数」という話が出てくると、「これはもう難しくて理解できそうにない」と思っていた読者でも、要するに基本は右のようなものだと思えば、何も怖れることはないのである。

ブロックチェーン化という改良

そしてこのタグにつく数字（先ほどの例では3桁の数字）のことを「ハッシュ値」というが、とにかくこのようなタグが手元にあると、ファイルの改竄を防ぐためにもっと良い仕掛けを工夫できるのである。

先ほどの話では、例えば5月分の台帳をひとまとめにしてファイルにして、それに「354」というタグをつけることで、一応の改竄への防壁を作っていた。ところがここでさらに一工夫を加えて、そのタグの数字「354」を、次の6月分の台帳ファイルの中に書き込んでやると、改竄が飛躍的に困難になるのである。**図8-5▼**

もともと先ほどの話でも、台帳ファイルの中には「日付」「個人ＩＤ番号」「金額」という、それぞれ単位も全く異なる別個の数字を一緒に書き込んで、これらをごちゃまぜに足し合わせていた。

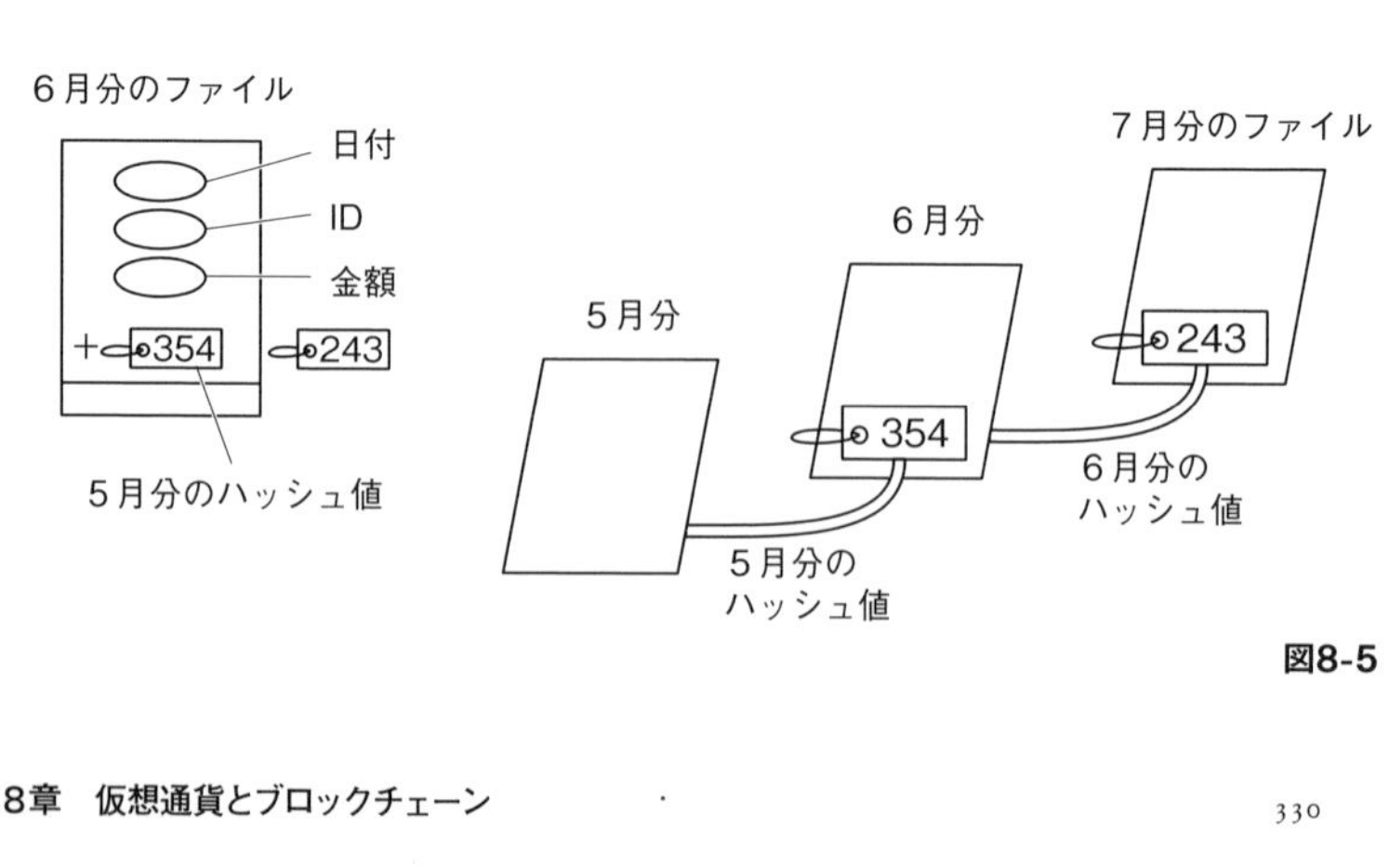

図8-5

そしてここではそこにさらにもう一つ「タグの数字」という、やはり全く無関係な数字を書き加えてやるわけだが、この場合もやはり先ほどと同様に、これをその中に混ぜて全部を足してしまっても、全く差し支えないことになる。

要するにそのようにして「日付、個人ＩＤ番号、金額、タグの数字（ハッシュ値）」の全部の合計値を作り、それに先ほどと同じ操作を施せば、6月分のファイルについてもやはり先ほどと全く同様に、新しいタグの数字＝ハッシュ値を求めることができる。

そして、例えばその6月分のタグの数字が「243」というものだったなら、さらに続ける形でこのタグの数字「243」を、同様に次の7月分の台帳ファイルの中に書き込んでやるのである。**図の右▶**

これをどんどん続けていくと、1ヵ月ごとにブロック分割された台帳ファイル同士の間で、5月、6月、7月……という具合に、各台帳ファイルに一つ前の台帳のタグが挟み込まれる格好で、互いにつながっていく。そのためブロック化されたファイル全体が、ちょうどチェーンのように一つながりになっているわけである。

これこそがブロックチェーンの最も簡単かつ基本的な形態である。そしてこのようにすると、改竄は劇的に困難になるのである。例えば5月分の台帳の数字をほんの少しだけ改竄したとしよう。その場合には当然、5月分の台帳のタグのハッシュ値は「354」ではない全く別の数字に変わってしまい、例えばそれが次ページの図8-6のように、「761」に変わったとする。

ところが問題は、これらの数字が次の6月分の台帳の中に書き込まれていることである。つまりここで5月分のタグが「761」だと主張しても、6月分の台帳には「5月のタグの数字は『354』」と書き込まれており、その状態で照合されれば何かおかしいことが一発で露見してしまう。

そこで改竄がばれないようにするためには、6月分の台帳にも手を回して、そこを「761」に書き換えねばならない。ところがこの仕掛けではとにかく数字をほんのわずかに変えただけで、タグの数字が大きく変わってしまうので、今度は6月分のタグの数字が「243」ではなく全然別物になってしまう。そして7月分の台帳でも全く同じことが繰り返されてしまうのである。

要するに5月分の台帳を改竄してしまうと、それ以後の6月分、7月分……の台帳とタグの数字が全部変わってしまうことになる。そのため5月分の台帳を改竄しただけでは駄目で、芋づる式に6月分、7月分……と全部の台帳を改竄しなければならない破目に陥ってしまうことになるのである。 図8-6▼

ここで述べているのは、高級な機能を最初から外してローカルな場所で使うための、廉価版の中・小型機タイプのブロックチェーンに過ぎないが、それでもこのようにブロックチェーン化することの意義については、読者はご理解いただけたことと思う。

(なおどうでもよいことだが、いまの話では「タグ」というイメージで話をしたので、読者の中には無意識のうちにこれを「ハッシュタグ」と頭の中で呼んでしまっているかもしれない。しかしこれはたまたま解説の都合上そうなってしまっただけで、恐らく本書以外でお目にかかることはなく、一般にブロックチェーン

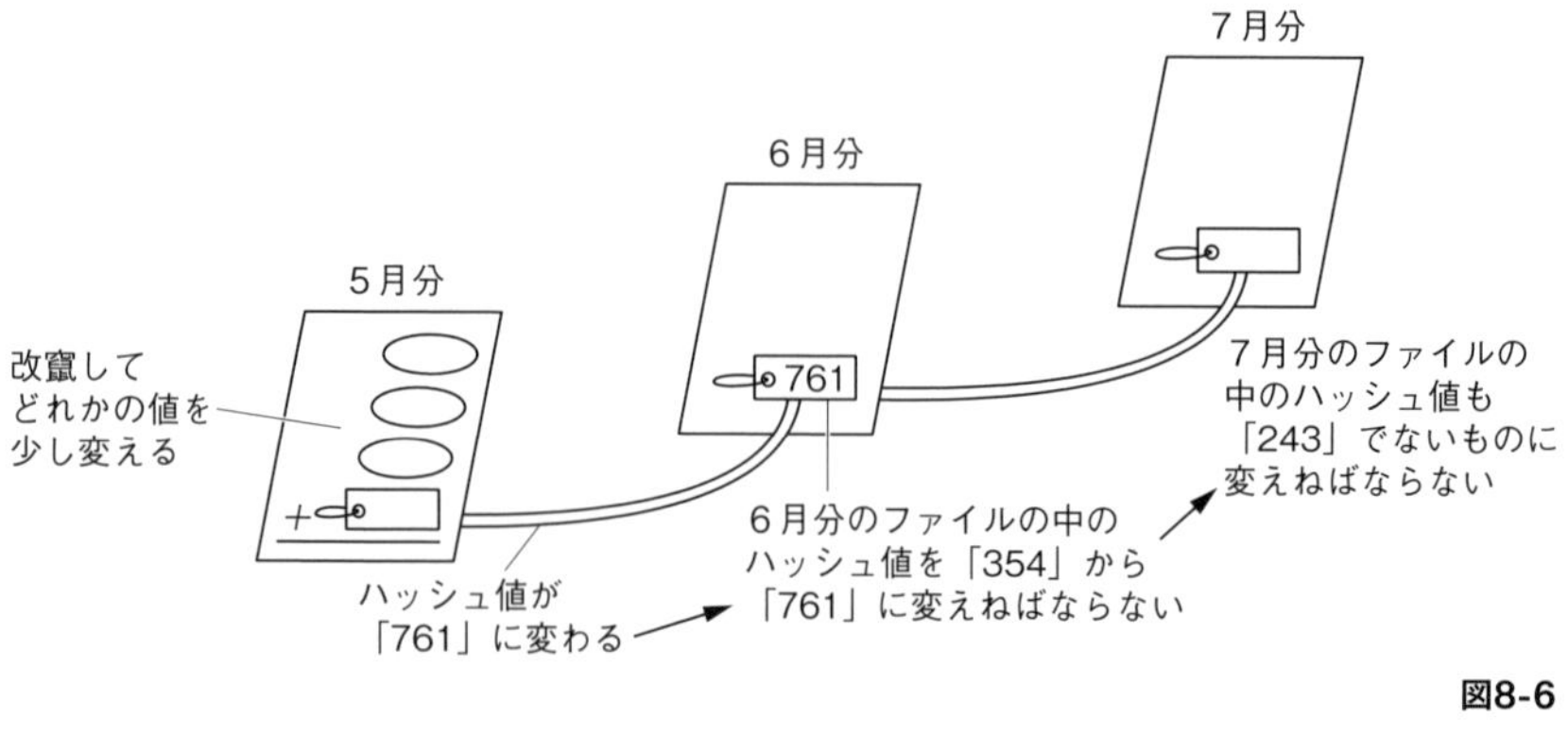

7月分
6月分
5月分
761
改竄して
どれかの値を
少し変える
7月分のファイルの
中のハッシュ値も
「243」でないものに
変えねばならない
6月分のファイルの中の
ハッシュ値を「354」から
「761」に変えねばならない
ハッシュ値が
「761」に変わる

図8-6

の用語では必ずしもそんな呼び方をしていないので、そこは留意されたい。)

ブロックチェーン化で改竄は格段に難しくなる

ではこうしたブロックチェーンがどう使われるか、その状況を具体的に想像してみよう。もともと先ほども述べたように、この中・小型機タイプのブロックチェーンの用途としては、いくつかの店などで共同運営する地域通貨やポイントの管理などで使うことが想定されていた。そこで、そのように店同士で運営されるような状況をもっと具体的にイメージしてみることにする。

恐らくそこでは台帳はいくつもの店で並行的に作られて地域全体で共有され、ブロック化された台帳の整理やハッシュ値の計算は、それらの店同士の間で当番を決めて交代で行う、という格好になっているだろう。また台帳も、1ヵ月というよりもっと細かく1日単位でブロック化しておくぐらいが適切である。

そのためその町では、日が暮れて皆が店を閉めた後に、当番に当たっている店でその日の一日分の記録を整理して、それをブロック化された台帳にまとめる作業が行われる。そして夜のうちにハッシュ値の計算も行って、それをタグとして今日の分のその台帳につけておくのである。

一方他の店も、必ずしも当番に当たってはいなくても、その作業が正しく行われているかは一応チェックする。そして問題がなければ、その台帳がその日の公式記録として承認され、その段階ですべての店の台帳がそれに従うことになる。当然タグにつけるハッシュ値もその値のみが、皆が認めた公式なものとなり、翌日に他の店の当番が次の台帳に記載するのもその数字である。

ただそういう場合、たとえ故意ではなくとも書き間違いなどによって、しばしばそれらの各台帳の間で内容が違ってしまって結果が割れる、ということは起こるものである。その際には、とにかく寄り合い状態で裁定を下すボスがいない以上、結局それは多数決という形をとらざるを得ない。

つまり結果が二つに割れている時は、より多くの台帳に記載されている数字の側を信用して、その多数派の結果を正しい台帳の数字として採用するということである。

そのため逆に言えば、多数の台帳を同時に改竄してしまいさえすれば、強引にそれを多数派として正当化することができるということになる。つまりたとえ1冊の台帳で改竄がばれて「ハッシュ値が違う」と指摘されたとしても、もっと大規模に裏から手を回して、並行的に存在している全部の台帳の半数以上について同時に同じ改竄を行ってしまえば、力技でそれを正当化できるというわけである（ブロックチェーンの用語ではそれを「51％攻撃」という）。

何冊の台帳を同時に改竄しなければならないか

そうなると、改竄を企む側にとっては「一体何冊の台帳を同時に改竄しなければならないか」ということが重要な問題となってくる。ところがここで、先ほどの芋づる式のメカニズムが全部の台帳について出現し、それが改竄の際に大きく立ち塞がってしまうのである。

ここで例えば40の店でそれらが共同管理されていて、台帳が各店にワンセットずつあるとする。そして誰かが1年半ほど前の過去に遡って、５００日前の台帳の改竄を試みたとしよう。

この場合、たとえブロックチェーン化が十分になされておらず、単にそれぞれの1日分の台帳フアイルの表紙やタグにそのハッシュ値が書き込まれているだけでも、それなりの効果は期待できる。

つまりこの場合には過去のどの日の台帳も各店に1冊ずつあるので、500日前の台帳も40冊あり、それらのタグや表紙のハッシュ値を互いに見比べて、もしどれか1冊のタグが他のものと違った値になっていれば、それが改竄されたものだと判別できるからである。

しかしそれでもどうしても記録を改竄したいと思ったならば、それは一応不可能ではない。つまり先ほどの多数決のルールを悪用して、1冊だけではなく40の店に置いてある500日前の台帳ファイル40冊全部のうちの、少なくとも過半数（つまり最低21冊）の台帳を同時に改竄してしまえば、多数決で強引に自分の側が正しいことにしてしまえるからである。

そうなると、過去のその日（500日前）の記録は完全に改竄された形に入れ替えられて、それ以後は改竄されたものが正式な記録として認められ、もうそれ以上の作業は一切不要である。 **図8-7▼**

ところがこれらの台帳ファイルがブロックチェーン化されているとなると、先ほど述べた芋づる式のメカニズムが現れてしまって、到底その程度ではすまないことになる。

ブロックチェーン化されていない場合だと、とにかく500日前の台

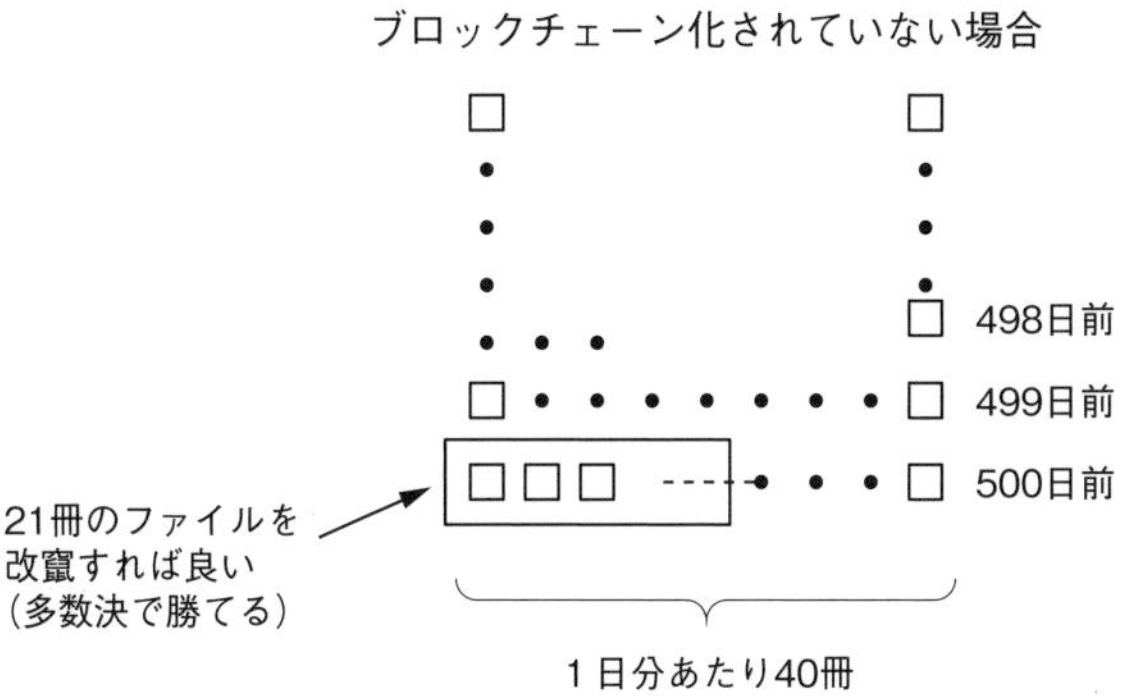

図8-7

帳ファイル40冊だけを横一列に視野に入れて、うち21冊を改竄してしまえば、それで話はすんでしまい、その次の日（499日前）以降の台帳ファイルなどはそのまま放置しておいても大丈夫だった。

ところがブロックチェーン化されている場合は、各店にあるファイルは先ほどのようにタグの挟み込みによって一列に縦につながってしまっている。つまり500日前のファイルのタグが次の499日前のファイルに挟み込まれるようにして、そのハッシュ値が次のファイルに書き込まれており、500日前のファイルの改竄を行うと、それらが変わってしまう仕掛けになっている。

そのため次の499日前のファイルも改竄しなければならないが、そうなるとその499日前のファイルのタグが変わって、それがさらに次の498日前のファイルに挟み込まれているため、結局芋づる式に次々に498日前、次の497日前……と遡って、それらすべてのファイルを改竄しなければならない破目に陥ってしまうのである。図8-8▼

そして全体ではそれが40列存在していることになるため、この状態で先ほどのような多数決による正当化の工作を行うためには、まず各店に置かれたファイル1冊ごとに縦方向に500冊の

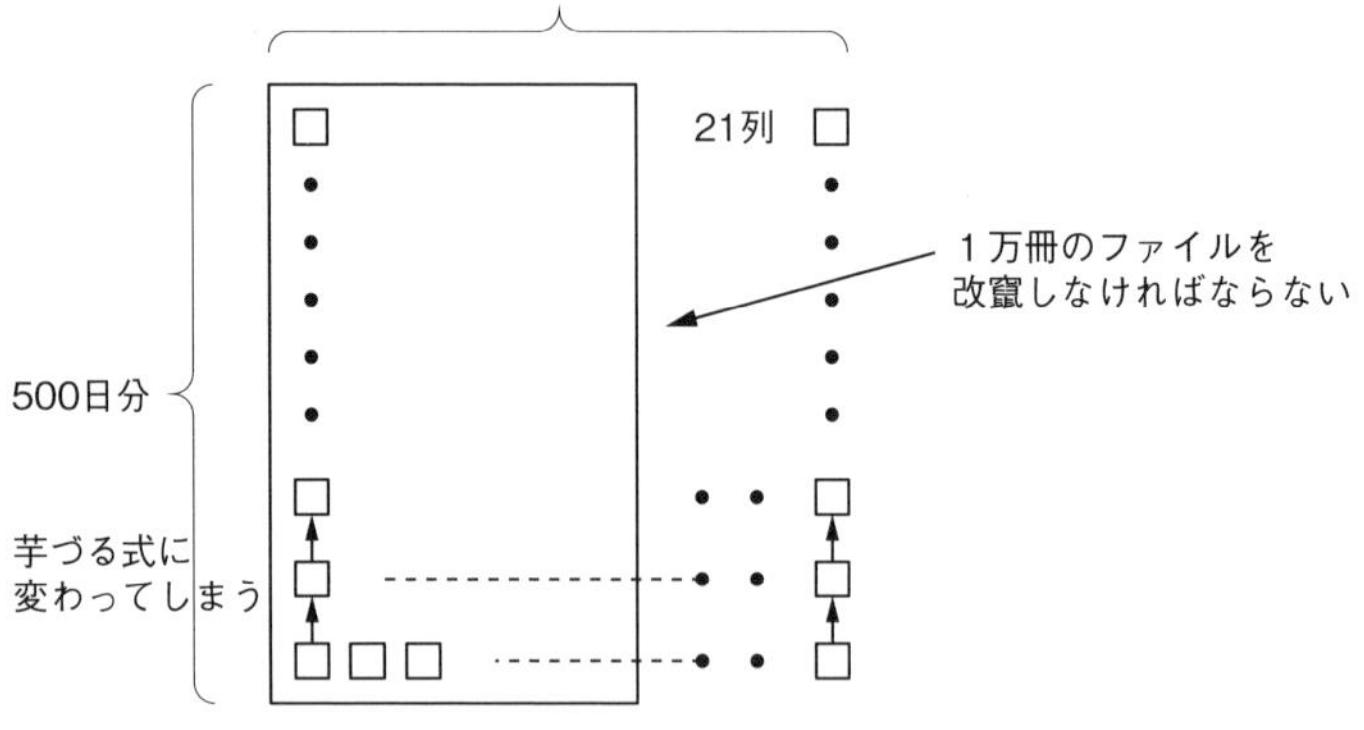

21列
1万冊のファイルを
改竄しなければならない
500日分
芋づる式に
変わってしまう
40冊

ブロックチェーン化されている場合
図8-8

改竄を行い、その上で少なくとも横方向40列の過半数の21列全部でその作業を行わねばならない。

そこでその場合の手間がどのぐらいになるかを先ほどの場合と比べると、**ブロックチェーン化がなされていない場合には過半数（つまり最低21冊）ですんだのに対して、ブロックチェーンでつながっている場合には、それらの500日分で21×500、つまり1万冊以上のファイルを改竄しない限り、その記録を正しいものとして認めさせることができないのである。**

これこそがブロックチェーンの威力である。さすがにこうなってくると改竄するのは不可能に近く、本気で裏から手を回して1万冊以上のファイルを改竄しようなどと考えたとしても、そんな大規模な行動を気づかれずに行うことなどまず不可能である。むしろかえってそんな行動自体が「何か怪しいことをやっている奴がいる」として人目につき、藪蛇的に改竄の企みが露見してしまうだろう。

そのためブロックチェーンは、内部関係者による不正や改竄が心配される場合には、どこでも使える便利なシステムなのである。従来のやり方だとそういうことを防ぐには先ほど述べたように、一つの分厚い台帳ファイルに過去何百日分もの記録を全部書き込んで、それを巨大組織が管理し、アクセスする人間を厳重に制限することで改竄を防ぐ、というやり方が普通だった。

ところが台帳をあらかじめブロックチェーン化しておけば、そんな中央管理的なセキュリティは必要なく、寄り合い所帯的な緩い組織でもかなり安全に使うことができる。これは将来の社会でそういう組織形態が増えると予想される中、データの内部改竄の危険が増大する可能性を考えると大きなメリットである。

また先ほど紹介したような簡単なものなら、それこそ学生の連合サークルのような場所でも十分使えるだろう。確かに先ほどのような単純なハッシュ関数では能力不足だが、サークル内にこういうことを考えるのに長《た》けた人がいれば、自分なりに手を加えて改良版を工夫するのは簡単で、あるいは読者の中にはこの知識をベースに、実際に作って使う人もあるかもしれない。

なお先ほどは話をわかりやすくするために、40列のファイルが並列的に保存されている状態を考えたが、実際のブロックチェーンでは、効率化のために不要なファイルをどんどん捨てていくシステムを採ることが多く、その際には改竄すべきファイルはもっと少なくなる。

例えば正しいファイルが多数決で承認された後に、横に並んだ40冊のファイルが1冊だけを残して他の39冊が捨てられ、一本化されたものだけが保存されて縦に1列に並んでいく、という形態をとっている場合には、改竄すべきファイルは縦方向だけの５００冊となるが、それでも大変な手間であることに変わりはない。

ともあれブロックチェーンは、大きな1冊の中央管理されたファイルを、小さく分割して改竄されにくくするという、画期的な暗号システムであり、記載内容をたった1文字変えただけでも、その改竄が明らかになってしまうのである。

なお先ほどの店で行う話では、1日に1個の割合で新しいブロックが作られているという設定になっていたが、現実の仮想通貨の一つであるビットコインの場合にはどのぐらいの速さでブロックが作られているかを参考までに記しておくと、そこでは世界中でだいたい10分に1個の割合で新しいブロックが作られている。

ハッシュ関数の性質

それにしてもどうしてそんなうまいことが可能なのかをあらためて眺めると、これはハッシュ関数が持っている暗号としての弱点と表裏一体であることがわかる。そもそもこのハッシュ関数は本格的な暗号通信にはほとんど使えない。なぜならこのハッシュ値を受信したところで、そこからオリジナルのメッセージを復元することができないのだから、最初からそういう使用は不可能である。

さらにもう一つ弱点を言えば、先ほどのハッシュ関数の例のように「913で割った余り」を使う場合だと、このハッシュ値は000から912までの913通りの値しかとることができない。そのため913回に1回の割合（要するに1／913の確率）で同じ数字が必ず現れてくることになり、もし改竄した時に偶然そういうことが起こったならば、タグの数字は改竄されていない場合と同じものになるので、改竄自体が見逃されてしまうことになる。

もっともこの場合には、使っている数字の桁数がわずか3桁という小さいものだからそうなってしまうので、最初からもっと桁数を大きくしておけば、その危険性はどんどん減らしていける（現実のブロックチェーンでは64桁ぐらいの桁数が使われているので、その危険性は大幅に小さくなっている）。それでも原理的にはそれを完全にゼロにすることはできず、ブロックチェーンの用語ではその危険性は「ハッシュ衝突」と呼ばれている。

しかしそういう弱点を持つことの代償として、この暗号には非常にコンパクトで取り回しが良いという強力なメリットがある。確かにオリジナルメッセージの復元などはできないが、そのかわりに改竄を一目で迅速にチェックできるという面での能力が非常に高い。またこれをファイルにつけるタグにして、それを次のファイルの中に挟み込んでしまうという芸当も簡単にできる。

つまりハッシュ関数というものがそのような特性を持っていることによって、ブロックチェーンというユニークなものを簡単に作ることができるわけである。ビットコインのような仮想通貨の場合は、確かに規模の点ではこれより遥かに巨大だが、その原理自体はこれと同様で、こうしたメカニズムによって、かなり緩い組織形態の中でも非常に改竄を防ぎやすい台帳を作り上げているのである。

またいままでの議論ではブロックチェーンに関して、もっぱら金銭の出し入れをする台帳としての応用を考えたが、実はこれは普通の文字で書かれた文書ファイルの管理などにも応用できる。

それはさほど難しいことではなく、その場合には、例えばアルファベット26文字にそれぞれA＝「01」からZ＝「26」までの数字を割り振って、文書内の全文字についてそれらの数字をすべて書き出し、それら全部の合計をとって、先ほどと同じことを行えばよい。漢字だともう少し桁数の大きい数字が必要になるが、基本的には同じことで、一旦そのルールを決めてしまえば、どんな文字列でも可能である。

そしてこれらの数字全部を足し合わせて先ほどと同様にタグを作っていけば、文書の中の一文字を改竄しただけで先ほどと同じことが起こってしまうため、すぐに改竄が判明してしまう。つまりどんな文書でもその気になればブロックチェーン化して、その管理を緩い組織でもできることになり、そう考えるといかに大きな応用範囲があるかが想像できようというものである。

中・小型機タイプでは膨大な計算は必要ない

ただここで読者の中には、先ほどの「地域の店や学生の合同サークルなどでも現実に使える」、という話を聞いた時に一つ疑問を感じた人もいるかもしれない。それは、日頃耳にするビットコインの話題では、それを成り立たせるには膨大な計算が必要だ、という話がしばしば語られているからである。そしてその計算を行うコンピューターの電気代が大変なものになるため、その作業の大半が電気料金の安い中国などで行われていると言われており、そうだとすれば先ほどの話もその障害に遭遇するのではないか？

つまり先ほどの話のように、いくつかの店で交代の当番制で、夜の閉店後にハッシュ値を計算してその日のブロック台帳を作るという場合、その計算が実際にはそんな小さな店では到底手に負えないような大変な代物になってしまうのではないかということである。

ところがこれは大きな誤解なのである。実はそういう膨大な計算は、超大型機タイプの場合にだけ要求されるもので、中・小型機タイプのブロックチェーンではほとんど必要ないのである。

事実、ハッシュ関数を計算するだけなら、簡単な計算であっという間にできてしまい、それはビットコインなどの超大型機タイプのブロックチェーンの場合でも同じである。そもそもブロックチェーンの基本概念が、誰でもブロックごとに、取り引きデータからハッシュ関数を簡単に計算して、それが正しいかをすぐに外からチェックできる、ということを前提に成り立っている。そのためその計算が膨大で大変だったとすれば、周囲の大勢が迅速にチェックをすることができず、システムとして成り立たなくなってしまうのである。

くどいようだが、この中・小型機タイプのシステムとビットコインなどの超大型機タイプとの違いは、中・小型機の場合、ブロック台帳を誰が作るかは、最初からある程度の責任を持った限られた人間が当番制などで行っているが、ビットコインなどの超大型機の場合、それは不特定多数の誰が行ってもよいことになっているということである。そのためここではまずブロックを誰が作るのかを決める作業を行う必要があり、実はその部分でそういう膨大な計算が要求されるのである。

つまり中・小型機タイプの場合にはその作業が必要ないのだから、そんな電気代が気になるほどの大変な計算を行う必要は最初から存在していないことになる。

そういうことなら、こうした中小型機タイプのブロックチェーンは、先ほどのようにかなり小さな場所や組織でも十分に使うことができるだろう。特にそうした内部関係者の改竄が心配される場所や、緩い組織で台帳や記録を残す必要のある場所では、むしろこれを使わない理由を探さねばならないほどである。そのため将来的にも多くの場所で、思いも寄らない使われ方で広く普及していくことが予想されるのである。

超大型機タイプのブロックチェーンのシステム

では次に本来なら本命とされるべき「超大型機タイプ」つまりビットコインなど仮想通貨の世界で用いられるブロックチェーンのシステムについて見てみることにしよう。

とにかくこの場合には目指している目標が一桁大きく、ちょうど「金の地金を誰が世界中どこへ持って行っても、またそれが誰の手に渡っても、常に問題なくお金として使える」というのと同様、世界中のどこでも、不特定多数の誰でもが使えるものを目指している。

そのため先ほどの中・小型機タイプのように、ある程度の責任を持った者の間で交代の当番制でブロックチェーンを作ってつなげていく作業を行う、というのでは駄目で、それが完全に不特定多数の人間の間で行えるようになっていなければならない。ところがこのハードルは結構高く、それを越えるためにはもう一段、高度な工夫がいくつか必要になるのである。では以下にそれを見ていこう。

その場合、まず何が重要になるかというと、確かにブロックチェーンを作る人間は誰でもよいのだが、ただそれを行えるのは一人なので、まずそれを世界中の誰が行うか決めなければならない。

その難題を解決するために、こうした超大型機タイプでは、台帳の本来の内容とは別に、一種のゲームやレースを皆で行って、そのレースで第1位になった者にその資格が与えられる、という形をとっているのである。

そしてそのゲームやレースは、効率良く行うために、ちょうど台帳の余白のページの一部を借りてその中で行われるような形になっており、台帳のデータを見ればそのレースの結果も見ることができるような格好になっている。つまり台帳は、取り引き内容を記載する本来の場所であると同時に、そのレースを行う場所も兼ねているわけである。

では具体的にはどんなゲームやレースを行っているのだろうか。それを先ほどの例のような3桁のハッシュ値の場合で見てみよう。先ほどは台帳のデータとして、日付、個人ID番号、金額などの数字が書き込まれていた。そしてそれらを基に3桁のハッシュ値を計算しており、先ほどの例だと、それは000から912までの数のどれかとなっていた。

ところでそれらの数字を眺めると、当然ながら現れてくるハッシュ値の中には、3桁フルの数字ばかりではなく、「006」などの実質「1桁」だけの数字も混じっており、全体の比率では913個の数字のうち9個（0も「1桁」に含めた場合は10個）が、そういう1桁の数字である。

そのため約90回に1回の割合で、そうした1桁の数字が現れるはずであり、そこでこれを逆に応用して「台帳データの数字をうまく変更することで、誰が一番先にそういう1桁のハッシュ値を出すことができるか」という一種のゲームを行うのである。

もう少し具体的に言うと、そのゲームにおいてはルールとして、本来の台帳ファイルに含まれている日付、ID、金額などの全部の数字の他に、もう一つだけ適当な数字を足してやることが許されている。この数字はどんなものを選んでも良く、そのためそれをうまく選ぶと、ハッシュ値（つまり割り算の余りの値）が1桁の数字になってくれることがある。図8-9▼

そこで最も早くそういう数字を見つけ出せた者が、新しいブロックを作る権利を得る、というルールになっているわけである（なお同時に二人が1桁の数字を得ることに成功した場合、数字の小さい側が勝者となる）。

ブロックチェーンの用語では、このように1桁のハッシュ値を出すために意図的に付け加えられる数字のことを、「ナンス（1度だけ使われる数字、あるいは無意味な数字）」と呼んでいるが、このレースの際には無論、そういう数

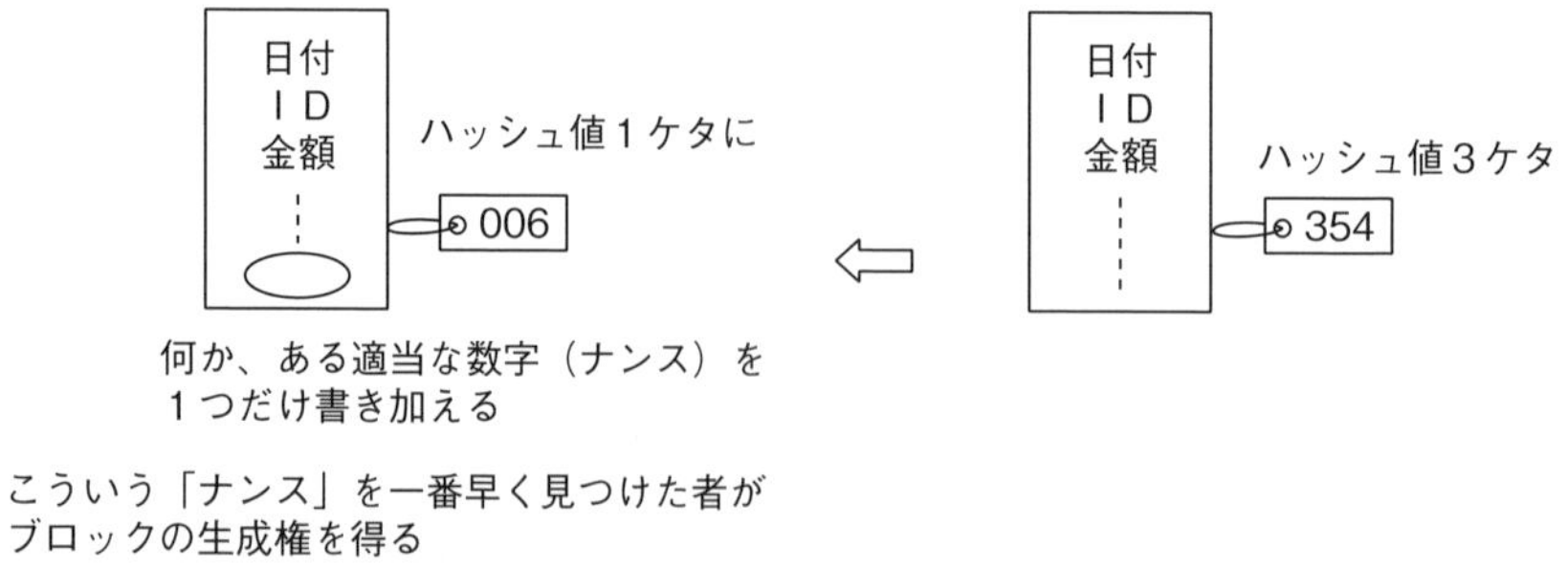

図8-9

字を効率良く割り出すうまい方法が存在していない、ということが前提となる。

例えば先ほどのようにハッシュ関数を単なる割り算の余りで安直に作った場合だと、簡単にそれが割り出されてしまってまともなレースにはならない。しかし本格的なハッシュ関数は、そもそもそういう割り出しの手がかりがどこにも存在しないようにすることを、最大の目標にして設計されたものなので、そうしたうまい手段は事実上存在しない。

そういう場合、ちょうどダイヤル式の鍵の番号を一つひとつ試していく要領で、物量作戦で虱《しらみ》潰しにしていく以外に方法がないことになる。実は電気代が心配となるほどの膨大な計算が要求されるのは、作業のこの部分なのである。

つまり超大型機タイプの場合、世界中のだれでもアクセスできるという建前上、ブロックを作ることに立候補した者はその資格を手に入れるために、とにかくまずそのレースに勝たねばならず、むしろそこで最大の努力が必要とされるのである（なおブロックチェーンの用語では、こうした一連の作業のことは「プルーフ・オブ・ワーク」と呼ばれている）。

「ナンス」の組み込み方

なお先ほどの話では、その競争のルールは「006のような1桁のハッシュ値を見つける」という形で表現されていたが、これは言い方に多少の変更を加えて「006のように先頭の2つの数字が0となっているハッシュ値を見つける」という形でルールを表現したほうが適切である。

どういうことかというと、前者のルールの場合には、現れてくるハッシュ値が常に1桁ということになってしまい、その数字をタグにつけて次々に挟み込んでいくことを考えると、1桁の数字では桁数が少なすぎて、暗号としての能力が心許ないからである。

ところがルールが後者のような形で定義されている場合には、最初の桁数をもっと大きく設定しておいてやれば、出てくるハッシュ値の桁数も大きくできる。

例えばもしそのままの状態で最初の桁数を3桁から10桁に増やした場合、前者の定義だと競争のルールは「0000000006」のように、末尾の桁以外は全部ゼロの1桁のハッシュ値を求める、という話になるが、後者で定義した場合には例えば「0041852376」のように、最初の2桁だけがゼロの8桁のハッシュ値を求める競争、という話になる。

そのため後者のようにすれば、タグのハッシュ値の値は、たとえそういうナンスを組み込んだ結果として出てきたものであっても、なお8桁の数字を確保できるのであり、こちらのほうが暗号としての使い勝手が良いことは明白だろう。

一方そういうナンスを見つける手間のほうだが、これは「先頭の2桁がゼロになるようなナンスを見つける」というルールにしておいた場合、作業の手間やそれが発見される確率は、もとの桁数が3桁でも10桁でも（共に確率ほぼ1/100で）変わりはない。要するに基本ルールをこういう形にした上で、もとの桁数を拡大してやれば、より柔軟な対応ができるわけである。

現実には、一般にブロックチェーンで使われているハッシュ関数の桁数は64桁ほどで、ブロックの生成資格を得るのは、ハッシュ値を求めた時にその先頭に18個のゼロが並ぶような形にできるようなナンスを見つけた者だとされている。この場合、たとえ先頭に18個ゼロが並んでも、なお46桁ほどが残るので、暗号としての使用にさほど問題はない。

まあそういう細かい話はともかく、超大型機タイプのブロックチェーンでは、中・小型機タイプと違ってこの「ナンス」もブロックの中に書き込まれて、周囲に公開される。つまり仮想通貨やビットコインでは、1個のブロックの中に、

・金額などの取り引きデータ
・一つ前のブロックのハッシュ値
・ナンス（1度だけ使われる数字）

が書き込まれ、周囲はこれを吟味・チェックしてそれを承認し、次々にブロックが作られてチェーン状につながっていくわけである。

「マイナー」は何を動機に面倒なことをするのか

ここで読者は一つの疑問を抱いたかもしれない。それは「一体世の中に、わざわざコンピューターを動かしてそんなことを行う人間がいるものなのか、またそういう人間は何が欲しくてそんなことをするのか」ということである。

しかしその答えは簡単で、その作業を行った者には、ビットコインの形で報酬が支払われるルールになっているからである。この場合何しろビットコイン自身が貨幣なので、単に自分の中からその一部を分けてやれば、それを支払うことができるのである。そのためその報酬を目当てに、大型コンピューターを使ってこの作業を行う者や組織が多数存在し、そういう者は「マイナー」（＝採掘者・鉱夫・鉱山業者）と呼ばれている。

その報酬が具体的にはだいたいどのぐらいの額かというと、現時点（2019年末）のビットコインでの標準的なデータとして、ブロック1個を作った者には12・5ビットコインが与えられることになっている。そして現在の相場だと、1ビットコインが50万〜110万円程度なので、約600万〜1300万円ぐらいが、ブロックを作ったマイナーに対して1回当たり支払われている。そして世界中では10分に1回の割合で、そういうことが行われているわけである。

こうした部分は、先ほどの中・小型機の場合には必要ないので最初から存在しない。つまり超大型機タイプでは、「ブロックチェーンを作る作業を不特定多数の誰でもが世界中どこでも行える」というスペックを満足させるために、ここまで手が込んだコストのかかることをわざわざ行わねばならないわけである。

それにしても、単にそういう一種のレースのためだけにそんなに大変なことを行うというのは、何とも労力の無駄遣いのように見えなくもない。そのコストにしても、1日当たり8億〜18億円前後がそのために支払われていることになる。

しかしこれはある程度仕方のないことである。政府が発行する紙幣にしたところで、偽造防止のために相当なコストを支払っている。例えば偽札を作りにくくするために高度な印刷技術などを導入するために政府が払っている予算は、決して馬鹿にならないものであるはずである。

つまりビットコインなどでマイナーに支払われている余計なコストは、そうした偽札防止にかかるコストを、別のこういう形で支払っているのだと思えばよいわけである。そう考えれば一種のセキュリティ・コストとしてはそれほど無駄とも言えないだろう。

ビットコインはマイナーが少しずつ流し込んできた

またもう一つ、それらマイナーに関する疑問として、そもそもそれをなぜ「マイナー＝鉱山採掘者・鉱夫」などという名前で呼ぶのかも、何だか謎である。しかしこれは恐らく、この種の仮想通貨を導入した人の頭の中に最初から「電子的な世界に『金』を作る」というイメージがあったためではないかと思えるのである。

確かに先ほどの話だけを見る限りでは、これらマイナーたちの存在意義は、単にブロックチェーンの台帳を整理し、それをつなげていくためだけにあるように見えなくもない。しかし実はビットコインが初期段階で量的に規模を拡大させていく際には、これらのマイナーたちはもう一つ重要な役割を担っていたのである。

そもそも一般にこの種の人工的な貨幣を新しく作ろうとした時には、特にスタート時に共通した難題を抱え込んでしまう。それは「初期段階でそれをどうやって社会の中に公平に、ゆっくりと流し込んで流通させていくか」ということが、結構難しい課題となってしまうのである。

これはちょっと考えれば常識でもすぐわかることだと思われる。例えばいままで世の中になかった希少金属が採掘されて、それを使って貨幣を鋳造すると非常に優れたものが作れるため、それを新しい正式な貨幣の素材として皆で使おう、という提案がなされたとしよう。

ところがこの際に、その希少金属を発見して以前から採掘していた者が、自分の倉庫に何トンもの地金をストックとして持っている、ということだったりすると大問題である。つまりもしその状態でそれが正式な貨幣として採用されたとなると、この倉庫の中の大量の地金がまるごと宝の山に化け、この人間は一夜にして億万長者どころではない桁外れの大富豪となってしまう。

そのため世の中の人々は、たとえそれが貨幣の素材としてどんなに優れた有用な性質を持っていたとしても、どこかにそのような不当な利益を得られる人間が存在しうるという、ただそれだけの理由で、これを新しい貨幣として採用することに難色を示すはずである。

さらにまた、そうした新しい貨幣を流通させるには、最初の段階である程度まとまった量が社会の中に流し込まれることが必要である。そしてその際には不公平がないように、広く少量ずつ社会の中に配って流通をスタートさせねばならないが、これがまた大問題となる。

実際それを公平に行うのは至難の業で、こういう場合もし配る相手が、一部の特定の集団に偏っていたとすれば、そこから外れた人々から「不公平」の声が爆発するのは当然だろう。かといって一律に突然プレゼントのように皆に配るわけにもいかない。

これがもし国家や政府が新しい貨幣を流通させる場合なら、最初に公務員の給与の形でそれを半ば強制的に受け取らせて、そこを入り口に社会の中に流通させていく、ということも可能だろうが、ビットコインの場合にはそれもできない。

ところがビットコインの場合、「マイナーへの報酬」というものが存在することで、その難題への解決の余地が与えられているのである。具体的には、マイナーがある程度の労力を払って新しいブロックを1個生成させた時、その報酬としてビットコインで何がしかの金額が支払われる。

その金額の支払いは、何しろビットコイン自身がお金なので、ちょうど造幣局が手元で紙幣を新たに何枚か増刷する要領で、ビットコインの新規発行によってその分の金額をまかなうことができ、別にビットコイン側の金庫から現在の資産ストック残高を取り崩す形で行われるわけではない。つまりマイナーに1回報酬を払うごとに、ちょうど紙幣がその分だけ新たに刷られるようにして、ビットコイン全体の総量＝発行高は少しずつ増えて行くわけである。

このやり方で、不公平や不満を感じる人はいないはずである。まずマイナーは手元のコンピューターを動かすという「労働」への正当な対価としてビットコインを受け取っている。だからそれは無料で配られているわけではなく、マイナーがそれを受け取っていたとしても、その分の労働をちゃんと行っている以上、何ら不公平ではない。

一方ビットコインを発行する側にとっても、別にそれで濡れ手で粟の利益を手にしているわけではない。これがもし例えば「ビットコインを配る対価として自動車を1台寄こせ」などという話だったら大問題だが、この場合には単に手元でビットコインの発行額の数字を増やしているだけで、何も商品などの実体的な価値を持ったものが動いているわけではなく、その点でも不公平ではない。

そのためこれを地道に繰り返していくことにより、ビットコインを少しずつ公正な形で社会の中に流し込んでいくことが可能になるわけである。現実にもビットコインはこのようにして時間をかけて現在の量まで発行されている。

そのため一番初期の段階のビットコインは、まだ小学生が仲間同士の子供銀行でおもちゃの紙幣を発行しているようなものに過ぎなかった。その時期にはまだ実社会で使うことはできず、最初のスタートから1年半ほど経ってから、ようやくピザ2枚ぐらいが買えるようになった、というのが実態だったのである。

そう考えるとこの時期にはマイナー側にとっても、コンピューターを動かす電気代を考えれば元がとれていたとは到底思えないのだが、ただこの時期にはこうした行為は、ビットコインの発行側にせよマイナー側にせよ、ビットコインの将来性を確信している人々だけの間で行われていた。

つまり当時の彼らを想像すると、たとえいまはピザ2枚ぐらいしか買えなくても、将来ビットコインの価値はもっと大きくなるという期待が、恐らくほとんどの関係者の間で共有されており、そのため元がとれなかったはずの初期状態でも、その熱意によってこのシステムの運営は十分に成立し得るものだったわけである（実際、スタート時には1ビットコインが0・5円ぐらいの価値だったが、現在では110万円ほどに上がっており、その見込みは正しかったことになる）。

ビットコインの「半減期」

そしてこれを経済社会全体のイメージとして見た場合、ちょうど金鉱の採掘者＝マイナーが掘り出したわずかな金を持って交換所を訪れ、持ち込まれたその金が金貨に鋳造される一方で、その金貨の形で報酬がマイナーに支払われる、という構図に似ているのである。

金鉱の場合、その採掘は金が掘り尽くされるまで続けられ、完全に掘り尽くされた時点で金と金貨の総量が最終的に確定されて、もうそれ以上増えることはない。ただその過渡期には、金貨が徐々に流通していく一方で採掘も続けられているため、両方が同時進行で伸びていく形になり、現在のビットコインはそういう状況である。

ではそれはいつまで続くのだろう？　そういう疑問を持った読者もあると思うので、それについても述べておこう。先ほどの話をそのまま延長すると、ブロックチェーンの台帳が次々に新しく作られ続ける限り、それを作成したマイナーに新規ビットコインが供給されることになる。ということは、ビットコインの総量は日数にほぼ比例してどこまでも増え続けるのではあるまいか。

だが「電子的な世界に金・ゴールドを作る」というビットコインの原点の思想からすると、それは必ずしも望ましいことではない。本来ならその増加はどこかで止まって総量が確定し、それ以後は安定した「絶対増えない量」になってくれたほうが、最初の構想に忠実なものとなってくれるからである。

そこでそれを実現するためにビットコインでは、全体の発行額がある定められた量に達するごとに、マイナーに支払われるビットコインの額が半分に減る、という形にルールが制定されている。つまりマイナーがブロックをどんどん作っていくと、その報酬は1／2、1／4、1／8……と減っていき、ビットコインの発行額もだんだん鈍化していく仕掛けになっているのである。

そのように報酬が半分になる時間の長さをビットコインの「半減期」と呼んでいる（現在のペースだと、だいたい4年に1度の割合で半減期が訪れる）。そのためたとえブロックが時間的に一定の割合で作られ続けたとしても、その発行総額は時間経過に正比例して増えるわけではなく、一般的な半減期のカーブと同様に次第に緩やかになっていく。

そしてある時点で増加のカーブは実質的に水平になって、その時点までに達している総額が、本来予定されていた「増えない量」としてのビットコインの総量だということになる。

それは理論的には、2100万ビットコインに達した時点で止まるとされている。一方、現在までにほぼ1800万ビットコインがこのような形で発行されていて、それはこの上限額のほぼ85％強に達している。

ちなみに金＝ゴールドの話と比較すると、いままでに地球上で採掘された金の総量は重量で約18万トンであり、これは体積にすると一辺21メートルの立方体に相当する。そして現在でも年間３００トンほどの金が新たに採掘されており、計算上は数十年後に掘り尽くされるだろうと言われている。

そのためビットコインの発行額がその上限に達した状態は、ちょうど金があらかた採掘されて、社会全体での保有量が一定値に落ち着いている状態によく似ている。つまりその状況はビットコインにとっては「それ以上増えなくなって困る状態」というより、むしろ「増えない量としての安定値に達した状態」、という点で、本来の思想からすれば望ましいものなのである。

そして実はビットコインはスタートしてから現在までにすでに2回の半減期を迎えており、マイナーが1回当たりに得ている報酬は、最初は50ビットコインだったが、現在はその報酬は最初の１／４の12・5ビットコインに減っている。 図8-10▼

ただ、そうなるとそれがゼロになって以降は、マイナーに与える報酬はなくなってしまうのではないか？　無論その件に関しては一応配慮はなされており、もともとマイナーに与えられる報酬は、ビットコインの新規発行によるものの他に、ビットコインを送金する際の手数料からも

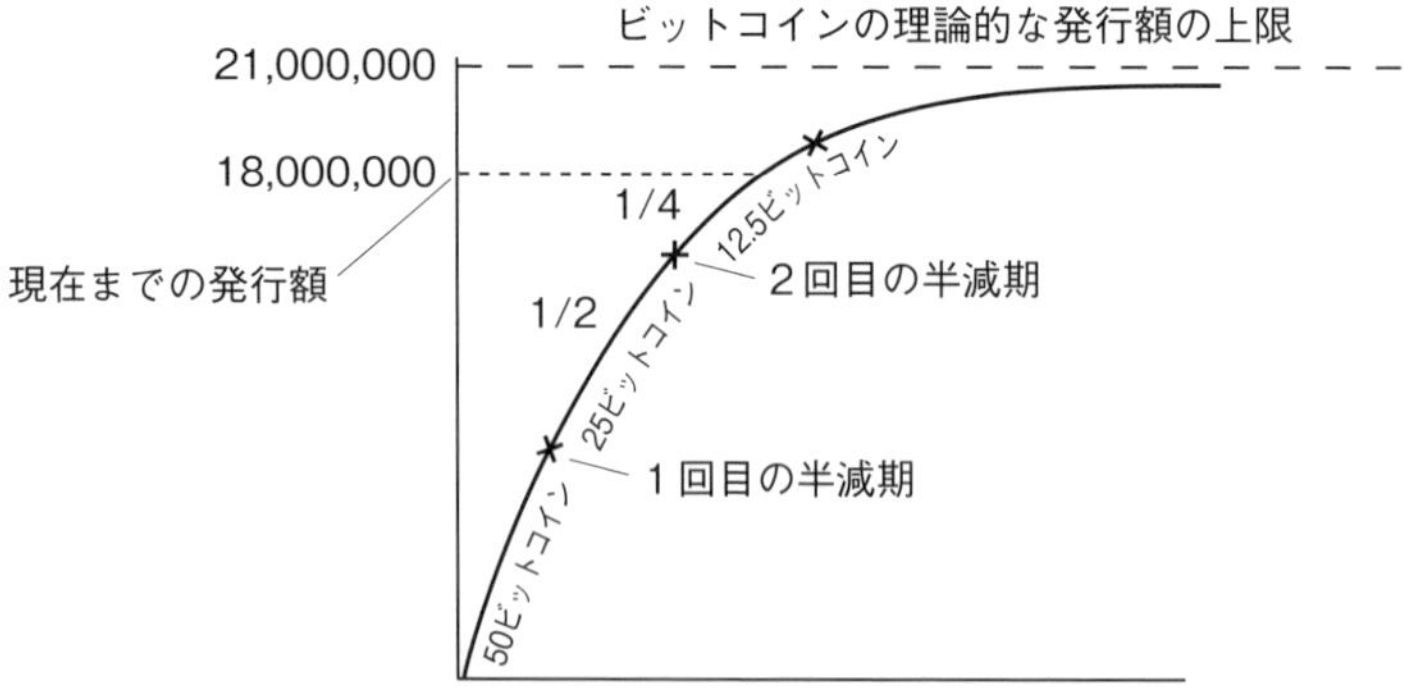

図8-10

支払われており、前者がゼロになった後はマイナーへの報酬は後者だけに依存することになる。

もっともその時には、マイナーへの報酬はゼロにはならないものの、現在より相当に減ることは確かで、そういう状態で本当に運営が続けられるのかについては、懸念する声も聞かれている。

ともあれ数量的な面をあらためて整理するならば、現在の世界では10分間に1個、つまり1日当たり150個弱の新規ブロックが生成されていて、1回当たりで50〜12・5ビットコインがマイナーに支払われている。そのため平均で1日当たり約5000ビットコイン、年間で170万ビットコインが、マイナーへの報酬という形をとって、新規発行されてきたことになる。

そしてそれが2009年からスタートして10年間ほど続いているわけだから、その数字から単純計算すれば、先ほどの発行総額とちゃんとオーダーが合うわけである。読者はこの数字を一度確かめてみると、その大まかな規模がだいたい頭に入るのではないかと思われる。

ビットコインと金本位制

それにしても先ほどの中・小型機タイプのブロックチェーンと比べると、このようにブロックの作成者を世界中の不特定多数の中からレースで決めるという、超大型機タイプのブロックチェーンのシステムはやはり桁違いに複雑で、維持のためにコストもかかっているように見える。

その一方で、果たしてビットコインというものがそれだけのコストをかけることに見合うだけの存在価値を持っているのか、ということになると、それには少々疑問符をつけざるを得ないのであり、一般にもこの点で大きく意見が分かれるようである。

最も肯定的な見解の側を拾うと、これは、ゆくゆくはドルにすらとってかわるほどの通貨となり、人類史上の革命的な貨幣の誕生となる、と主張されており、恐らくビットコインを作った人々の多くもそう信じているのではないかと思われる。

しかしその意義は正確に言えば、冒頭でも述べたように「電子的な世界の中に『金』を作る」ということにある。そのためもし**ビットコインが世界の通貨の主役になったとすれば、それは電子的な世界の中に生まれる一種の新しい金本位制度の世界なのである。**

つまりそれは、金本位制度の強みも弱みも同時に引き受けてしまうことになり、**金本位制度の限界がすなわちビットコインの限界**なのである。ということは、過去に金本位制度でどんなことが起こったのかを振り返れば、ビットコインの将来に何が起こるのかをかなりの程度、見通せることになるだろう。

過去の議論との奇妙な共通性

ところでここで過去の金本位制度の議論を振り返ると、筆者には一つ面白い傾向が感じられる。それは、当時の世界で金本位制度を礼賛していた人々は、同時に自由放任主義的な市場経済万能論者でもあることが多かったのだが、その構図は現在のビットコインにもやや共通するということである。

これについては第7章などでも述べたが、例えば米国の1970年代頃の議論を振り返ると、米国は70年代のはじめにドルと金の結びつきを断って金本位制との縁を切ったのだが、その後の米国経済はインフレと、「大きな政府」の抱える巨額の財政赤字に悩まされ続けた。

そんな中で、市場経済にすべてを任せてしまえばよいという自由放任主義の経済学者たちが、それに対する批判者として台頭したのだが、彼らの中には金本位制度への郷愁を口にする者が少なくなかったのである。金本位制度というものは、何しろ金の総量が増えないので、もともとインフレには強い耐性を持っており、政府もそこには手をつけられない。

そのため70年代のインフレに悩まされていた米国では、政府の通貨コントロール政策というものを信用できない人々の間で、一つの理想として、政府とは独立な制度として成り立つ金本位制度への復帰が語られることが少なくなかったのである。一方逆に市場万能主義に懐疑的な人は、同時に金本位制度にも否定的な見解を示すことが多かった。ケインズなどはその代表である。

そしてここで現在のビットコインの世界を眺めると、ここでもその推進者に見られる傾向として、国家統制を嫌う自由市場万能主義者でもあることが多い。そしてそれを推進する論拠の一つとしては「政府の発行する通貨というものが信用できない」ということがしばしば語られるのであり、その点でも何やら過去のその構図に似ているのである。

ビットコインが遭遇する金本位制と同じ壁

そもそも「世の中にはドルや円などがあるのだから、単にそれらを電子的な世界で使いやすくするだけで良いはずなのに、なぜここでビットコインというものが必要なのか」と問うた時、しばしばその答えは「そういう政府が発行する通貨などは将来的に信用できない」というものである。

確かにそれらの主張には一理あるかもしれないが、その一方で金本位制度の弱点を振り返ると、とにかくそれが硬直的で増減させられないことが、国の経済成長のために致命的な泣き所となっていた。その詳しい理屈は第7章を振り返っていただければ良いと思うが、とにかく国を経済成長させるためには、通貨当局が必要に応じてそれを適切に増やしてやることが必要なのに、金本位制度にはそれができない。この弱点ゆえに金本位制度は結局は捨てられてしまったのである。

そしてこの弱点はビットコインも同じである。つまり最大の特性はそれが「増やせない量」だという点にあり、誰も恣意的にそれを増やすことができないという点こそが、その存在意義である。

ところがそれは裏を返せば、たとえ国の経済成長のためにそれを増やすことが必要だというので、適切にその総量を増やすようコントロールしようとしても、ビットコインのシステムはそれを最初から拒絶して、誰もそういうコントロールを行うことはできないということである。

ではそういう場合にこのシステムはどうやって対応するのかというと、ビットコインはその調整作業を、自分の価値の値上がりという形で行うのである。

つまりそのように経済が好調になって社会全体での取り引きが活発化すると、皆がその道具としてのコインや貨幣を必要とする。そのため需要と供給のメカニズムに従ってコインの価値が上昇することになり、それによってその需給バランスの調整が行われるが、これは金でもビットコインでも同じである。

ではそれで何が困るかというと、現実に取り引きを行う際にはどうしてもコインが必要なのだが、ここでそのコインの値が上がって、入手のためのコストが上昇することでそれが困難になる、ということが起こるのである。

そもそも原点に返って理屈だけから考えると、商売というのは消費者がそれを欲しいという需要があって、手元に商品の形で供給が可能なら、基本的にはそれだけで成り立つものである。そして貨幣は単にその仲介をするに過ぎず、理屈からすれば貨幣は単に物々交換をもう少しスムーズにするために存在しているようなものである。

ところが現実にはコインがなければ多くの場合、取引を断られてしまうのであり、そのためせっかく商売の基本条件は完全に揃っているのに、ただ手元にコインがないばかりに涙をのんでそれを断念せねばならない、ということがしばしば起こる。

こういう時に政府が適切にコインや通貨の量を増やしてくれれば、その不足に悩まされることはないのだが、金本位制度やビットコインでは基本的にそういうことはできない。

そこでビットコインの場合はその調整を、自分の価値を上下させることで行っており、その際に先ほどのように激しい価格変動に振り回されるということが起こってしまうのである。

読者はここで、最近見られた現象としてのビットコインの激しい価値変動が、それと関連したものであることに気づかれたのではないかと思う。

ただし最近の現象の場合、必ずしも世の中の景気が良くなったからビットコインが大量に求められた、というより、むしろビットコインそのものに対する世間の関心や人気が高まったことで、皆がそれを欲しがるようになったためだと言ったほうが当たっている。

つまり、ビットコインの需給バランスの調整として、こうした値上がりが起こっていたのだが、そういう値上がりの傾向があることが世の中に知れ渡ったことで、それ自体が投機の対象となって、さらに値打ちが乱高下していたのであり、そのように価値の変動が激しすぎることが、ビットコインの使いにくさという弱点となって現れているわけである。

また現在はそうした期待感が先行して価値が上がっているが、それが冷めてしまった時に現在のようなことがそのまま続くかどうかは、何とも言えない。そしてここでさらにその将来を占うために金本位制度のことを振り返ると、1970年代頃にたとえ国の通貨政策がどれほどいい加減で信頼性が不足していようとも、結局は現実に金本位制度に本格的に復帰した国はなかったのである。

それは裏を返せば現実の経済においては、「必要に応じて適切に量を増やしたり減らしたりできない」という泣き所がそれだけ大きく、結局は政府の発行する通貨がそれを担う以外にどうしようもなかったということだが、これはビットコインの将来を占う上で大いに参考になる。

このビットコインにも見られる弱点は極めて本質的なもので、ちょっとやそっとの改良で克服することはできない。というより、そこを変更して「経済情勢を横目で見ながら誰か適当な立場にいる人間がそれを増やしたり減らしたりすることができる」という形態にしてしまったなら、それはもうビットコインであることをやめるであろう。

もともと仮想通貨のシステムというのは、誰かが恣意的な操作で不正を行うのを防ぐため、最初にシステムを一旦決めてしまったら、その後のシステム変更は容易にできないようになっているのが普通で、それは極めて本質的な属性なのである。

ビットコインの歴史的存在意義

そのように見てくると、ビットコインの熱烈な推進者が主張するように、**ビットコインのタイプ**

の仮想通貨がドルなどにとってかわる形で世界のメインの通貨になるというのは、かなり疑わしいように思えるのである。そしてそこで使われる超大型機タイプのブロックチェーンが、ここまで維持の手間やコストもかかるとなると、果たしてそこまでの手間を払ってわざわざ成立させる必要があるのか、という疑問が生じ、その存在意義そのものが当初言われていたよりもかなり小さいと言わざるを得ないのではあるまいか。

その一方、それが完全に消えてなくなってしまうかというと、逆にそういうことにもなりそうにない。それというのもここで再び過去の金＝ゴールドのことを思い出すと、たとえ金本位制度そのものがなくなっても、経済世界のどこかでは細々とではあるが、金＝ゴールドには裏社会などで根強い需要があって決して消えることはなく、いつの時代でも金は「どっこい生きている」と言われたものである。

そして金が裏社会でもよく使われていたという話を眺めると、例えばビットコインにもかなり早い時期から、それが犯罪に使われる可能性が指摘されている。まあビットコインは金と違って取り引き記録が残ってしまうという特性があるので、裏社会では金ほどの利便性はないが、それでも現実にネット犯罪のメールなどでは支払いにビットコインを使うよう指示してくることが多い。

そうしたことを眺めると、電子的な世界に生まれる金としてのビットコインには、それらの様々な面での需要が完全に消滅することはないのではないかと思われる。

ともあれそのように、ビットコインや超大型機タイプのブロックチェーンには、その運営コストの大きさに見合うだけの存在意義があるのかについては大きな疑問がつきまとうのだが、一方それとは対照的に、中・小型機タイプのブロックチェーンについては、用途の拡大はほぼ疑いようがないように見える。

しかしビットコインやブロックチェーンの推進者にとっては、後者がメインになるというのは恐らく不本意なことで、そもそも本書の記述のように後者をブロックチェーンと呼ぶこと自体が不快かもしれない。つまり「世界中の不特定多数が参加できる」という前者のシステムこそが画期的なのであり、やはり超大型機タイプだけが本物のブロックチェーンと呼ぶに値するというわけである。

確かにその心情は理解できなくもないのであり、超大型機タイプのビジョンには一種、世界を大きく変革するという壮大な夢が伴っていた。つまり世界の中央管理的なシステムそのものを、分散型の個人で管理できるシステムに変換するということは、単に通貨の問題に留まらず、文明レベルで人々を中央集権体制から解放するという、もっとスケールの大きな出来事としての意義を持っているというわけである。

ところがそれに対して中・小型機タイプの場合、いくら便利であっても本質的には単に改竄防止用の便利なツールに過ぎず、たとえ広く普及したところで、そこには「世界を変える」というまでの壮大な夢はない。そのためこれをブロックチェーンと呼ぶことを認めてしまうと、それが本来持っていた夢の話も薄まってしぼんでしまいかねないのである。

また本章冒頭でも述べたような話、つまりこれらの正式名称が「仮想通貨」から「暗号資産」にあらためられたという話題も、ビットコインの推進者にとってはやはり不快であるかもしれない。

そもそも多少の邪推も含めて言うならば、政府側がこの呼称変更を行いたがったのは、根底に『通貨』を発行できるのは政府だけで、民間がそのようなものを作り出すことは許されない」という意識が感じられる。

そして両者の語感を比べても、「仮想通貨」がグローバルに誰でも使える超大型機タイプの呼称としてふさわしいのに対し、「暗号資産」の呼称は、むしろローカルな店舗などの中でも成り立つ中・小型機タイプのものを表現することに向いているように見えるのである。

その意味では、この呼称変更自体がその夢に水を差すものと言えなくもないのだが、逆にこうした一見些細なことも、むしろ結果的に背後の複雑な事情を反映しているようで興味深い（冒頭でも述べたが、この章のタイトルをあえて「仮想通貨」の側にしておいたのは、そのためでもある）。

こうしてみると、あるいはそのような超大型機タイプの壮大な夢そのものが幻想に過ぎなかったのかもしれないが、それでもその「夢」が存在したことの意義は小さいものではない。そもそも本章冒頭でも述べたように、それら中・小型機タイプのブロックチェーンの概念にしても、超大型機としてのビットコインなどが一つの夢として語られて、その夢が世の中を引っ張っていくことではじめて世の中に浸透していったのであり、それがなければ普及はもっと難しかったろう。

他の仮想通貨について

また仮想通貨といえば、フェイスブックが２０１９年６月に発表し、導入に向けて動いている**「リブラ」などが世の中でも注目の的であるが、これはまたこれで、ビットコインとは全く別種のものと考えるべき性質のものである。**

むしろこれは昔からあるような、加盟店の間で使えるポイントや商品券・ギフト券などを、電子マーケットの中で拡大発展させたものだと思ったほうが近いかもしれない。実際ちょっと見るだけでもビットコインとの相違点はすぐにわかる。ビットコインは運営維持のメインが外部の不特定多数の人間に依存しているのに対して、こちらは運営母体が大きくてはっきりしている。

そのためリブラの場合、この仮想通貨に貨幣としての価値を与えることも簡単で、運営母体が責任を持って、円やドルなどの普通の通貨と等価の価値を保証するだけでよい。これは昔から商品券の世界で行われてきたことで、ただ従来のものと違うのは、単にそれが使える電子的なネットワークの規模が桁外れに大きく、これまでの加盟店などのそれとは比較にならないほど広いということだけである。つまり確かに量的な面では画期的であるものの、ビットコインのように複雑なメカニズムは必要ではなく、質的な面ではそこまで斬新なものではない。

確かにこの場合も将来的に、その運営に際して部分的にブロックチェーンの技術が使われることはあるかもしれないが、しかしその場合でも、それは恐らくは中・小型機タイプのものである可能性が高いように思われる。つまり参加しているいくつかの寄り合い所帯的な組織の内部で、ある程度の責任を持つ者を選んで作業分担を行うためにブロックチェーンを用いる、という形態である。そこにはマイナーなどの姿はなく、いずれにせよ超大型機タイプのものが使われる可能性は低いのではあるまいか。

また、この種の仮想通貨が最終的にドルや円にとってかわる存在になるかという問題だが、これに関してはビットコインと同じような限界が生じてしまう。つまりビットコインの場合「無闇に増やせない」という性格ゆえに、金本位制とよく似た限界が存在していたが、この場合にもどこかでそれに起因する限界が発生するため、完全にとってかわることはできないのである。

それにしてもこの「**リブラ」などのタイプの仮想通貨に見られる一般的な傾向として、どうも面倒なことは親であるドルや円に押しつけて、難しいことは政府の通貨当局に全部やってもらい、自分はそこに寄生する形でおいしいところだけを持って行く、という虫の良いスタンスが感じられる**のである。

実際、第7章で述べたような通貨の本質的問題は、いくら小手先のテクノロジーを使っても結局は克服できるものではない。もしそれを本気で克服しようとすれば、フェイスブックなどの発行母体は事実上、政府の中央銀行と同じだけの責任を引き受けねばならなくなるだろう。

ところがその際には軍事力などの後ろ盾がないことが弱点として暴露されることになり、最終的にはフェイスブックなどが経済力以外の確固たる力を何も持っていないことが、本質的な限界として現れてくることになるはずである。

現時点での仮想通貨の構図

そしてここであらためて、それらの仮想通貨も視野に入れた上で全体を俯瞰してみると、現時点でその世界の構図が、最初思っていたものよりもう少し複雑なものだったことが見えてくる。それというのも、実はブロックチェーンにしても仮想通貨の性格にしても、よく見るとそれぞれの中に二種類のものがあって、その組み合わせパターンが生じる格好になっているのである。

まず仮想通貨の側について言えば、先ほどまでの議論でわかるように、ビットコインは「電子の世界に金＝ゴールドを作る」ことを目標にするタイプの仮想通貨である。それに対してリブラなどの仮想通貨は、基本的にその価値をドルや円などの通貨に依存する形で作られ、運営母体がそれとの交換を保証するタイプのものである。つまりこちらのシステムはビットコインと違って、いわば商品券の拡大版のような形で設計されており、悪く言えば国家が発行する通貨に寄生して成り立っている。つまり大きく仮想通貨と言っても、その中にはこの二種類のものが混在しているのである。

一方それとは別の話として、ブロックチェーンに関しても（この章で何度も論じたように）二種類のタイプのものを考えることができる。つまりそれらは「超大型機タイプ＝世界中の不特定多数の人々に担われるもの」と、コンパクトな「中・小型機タイプ＝限定された運営母体に担われるもの」の二種類であり、ビットコインが用いているのは、前者の超大型機タイプのブロックチェーンである。

一方リブラのような仮想通貨の場合、そこでブロックチェーンがどういう形で使われるかは、将来の問題として現時点では必ずしも確定していないが、一般的に言って運用母体がはっきりしている場合には超大型機タイプの必要性はやや薄い。つまりもしブロックチェーンを用いるとしても、基本的には恐らく中小型機タイプの発想を基礎にしたものになる可能性が高いものと推定される。そのため予想を含めた形でそれらを整理すると、図8-11のようなチャートになるわけである。

図8-11▼

仮想通貨の性格 ＼ 使われるブロックチェーン（推定）	超大型機タイプ	中小型機タイプ
「電子の世界にゴールドを作る」タイプ	ビットコイン	
ドルや円などの価値に依存するタイプ		リブラなど

図8-11

あるいは読者の中には今までこうした区別の存在自体が頭になく、これら全部を十把一絡げに「仮想通貨」と思っていた方も多いかもしれない。しかしこのあたりがちゃんと頭の中に入っていないと、仮想通貨の話はどこかで必ずわからなくなって、誤解の中に迷い込んでしまう恐れが大きいように思われるのである。

あるいはこれは理解の上でのもやもやを解消するための一つの重要ポイントかもしれず、そのためこの章の内容がよくわからなかった読者も、このチャートを頭に入れてあらためてもう一度読み返すと、よりよく理解できるのではないかと思う。

〈要約〉

・ビットコインの本質とは、一言で言えば電子の世界に、絶対に増えない量としての金＝ゴールドを作ろうとする試みであると言える。電子の世界は物事のコピーが容易なので本来そういう量を作ることは難しいが、その一方で、そういう「増えない量」がどこを辿ったかの足跡を洗い出すことは得意である。

つまり後者の情報が全部あれば、その動きが一種のネガの形で表現されることになり、その台帳の管理を厳格にできれば、事実上「増えない量」を作ることが可能になる。ただそのためには、その種の台帳が絶対に改竄できないようにする必要がある。

・そのための工夫として、まずその大きな台帳を小さいたくさんの台帳に分割し、その小さい台帳に一種のタグをつける。このタグに書かれた数字は、台帳の内容を一文字でも改竄すると全く別の数字になるように作られている。

そしてさらに、台帳をたくさん並べてそのタグを次々に挟み込んでいく格好で、そのタグの数字を次の台帳に書き込んでいく。要するにいわばブロック状に分割された台帳が、タグの紐で全部チェーンのようにつながっているわけである。

・こうしておくと、その台帳のどれか1冊を改竄した時に、まずその台帳のタグの数字が別物に変わる。そしてさらにその影響が芋づる式に全部の台帳に及んでいくため、改竄がばれないようにするためには結局全部の台帳に手を回さねばならない。

つまりこのようにブロックチェーン化しておくことで、分散されて管理されているたくさんの台帳を一斉に改竄不可能にしておくことができるわけである。

・こうしたブロックチェーンは、大きく分けると「中・小型機タイプ」と「超大型機タイプ」の2種類を考えることができ、前者はこの台帳の管理に関して、ある程度の小さな集団で責任を持って共同管理されるタイプのものだが、後者は文字通り世界中のあらゆる不特定多数の人間の手で共同管理されるタイプのものである。そして後者が真のブロックチェーンと目され、ビットコインもこのシステムを使ったものである。
・この超大型機タイプでは、「誰がそのブロックを作るか」の資格を競うための仕組みもブロックチェーンの中に設けられ、この部分が非常に大仕掛けになっている。一方中・小型機タイプではその部分が必要ないので、構造的にも遥かに簡単で取り回しが良く、そのためかえってこちらのほうが将来のブロックチェーンの主力になる可能性も十分ある。
・ともあれビットコインはこれを使うことで、電子の世界に仮想的な金＝ゴールドを作り上げているわけだが、そのため通貨として見ると、それはかつて金本位制度が持っていた弱点なども抱え込むことになり、それがビットコインの限界になると考えられる。

とにかく仮想通貨の話は、基礎を十分理解しないうちに次から次へ新しいものが現れてくるので、誰もがそれに振り回されてしまいがちである。特に困るのは、そうした新しい情報が次々に上積みされていくほど、それに気を取られて基礎をちゃんと学ぶ時間や余裕がなくなってしまうことで、最初の基礎があやふやだと結局は最先端の情報も完全には理解できず、その足元の脆弱さをなかなか解消できないのである。

そのため読者はとにかくこの章で述べた話を基礎知識として一旦しっかり頭に入れておけば、細部の情報を自分でそこにどんどん接ぎ木していくことで、今後どんなものが登場してもそれに対応できるようになることを期待してよいだろう。

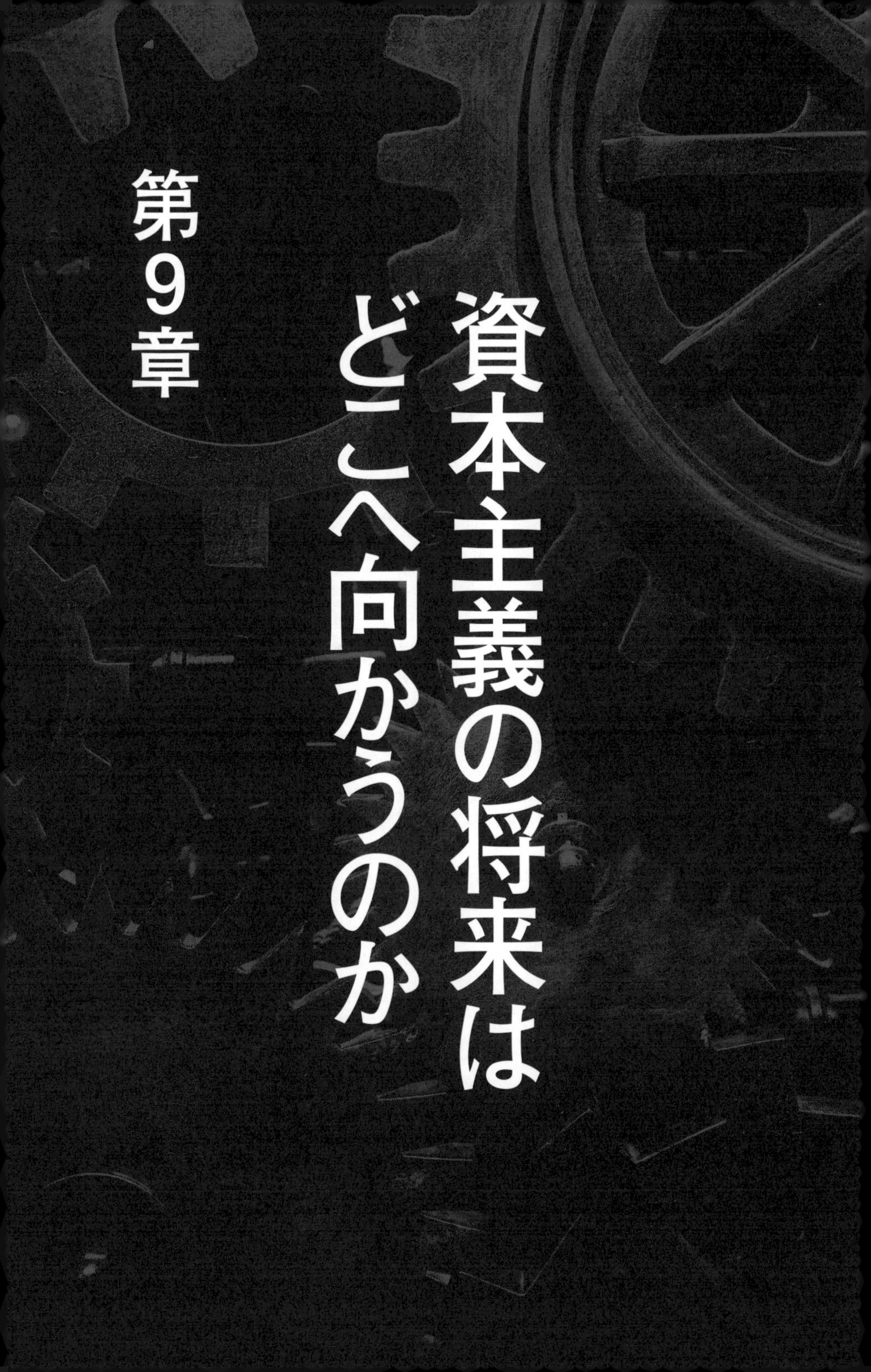

第9章

資本主義の将来はどこへ向かうのか

この最後の章では第1章の末尾の問いを受ける形で、暴走する資本主義経済と人類の未来が一体どこへ行くのかについて眺めてみたい。

そこでまず第1章を振り返ると、その冒頭部分では「止まれない資本主義のメカニズム」を示す一つの証拠として、ここ100年間の石油消費量の増大のグラフが提示され、そこには資本主義経済が倍々ゲームで指数関数的に拡大していることがグラフの上にはっきりと表れていた。

それゆえこの倍々ゲームの成長を放っておけば、恐らくそれは必然的にまず資源の枯渇を破滅的レベルで引き起こす理屈になる。実際数十年前の1970年代頃に行われていた予測を振り返ってみても、当時はむしろ温暖化などよりこちらが遥かに重大な脅威と見られていた。そもそもこの深刻さに比べれば、たかが気温が何度か上昇することなどは些末なこととして、当時は話題にも上っておらず、とにかく「石油が完全に枯渇した地表を、人類がその一滴を求めてさまよう」というのが、70年代頃に思い描かれていた21世紀の悲観的な予想図だったように思う。

しかしそれがその後どうなったかを見ると、実は石油の消費量は当時予想されていたほどには増えなかったのである。確かに環境にかかる負担は依然小さいとは言えないが、現実には21世紀に入っても原油などは市場で結構だぶついており、少なくとも当時の予想ほどにはそれは悲惨なものではなかったと言える。

またグラフを眺めても、それは確かに増加してはいるものの、必ずしも指数関数的に急上昇するカーブではなく、むしろどちらかといえば直線的に緩やかに上昇しているように見える。

そこから推察すると、どうも資本主義の指数関数的な倍々ゲームの拡大などということも、現実にはそんなに懸念することはなく、人類がそれを恐れる必要はなかったのではあるまいか？

ところが実はそうは言えないのであり、それは一つには経済の拡大の形態そのものが、ここ数十年で大きく変わってきたからである。そしてわれわれはここで、一つ新しい概念を導入する必要があり、それは「縮退」という概念である。

1 「縮退」という大問題

「縮退」という繁栄

「縮退」がどんなものかはこれから述べていくが、その実例は読者も身近なところで見ていると思われる。例えば一昔前の商店街ではたくさんの小さな商店や企業が共存して賑わっていたのに、それがだんだん少数の大企業に呑み込まれて、町全体がシャッター街と化している。

ところがここで一つ注目すべきことは、こういう場合しばしば必ずしも経済全体が衰退しているわけではないということである。

世界の経済を見ても、グーグルやアマゾンに代表されるごく一握りの超巨大企業だけは栄えており、それらだけで統計をとれば世界経済そのものは間違いなく繁栄しているのである。そのためこれが衰退なのか繁栄なのかは一言で言えないことになり、そこでこういう一筋縄では行かない状態を「経済が（巨大企業に）縮退している」と表現しようというわけである。

実はこれに似た話は、恐竜の世界でも耳にすることがある。それによると、恐竜が滅亡する直前の白亜紀末期の地層からは、ティラノサウルスとトリケラトプスの2種類の巨大恐竜の化石ばかりが出てくるようになり、一見すると種の寡占化が進んでいるように見えるという。

ところが個体数で眺めると、恐竜全体の数そのものはむしろこの2種を中心に増えており、そのため「この時期においても恐竜は衰退しておらず、むしろ繁栄していた」と主張する研究者もいるという。

まあ恐竜の世界の話は、あまりにも頻繁に学説が塗りかわるので証拠としては採用しにくいのだが、もっと身近なところでは、デリケートな生態系を持つ湖に外から強力な外来種が入り込んできた時などにも、似たような話がしばしば見られている。そういう際には、昔からの弱小な固有種が絶滅して確かに種の寡占化は進んでいるのだが、外来種が増えたことで湖の魚の個体数は逆に増えている場合があり、そこでもやはり衰退か繁栄かの判断には微妙な部分が残ってしまうのである。

縮退のメカニズム

こうしてみると、それらの良し悪しの価値判断はあるいは相対的なものでしかなかったのかもしれない。例えば珊瑚礁《さんごしょう》でオニヒトデが大繁殖しているのを見れば、誰もがそれを悪いと思うだろうが、それは単にオニヒトデが醜い嫌われ者だからで、もっと美しくて食用にもなる生き物が大繁殖していれば、それは良いことだと解釈されたかもしれない、ということである。

しかし生態系の分野では、「悪い生態系」とは何かに関しては、一応の基準や定義がちゃんと存在していて、その良し悪しは必ずしも相対的ではない。それによれば、一般に悪い生態系とは「少数の種だけが異常に繁殖して他の多数の弱小種を駆逐し、種の寡占化が進んでいる状態」とされており、そのため先ほどの一連の話も、その定義の上からは一応は「悪い」と判定されることになる。

ただこの定義自体が、どちらかといえば一種の常識的なセンスによって緩やかに導かれた結論なので、徹底して論理的な根拠を問うとなると、その根底にはやや曖昧な部分が残ってしまう。

ところがここで「縮退」という概念を使うと、その根拠が物理や数学のレベルで与えられ、経済や生態系などの様々な分野にも統合的に適用できるようになるのである。

その際には「作用マトリックス」というツールを使うのだが、ここでは文系の読者のことも考えて、あまり難しい話には深入りせず、簡略化したイメージで述べてみることにしよう（詳細を知りたい読者は拙著『物理数学の直観的方法』〔講談社ブルーバックス〕を参照されたい）。

例としては生態系と経済のどちらでもよいが、まずここで各生物種や企業を下の図のように斜め一列に書き出して並べてみよう。図9-1▼

そしてここではそれらの食物連鎖や相互依存関係が矢印で示されており、右の図のAのようにそれらが全体を回ることで、多数の生物や企業同士の相互依存関係が一種

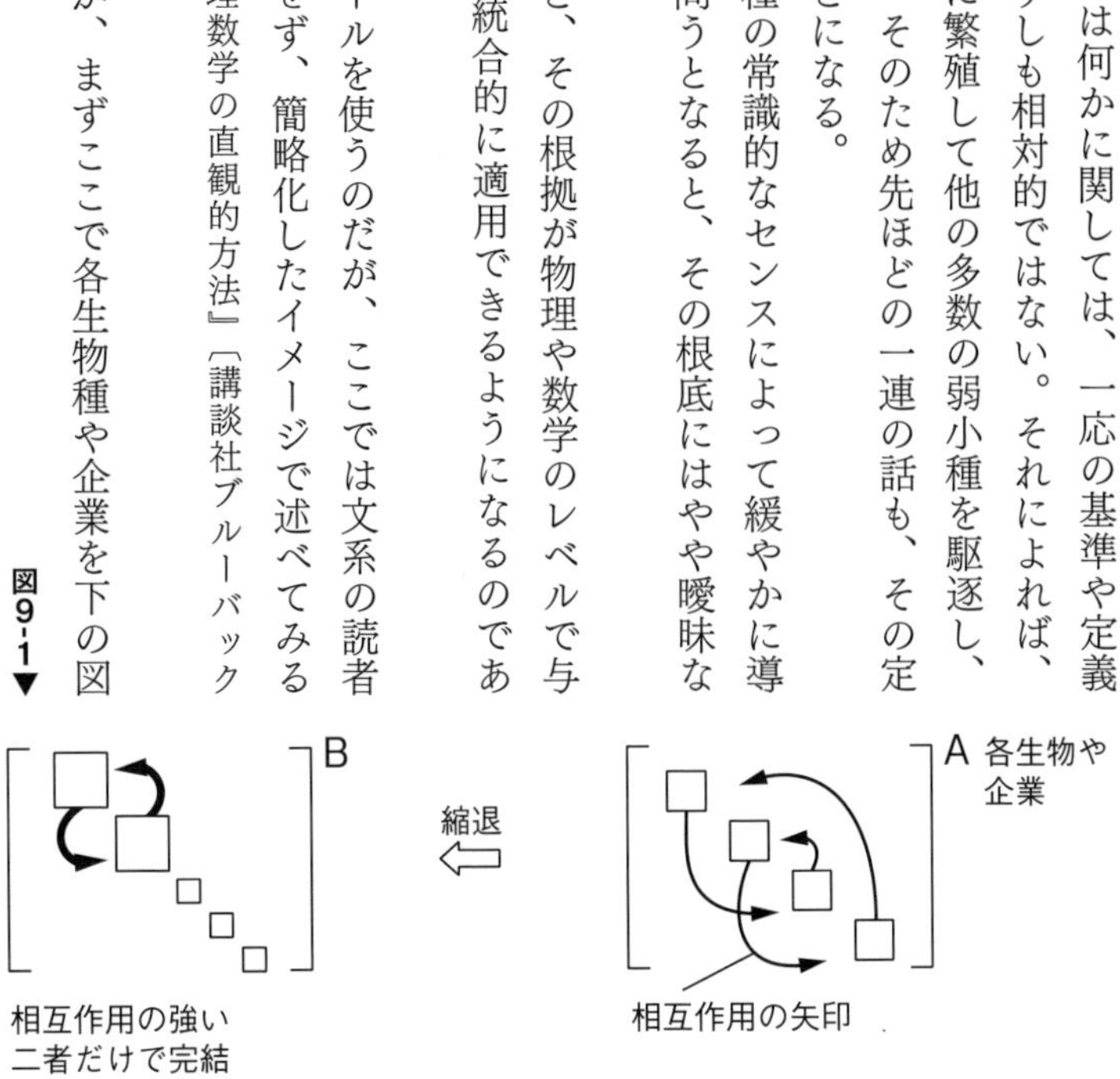

図9-1

の大きな生態系を作っているわけである。

ところが多くの場合、時間を経るにつれて図のBのようにその毛細血管のような矢印の「流域」がだんだん狭まってきて、資金の流れなどが超巨大企業と巨大機関投資家の二者の間だけで回るようになっていき、その際に矢印も太くまとまって、資金の流量そのものは増大する場合が多い。

図のB▶

こういう状況になると、末端には資金が全く回らないようになって、経済システムの外に追い出され、末端から壊死《えし》していくことになる。これは生態系の場合も同様で、相互作用の矢印が少数の強い種の間だけで完結して均衡状態を作ってしまうと、それらだけが繁栄して他の弱小種は生態系に無視される形で衰退してしまう。つまりたとえ中心部が栄えて全体としては量的に大きくなったとしても、生態系としては劣化している。これが「縮退」である。

メカニズムの本質

これが悪い状態であることは一応は常識でもわかるが、もっと論理的にはその良し悪しの根本的な理屈はどう考えればよいのだろうか。その際にはこの**話の本質が「偶然そういう生態系がうまく成立することが、どれほど稀で難しいことなのか」という点にある**ということに注目すれば良い。そしてこれは作用マトリックスを通じて眺めると一目瞭然でわかってしまうのである。

この場合、バランスのとれた生態系では、それぞれの種が他の種に及ぼす相互作用が絶妙な値にセットされていることが必要である。つまり次ページの図9-2の右のaのように、弱小種に至るまでずべての種同士の間で、互いの相互作用の値が絶妙に正確にセットされていなければならない。それらを全部適切な大きさにセットすることで、はじめてその生態系はうまくバランスを作るのであり、それは経済世界の場合も同様である。**図9-2のa▼**

それに対して寡占化が進行した状態では、最も強大な二つぐらいの種の間の関係だけをセットすれば、それだけで一応は大きなバランスが作れてしまう。経済の場合なら、巨大企業と巨大機関投資家の間で金が回っておりさえすれば、他の部分がどうであれ、それだけで一応経済の大枠が決まってしまうので、経済社会はその状態で安定してしまう。

つまり左のbのように、それらの間の2個の相互作用だけを適正値にセットすればこの状態は成立させることができ、残りのたくさんの相互作用はどんなでたらめな値でも差し支えない。**図のb▼**

そしてここで「偶然そういう状態が達成されることが、どの程度難しくて希少なのか」を眺めると、aのほうが難しいことはすぐわかる。つまりaの場合、たくさんの相互作用を互いに矛盾しない適正値にセットしなければならず、その絶妙な組み合わせパターンは一通りか二通りぐらいしか存在しない。

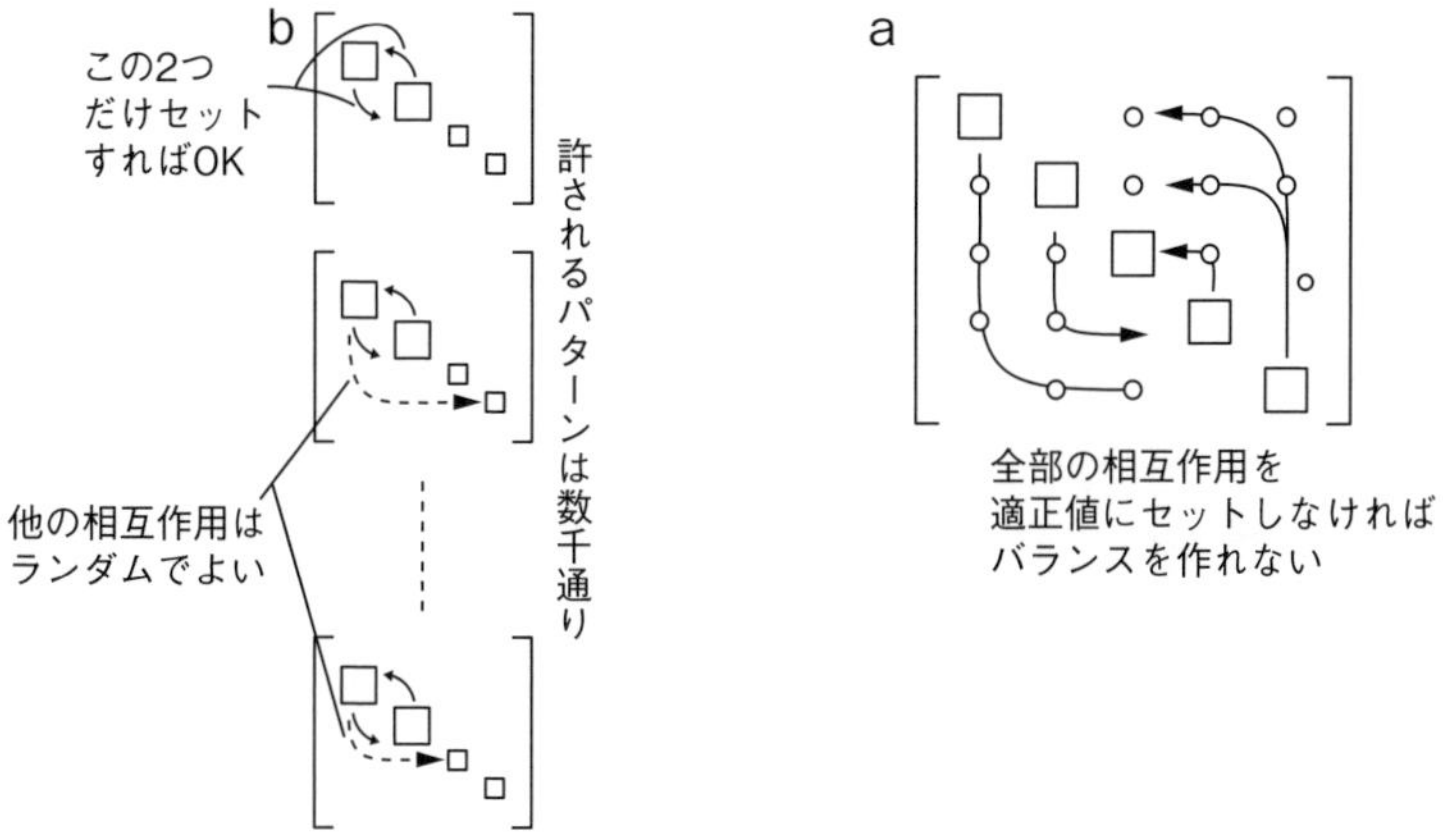
b
この2つ
だけセット
すればOK
許されるパターンは数千通り
他の相互作用は
ランダムでよい
a
全部の相互作用を
適正値にセットしなければ
バランスを作れない

図9-2

ところがbの場合だと、メインの二つ以外はランダムでよいのだから、それらの潜在的なケースも全部数え上げれば、許されるパターンの数は何千通りもあることになる。つまりaの状態は希少性が高いが、bの状態は希少性が低いことになる。

これは作用マトリックスを使えば完全に数学的に示すことができるが、ともあれこのような形で問題を表現すれば、これがaの希少性の高い状態からbの低い状態へ移行する、一種の劣化であることがきちんと立証できるのである。

劣化状態から抜けられない事例

要するにこの場合、**問題の本質は「劣化した状態では注意深くセットすべき相互作用の個数が減っている」ということ**で、その際には、もし多数の細い流れの矢印が1本の太い流れの矢印に統合されて消失しても、合計流量が同じなら物事は劣化した状態で一応の安定状態を作ってしまうのである。

そして「システムが劣化した状態でも生き続けて元へ戻らない」という件に関しては、その極端な実例がわれわれの身近でも見られている。それは人間の延命医療の末期状態で、体に何本ものチューブをつけて外から延命を図る、いわゆる「スパゲッティ症候群」である。

この場合、本来の健康な状態では先ほどの右のaのパターンのように、各臓器間の相互作用が絶妙な値にセットされ、各臓器が互いに絶妙なバランスで依存し合う形で体全体の機能を維持している。ところがスパゲッティ症候群では、主要な各臓器に外からチューブをつけて1個ずつ別個に維持するため、各臓器間の微妙な相互作用などは最初から無視されており、それがどんなでたらめな値になっていても、一応この状態を強引に維持することができる。

そのように主要な臓器が全部生きているので一応の延命はできるが、単に各臓器がばらばらに自分の機能を維持しているに過ぎず、人間としてのまともな活動は一切不可能となる一方、死ぬこともないので、チューブを外さない限りこのままの状態がずっと続いてしまうのである。

つまりセットすべき相互作用の個数が極端に少ないという点からすれば、これも縮退の一形態であり、そしてこれは、こういう劣化状態から抜けることが難しいことの大きな実例である。

縮退の過程で金銭的な富が生まれる

そしてここで現実の社会を眺めると一つ注目すべきことがある。それは**縮退が進行して希少性の低い状態に移行する過程で、しばしば金銭的な富が引き出されているということ**である。

現在の巨大企業が、中小企業を絶滅させてその縄張りを吸収することで、巨額の富を得ていることは誰の目にも明らかだろう。それは言葉を換えれば、経済社会を縮退させる過程でその富が生まれていることになる。

これはサイズに関する量的なものだけでなく、質的な面でもそういうことが起こる場合がある。例えば家族制度などを一種の社会的な生態系だと考えた場合、その崩壊や縮退に伴って、新手のサービスが隙間に割り込むことで、しばしば金銭的な富が絞り出されているのである。

単純な例だと、何十年か前の昭和の時代には、家族が夜の団欒《だんらん》の時間に応接間や茶の間に集まって1台しかないテレビを皆で見る、というのがよく見られる光景だった。しかしこれではテレビの販売は、各家庭に行き渡って飽和した時点で停止してしまう。

ところがここで、茶の間に団欒で集まる習慣が消えて家族がばらばらになり、皆が各部屋にこもって別々にテレビを見始めるようになればどうだろう。その場合には2台目、3台目のテレビが売れるようになり、これは家族関係の個人主義への縮退に伴って、その部分のサービスを企業がいただくことで、金銭的な富が生み出されたことの一例だと見ることもできる。

しかし一般にそうしたことが起こるのは、物理学の常識からすれば決して奇異なことではない。それというのも、このような場合にエネルギーが引き出されるというのは物理の重要な基本原理だからである。ただ読者の中には「エネルギーを引き出す」という物理の話が、どこか敷居が高くて入り込みにくいという方もいるかもしれないので、最も簡単なところから考え直してみよう。

まずその一番の入り口的な話としては、例えば水力発電所などを思い浮かべるとよい。この場合には、最初の段階で高い位置にあった水や物体が低い位置に落ちていく時、その過程で電力というエネルギーを引き出している。

これはエネルギーを引き出すための最も単純な仕組みだが、しかし無論エネルギーを引き出すには他にもいろいろな方法があり、火力発電所のように燃料を燃やしても可能である。ただこれらは一見すると全く別の形態で話に統一性がなく、ひとくくりに論ずることが難しい。そのため物理では、これら両方を同じ共通した原理に基づく現象として表現することはできないか、と考えた。

そしてその答えは「**一般に希少性の高い状態から希少性の低い状態に移行する際にエネルギーが引き出される**」ということである。

つまり燃料を燃やす場合で言うと、燃焼後の燃えかすになった状態は無価値な「ごみ」だが、いまだ燃やしていない燃料は貴重品である。つまり後者は前者よりも希少性が高いことになるが、そうだとすれば、希少性が高い状態から低い状態に落ちる過程で熱エネルギーが引き出されているわけである。

その視点で見直すならば水力発電の話でも同じようなもので、水に限らず一般に物は放置しておくとだんだん下の低い場所に集まって、不可逆的に底に溜まっていくのが普通である。そう考えると、物が高い位置に集まっている状態のほうが相対的に希少性が高いと言える。だとすれば、やはりそれが希少性の低い状態に落ちる過程でエネルギーが引き出されていることになるだろう。

そしてこれを一般的に定式化したものが、いわゆる「エントロピー増大の法則」である。この場合、一般に物事の希少性の低さに反比例してエントロピーは高くなり、そして一般にエントロピーの増大過程でエネルギーが引き出されているのである。

ここまで一般化すれば、経済社会の場合にも適用することができるだろう。つまり先ほど、縮退した状態は一般的に希少性が低いと述べていたが、そのように希少性の高低差があれば、同じ理屈が適用できることになり、そのため一般に「社会を縮退させると、その過程で富を引き出すことができる」という理屈になるのである。

人間の長期的願望は短期的願望に縮退する

そしてそのような基本原理を踏まえた上で経済社会を眺めると、別の側面でもこの問題が重要になっていることがわかる。それは、この問題が単に巨大企業と弱小企業の間だけでなく、人間の長期的願望と短期的願望の間でも似たようなことが生じているということである。

少し唐突な話で面食らった読者もいるかもしれないので、基本から述べていこう。まずもともとわれわれは、人間の長期的願望を「理想」と呼び、短期的願望を「欲望」と呼んでいる。

例えば手元のタバコに手を伸ばしたいと思うのが短期的願望であるのに対し、禁煙を行って健康になりたいというのが長期的願望である。そして一般的には両者は矛盾するのが普通であり、さらにほとんどの場合は短期的願望の力のほうが強力で、長期的願望は注意深く意識的に保護していないと、すぐに短期的願望に圧倒されて完全に駆逐されてしまう。

これを念頭に置いて現代の資本主義経済を眺めると、その願望がどんどん短期化してきていることが見て取れる。現在では町の商店街はコンビニにとって代わられ、また人間の行動はスマホの中で展開され、その内部だけが異常に活況を呈している。そしてそれはしばしば社会的にも問題を引き起こし、ちょうどかつての、乱開発による自然環境破壊に劣らない弊害をしばしば及ぼしているように見受けられる。

実はこれは一種の縮退なのである。つまり長期的願望というものは、人間の願望が社会の中を大きく回って結果的に自分に戻ってくるため、デリケートな生態系に似ているが、それに対して短期的願望は、そんな複雑な経路を全部ショートカットして強引に直接望みをかなえようとする。つまりこれは先ほどの構図と全く同じなのであり、そのため社会の中で短期的願望の割合が増大することは、生態系としての劣化であることには多くの方が賛同されるのではないか。

そしてこれを踏まえてあらためて広く見直すと、現代の資本主義経済がいかにそれに依存しているかがよくわかる。つまり多くの場所で、人々の願望にどんどん短期的に応えることによって、そこでの勝者が繁栄すると共に、以前より多くの富が引き出されているのである。

つまり**現代社会の富は、単に巨大企業自身が活発化しているというより、昔の時代からの伝統や習慣で長期的に整っていた社会生活のシステムが、壊れて縮退する過程でしばしば生まれており、むしろ後者がメインとなって経済社会では富が引き出されている**のである。

ただ無論世の中の富はそういったマイナスなものばかりでなく、偉大な発明品が生まれることで、富が創造されることがあるのは事実である。しかしそれもよく見ると、確かに誕生した時は人類史にとっても栄光の瞬間なのだが、誕生の時期には実はさほど金は儲かっていない。むしろ本格的に金が儲かり始めるのは、それが量産されて大衆化と陳腐化が始まりかけた頃であり、特にそれが社会の縮退と組み合わされた時に、巨万の富が生まれていることが多いのである。

つまり現実には資本主義が生み出した富は、むしろ後者によるものがその大半を占めていると見ることができるわけで、現代社会における格差拡大の問題も、このメカニズムと表裏一体のものであると考えられる以上、小手先の政策で簡単に解決できるものではないことがわかるだろう。

そしてこれは本章冒頭での疑問、つまり「石油の消費量の増大やそれによる環境負担が、1970年代に予想されていたほどには悲惨ではないのではないか」ということに対する答えでもある。つまり19世紀から1960年代頃には、資本主義経済の「止まれない」指数関数的な規模増大は、もっぱら量的な拡大によってもたらされ、石油の消費量はそれをきれいに反映していた。ところが90年代あたりから、資本主義は単純な消費の量的拡大に需要の主力を依存しなくなっていったのであり、むしろそのかわりに、質的な縮退によってその需要を満たす方向に変化していったのである。

縮退は放っておいても元へ戻らない

米国の伝統的な市場万能主義の経済学では、物事というものは放っておけば「神の手」で最適な状態に落ち着くようになる、と考えてきた。そのためいままで見てきたような縮退も、そんなに深刻な重要課題として考える必要はない、としてあまり関心を持たないで来てしまったのだが、それでは本当にこうした社会の縮退も、放っておけば元へ戻るのだろうか。

ところがそれは容易には元へ戻らないと考えられるのである。なぜなら物理の原理に照らすと、先ほどの過程は基本的に不可逆過程なのであり、無理矢理にでも元へ戻そうと思ったら、少なくともその際に絞り出された富を遥かに上回る金銭を外から注ぎ込まねば、それができないからである。

実例を見ても多くの場合、**一旦縮退状態に陥ってしまったものは、そこからゆっくり回復するより、むしろ全体が一種の大破局でリセットされて、更地から再出発していることが多い。**

すぐに例として思い浮かぶのは、巨大化の極に達した恐竜が巨大隕石の落下で滅びて、その後の更地状態から哺乳類の発展が始まったという話だが、そういうことは森林などでも見られている。

現実の森林というものは、その平和的な外観とは裏腹に、太陽の光を奪い合う過酷な生存競争の場である。つまりその競争に勝って大きく育った木は、周囲の木より高い位置にたくさんの葉を茂らせて、太陽の光を独占的に吸収できる一方、下の小さな木はその陰に入ってしまって、十分な陽の光を得られなくなる。そしてある程度時間が経つと、森は勝者となった巨木で覆われて、その下は葉の陰となって昼でも暗いほどとなり、新しい若い木は育つことが難しくなる。

そのため森林は古い巨木だけが繁った状態で固定化され、新陳代謝が停止してしまうこともよく見られる。これはまさに森林の縮退なのだが、ここでしばしば大きな山火事が皮肉にもそこからの脱出を助けることがあるのである。つまり山火事がそうした古い巨木をすべて焼き払ってしまうことで、地表に一時的に陽が戻って若い苗木が育つことができるようになるというわけである。

そのため、定期的な山火事はむしろ森林の活力を維持するためにはプラスの影響がある、という見方もあるほどで、実際に森林の生態系の中には、あたかも周期的に山火事が起こることを見越して、それを前提に成り立っているようなものもあると言われる。

これは森林に限らず、多くの生物で見られることであり、一見すると安定して定常的に見える生態系でも、実際には周期的にそうした破局を繰り返すことで、長期的に見れば安定状態を作っている、という例が非常に多いのである。

要するに縮退現象においては、しばしば神の手のようなスマートな自動回復機構は働かず、むしろ自然は多くの場合、そのようにまとめて全部を焼き払って更地に戻すような乱暴な方法に依存することで、世界が縮退した状態で固着してしまうことを防いできたのである。

しかしこれと同じことを現在の巨大な人間社会に適用しようとしても、それは回復の手段としては恐らくもはや有効ではない。故意にそんな乱暴な方法をとるのが道義的に問題なのは無論だが、むしろそれが有効でない理由は、現実に起こりうる程度の小破局では、現代社会の縮退を根本からリセットするには恐らく力不足で、中途半端な結末に終わってしまうと予想されるからである（例えば2008年のリーマン・ショックも、資本主義を根本的にリセットする力はなかった)。

そうした理由で、現代の人間社会は当面そうした破局的なリセットを止めることのほうに全力を注いでおり、そのこと自体は間違っていない。しかし結果として社会は、縮退のためのブレーキを利かないようにした上で、一方通行的にそれを拡大させる方向に向かってしまっている。

こういう場合、思い切って山火事のような大破局で荒療治を行えれば、その後は意外に健康体に戻れるものだが、現実には故意にそれを行うことなどできるはずもなく、かといって放置しておいても回復することはない。そしてそれがあまりに長い間続いてしまうと、そこから回復するための力そのものを永久に失ってしまうことさえ、覚悟せねばならないかもしれないのである。

このためわれわれはかえって深刻な問題に直面するようになった。つまり末期医療の「死ぬに死ねない」スパゲッティ症候群の悲惨と同様に、むしろそれが中途半端な状態に陥ったまま、どちらへ行くこともできずその状態が恒久化してしまい、そのうちにそこから抜け出す力そのものを永久に失ってしまうことのほうが、遥かに恐ろしいのではあるまいかということである。

そこで、そのように短期的願望などが極大化した状態で、進むことも退くこともできなくなり、回復手段を失ったまま半永久的にそれが続くようになってしまっている状態を「コラプサー」と呼ぶことにしよう(実は「縮退」も「コラプサー」も元はブラックホールなどに関連した言葉で、その語源についても後にもう少し詳しく述べることにする)。

つまりこれからわれわれは、そうした「縮退によるコラプサー化」を意識的に人の力で防ぐことを考えねばならず、それを実現するための何らかの社会的な技術を見出さねばならない状況にあるように思われるのである。

誤った「多様化」はかえって縮退を加速する

その観点から眺めると、縮退した社会では全般的に見られる傾向として、強者による寡占化・画一化が進行していることが多く、それが一つの特徴となっている。

だとすればこういう場合には、いわゆる「多様化」をもっと積極的に推進することが、そうした縮退を防ぐために有効である、と誰しもが考えるだろう。ところがここに一つのパラドックスが横たわっており、誤った形で多様化を進めようとすると、かえって縮退を加速してしまうことがあるのである。これは重大な関心を持つ読者も多いと思うので、少し詳しく見てみよう。

その端的な例は、政治の世界では誰もが経験している「乱立は結果的に一強を招く」という現象ではないかと思われる。つまり全員が「多様化」を唱えてばらばらに立候補して乱立状態になると、結局は単一の強者だけが勝利して、結果的に最も画一的な状態が生じがちなのであり、「多様化がかえって縮退を加速する」というパラドックスが存在しているのである。

そしてこれを縮退の観点から眺めると、そういうことを防ぐ最も有効な手段が古典的な二大政党制だった。そこでその観点からこのメカニズムについて少し眺めてみよう。

一般に社会では、弱者たちが強者に対抗して一つにまとまることで、全体が大きく二つのグループに分かれていれば、安定状態を作ることができる。一方誤った多様化というのは、その弱い側のグループ内部でめいめいが自己主張を始めて「今後われわれはグループから脱して独自の行き方をする」と言い始めたような場合に相当する。

そういう場合にどうなるかを生態系の話で眺めると、その際にはまず一番大きな生物が、グループから脱した一番小さな生物を呑み込むことで、前よりも成長してサイズが一回り大きくなる。そしてそのように図体が一回り大きくなることで、今まで呑み込めなかったもう少し大きい生物も捕食できるようになり、弱い生物はだんだん下から順に食われていくのである。

その一方で上のほうの状況を見ると、これまでは2番目に大きい生物は単独でも一番大きな生物に何とか対抗できていたが、それがサイズの差の拡大でだんだん難しくなっていく。結果的に一番大きな生物の巨大化には上と下の両方で歯止めがかからなくなって、結局他のすべてを制圧してしまうのである。図9-3▼

こういう場合、もし一番弱い者が捕食された初期段階で、グループ全体が一斉に警戒態勢に入って協調行動をとれば、それに歯止めをかけることも十分可能だろう。実はそのための政治的な仕掛けこそが二大政党制だったわけだが、それとは逆に各自がそのような「多様化」でグループから脱退して別行動をとり始めると、重要な初期段階で組織的な抵抗行動をとれず、**「多様化を進めようとすると逆に一強による画一化を招く」**という皮肉な結末をもたらしてしまうのである。

なお二大政党制が一番安定的だというのは、物理の常識からも言える

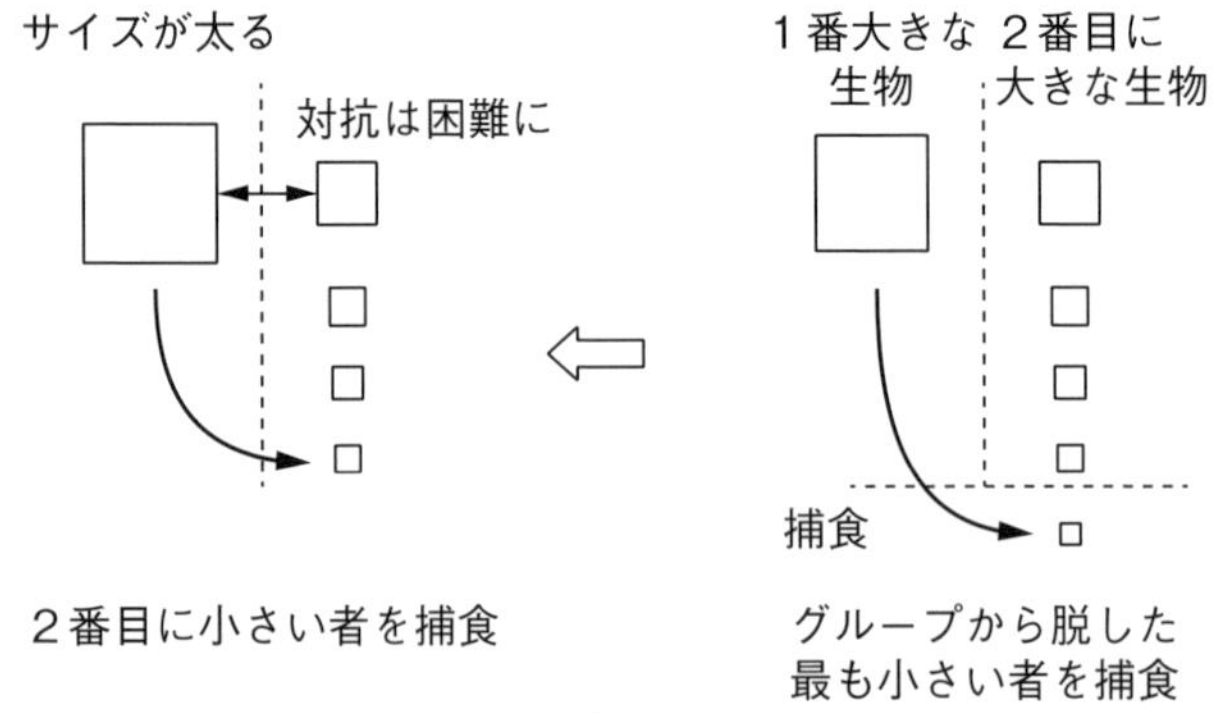

図9-3

ことで、例えば天体の場合、2個の天体から成る「二体問題」が一番安定的である。それに限らず一般に物理では、物事は「2」の状態で最も安定するが、「3」になるとかなり注意深く扱わねばならず、それを超えて「4」以上になると、不安定さが増して収拾がつかなくなる、というケースが非常に多い。

ともあれ本質を整理すれば次のようになる。つまり**もし個体が細かい多様性を過剰に主張しはじめると、逆にグループや種としての特性が曖昧化・希薄化してかえってその多様性の力が弱まり、結果的に短期的願望の巨大な塊をベースに成り立つ単一勢力が勝利することで世界全体が画一化する、ということが起こるのであり、このパラドックスこそが多様性を巡る力学の基本**なのである。

そのように「乱立は一強を招く」ということを骨身に染みて知っているはずの政治家が、それとは矛盾する多様化のスローガンを演説で連呼しているとすれば何とも皮肉だが、それでは具体的にはそうした誤った多様化は、本来の正しい多様化と比べてどこが間違っているのだろうか。

誤った多様化の最大の特徴は、何といってもその言葉が単なる「短期的願望のバラエティの増大」を意味していることである。そして本来なら必要となるはずの、大量の相互作用を計算し直す作業についても、その大変さがほとんど無視されている。

そして本来なら各自の生存権や縄張りの大小は全体のバランスで決まるべきなのだが、誤った状態では各自がメディアで正当性をどう主張するかの闘争が鍵となり、その闘争の勝者が生存権を多く手にする、という形に変わってしまっている。

つまりその単純な競争がすべてを支配するため、全体の構図は377ページの図のbのように、その大競争を中心にして、周囲に何千通りもの泡沫的なパターンが生じる格好になる。この場合、もしそれを「多様化」と呼ぶならば、確かにそのように短期的願望を解放したほうが、表面的にはパターン数は増すことにはなるが、全体としては縮退が進行してしまうのである。

逆に言えば多様化というものは、本来「それを行っても縮退度がさほど増大しない」という可逆的な局面でのみ許されるのであり、実際に生態系の「良い多様化」は、むしろ系全体の縮退度を抑えることで実現されている。それに対して短期的願望の解放を意味する「悪い多様化」では、縮退が不可逆的に進行して、最終的に短期的願望の巨大な集合体が社会のすべてを覆い尽くしてしまうのであり、末端の多様性を高めようとすることで、かえって本質的な部分では画一化が進行してしまうのである。

要するに悪い多様化の場合、バランスの再計算の手間が無視されていることと、泡沫的な多様化がどんどん便乗的に増えて行くことが大きな特徴で、それを目安に一応の判定ができるだろう。いずれにせよ、縮退こそが本質的だということが軽視されているため、こうした混乱が起こるのである。

「ごみ」という概念自体が縮退によって生まれる

こうしてみると、「縮退」というフィルターを通して眺めることで、いろいろな問題が新しい顔を見せてくることがわかるが、これは環境問題などにも新しい視点をもたらすはずである。例えば先ほど「燃料を燃やした後の燃えかすは『ごみ』になる」という話が出てきたが、実は良く考えるとそもそも「ごみ」という概念そのものが、縮退によって発生するものなのである。

少し古い作品になるが、映画『ダンス・ウィズ・ウルブス』（1990年）をご記憶の読者はあるだろうか。これは19世紀の米国、南北戦争終結後の時期に、ケビン・コスナー演じる北軍の将校がネイティブ・アメリカンの社会の一員になるという物語である。

そこで主人公は、彼らの社会のバッファロー狩りが、単に食糧の肉を入手するに留まらず、バッファローの体の部位すべてが住居や日用品に無駄なく有効に使われていて、生活とバッファローが一種の絶妙な調和を形成していることに感銘を受ける。

ところがそのすぐ後の場面で、彼らは白人がバッファロー狩りを行った場所にさしかかり、その光景に衝撃を受ける。白人はバッファローの毛皮だけを目的に狩りを行うため、毛皮を剥いだ後のバッファローの肉塊が、全部ごみとしてその場に捨てられていたのである。

つまり白人の社会はシステムそのものが、必要なものを最も効率の良い場所からばらばらに集めてくる形で成り立っており、毛皮はバッファローから、肉は牛から、住居の建材は森林から、道具の材料は鉄鉱石の鉱山から、という形をとっている。

これは先ほどの人体のスパゲッティ症候群の各臓器の機能を外からばらばらにアシストするという構図と一脈通じていなくもない。それはともかく、各場所で使われなかった残りの部材は全部不要となり、大量のごみが出てくる仕掛けになっているわけである。

一方ネイティブ・アメリカンのシステムの場合、もしそれが完全に理想化されていて、仮に社会が生活のために必要とする肉、毛皮、住居部材、道具材料の量の比率が、たまたまちょうどバッファロー1頭から獲れるそれぞれの量の比率にぴったり一致していたとすると、その時にはごみは一切出ないことになる。

さすがに実際にはそこまで完全にうまく行くのは、よほどの幸運に恵まれた場合だけだろうが、それでも白人社会に比べて縮退の度合いが非常に小さいことは確かだろう。一方白人社会は、システムが大幅に縮退していて、その縮退度に比例する形でごみが増えていることになる。そしてわれわれはここで意外な事実に気づかされることになる。

それは、もし縮退度がゼロの社会というものがあれば、そこではごみは生み出されない、つまりそもそも「ごみ」という概念自体が縮退によって生み出されるものなのだ、ということである。

そして「ごみ」という問題が環境問題の主要課題であったことを思い出すと、われわれはもっと重要な認識に導かれる。それは、実は環境問題そのものが、縮退というもっと大きな問題の一部に過ぎなかったのではあるまいか、ということである。

さらにここで格差問題もやはりその一形態だったことを考えると、**縮退とコラプサー化の問題こそ、環境問題と格差問題の二つの背後にラスボス的に控える共通の源であり、これこそが人類が取り組むべき真の脅威だったということになるわけである。**

そうなるとむしろ環境問題の真の意義とは、その奥に控えている「縮退」という真の問題を、最もわかりやすい例として人々の目に見せるための、一種のショーウインドーとしての効果のほうが大きいとさえ言えなくもない。逆に言えば、たとえそれらのみを個別に解決してショーウインドーの中だけをきれいにしても、その背後で社会全体がコラプサー化してしまったのでは全く意味がないことになり、このあたりは将来に向けて意識転換が必要のようである。

世界はどう縮退して富を絞り出しているか

ところで先ほどの議論では、現在の資本主義が量的拡大よりむしろ質的な縮退によって富を絞り出す形に転換したため、石油の消費なども少なくとも1970年代に予想されていたほどには破滅的な枯渇を引き起こさなかった、という話になっていた。

しかしだとすれば、たとえそういう方向転換があったとしても、もし資本主義経済の成長スピード自体が変わっていなかったなら、その分を質的な縮退が引き受けて、別の場所に同等の規模で何らかの影響が現れていなければならない理屈になる。そこで現在の世界経済には具体的にそれがどこに現れているのかを、規模の点に留意しながら以下に少し眺めてみることにしよう。

この場合、それを最も端的に象徴するような出来事を探すとすれば、それは恐らく現在の経済世界に見られている金融部門の異常な発達だろう。つまり世界のマネーが金融という狭い領域に集中してきて、その中だけを回るようになっているわけである。この現象が世界全体のマネーの流れの縮退そのものであることは、あらためて指摘するまでもないだろう。

ところが問題なのはその規模である。例えば今から30年ほど前の1990年代の経済は、現在から見ればまだしも「健全」に見えていたが、実際

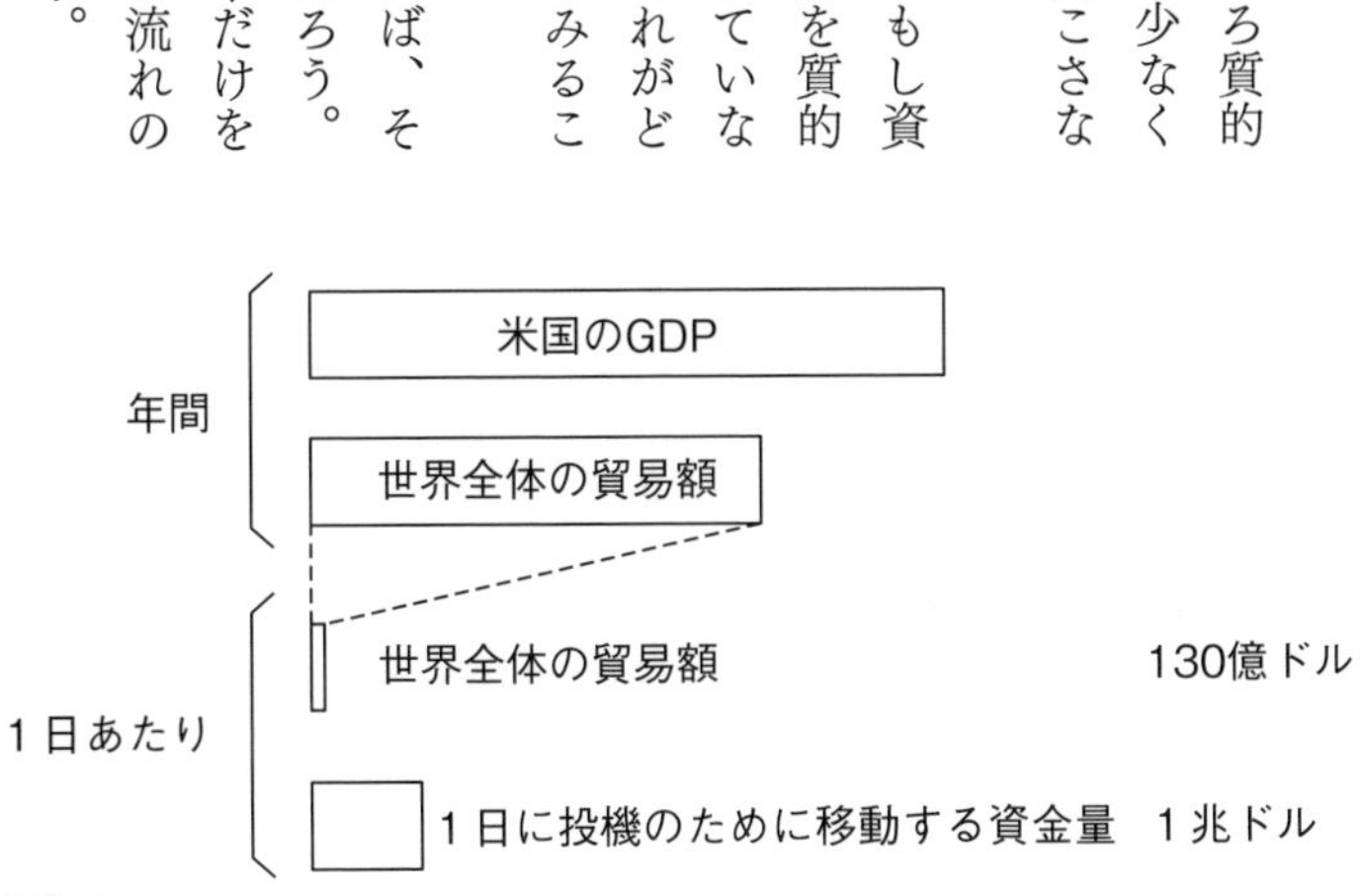

図9-4

にはその時代にすでに1日当たりに投機のために動く資金の量は1兆ドルのレベルに達していた。ところがこれは当時の他の経済指標と比べると実にとんでもない代物であったことがわかる。

比較のため他の数字を記すと、例えば同時期の米国の国内総生産は7兆ドル強であり、日本の1年間の輸出額が約4000億ドルである。そして世界全体の年間貿易額が5兆ドル弱（1日当たりでは130億ドル強）に過ぎなかったのであり、それは次のことを意味する。

つまり1日に投機のために動く資金が1兆ドルなのに対し、古典的な「貿易」、すなわち製品やサービスの国際間取り引きのために動く資金は、1日で130億ドルに過ぎないというのである。 **図9-4▶**

つまり健全な経済活動としての品物やサービスの貿易よりも、狭い金融市場の中だけで機関投資家が動かす巨額の資本が実にその100倍もの規模に膨れ上がっており、もはやこちらが世界経済を動かす主役となってしまっていたのである。

そしてこの資金の流れを図で描けば先ほどと全く同じパターンになり、下の図では前者の貿易などに動く資金量が、外側のaの矢印、つまり実体経済の中を人間の生活と密着した形で回るマネーに相当している。一方後者の投機に動くマネーが、内側を回るbの矢印なのだから、この場合その狭い内側領域に、外側の領域の100倍のマネーが集中していることになるわけである。 **図9-5▼**

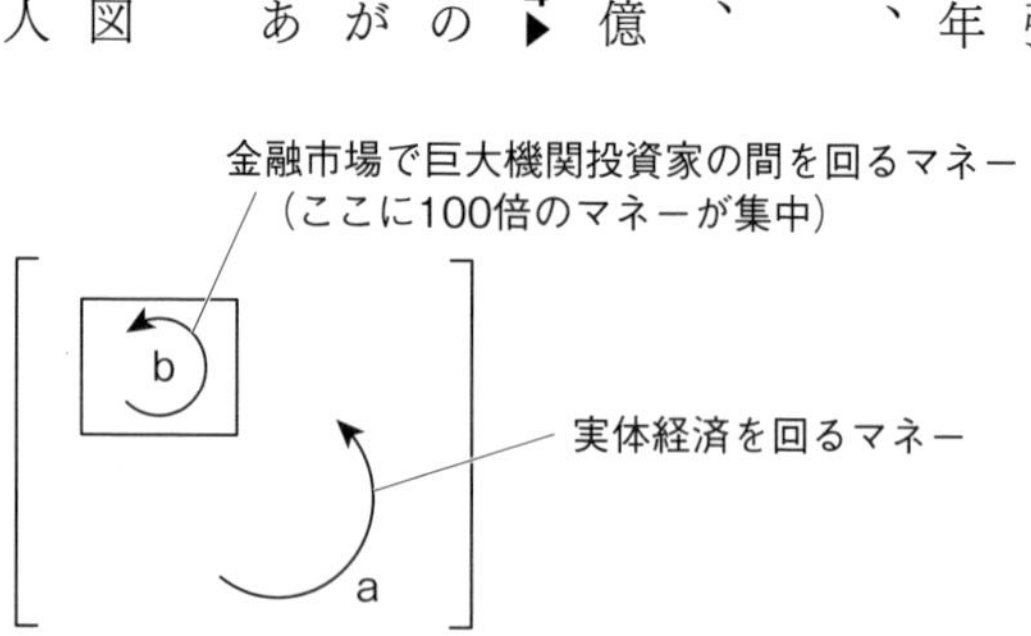

図9-5

本来ならば世界のマネーはその外側の領域全体をくまなく隅々まで広く回るべきものなのだが、現在の世界経済ではその流れ全体がどんどん縮退し、狭い金融市場の内側だけで投機のために回るようになっている。

そしてこの領域自体が狭くてそこに100倍のマネーが集中しているので、これは密度や凝縮度の数字として考えるともっと大きな値になり、さらにこの狭い領域の中ではマネーは、より短いサイクルで回るため、その回転速度もどんどん速くなる。

要するに世界のマネーはそのように縮退することで、少なくとも短期的にはより多くの富を絞り出しているのであり、こうして眺めるとその規模の物凄さにはあらためて驚かされるのである。

実体経済と乖離する世界

このように、実体経済の貿易で使われるマネーよりも投機に使われるマネーのほうが桁が大きくなってくると、当然ながら為替レートの世界で通貨がどう上がり下がりするかの常識なども根本的に変わってくることになる。

「はじめに」でも、現在の経済はロケットの第2段目のようになっているという話があったが、第1段目の一昔前の常識では、円やドルの通貨レートがどう決まるかなどについては、基本的には「その紙幣1枚を持つことでどれだけの購買力が得られるか」ということで決まるとされていた。つまりある国が国内に豊富な品物などを持っていて、その国の紙幣を持っていればそれが買えるというなら、皆がその紙幣を欲しがるので、結果的に通貨レートが高くなるというわけであり、これは「購買力平価説」と呼ばれている。

確かに現在でも長期的に見る限りは、基本的に通貨価値を決めているのはやはりそれである。しかし短期的に見ると現在の為替相場を支配しているのは、むしろ巨額の資金を動かす機関投資家たちであり、各国間の金利差だの政府高官の発言だのにそれが過剰に反応して一斉にドルや円を売り買いすることで、通貨の相場が決定されてしまうのである。

現在、毎日為替市場を飛び交ってそれを動かしている1兆ドルを超える巨額の投機資金は、あたかも一個の意志を持った生き物の如く、ただ自分を太らせてくれるところだけを選んで嵐のように通過していく。

それらの資金が国境を越えていくのは、別にその国で何かを買うための購買力を期待していくわけではない。これらの資金は1泊限りの宿泊のつもりで、その1泊の間に0・001%でも余計に自分を太らせてくれる保証がありさえすれば、そこへ向かっていく。

これをイメージするなら、ちょうどホテルが他のホテルと鉄道で直接結ばれ、その玄関ロビーがどれも駅のホームとシームレスにつながっているため、一歩も外へ出ずに世界中のホテルからホテルへと渡り歩けるようなものである。

こういう場合、ある国の銀行が他より1%高い金利を保証することは、1泊限りのホテルとして見るならば何より魅力的であり、どうせホテルから外へ出るつもりはないのだから、本来の通貨の購買力などはどうでもよく、それらの資金はどっとそこへ押し寄せる。つまりその国の通貨が買われることになって、そこの通貨価値は上昇する。

投資家や財務マンたちにとっては、この鉄道網とホテルの内部だけが一種の小宇宙のようなもので、もはや外の世界の実体経済には関心がないのであり、通貨レートの決定メカニズムも今や完全にそちらが主力になってしまっているのである。

変化した経済の常識

そして「量的変化が質的変化を引き起こす」ではないが、通貨レートの世界の外のいろいろな場所でも、これに関連した動きが1990年代から2010年代の間ぐらいに本格化し、「ロケットの第2段目」として経済の基本常識を根本的に別物に変えていった。

例えば第1章のように金融を鉄道網のイメージで捉えた場合、昔の常識では国際的な経済戦争の主役は、あくまでも前線でモノを作って売る野戦部隊であり、金融部門はその背後を鉄道で支える補給部門に過ぎなかった。

ところが現在では後者の規模が途方もなく肥大してしまって、むしろしばしばそちらが主役となってしまっている。つまりいわばもう一段進んだ形の「補給革命」が起こったわけで、世界経済とマネーの流れの縮退が、経済の構造自体を根本的に変えてしまったのである。

これに最も翻弄されたのが日本経済で、1990年代に入ってバブルが崩壊した直後の時点では、日本では後者の鉄道網が大打撃を被ったものの、前線の野戦軍的部分はいまだに勝ち続けていた。

そのためほとんどの日本人は勝ち続けている実体経済の競争力だけを見て「まだ勝っている」と錯覚し、金融システムの打撃などは前者が好調である限りさほど心配する必要はない、という従来の常識からなかなか脱却できず、国全体がその大変化についていけずに右往左往してしまったのである。

90年代にはすでにそういう状態になっていたというわけだが、それならさらに30年近くを経た現在ではどんなことになっているのだろうか。先ほど、投機の世界に縮退したマネーはその回転速度もどんどん上がっていくという話があったが、今ではその速度も相当に凄いことになっている。

現在ではコンピューターによる自動売買システムによって、1秒間に何万回もの売買を繰り返して利ざやを稼ぐということが常態化しているのだが、話はそれに留まらない。この場合、理屈から言えば、その情報が光ケーブルでやりとりされる際にケーブルの長さが1メートル長いと、情報や信号の伝達に数億分の1秒ほど余計に時間がかかって、その分だけ売買回数が減ってしまう理屈になるが、今やこれが現実の問題となるレベルに達しているのである。そしてオフィスのケーブルをどう短くするかのコンサルタントがビジネスとして成立しているというのだから、健全な常識から見ればもはや狂気としか言いようがない。

しかしこれも先ほど述べた「資本主義は量的な拡大よりも質的な縮退で富を絞り出すようになった」という話に照らすと、その結果の一つとして十分に納得できるのである。

2　われわれはどうしてこんなに大きな誤解をしてきたのか

大きな勘違いを導いたもの

それにしても、われわれはいままで、そうしたことは放っておけば良い状態に回復すると甘く考えて、むしろそれを推進すれば富まで引き出せるのだから二重の意味で善だと錯覚し、ブレーキをかけるべきところで逆にアクセルを踏み込んできたようである。

一体どうして皆が一斉にそんな大きな勘違いをしてしまったのかは、一見すると不思議なほどだが、しかしここで一つの仮定を無理やり導入してしまえば、これらの話は全部正しいことになるのである。

その仮定とは「部分の総和は全体に一致する」というもので、これは少し抽象的でわかりにくいかもしれないが、先ほどの短期的願望と長期的願望の話で考えればよくわかる。

つまり現代の資本主義社会では「**大勢の短期的願望（部分）を集めていけば、それは長期的願望（全体）に一致する**」**ということが一種の教義となっている**のである。

これは米国の文明を支える教義と言ってもよいのだが、とにかくそれが正しいと仮定する限り、先ほどのようなことはほとんど心配する必要はないのである。

そもそも米国のリベラル的社会観では、人間の短期的願望と長期的願望にあまり区別をしない。そしてその根底には、近代の政治学や社会思想では最もわかりにくいとされる一つの話が横たわっている。それは「一般意思」と「全体意思」はどう違うのか、という話である。

これらの言葉をはじめて聞くという読者も少なくないと思うが、これは18世紀のルソーの思想の中で出てきた言葉で、通常「一般意思」とは、共同体の成員である人民が総体として持つとされる意思、「全体意思」とは個々人の利益を追求する特殊意思の総和とされている。なかでもとりわけ一般意思の話は、昔からその難解さで多くの人を悩ませてきた。しかしこれも縮退という視点から眺めれば簡単な話なのである。

つまり「一般意思」は万人の長期的願望（理想）を集めたものだが、「全体意思」は万人の短期的願望（欲望）が集まったものだと考えればよい。要するにこの場合、望ましい理想状態としての一般意思が縮退していくと、次第に短期的願望が長期的願望を圧倒し、社会全体が全体意思に覆われてしまうというわけである。

一見してわかるように、これは二つの願望が別物で互いに矛盾するということが理解されていれば、全然難しい話ではない。ところが米国の社会観ではしばしばその区別がなく、そのかわりとして一般意思の概念は、しばしば次のような形で説明されている。

その際にイメージ・モデルとしてよく使われるのは、空気中の分子の細かい動きが、たくさん集まると互いに打ち消し合っていくという話である。つまり短期的願望は個人個人でランダムな方向を向いているが、それを大量に集めれば、細かいランダムで短期的な動きが次第に打ち消されて、長期的な動きの部分だけが残るだろう。それゆえ結果的に、社会全体では最大公約数的としての長期的願望が姿を現すはずだ、というわけである。

天体力学が作り出した巨大な錯覚

しかしいままでの議論を踏まえれば、そのどこが間違っているかは明白だろう。この説明では、短期的願望の力と長期的願望の力に大きな差があることが全く考慮されていないのである。つまりこれは不適切な物理モデルの応用なのだが、ただそのように**物理の話をヒントにするのはジョン・ロック以来の近代啓蒙思想の習慣で、それらの多くがニュートンの体系に大きな影響を受けて作られており、特にその際に最も決定的な影響を及ぼしたのは天体力学である。**

例えば自由市場メカニズムの「放っておけば自動的に回復する」という考え方なども、天体力学の「2個の天体が近づいたり遠ざかったりを繰り返しながらその軌道が自動的に回復して、系全体が調和する」というイメージを経済に応用したものである。さらに言えばそもそも先ほどの「部分の総和が全体に一致する」という話自体が天体力学から来たもので、他にも多くの話が基本的にその自動調和のイメージを前提に成り立っており、先ほどの多様化の話もその一つである。

ところが実はここに人類を大きな誤解に誘い込む一種の罠が隠されており、それはこうしたことは、太陽系というやや特殊な構造の中でしか成り立たないものだということである。

どういうことかというと、太陽系の場合には、太陽の引力だけが圧倒的に大きくて、各惑星同士の引力はそれに比べればほとんど無視できるという特殊な条件に恵まれているからである。そしてそういう場合に限り、太陽と各惑星の2個だけからなる問題にばらばらに分解して個別にその軌道を求め、最後にそれらを全部集めて太陽系全体を表現する、ということが可能なのである。

これはまさに「部分の総和が全体に一致する」特殊ケースだと言えるのだが、一般的にはそういう条件がなく、天体が3個以上の「三体問題」ではそうしたことがすべて成り立たなくなってしまうのである（その話の詳細は『物理数学の直観的方法』を参照されたい）。

これは作用マトリックスを使えばすぐに直観的にわかる話なのだが、三体問題に関しては長い間そうした直観化が行われないままで来てしまった。そのためむしろ太陽系の話のほうが一般的なものだと錯覚されて、人類はそれが社会にも適用できると思い込んでしまったのである。

そういう「ばらばらに分けて解くことができる」という方法論こそが、いわゆる近代の「要素還元主義」なのだが、そういうことができるとなれば、先ほどの多様性の問題も簡単である。

つまり先ほどの話では、物事の乱立で生じた大量の相互作用の適正値を再計算するのが難しい、ということが重大なネックだったが、もし問題をばらばらに分解して解いていけるなら、それらの値は簡単に端から個別に求めていけるので、全体を共存させる方法もすぐに判明する。

要するにその方法論が使える限り、それらの命題はすべて正しいことになるのだが、実はそれは例外的な特殊ケースで、一般にはそういうことは成り立たないのである。しかし近代は逆にその特殊ケースのほうが普通なのだと錯覚することで、「短期的願望をひたすら解放すれば、それが人間の長期的願望を極大化することになる」という強い思い込みを抱え込んでしまったのである。

つまり厳しい言い方をすると、**米国のリベラル進歩主義は、単なる縮退を社会的進歩と勘違いしてしまったのであり、皮肉なことに近代以前の社会のほうが、短期的願望を人為的に抑え込む必要性をよく理解していた**ように思われる。実際に伝統的な慣習や制度を眺めると、その中には明らかに社会の縮退を防ぐことを意図して作られたとみられるものが少なくないのである。

一方もし縮退ということを考える必要がないなら、それらの伝統的な慣習や制度は全部不要ということになり、むしろ自由や平等を阻害する障害物として、それを焼き払うことが正義として推奨されたわけである。

これに関してはケインズが、自分がまだ若くて未熟だった時期のことをしみじみ述懐して「若き日の自分たちは、文明というものが少数の人間の意思によって打ち立てられ、狡猾な制度によってのみ維持される、薄い頼りにならない外皮のようなものであることに気づいていなかった」と述べていた。

つまりそのように**社会と経済の縮退を防ぐために存在していた制度や慣習が、まさにケインズが言うような「狡猾な制度によって維持される薄い外皮」だった**というわけである。

人間の短期的願望と縮退の行き着く果て

では原理的には人間社会の縮退はどこまで進むのだろうか。先ほど、短期的願望の塊がすべての長期的願望を押し潰して、そこからほとんど恒久的に抜けられなくなってしまった状態を「コラプサー」と呼んだが、それは具体的にはどんな形態をとるのだろう。

この場合、ちょっと考えるとそれは人間の暴力的な欲望が極限まで野放しになった状態のように思われるが、それは少し違うかもしれない。それというのも人間の短期的願望には「金や権力、快楽が欲しい」という積極的な欲望の他にもう一つ、「楽をしたい、怠惰になりたい」という消極的な願望が、それに劣らず強いものとして存在しており、むしろしばしば後者の強さが前者を上回ることがあるからである（そもそも聖書の時代の昔から「怠惰の罪」は人間の七つの大罪の一つとされており、「怠けて楽をしたい」というのは社会の中に働く大きな力なのである）。

それを踏まえた上で過去の歴史を眺めると、かつて中国の歴史で清朝末期に国全体が阿片に沈み込んでしまった時期などは、まさしく一国全体の内部がそういう「コラプサー」状態になってしまった一例だと解釈できるだろう。

そしてここで気づくことが一つあり、それは現在では麻薬がなぜいけないかの理由としては「人間の肉体を蝕《むしば》む」とか「犯罪の温床になる」といった、いわば二次的なことがしばしば筆頭に語られていることである。しかし以上の議論を踏まえると、麻薬がいけないことの最大の理由は、むしろそれが人間の存在を縮退させて、社会をコラプサー化させる点にあったのである。

実際前者の論理だけだと、逆に「そこを全部クリアすれば良い」という麻薬解禁論の論理が成り立ってしまう。つまり将来もし人体に完全に無害で犯罪にも使われない「安全な麻薬」が開発されてしまったらどうなるかということである。

この場合、社会的にはむしろそちらのほうが遥かに厄介なのである。さらにそれが仮想現実の技術と組み合わされて、いわゆる「ネットゲーム廃人」の問題と一緒になったらどうなるだろうか。

ここで一つの想像として「快楽カプセル」というものを考えてみよう。つまり人間一人が入れるカプセルがあって、その中で仮想現実のゲームに浸っていると、そうした薬物の助けを借りて脳内の幸福物質＝ドーパミンなどが最も効率良く分泌されるとするのである。そして両方の技術をどんどん洗練させていけば、肉体的に完全に無害なままで、カプセルの中で個人の短期的な幸福感が極大化されるようになるというわけである。
この場合、人々がずっとその快楽カプセルの中で過ごすようになれば、物理的なエネルギーの消費量も少ないので地球環境にかかる負担も最小限にできる。つまり環境問題に対する究極的な解決策だというわけである。またカプセルの中で仮想現実のデートなどを、脳内の薬物や幸福物質の助けを借りて楽しんで、それが理想の現実なのだと思い込んで一生を過ごせば、外へ出て犯罪を行うことも少ないし、過激な政治思想で広場に集まって騒いだりテロを起こしたりということもなくなる。

また、たとえ外の世界へ出れば経済に関して格差問題がほとんど手の付けられないほどになっていても、国の予算によって無料でカプセル生活が保障されていれば、その中に留まっていたほうが本人としては幸せだということになるし、国も福祉予算をそれで安く一本化できる。こうしてみると環境問題も格差問題も解決されることになり、万々歳ではあるまいか?

この、カプセルから誰も出てこなくなる状態が理想社会だというのは、誰が考えても馬鹿な話であるはずなのだが、しかし「縮退によるコラプサー化」という概念がない場合、それに即座に反論することはなかなか難しく、現実に社会はゆっくりそちらに動き始めているようにも見える。

そして麻薬の問題を見ればわかるように、いままでわれわれの社会がこういう道へ踏み出そうとすることを止めてきたのは、古くからの習慣や制度だった。これこそケインズの言う「薄い頼りにならない外皮」だというわけだが、こうしてみるとわれわれは文明が高度化するとはどういうことかについて、何か根本的な考え違いをしていたのかもしれない。

つまりわれわれはいままで、**高度な文明とは大量のエネルギーや情報を使うことで、より大き**

く、より速く、より快適になることだと錯覚してきたのだが、むしろ真の「高い文明」とは、人間の長期的願望が短期的願望によって駆逐されるのをどう防ぎ、社会のコラプサー化をどうやって阻止するかという、その防壁の体系のことを意味していたのではないか、ということである。

政体循環論と縮退

この「コラプサー化」は、もしそれが元へ戻れないものだとするならば、未来の脅威としての深刻度は、ある意味で環境問題よりも桁違いに大きい。そもそも環境問題も格差問題も縮退の一形態だというならそれも当然の話だが、とにかくもしすべての国の中がそういうことになってしまえば、世界は一切の大きな動きを止め、人間社会が永久的に一種の植物人間状態に陥ったまま、そこから二度と回復できなくなることさえ覚悟しなければならないのである。

それにしても困惑するのはこの戦慄すべき未来が、むしろ民主化が順調に進行し、社会的な力の大衆への分散が極限まで進んだ先に横たわっていると予想されることである。

これは19世紀以来の進歩主義社会観からすれば全く考えられもしなかったことで、当時は悪い独裁君主を倒して民衆が力を握れば、社会は無条件で良くなると信じられていた。そしてこの点に関する限り、米国のライバルであったマルクスの思想も同様で、権力が資本家の手から労働者＝プロレタリアート階級の手に渡ることで理想社会がやってくると考えられていた。

そしてそういう楽観的な社会思想を眺めると、それらの社会観が一つの共通点を持っていたことに気づく。それは、それらがいずれも社会を単純に上と下の2階層で捉えているということであり、例えばマルクスの場合だと、それは資本家階級とプロレタリアート階級の二つである。

一見すると社会を上下二つで捉えるのは普通のことに見えるが、しかし実はそれは19世紀以降に一般化したことなのであり、18世紀以前の社会思想では、3階層で捉えることが基本的な習慣だった。モンテスキューなどもそうだったが、ケインズもそうで、本書のインフレの章でも彼の思想に倣って社会を三つの層で眺めることで、いろいろな分析を行っている。

そもそもこれは古代ギリシャからの長い伝統的な政治思想で、そこでは世の中には良い政体が三つと悪い政体が三つあり、良い政体が「君主制・貴族制・民主制」、そしてそれぞれが劣化した悪い政体が「独裁制・寡頭制・衆愚制」である、というのが標準的な見方だった。

またそのバリエーションとして「政体循環論」という思想があり、これは政治形態がこの六つの間を循環するというものである。それは具体的には「君主制→独裁制→貴族制→寡頭制→民主制→衆愚制」というサイクルを繰り返す、というものであり、もう少し詳しく言うと、**図9-6▼**

・君主制が劣化して独裁制になると、それを貴族たちが倒して貴族制になり→

・それが劣化して寡頭制になると民衆がそれを倒して民主制になり→

・それが劣化して衆愚制になると、それを収拾するために君主制に戻っ

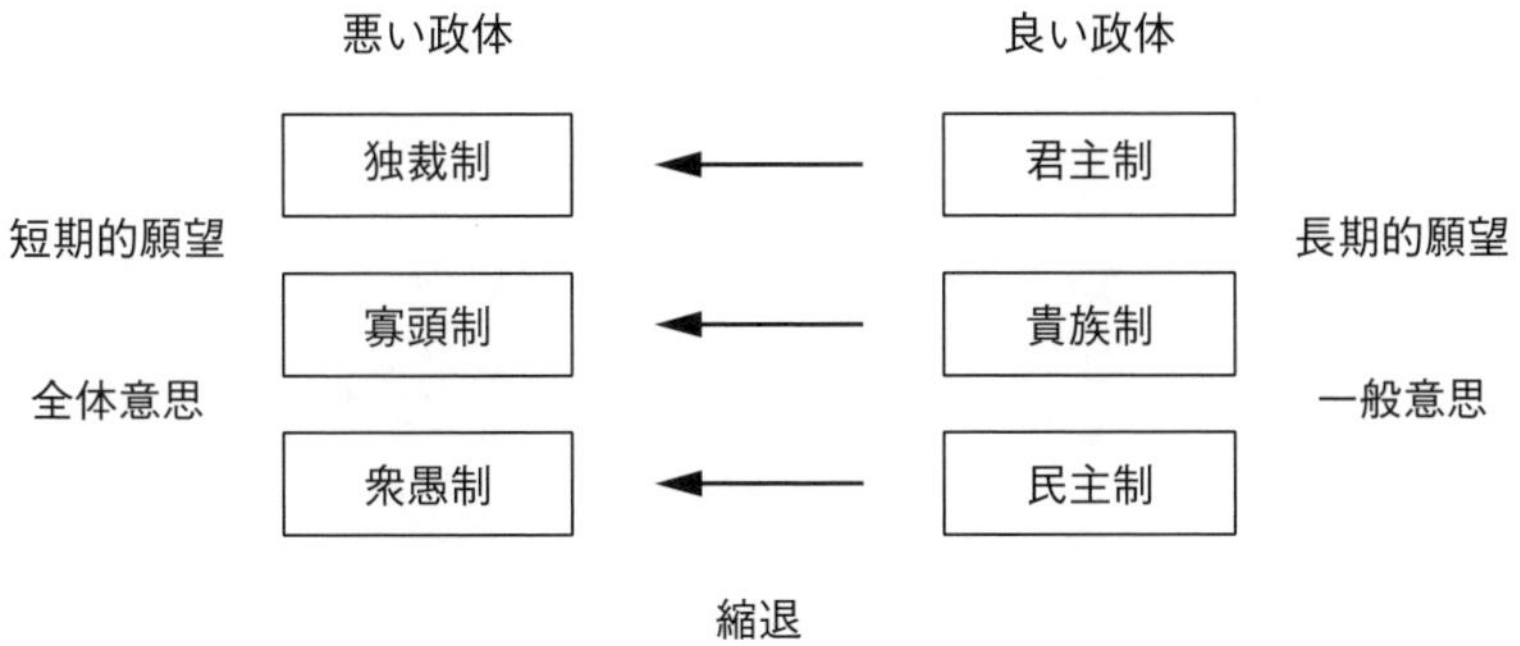

図9-6

てサイクルが一巡する、
というわけである。

現実の歴史を眺めると、確かにフランス革命からナポレオンに至る歴史ではそれに近いことが実際に起こっていたが、ただあらゆる場合できれいにそういう経過をたどっていたわけではなく、そのためこれはあくまでも一種のバリエーション的な思想とみるべきだが、ここでそれを採り上げたのは、それぞれの場所での劣化が「短期的願望と縮退」という話の好例となっているからである。

例えば君主制はこの分類では良い政体の側に属するが、それはこの言い方では「君主一人の長期的願望が、万人の短期的願望を抑えている状態」と表現できる。一歩それが劣化した独裁制は「独裁者一人の短期的願望が、万人の長期的願望を駆逐している状態」である。

貴族制や民主制についても同様だが、特にわれわれにとって興味深いのは最後の民主制と衆愚制の関係である。つまり良い民主制は「民衆の長期的願望（理想）が、民衆自身の短期的願望（欲望）を抑えている状態」だが、それが劣化した衆愚制では「民衆自身の短期的願望が、民衆自身の長期的願望を駆逐して不可能にしている状態」だということになる。

つまりこの場合の衆愚制とは、必ずしもしばしば誤解されるような「民衆は愚かなので駄目」という意味ではなく、教養の有無などとは無関係な話なのである。そしてここでわれわれは先ほどの、一般意思と全体意思の話を思い出す。つまりこの場合、良い民主制は一般意思が実現されている状態だが、衆愚制ではそれが縮退して社会が全体意思に支配されているわけである。

要するにギリシャ時代の良識では、政体が何であれ、長期的願望と一般意思が最大限に実現されうるものが「良い政体」なのであり、それに比べれば民主化や権力の拡散がどれだけ進んでいるかは二義的な問題だった。君主制に対する見方に関しても、もしそれによって社会の長期的願望が民主制の時よりも効果的に実現されるならば、別に権力が君主一人に集中してもそれ自体は悪ではないことになる。そのため近代と違って、民主化が進みさえすれば理想社会が到来してそれが世界史のゴールだ、という見解は存在していなかったのである。

そしてわれわれはここで一つ面白いことに気づく。それはもし「縮退」ということを考慮する必要がなく、それが宇宙の中に概念として最初から存在していないと仮定するならば、マルクスなどの思想は完全に正しいことになる、ということである。

例えばマルクスの「プロレタリアートがすべての権力を握れば社会は理想状態になる」という主張だが、もし先ほどのことが仮定されているならこの主張は正しいのである。つまりその場合、仮にプロレタリアート全員が短期的願望しか持っていなかったとしても、それがたくさん集まれば長期的願望に収斂していくというのだから、何ら懸念すべきことではない。そして権力が大衆に広く分散するほど、誤差がどんどん減って収斂の効率が向上することになるわけである。

この点においては米国のリベラルな進歩主義社会観も似たようなものだが、そこには縮退という概念が最初から存在していないのである。そのため社会の良し悪しはただ単純に、権力がどれだけ平等に分散されているかで測られることになり、社会がそのゴールへ向かうことは、一種の善なる歴史的必然として、一方通行的にそれが進行するという歴史観になるわけである。そういうことなら、社会を眺める場合も単純に上と下の2階層で捉えたほうが簡単で、わざわざ3層で考える必要はない。

そしてなぜ19世紀以降に「縮退」を考慮しない世界観が標準化したのかについては、やはり先ほ

ど述べたように天体力学の影響が決定的であることは間違いない。つまり米国の市場万能主義もマルクスのプロレタリアート独裁も、実は天体力学の特殊ケースを拡大解釈することで、縮退ということを考慮しない時代に成立した、兄弟の思想だったわけである。

「コラプサー」と「縮退」の語源

ところでここでコーヒーブレイクとして、これらの用語がどこから来たのかについて興味のある読者のために、それを簡単に述べておこう。

まず「コラプサー」という言葉だが、これはブラックホールに関連したもので、その古い呼び名として使われることもあったようだが、このあたりは少し説明が必要だろう。実はブラックホールが理論的に考えられた当初、最初の数十年間は決まった名前がなく、「シュヴァルツシルトの天体」など、いくつかの名称で呼ばれていた。

ところが1960年代になって、米国の物理学者のホイーラーが講演などで「ブラックホール」という名前を使い始め、そのネーミングの印象があまりにも鮮烈だったため、これが決定版となって他のものは使われなくなったのである。

このコラプサーという単語もその一つだと思われるが、現在ではほとんど目にする機会がなくなっている。筆者が相対論を学んだ時点ですでに、教科書での呼称は「ブラックホール」で統一されていたので、筆者もそれ以前の詳しい事情は知らないのだが、ただこれは資本主義の末期症状を示す語句としては何ともぴったりしているため、むしろここでの再利用を考えたのである。

また縮退という言葉も、元々は量子力学における用語で、これも天体がブラックホールになる過程で重要となる概念である。ただそういうことだと、あるいは読者の中にはこの言葉は、天体が自分の重力でどんどん縮んでいく過程そのものを「縮退」と呼んでいるのだと思われた方もいるかもしれない。しかし実は少し違っていて、これは直接的にはその少し前の段階で、恒星の中心部が固着して温度調節機能が麻痺し、熱が際限なく中心部に溜まってしまう状態を指している。

そもそも量子力学では、本書で経済や社会に関して論じたようなメカニズムは、あまり研究対象として重視されていないため、当然完全に同じ内容は最初から存在していない（なお量子力学ではこれは「縮重」とも呼ばれており、個人的には量子力学の用語としてはむしろこちらのほうが語感的に適しているような気もする）。

そのため、量子力学の専門家にはやや違和感があるかもしれないが、ただ両者を作用マトリックスで書くと、外見上は部分的に似た格好になるため、一応その点で共通していると言えないこともない。しかしむしろこの言葉を採用した最大の理由は、語感の絶妙さであり、とにかく経済や社会の場合、それが「縮退してコラプサー化していく」という表現は、語感の点でこれ以上ぴったりしたものを探すのが難しいほどである。それゆえ必ずしもオリジナルに百パーセント忠実とは言えないが、あえて採用したわけである。

過去にローマで何が起こったか

では次に視点を少し変えて、世界史の中では縮退とコラプサー化はどのような形で起こっていたのか、またそこからの回復は可能だったのか、ということについて眺めておこう。

その最大の事例を挙げるとすれば、恐らくそれは2000年前のローマ共和制の崩壊と帝政への移行である。これはわれわれが将来を占う事例としても興味深いので、詳しく見てみよう。

ローマ共和国は帝政に移行する前の健全な時代には、基本的にその社会は自由農民によって構成され、彼らが自分の農地で作った農産物を売って自活する経済がその中心だった。そして戦時には彼らが徴兵されて兵士となり、国のために愛国心で戦う彼らが中核となってローマ軍団を構成するという形で、国のシステムが成り立っていたのである。

ところがローマが地中海世界全体を制圧して版図を拡大し、海外に属領を持つようになると、予想外の事態がローマ共和国を覆い始める。それは、海外で生産される安い農産物が国内に大量に流れ込んできて、それら自由農民の経済的な基盤を根底から揺るがすようになったのである。

そうした海外の農産物は実はその多くは、実はローマの金持ちが現地生産したものである。つまり戦争で力を得たローマの有力者が海外に土地を手に入れて、一種の多国籍企業のオーナーのような形で大農場の経営を始め、そこで大勢の奴隷を使って農産物を大量に作り始めたのである。

それらの農産物は、奴隷を使って異常に安い人件費で作られたものであるため、当時の基準からすればまさに激安の海外商品で、国内で自由農民が作る農産物は価格面で全く太刀打ちできないものだった。そのため国内で生産される農産物はそれらに駆逐されて、自由農民は破滅に追い込まれていったのである。

そのように農産物のデフレが進行する中、社会では投機と拝金主義が跋扈《ばっこ》し、大金持ちが大勢の奴隷を使って大農場でどんどん儲ける一方で、自由農民は次々に破産して無産者の地位に転落していく。そして彼らが手放した土地をまた金持ちが手に入れて大農場をさらに拡大するという悪循環が進行して、国内の経済格差はどんどん広がっていった。要するに現代と驚くほどそっくりの状況が2000年以上も昔に発生していたわけである。

そしてそのことは同時に、それら自由農民の戦時徴兵で成り立っていたローマ軍団の存立基盤をも脅かすことになった。つまり良質の兵士の供給源が失われたため、ローマ軍団は金で雇った下層階層出身の兵士たちでそれを埋めねばならず、いわばその傭兵化が進行していく。そしてローマ軍団が金銭を基盤に作られるようになると、場合によっては金持ちの有力者が私財で軍団を編成するということも可能になって、その軍団は容易に有力者の私兵と化し、国家のシステム全体を危機に晒すこととなったのである。

ところで読者の多くは中学高校の世界史のローマ史の時間に「グラックス兄弟の改革」のことを暗記させられた記憶があると思う。そのためグラックス兄弟の名前自体は、大抵の人が知っているだろうが、しかし彼らが何をした人かと問われて即答できる人はどのぐらいいるだろうか？

あるいは読者は高校生当時にそんなことは全く意識しなかったかもしれないが、実は彼らはこの経済格差の問題を何とか解決しようと試みた人間だったのである。その彼らがやろうとした改革とは、金持ちに集中した土地を自由農民に再配分して、格差をリセットしようということだった。

具体的に言うと彼らは、個人が所有できる土地の広さに上限を設け、金持ちがある程度以上に巨大な大農場を持てないようにすることで、格差拡大に歯止めをかけようと考えたのである。これは現代で言えば、中小企業や商店街を保護するために大企業の巨大店舗に制限を加えるようなもので、彼らの改革では、その面積制限に引っかかってオーバーした分の土地を無産の農民に再分配することになっており、当時としては十分に理にかなった改革だったと言えるだろう。

それにしてもこれが現代といかによく似ていたかには何とも驚かされるが、とにかくグラックス兄弟の改革は、格差社会を解消しようとする、いわばローマ共和国最後の試みだったのである。しかしそれは当時の有力者たちの反対によって阻まれ、彼ら兄弟の殺害と自殺という悲劇的な結末と共に無残に潰《つい》えて、ついにその後も社会の中で格差は縮まることはなかった。

そしてある意味で、この格差社会の究極的に行き着く先が帝政への移行だったのである。要するに早い話、その金持ちの中のトップが法的権力も掌握して皇帝と名を変え、彼が自分の資産で養った私兵が以前の国民軍にかわって帝国軍の中核をなすことになったのだと考えたほうが、むしろこの状況をよく理解できるかもしれない（つまり先ほどの「有力者」の行き着く先にいた者がカエサルやポンペイウスだったわけである）。

では格差社会の中で無産の地位に転落してしまったローマ国内の自由農民は、その後どうなったのだろうか。彼らが帝政期にどういう状態だったかというと、結局政府が国費で貧民を養って、無料で穀物と娯楽を供給するということを行わざるを得なくなったのである。

あるデータによれば、帝政期には首都ローマ市の人口120万人のうち、約半数が無料の穀物供給を得ている無産生活者で構成され、残りの人口から奴隷を除外すると、まともに経済的に自立できている市民は人口全体のたった1割程度しかいなかったとも推定されている。

首都の外での属領などを含めた帝国全土ではわからないが、少なくともローマ市内に関する限り、大衆のほとんどに対して国が最低限度の生活を保障するしかなかったのである。有名な「パンとサーカス」の言葉はその一面を表したものだが、それはある意味で、現在議論されているいわゆる「ベーシック・インカム」の考えを2000年前に先取りしたものと言えるかもしれない。

ともあれローマ帝国はそのようにして問題を解決する以外になかったのだが、それは同時に、昔の健全な自由農民時代の労働に基礎を置く倫理も捨て去ることを意味していた。そしてそれと同時進行する形で、社会道徳の規範や軍隊の規律も崩壊していき、ローマは次の社会をどう立て直すかという倫理全体の再構築に完全に失敗したまま、ただ退廃に染まっていった。

これを見る限りでは、まさにローマは縮退のメカニズムに捕捉されて、コラプサーへと下る道をひたすら驀進《ばくしん》し、元へ戻れなくなっていたことがよくわかるのである。

西欧地中海世界はどうコラプサーから回復したか

ではその後のローマがどうなったかだが、これはわれわれの将来を占う参考としても興味深いので、簡単に眺めてみよう。まずローマ帝国は、そのようにコラプサー状態に陥ってもすぐに滅びはせず、西ローマ帝国の側だけを見ても500年ほどの間存続した。しかしその理由は単純で、要するにローマはその前までに、地中海世界全体からライバルとなり得る国家を前もってすべて滅ぼしておき、そこからとれるだけのものをとって蓄えておいたのである。

この場合、帝国を存続させるために最も重要な第一課題とは、まずローマ軍団の維持である。それさえできればとにかく国としての外形は保っておけるため、これが最優先事項だということになるが、彼らは兵士の供給先を属領に求めることで当面それを解決した。

そしてその際に餌として用意されたのはローマ市民権であり、たとえ属領出身者でも兵士として一定期間務めれば、以後その家系にはローマ市民権が与えられることが約束された。そういうことができたのは、裏を返せばその時までに確立しておいたローマ市民権のブランド力や実力がそれだけ大きかったということだが、とにかくローマはこういう特殊な方式によって、財政にさほど負担をかけず低いコストで比較的良質の兵士を大量に得ることができたのである。

ただこの方式は一つ問題点を抱えており、それは全属領の領民に市民権が行き渡ってしまえば、ブランド力を使い果たしてこの仕掛けは終わりになってしまうということである。しかし当分の間はこれでローマ軍団を維持することができ、たとえローマが帝政成立の時点ですでにコラプサー化していたとしても、それらを全部食いつぶすのには400~500年かかったのである。

しかしわれわれが注視すべきはむしろ帝国が滅びた後のことかもしれない。それというのも、帝国体制下で育まれた地中海の商業ネットワークは、西ローマ帝国そのものが滅んでもしばらくそのまま生き続けていたと見られるのである。

そのため476年に西ローマ帝国が滅びた後も、地中海世界のコラプサー化はすぐには回復しなかった。その状況を具体的に眺めると、西ローマ帝国は確かにゲルマン人に倒されたが、そのゲルマン人たちはローマに入ってくると、すぐにその商業的退廃に染まって、彼らの力の根幹だった軍隊そのものが規律と共に溶解してしまう。そうなると、彼らは後から来た次のゲルマン人の集団に倒されてローマの主人が入れ替わり、その新しい主人がまた同じ道をたどる、という具合に、泥沼のように同じサイクルが延々と繰り返されていたのである。

そしてこれを現代世界と照らし合わせると興味深い。それというのも次々に地中海世界に入って来ては退廃していくゲルマン人の姿が、どこか現代の資本主義世界に次々に参入してくるアジアなどの新興国の姿を連想させるからである。そしてそれら新興国が短時間で先進国と同じ病に陥り始めるという点でも似ているが、またそれは同時に、もし覇権国である米国が退場しても、資本主義のシステムそのものは生き続ける可能性があることも示唆していると言えるだろう。

ともあれ地中海世界全体がこのコラプサー状態から抜けることができなかったのだが、現実の世界史では幸いなことにそのサイクルはある時点で停止して、そこからの回復が可能となっていた。その最大のきっかけを提供したのは、イスラム勢力の台頭である。

ゲルマン人の後に台頭してきたイスラム勢力は、地中海をまるごと呑み込むようにしてその全域を勢力圏内に収め、それに伴って地中海の商業ネットワーク全体がイスラム文明の支配下に置かれることになった。ところが彼らの文明はゲルマン人国家と違って商業的退廃に対する強い免疫を備えており、たとえそれを呑み込んでもゲルマン人国家のように溶解することは起こらなかったため、サイクルはそこで当面止まったのである。

そしてこれは西欧世界にも結果的にプラスの影響を及ぼした。西欧は商業の中心地である地中海から締め出されたことで、文明全体の中心地をやや北方に移動させ、そこで農業を中心とする文明として再出発することができたからである。

またイスラム勢力の圧力が外から加わったことは、人々や社会をその撃退に向かって精神的に結束させ、ちょうどシリンダーの中の空気が圧縮されて発火するのに似た現象をもたらした。具体的にはそれは西欧側が「トゥール・ポアチエの戦い」(732年)でついにイスラム勢力の前進を食い止めたことを契機に、その後間もなくカール大帝のフランク王国が「最初のヨーロッパ国家」として成立したことであり、歴史家の中にもこれをもってヨーロッパの誕生と見なす人が多い。

そしてキリスト教会の性格もこの時を境に、それまでのローマの原始キリスト教とは明らかに肌合いの違う、われわれがよく知っている西欧キリスト教らしい形に生まれ変わることとなった。
それは日本人の目から見るとどこか徳川政権の成立を連想させないでもない。つまり当時の日本でも徳川政権の成立によって国全体が農業経済を基幹とする文明に戻ったのだが、それと似たことが起こっていたわけである。

とにかくそれらが相まって社会もキリスト教的な道徳によって律され、ヨーロッパ的な封建社会の成立を促すことで、ローマの退廃もようやく終息することになったのである。

こうしてみると、グラックス兄弟の改革が最終的に挫折したのが紀元前121年で、ドイツ・アーヘンの宮廷を根城とするカール大帝がローマのサン・ピエトロ大聖堂でローマ皇帝として戴冠式を迎えたのが西暦800年だったのだから、西欧世界がコラプサー状態からの脱却に成功するまでは実に920年もかかったことになり、逆に言えばこれはそれだけ大変なことだったのである。

中国の場合

ただそれでも、西欧地中海世界はそのコラプサー状態から一応はちゃんと回復することができたという点でまだしも幸運だったのであり、その点で中国とは違っている。
中国の場合にはもともと国の制度としては農本主義を基本としていて、商業に関しては抑制的だったため、経済格差の拡大はローマほど顕著な社会問題だったわけではない。しかし社会全体でのコラプサー化という点では、清朝末期の阿片などに見られるように、むしろローマより深刻だったという印象があり、しかもそれが非常に長く続いていることが問題である。

それが始まったのは中国世界が始皇帝によって単一の帝国になった時（紀元前221年）から始まっており、それによって、中央権力の巨大さが人々の精神に一種の無力感を与えるようになったことが決定的だったようである。

実際こういう状態では、人々が長期的願望を抱いてそれに基づいて生きようとしても、それは容易ではない。とにかく世の中を動かす力はすべて宮廷の中に集まっていてその外には存在しないのだから、もし宮廷の中が短期的願望で腐敗してしまえば、長期的願望が生きられる場所はもはやどこにも存在できなくなってしまう。そのため社会のあらゆる階層で悪い意味での個人主義が進行して、短期的願望がすべての長期的願望を圧殺していったのである。

そして短期的願望が野放しになった社会が、例えば清朝末期の時代にどういうものだったかについては、われわれは魯迅の『阿Q正伝』などでその主人公の姿を通して知ることができる。そこには当時の短期的願望だけで生きる最下層の庶民の姿が乾いたユーモアと皮肉で描かれていて、最初は面白おかしく読んでいるが、次第に背筋が寒くなってくるものである。

また庶民より上の地主階級を眺めても、そのほとんどが臆面もなく領民からの収奪しか考えない堕落した存在で、西欧の、一応それなりに真面目であろうと努めたジェントルマン階級の姿とは著しく異なっている。

とにかくその時期の中国では、どの階級を眺めてもそのようなもので、長期的願望の担い手は社会のあらゆる層から消え去ってしまっていたように見えるのである。そして時を経るにつれて、内部からそれを回復させる力も失われていったのであり、その意味では中国の社会こそ、人類の歴史

において コラプサーに陥ってしまった文明の最大の例なのではないかとも考えられる。
少なくともローマの場合と共通して言えることとして、社会のシステムがばらばらに個人主義的になっていくと、短期的願望の力が相対的に強くなって、内的な力でそこから自然に回復することは困難だということである。

もう一つの力が存在しなければコラプサー化は止められない

こうしてみると、現代の資本主義社会の縮退を止めるのは、思いのほか難しいことのように思える。西欧と中国の事例を見る限りでは、いずれも内部の力だけでそこから回復させることができず、外からの別の文明の力が加わってくることで、はじめてそのきっかけが与えられている。

しかし現代は世界中が均一化しつつあるため、そういう新しい文明や国家の世代交代による文明の新陳代謝に依存しようとしても、そもそもそんな新しい文明が地平線の向こうから現れてくること自体がほとんど期待できない。そうでなくとも、核兵器が存在する現代社会ではそうした軍事力による荒療治自体ができず、回復措置は遥かに難しくなってしまっているのである。

ただわれわれの場合には、一つ救いとなる判断材料がないでもない。それはいままでわれわれが縮退のアクセルを踏み続けてきた時には、そのメカニズムを知らなかったため、むしろそれを善だと錯覚して積極的にそれを踏み込んで推進していたということである。

その錯覚とは先ほど述べたように、要するに「短期的願望（部分）の総和が長期的願望（全体）に一致する」ということだが、それは逆に言えば、もしここで「部分の総和が全体に一致しない」

ということがきちんと数学的に証明されれば、その錯覚は払拭《ふっしょく》できるということでもある。

一般に（日本はともかく）欧米では、「論理的に立証できないものは無の存在である」という意識が強く、そしてその論理的立証の頂点にあるのが数学的な証明である。そしてここで隠れた焦点となっていたのが、三体問題がなぜ解けないのかの理屈だった。

これは作用マトリックスを使えば容易に直観的理解が可能なのだが、いままではその直観化ということが大幅に遅れたため、哲学との接続が十分にできなかった。そのため先ほどの命題も証明ができず、その錯覚が長い間生き残ってしまったのである。そのためもしそれができるとなれば、アクセルとブレーキの切り替えが行われることになり、思想の転換の影響力は想像以上に強力であるため、現代世界で軍事力の荒療治ができない分をそれでカバーすることも、十分可能だろう。

しかしそれだけでこの縮退が止まるか、と言われたら、読者の多くは首をかしげるのではないかと思う。つまり確かにいままでと違って、それを善と錯覚してアクセルを踏み込むことは止まるかもしれない。しかしもともと資本主義経済はその根本が、金儲けのために世の中を縮退させる仕掛けになっており、それを止めるにはどこかにもっと別に強力なブレーキが存在しなければならない。

昔はそれを制度や慣習などで行っていたが、これらは一種の静的な構造物による消極的な抵抗措置に過ぎず、日々増大する縮退の力に対抗するには到底力不足である。そのためどこかに何か根源的な形で逆向きの力が存在していて、それで積極的に押し戻さない限りは無理なのである。

ところがここでいままでの経済学を一種の力学として眺めた場合、その根本原理とは要するに**「われわれの経済社会は、欲望を満足させて利益を極大化させようとするただ一つの力で動いてい**

る」ということである。つまりもし経済社会の中に存在する唯一の力がそれで、その力が縮退方向にしか働かないのだとすれば、その進行が止まることなどあり得ないことになる。

要するに何らかの別の力をもう一つ、どこかから見つけてこない限りは、そこからの回復は望めないことになってしまうのだが、しかしそんな「二つ目の力」が都合よくこの世界に存在しているなど、一体あり得ることなのだろうか？

あるいは読者はもう十分にお腹がいっぱいかもしれないが、筆者にはここで本を終えて読者を放り出してしまうことがどうしてもできない。もともと本書が最初に書かれ始めた当初の目的は（確かにビジネスのために最も楽に経済学を学べる本としても使えるが）、行き詰まった現代世界の中で、読者が未来の経済学を模索するためにベースとなる知識を提供することにあった。

そのためこの重い問いに何の答えも示さず「何をやっても無駄」という結論で本を終えてしまうことは、その最初の目的を裏切ることにもなりかねない。そこでたとえ単なる可能性に過ぎずとも、それでも一つの答えを示すことで未来への希望をつないでおきたい。以下はまだぼんやりとしたスケッチに過ぎないが、読者にはもう少しお付き合いいただければ幸いである。

3　経済世界に縮退を止められる力は存在するか

オルテガのヒント

しかしそうは言うものの、次の糸口を一体全体どこに見出せばよいというのだろうか。これだけ大きい問題となると、恐らくよほど大きな指導原理がなければ話が一歩も進まないであろうが、しかし一方たとえそんな原理があったとしても、その一番の基礎が普通の人間の常識や感覚では理解できないほど複雑難解なところに据えられていたのでは、現実にはほとんど役に立たないだろう。一体この何もかも掘り尽くされたような現代世界に、そんな条件を満たすものがまだ残っているものなのだろうか。

ただここで状況を逆に眺めて、もし貧困や環境の問題をすべて解決した上で富を極大化し、資本主義社会が繁栄の極に達したとすれば、本当にわれわれは幸福のゴールに達するのかと問うてみた時、どうもそうではないということは、誰しもが感じることなのではあるまいか。

むしろ何か文明そのものがどうしようもなく行き詰まっているというのが、多くの人々の実感で、その「行き詰まり」は全然別の性格によるものである。それはむしろ貧困にあえぐ国よりも、豊かな先進国に住む若い世代で顕著であり、そこで彼らは、生きる目標を見つけるという点において過去のどの世代より難しい状況に立たされており、「行くべき未来」を失ったまま、あり余る豊かさに取り囲まれ、閉塞感の中で絶望を強いられて、そこからの脱出こそが最大の問題と感じているのである。

しかしそれは必ずしも最近になって突然生まれたものではなく、そうした行き詰まりに対する指摘の歴史はかなり古いのである。例えばオルテガ（スペインの思想家、1883〜1955年）の時代にすでにそうした指摘がなされていた。オルテガは現代――といってもそれは実は彼が見ていた20世紀はじめのことを意味するが――を「満足しきったお坊ちゃんの時代」と呼び、「満足が原因で死滅する時代もあるのだ」(『大衆の反逆』)という。これは人々の大部分に実感として感じられる言葉であり、同時にこれ以上に文明の将来に絶望を感じさせる言葉もないだろう。

だが奇妙というのはまさにこの点であり、考えてみると皮肉にもこれは、先ほど述べた「欲望を満足させる」という、経済学のいわば第一原理が極限まで実現されたことで生まれた問題なのである。ということは逆に言えば、人間は実はこの第一原理それ自体に満足してはおらず、そのさらに下に何か別の要求が眠っているのではないかという話になってくるだろう。

そうなってくると、それをうまく使うことを考える限り、このどうしようもない袋小路からの脱出の試みにはまだ完全には終止符が打たれていないことになる。そのためひとまず表面の経済の問題から離れて、その底に何があるかを探ってみよう。

実は先ほどのオルテガの本の中には、一つのヒントが記されている。それは『ドン・キホーテ』の作者セルバンテスの言葉で「道中のほうがいつでも宿屋よりもよい」というものである。一見したところ何の変哲もないような言葉であり、実際これを単に「夢を達成する過程が偉大である」と読んでしまうと、われわれの役には立たない。われわれが読み取りたいのはもっと別のことなのである。

読者にも経験があるだろうが、だいたいにおいて旅というものはそれを準備している時が一番楽しく、実際に行ってしまうとしばしばどうということはない。また、欲しいものがある時も、多くの場合カタログを見ながらいつ手に入るだろうと想像している時が幸せで、実際に手に入れてしまうと、自分が欲しかったのはこんなものだったのかと、拍子抜けしたような虚脱感に見舞われることがしばしばある。

確かに物を手に入れた時に、本当に幸せでそうした虚脱感を伴わないという場合も多いが、そういう場合をよく見ると、むしろそれをどう使って次に何をしようかと、想像に浸ることができる場合であることが圧倒的に多い。

要するに実際に人間が何かを得て幸福感を覚える時というものは、ほとんどの場合その隣に「想像力」というものが影のごとく寄り添っているのであり、それが伴わない場合には外面的に何を与えられても人間は空虚感しか感じることがないのである。

そしてこれはひょっとしたら非常に大きな盲点だったのかもしれない。つまりこの「想像力」というものは、必ずしも文学的な美しい蜃気楼《しんきろう》のようなものではなく、実は人間社会を支配する力学のかなり中枢部に位置するのであり、かなり大規模な拡張の余地を秘めているのではないかというのが、ここでの中心的な着目点である。

その隠れた力の経済への意外な影響力

ではその力が経済にとってどんな隠れた影響があるかをちょっと見てみよう。例えば新製品企画の現場などにいるベテランは次のことを知っているはずである。つまり爆発的にヒットする商品というものは、一種のシリーズ化などによって、次への発展の余地を残したものである場合が極めて多い。逆にたとえ出来がよくても単発で次へのつながりがなくて想像力を掻き立てる余地のないものや、あるいは消費者の要求を残らず盛り込んであるが、いわば発展の終着点にあるものは、それなりに売れはするものの爆発的なブームは起こせないものである。

振り返ってみると、大量消費時代の消費需要の牽引車となった洗濯機や自動車などにしても、単に便利という以上に、実はその先にある「アメリカ的生活様式」というワンセットになった夢の物語に登場する、いわばシリーズ化された小道具として売り込まれ、次の想像力を掻き立てる余地を持っていたからこそ、あそこまで需要を引っ張っていくことができたのではあるまいか。

もしそうだとすればこのことの経済への影響も大変なものだが、それにも増してこれは人間のもっと根源的な欲求に関わる問題である。そこでこれらのことから、われわれは一つの重要な仮定を引き出したいと思う。

それは、「**人間は外面的な幸福それ自体は吸収することができず、人間の心の中で『想像力』という酵素が作用することではじめて吸収できる状態になる**」ということである。

つまり人間に幸福感を感じさせるものは、外見からもわかる「幸福な境遇」それ自体ではなく、むしろそれが種となって想像力に転化されたものであり、その「想像の中の幸福」を吸収することで人間は幸福を感じるのだというわけである。逆に言えば、外面的な豊かさをいくら与えられても、想像力という酵素が不足すれば豊かさの中で逆に窒息してしまうということである。

ここで言う「想像力」という概念は、可能性という概念をもその中で含んでいるが、いま述べたことも、想像力という概念を狭く解釈して可能性という言葉で置き換えると、もっとよく理解されるだろう。可能性とは、現在それがまだ実現していないからこそ可能性というのであって、それはその時点では想像の中にしか存在していない。しかしすべてを実際に手に入れて可能性が塗りつぶされ終わった状態よりも、まだ何も現実には手にしていないが可能性の中に莫大な資産が眠っている状態のほうが至福感に満ちていることは、多くの人が感じることである。ここではこの「**可能性による幸福**」という概念を基本に据えて一般化し、一種の力学のレベルまで拡張しようというわけである。

現代の閉塞感の根源

さて話を続けよう。われわれにとって皮肉であると共に重大なことは、欲望や願望に対する制限がなさすぎて、それが物や情報の形で無制限にかなえられてしまうと、想像力という酵素がかえって分泌されなくなってしまうことである。そしてそこが現代の不幸の根源である。

喩えて言えば次のようになるかもしれない。ここでビンの中に想像力の種になるものを一つ入れて栓をし、しばらく開けることを禁じる。種は密閉されたビンの中で発酵し、香ばしい気体を出す。やがてその気体の圧力が高くなって栓を押し上げ、その隙間からわずかに洩れる。そしてそれを吸い込む時に人間は幸福感を覚えるというわけである。

ところが米国を頂点とする豊かな社会はいわば栓が外れっぱなしのビンであり、想像力の種がいくら多くても、それがすぐに現実化されて過剰に与えられるため、逆にこの「魂の気体」とでも言うべきものを十分に呼吸することができなくなってしまう。そこでその苦しさを補うためテレビ局やネットからホースを何本も引いてきて外から夢を補給してもらうが、それがまた自分の体内でこの気体を作り出す能力をかえって衰弱させる。そこでついに麻薬に手を出して自分の体の組織を焼き、それが蒸発する時に出る気体を吸い込むことで一時だけ苦しさから逃れるのである。

　要するにこうした問題は精神面において人間の内的な想像力が（外部からの過剰供給によって）枯渇していく過程であり、その病であると言える。オルテガの指摘を含めて現代文明社会が直面する本質的な問題がそこにある。

　一般に人間は苦難それ自体によって死ぬことは稀である。人間を殺すのは実は絶望であり、どんな苦難があってもどこかに活路があると信じている限り、人間は驚異的な力を出して生き抜くものである。こんなことは常識であり、あらためて指摘するまでもないが、しかしここで注目すべきことは、希望を断たれることばかりでなく、希望がかなってそれを味わってしまうことでも人間の精神は活路を断たれたと感じるらしいことである。

碁石をヒントにした基本原理

そして先ほど活路や呼吸という概念を用いたが、これ

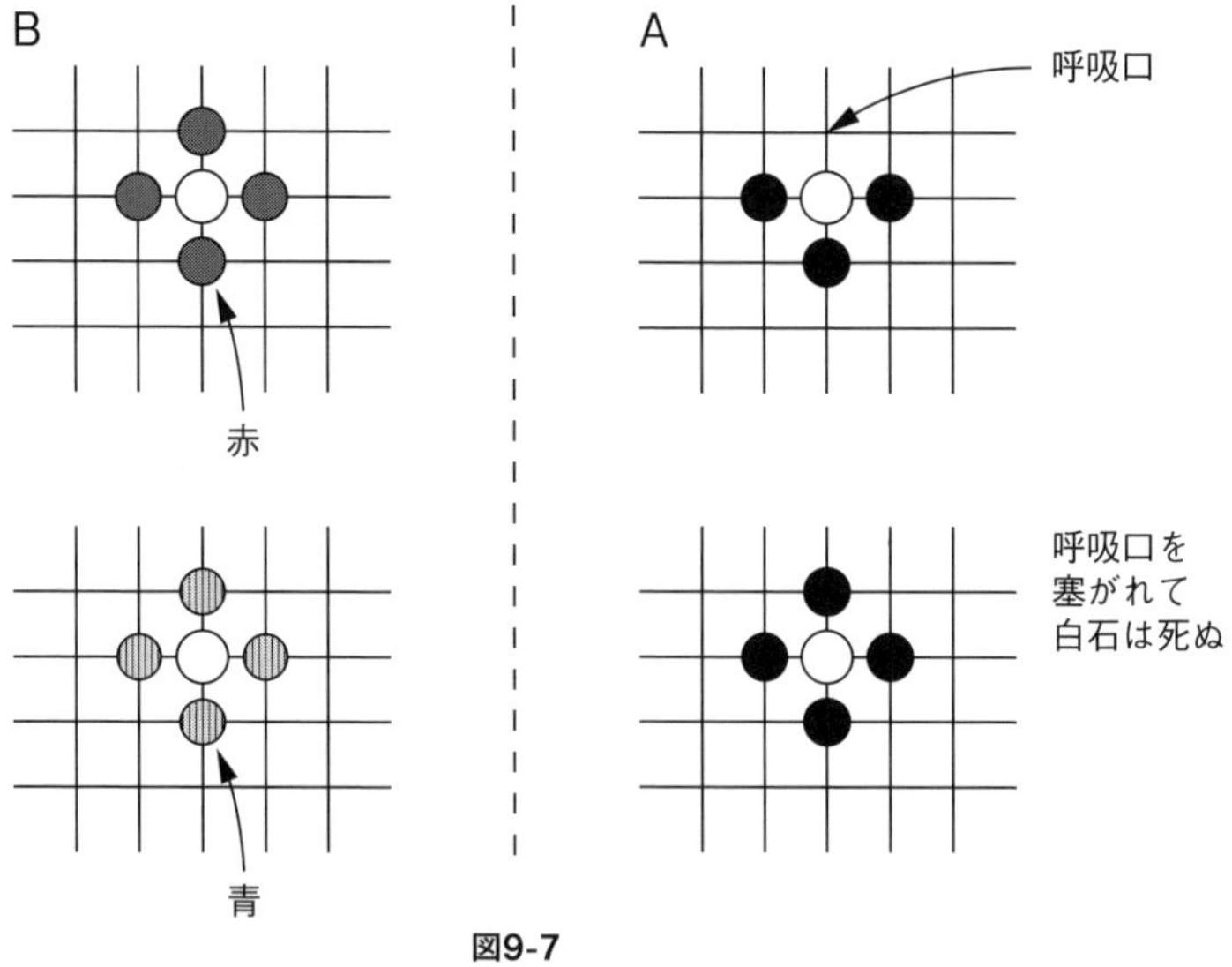

図9-7

を足掛かりにしてここでアナロジーによる概念の拡張を行おう。それは囲碁《いご》と碁石の性質を応用するものである。

碁石の基本的性質とは次のようなものである。それは活路を失った石は死ぬということである。例えば図の右のAの場合、上の図では白石は上に呼吸口（活路）があるが、下の図ではそれが黒石で塞がれて、白石は呼吸を断たれ死んでしまう。

図9-7A▶

ここで少々設定に変更を加え、左のBのように、黒石のかわりに赤と青の石を用いることにしよう。まずBの上図の赤の石は「禁止」による希望の喪失を意味する。つまり白石が生きていこうとする行く手に立ち塞がってそれを阻止する要因である。例えば白石を四つの赤が囲んで呼吸口（活路）を全部塞いでいたならば、それは生きる希望を全部断たれて精神が絶望のうちに死ぬことを意味する。これは、いままでの常識的な考え方に照らしてもよく理解できることだろう。

図9-7B▶

一方青の石は新しい視点に基づくものである。Bの下の図のように四つの青石が白石を囲んでいる状態を、われわれは飽食と情報過多で精神的に窒息した状態と見なし、赤石で囲まれた状態と全く同じようにこの白石は死ぬのである。

要するに赤は客観的には禁止を、青は客観的には入手を意味するのだが、人間精神は当事者の立場では最終的にこの両者をモノクローム化して共に黒石と同様のものと認識し、精神は窒息していってしまうのである。

これを基礎原理と見なして、以後の議論を進めていくことにしよう。さて囲碁の話に戻ると、囲碁のルールでは石が上下左右に連結している限り、どんなに離れた位置にあ

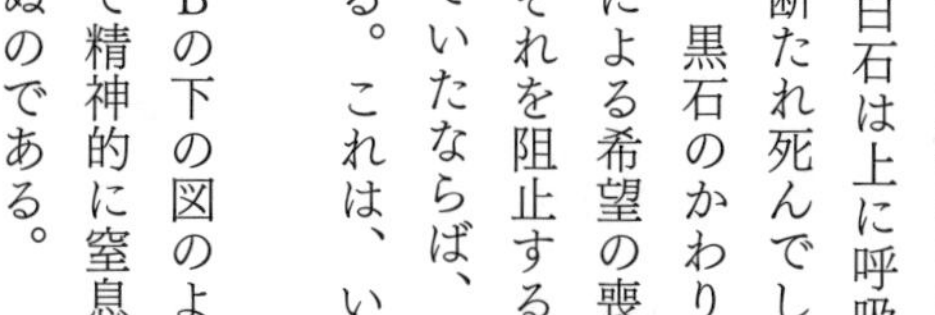

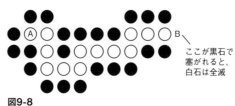

図9-8

ってもその活路によって離れた位置にある石は生きることができる。例えば前ページの図9-8では、Aの場所にある石の塊は、遠く離れた活路Bによって生きることができる。しかしもし活路Bが黒石で塞がれるならば、これらの石は全滅する。

図9-8▶

これは人間の精神の問題では次のような局面を表現すると考えることができる。例えばAの石の塊を一人の人間と考えた場合、自分自身はもはや活路は失っているが、自分と精神的につながっている者——自分の子や、自分の理想を引き継いでくれる後継者など——が元気に活路Bを持っていることで、精神がそこに希望を感じて窒息しないでいる状態を示す。この関係は子供や後継者の場合ばかりでなく、封建社会で忠臣が主君に対して、あるいはもっと一般に偶像として崇拝する相手に対して（すなわち下から上へ）生じることもある。

ところで囲碁において一番重要なのが「地」の概念である。要するに石の塊の内側にどれだけ多く空白領域を持っているかが、勝敗を決める基準となる。例えば図9-9のaは「地」の一番の基本形であり、四つの白石が確保した空白領域である。また図9-9のbでは白石の塊は二つの空白領域を持ち、この場合白石の塊は外側を全部黒で固められているが、この空白領域によって白石は呼吸し、生きていくことができるのである。

図9-9▼

囲碁においては、勝敗を判定する基準をこういった「地」の数を競うことに置いているが、これはゲームの勝敗の基準としては少々珍しい。チェスや将棋では

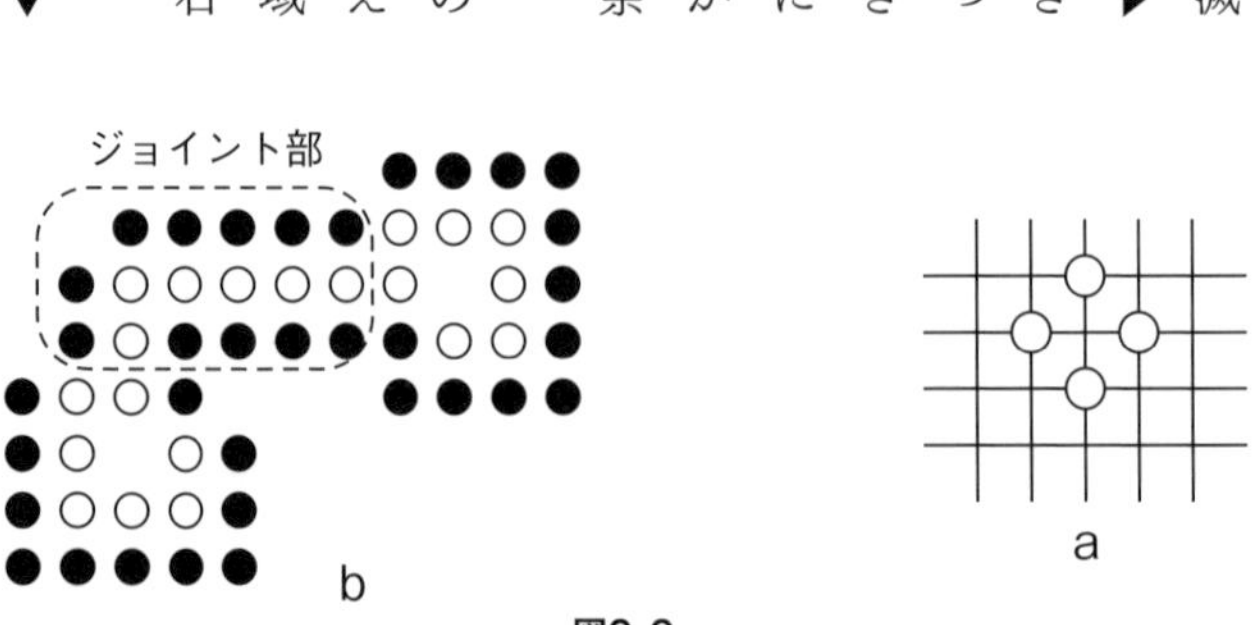

図9-9

王の駒を取ることで勝負が決まるし、囲碁と一見似たオセロゲームでは自分側の色の石を多くした側が勝ちである。

しかしこの「空白領域の多さを競う」というユニークさをわれわれは取り入れようというのである。すなわちわれわれは、ある文明や社会が真に良い状態にあるのかどうかについて、その社会状態をこういう方法（ただし黒石のかわりに赤と青の石を用いる）で表示した時に、こうした「地」や呼吸口が多いかどうかでその判断を行うのである。

考えてみると近代西欧の価値観では、一般に「豊かさ」は青い石の数がどれだけ多いかで判断され、近代文明はそれを極大化することを最大の目的にしてきたと言える。一方近代以前の、しかしそれなりに良く均整のとれた文明、すなわち多くの国で一種の懐かしさをもって語られるそれぞれの「古き良き時代」というものは、恐らくこうした内部にできる呼吸口の数が多い状態にある。確かにその時代はわれわれの時代ほど豊かではなく、青石は少なくて赤石は多かったはずなのに、何となくわれわれの時代よりも魅力的に感じさせるのは、恐らくそれが原因である。

なお話が前後するが、先ほどの図9-9のbの状態がどのような局面を示すのかについて一応一言付け加えておくと次のようになる。一般に囲碁のルールでは、図aのように空白領域が1個の時、外を全部黒石で囲まれると、黒は中心部に石を叩き込んで4個の白石を殺してとってしまうことができる。それが図bのように空白領域が2個あって、それがジョイントでつながっていると、黒はどうしてもそこに石を置けなくなる。

実のところ、人間個人が心の中に持つ夢や可能性というものも、かなり似た性格を持っているのではあるまいか。つまり孤立した人間の精神は、自分自身の内面を不安と疑惑の目で見つめ始めて自分で呼吸口を一つ一つ潰していってしまうのに対し、「隣の芝生は青く見える」の理屈で他の人間が心の中に持つ呼吸口や希望は極めて強固に見える。そのため図bのように二つの石の塊がジョイントで結合されていると（つまり何らかの精神的な絆があると）、二人の人間がそれぞれ内側に持つ呼吸口が互いに補強し合って精神的に窒息せずにすむのである。

資本主義社会の人間の精神状態はどう表現されるか

では現代の資本主義社会の中に生きる人間の精神状態は、この方法ではどう表現されるのだろうか。これは経済の速度の問題ともからんでくるが、それは碁石で示される次の局面に似ている。図9-10の(1)で示す状態では、白石の塊は内側に呼吸口を持たず、A点だけが唯一の呼吸口である。ところがうかうかしていると、ここに黒石を置かれてしまうため、白側としては(2)のようにこの位置に先に自分の石Bを置くことで活路を維持しなければならない。ところが次に黒石をその先の位置Cに置かれると、前と似たような局面になってしまう。図9-10▼

結局盤面の縁にぶつかるまで同じようないたちごっこが続くわけで、白側の塊は窒息の脅威から逃れるために、必死で活路を求めて走り続けなければならない。

確かに資本主義経済が止まれない理由の半分は、生産システムや金融などのメ

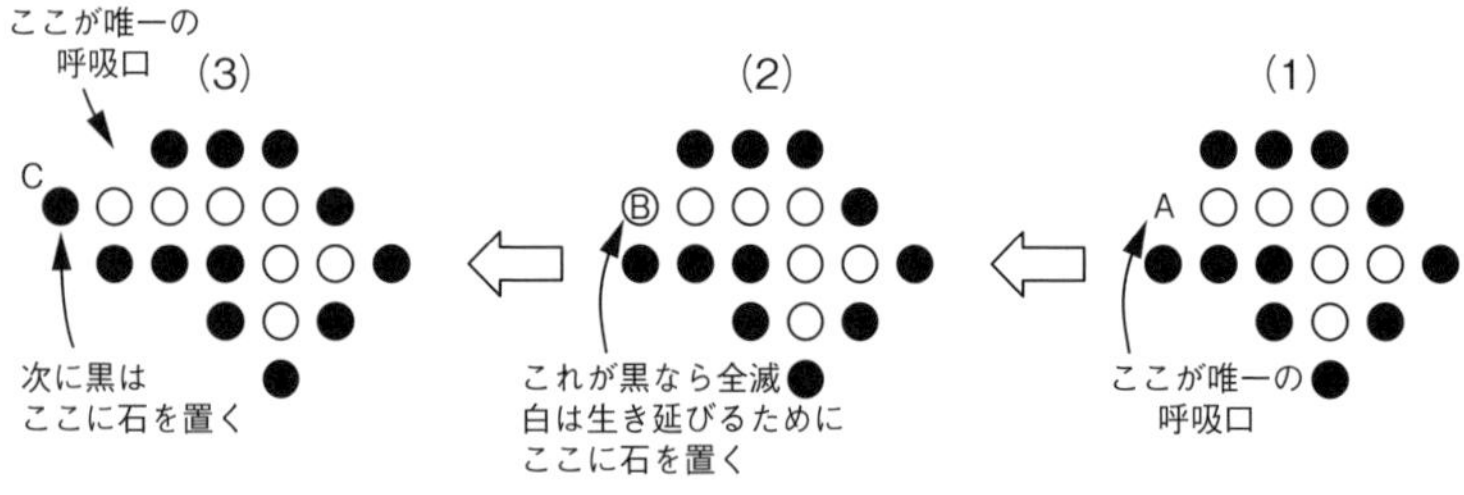

(1)
A
ここが唯一の
呼吸口
(2)
B
これが黒なら全滅
白は生き延びるために
ここに石を置く
(3)
C
ここが唯一の
呼吸口
次に黒は
ここに石を置く

図9-10

カニズムにある。しかし残りの半分は、実は消費を行う側の心理状態の暴走体質に負っているのではあるまいか。買い物依存症などもこれに似たパターンと考えることができると思われるが、そこを生きる人間の精神自体が、変化と刺激の連続的な供給がなければまいってしまう悪循環体質になっているため、いわば精神面からの需要がこの暴走経済の駆動力となっているのである。

ジョイントは基本的にまず上下方向に発生する

ではこうした呼吸口や、石の塊同士をつなぐジョイントなどは、どうすれば作ることができるのだろうか。無論それはこんな短い文章では到底論じ切れないが、容易にわかるように、人間同士の相互依存が強い場合にはその間のジョイントは強固なものとなる。

ただここで人間は一つ奇妙な性質を持っていると考えられるのであり、それが重要になるかもしれないので少し述べてみよう。それは、社会的立場や力関係の中で考えた場合、上下方向にはジョイントが生じやすいが横方向には斥力が作用して発生しにくいということである。

例えば伝統社会における神の存在や、あるいは現代の大衆社会における偶像的スターの存在などというものはその一例である。大衆社会の中にいる「孤独な群衆」がそうした偶像的スターの周囲に集まると、そこには一種巨大な連帯感が出現する。つま

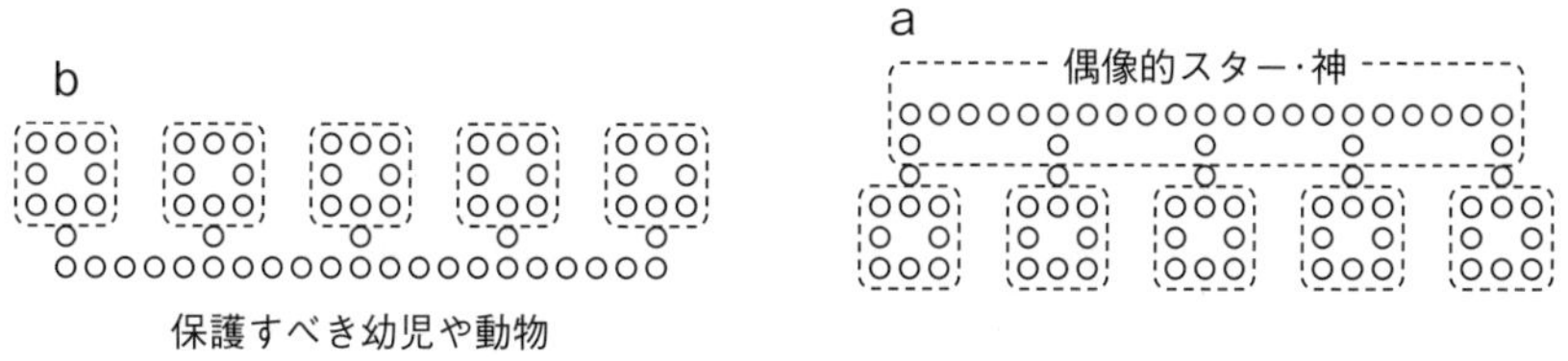

図9-11

り図9-11の右のaのように、その存在がちょうど群衆の上側に発生した巨大なターミナル・ジョイントのようになっているわけである。図9-11のa▶

この場合、偶像的スターが群衆の立場からかけ離れた雲の上の人であればあるほど上へのジョイントは強固となり、逆に自分たちに近くなるほどそれは弱くなって完全に自分と同じ地位になった時点でジョイントは消滅する。

例えば現代社会で群衆がアイドルに熱狂するのはアイドル自体への崇拝というよりも、むしろそれがジョイントとなって巨大な数の呼吸口を共有できるためではあるまいか。そして伝統社会での「神」の役割は、これをもっと整然とした形にしたものである。

またこれとはちょうど逆に、幼児や動物が何か危機に陥って保護がなければ死んでしまうなどという場合、それを救おうと人々が団結してそこに連帯感が生じることがある。これは図bのように下側にジョイントが発生した例である。図9-11のb▶

この場合、幼児の年齢が上がって大人たちに似てくるほどその結束は生じにくくなる。一般的に、横同士にジョイントが発生するには、共通の脅威によって脅かされていることなどが必要であり、自然状態では直接横方向にジョイントが発生しにくい。この奇妙な性質は人間というものの複雑

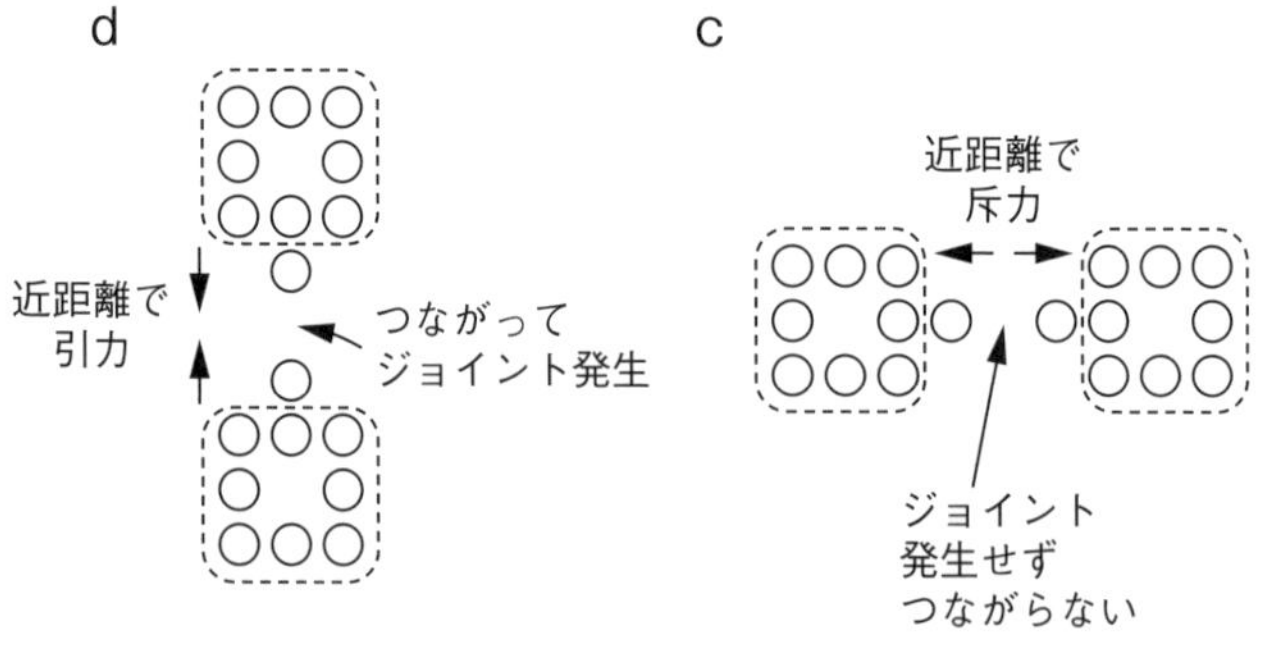

図9-12

さを反映する、意外に重要な特性ではないかと思われる。

いまの段階でこうしたことを定式化するのはやや無理があるのだが、一応このことを「理論」らしく整理しておくと、次のようになる。

まず二つの石の塊は、それが横方向に並んでいると、外に強い共通の敵がない場合、図9-12の右のcのように磁石の反発力のように常に弱い斥力が横方向に働いていてジョイントが発生しにくい。

図9-12のc▶

ところが不思議なのはそれが縦方向に並んでいる場合で、通常の状態ではそれら二つの石の塊には上下方向に強い斥力が働いている（ちょうど親と子がときどき激しく反発するように）。ところがそれが特殊な条件下である程度まで接近すると、図9-12の左のdのように逆に引力が働いて強力なジョイントが発生するのである。

図9-12のd▶

縦方向というのは、要するに親子関係、主従関係、スターとファンの関係など、社会的に発生する上下関係一般を差すが、とにかくそのようなジョイントで結ばれて一つの大きな塊になると、いままで横同士に存在していたcのような弱い斥力が消滅してしまう。これは、人間の持つ社会的動物としての不思議な本能によるものだろうが、このような結合状態を作ると、今度はその結合力・引力の反動が外に向かうようになり、外側にある同様な石の塊に対して強い反発力を示し始めるのである。

それは逆もまた真なりで、外側からそういう強い反発力を受けると、いままでばらばらだった石の塊が、上方向に適当な石の塊を見つけてそれをターミナルとし、次々にそことジョイントでつながって、大きな塊に成長していく。

近代社会の愛国心などはその例で、実際にそれまで個人主義的だった国民が、ひとたび外敵に脅かされるや、一人のリーダーの下に結束して忠誠を誓い、縦型の軍隊的組織に皆が喜んで加わるなどという光景は、よく見られるものである。

もっとも、そうした引力と斥力の関係はまだあまりよくわかっておらず、いま述べたことが本当に基本法則たり得るかどうかも、まだ確定していない。しかしながら一つだけ言えることは、こうした人間同士の石の塊の間のジョイントというものは、ただ博愛精神に目覚めただけで生まれるような簡単なものではなく、もっと遥かに複雑な力学に従っているらしいということである。

呼吸口の数え方

では次の分析に移ろう。こういう場合もし社会状態の善し悪しを呼吸口の総数を基準に判定するというならば、それぞれの場面で呼吸口の総数はいくらと数えられるのだろうか。近代西欧社会思想の判断基準は基本的に「最大多数の最大幸福」、すなわち一人当たりの幸福度を人数全体で合計した値だという考えをとっていた。そこでここでもまずこの考えに倣って計算してみよう。

例えば下の図9-13の右のAのように100人の人間がいて、一人ひとりが完全に孤立してジョイントが全く存在せず、各人がそれぞれ1個だけ外か内に

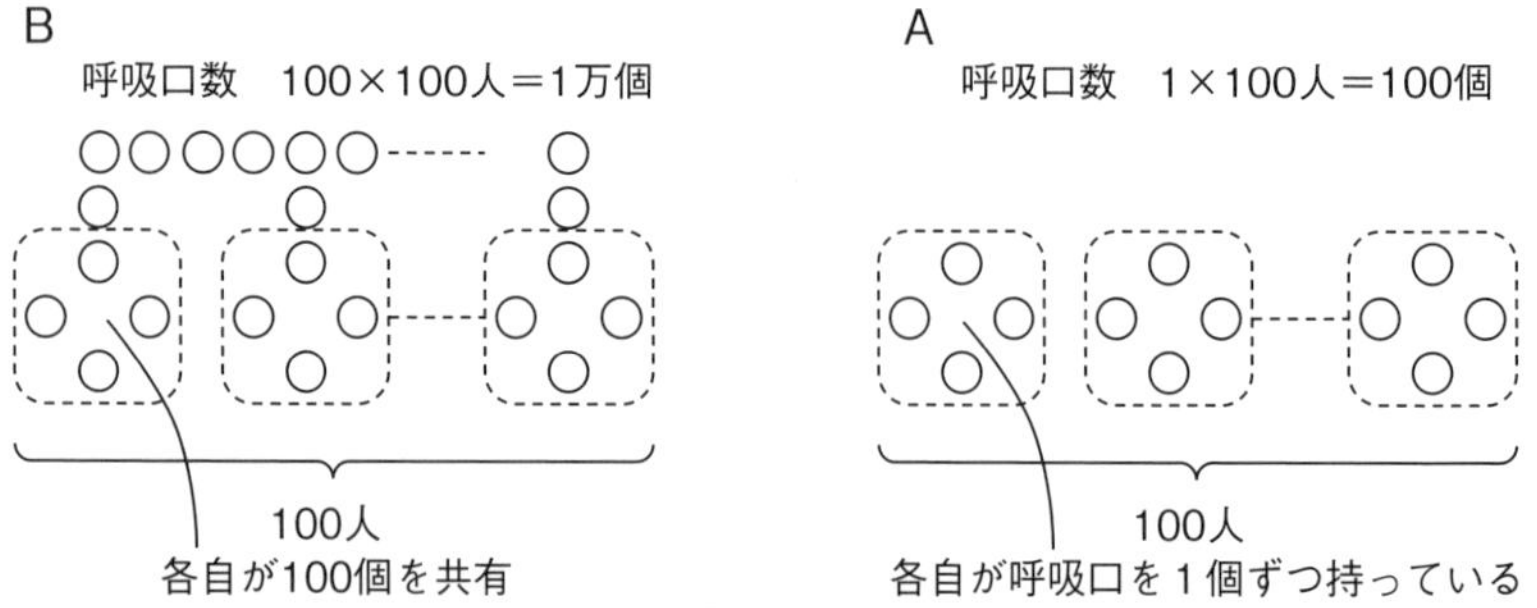

図9-13

呼吸口を持つとする。この場合社会全体の呼吸口は、各人1個が100人分、つまり1×100で100個である。

先ほどのように、偶像的存在をターミナルとして結合状態を作っている場合はどうなるだろうか。つまり下の左のBのように100人それぞれが内側に1個の呼吸口を持ってそれがジョイントでつながっている場合である。

図9-13のA▶

図9-13のB▶

この場合、各人がそれぞれジョイントを通じて100個の呼吸口で呼吸でき、それが100人いるわけだから、社会全体には総計で100×100＝1万個の呼吸口がある状態だと考えることができる。無論この仮定はやや極端ではあるが、それでも両者の効率に大きな差があることはわかるだろう。

昔のそれなりに均整のとれた伝統社会は、社会的には完全に平等ではないという欠陥にあえて目をつぶり、また外側に拡大するための活路を減らすという犠牲を払っても、後者のように内側の呼吸口を増やしてそれをジョイントでつなげるということを行っていたとみることができる。しかし近代社会は青石の個数を極大化しようという意図のもと、もっぱら「外側の呼吸口」を増やすことに努めてきた。そして活路や可能性の分配に平等を期するため、あえて伝統社会の構造を解体し、人々の間の社会的な絆を断ち切って各人を横一列に並べた。そのためジョイントは完全に切断されていったのである。

図9-14▼

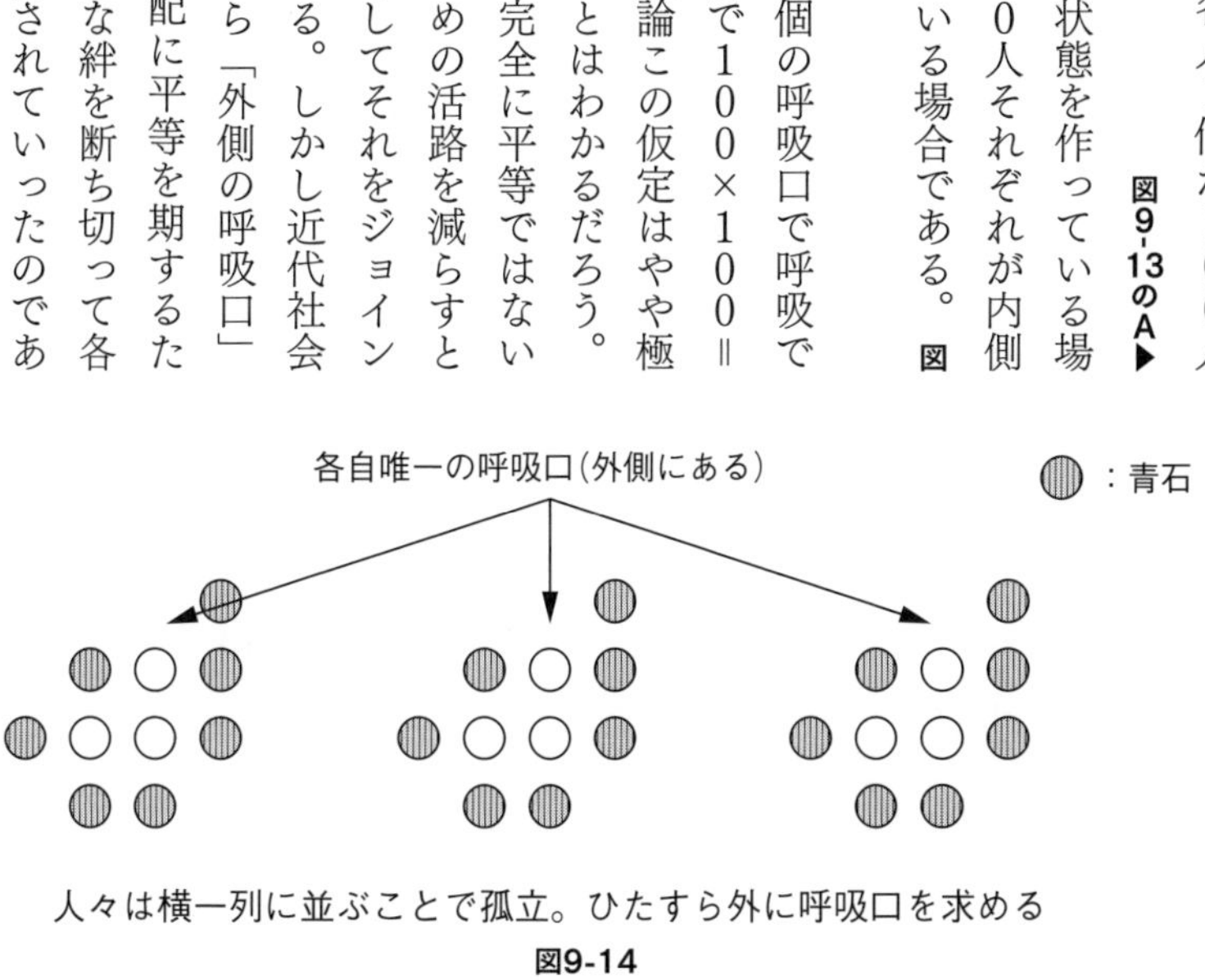

人々は横一列に並ぶことで孤立。ひたすら外に呼吸口を求める

図9-14

この「人間の孤立化」は近代的・合理的な民主主義社会では避けて通ることが難しい問題だが、先ほど見たように、外側の活路によって呼吸口を得る方法は、内側の呼吸口に依存する場合に比べて非常に効率が悪い。このため近代西欧は、外側に膨大な個数の呼吸口を確保すべき宿命を負うことになった。こうしてみると、暴走する大量消費社会や荒廃する地球環境は、その結果とみることもできるだろう。

経済社会を動かすもう一つの力

そしてここで、一つの重要な原理が浮かび上がってくることになる。それは、

・人間は、この精神的な呼吸口の数を極大化する方向に社会を動かそうとする

と考えられるということである。

従来の経済学ではこの部分を富や利益の極大化、という点のみから考えていた。つまり従来の経済学の基本原理は「経済は、その利益を極大化する方向に社会を動かそうとする」というものであり、それが経済や社会を動かす唯一の力だったのだが、ここではもう一つ、呼吸口の極大化というものを同じ要領で考えて、それら二つが基本的な力であるというビジョンを導入する

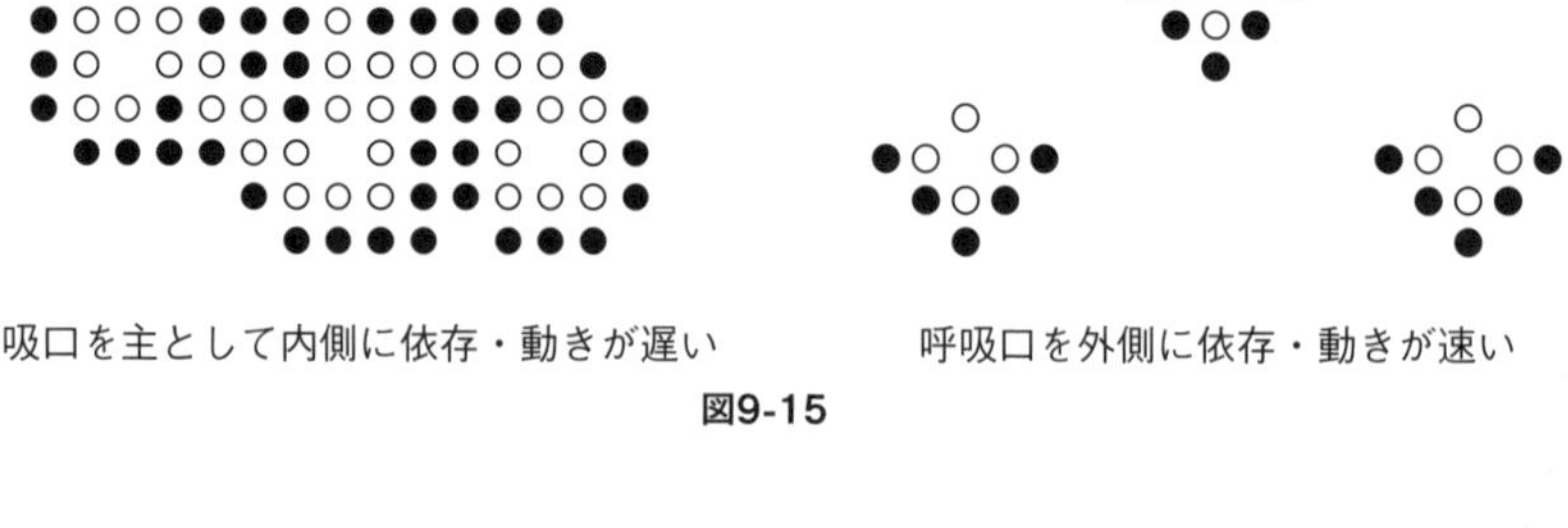

呼吸口を外側に依存・動きが速い

呼吸口を主として内側に依存・動きが遅い

図9-15

わけである。

ではここで、この原理を念頭に置いて、資本主義的な病んだ現代社会と、昔の金銭的には豊かではないものの健全で安定した伝統社会を比較して表現してみよう。

まず現代の個人がばらばらになった大衆社会の姿は、基本的に図9-15のaのような形で表され、それぞれの石の塊が他とはつながっていない。それぞれは、内部には呼吸口を持たず、外側に呼吸口を求めている。

図9-15のa▶

そのため先ほどの買い物依存症のような形で、早く動いていなければ呼吸口を確保し続けられないので、こういう社会では一般に物や情報の消費速度も速くなければならない。

それに対して安定した共同体に支えられる伝統社会の姿は図の左側のbのようなものであり、多くの石の塊は互いにつながって呼吸口を共有し、内部で呼吸口がまかなわれている。

図9-15のb▶

こういう状態が理想的な形で達成されている場合、人々はそこで満足して、別に新しい物を買ったりする必要はない。そのためその消費活動は、日々の消耗分を補うだけですみ、少なくとも精神的な面からは経済はゆっくりした状態でも維持できる。その意味ではこちらはいわゆる「持続可能な経済・社会状態」である。

そしてここで両者を「縮退」という観点から比較すると、一つのことは明瞭だろう。それは右の図aのほうが左の図bよりも縮退したシステムだということである。

実際aのように社会全体が完全にばらばらな個人主義的な状態になっていると、人々は短期的な願望でしか動くことはできない。一方bのような状態だったなら、呼吸口自体も複雑なつながりの中で発生するので、かなり長期的な願望でも社会的に十分に成り立つことになる。

またａのような状態とｂのような状態を「希少性」という観点から比較した場合、明らかにｂが偶然達成されるケースのほうが稀である。つまりｂの状態を作ろうとすると、ジョイント部分などの関係を絶妙のバランスでセットすることが必要だが、ａだとその手間はほとんど必要ない。

そのためｂが壊れてａになることはあっても、その逆は起こりにくく、ａはｂより縮退しているのである。

縮退を止めるための力学

だとすれば、ここに縮退を止める一つの鍵が隠されていることになる。つまり先ほどの呼吸口の数を数える話を眺めると、縮退度が少なくて内部の呼吸口を共有しているｂのような状態のほうが、ａのようにばらばらな状態より効率良く全体の呼吸口を増やせる理屈となっていた。

そのため「人間は呼吸口が多くなる方向に動こうとする」という原理からする限り、人間社会には縮退の少ないｂの方向へ向かって動こうとする力が働くはずなのである。その一方で、経済社会の金銭的な利益を求めるマネーのメカニズムは、社会を縮退の大きいａの方向に動かそうとする。図9-16▼

つまり前者こそがわれわれが求めていた「もう一つの力」であり、もしこれらの二つの力が互いに反対方向に働いて拮抗していれば、縮退を止めるこ

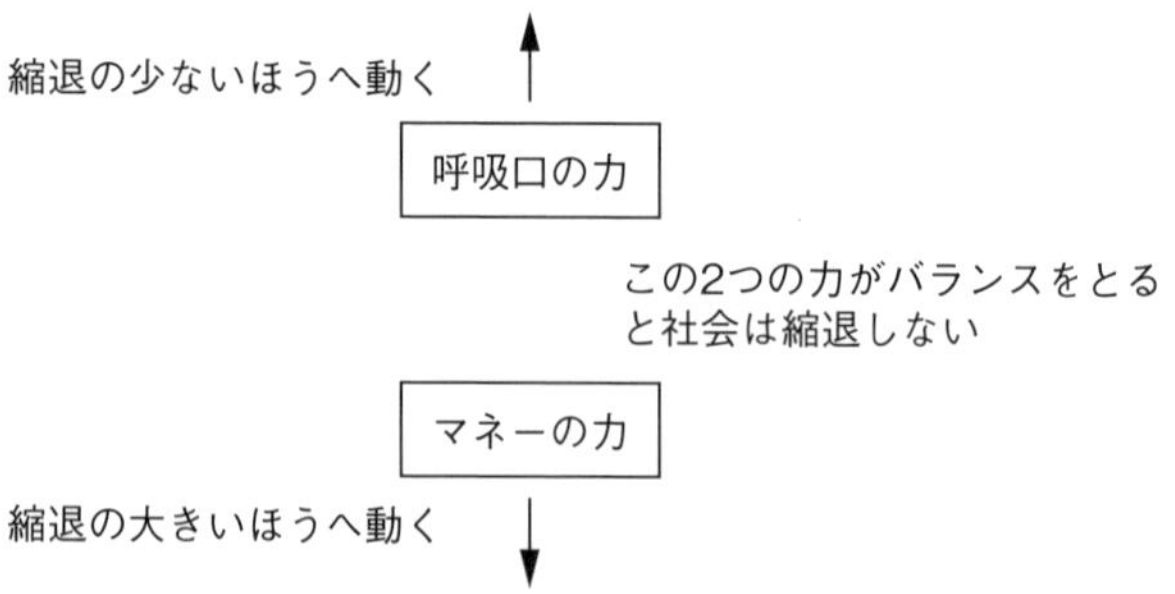

図9-16

とも不可能ではないということになる。さらに、場合によってはちょうど天体の引力と遠心力のように、行ったり来たりしながらの復元を繰り返すメカニズムも作れるかもしれない。

ただしこの力は、天体の場合ほどにはうまく働かないことも、この段階ですでに明らかである。それは、天体の場合には最初の位置から大きくずれてもちゃんと復元力が働くが、この力は大きくデリケートに組み上げられた場所でのみ有効なので、社会がある程度以上に縮退して大きく壊れてしまうと、復元力として働かなくなってしまうということである。

つまり縮退の力がどんな局面でも増大させられるのと違って、呼吸口の力のほうは初期段階で効果的に使わなければすぐに効力を失ってしまうのである。過去のいくつかの局面でそれが復元力として働かず、一方通行的にコラプサー化が進行してしまったのは、一つにはそれが大きな原因である。

縮退を止めやすいパターン

そこでそのあたりの状況をもう少し詳しく眺めてみよう。ここでは先ほどのbからaへの変化の途中で、呼吸口の数が一般的にどのように変化するかをイメージ的なグラフにしてみることにする。図9-17▼

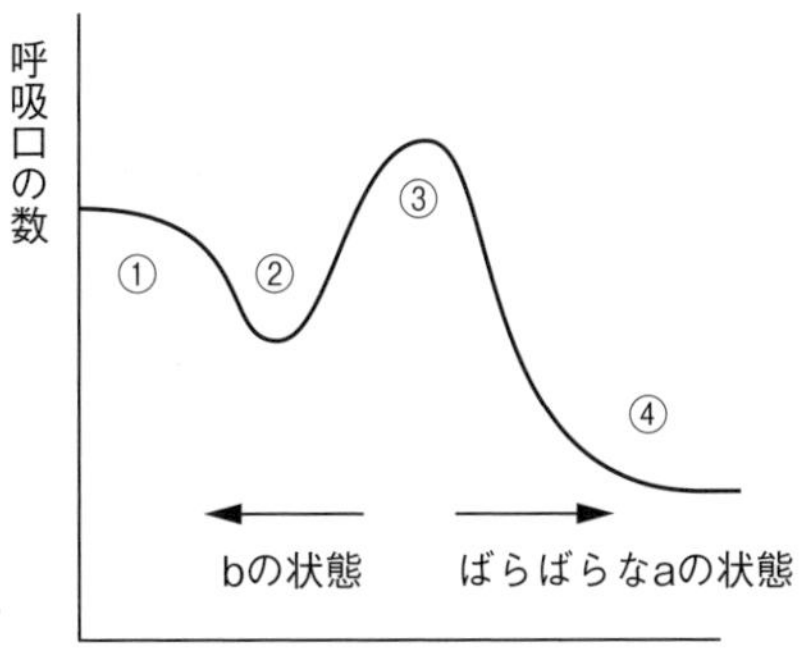

図9-17

前ページのグラフでは縦軸に呼吸口の数が示されており、グラフの右に向かうほどばらばらなaの状態に移行する。この場合最初の縮退していないbの状態（グラフの左端）では豊富な呼吸口があるのだが、それが右に向かってaの縮退した状態になるにつれて、だんだん減ってしまうことが、より詳細な形で示されている。

それをもっと細かく見てみよう。まず最初の①の部分は、伝統社会が壊れる前の一番安定していた時期である。そして次の②が、それが壊れ始めた初期段階で、この時期には安定していた共同体が崩れ始めて、内部での呼吸口の共有が次第に困難になっているが、その一方でまだ外側での経済拡大は軌道に乗っていない。そのため全体では呼吸口は減って、一時的に深い谷のように落ち込むことになる。

次の③の部分は、外側での経済的な拡大が本格的に軌道に乗り始めた時期で、ここでは社会のスピードも速くなって非常に多くの呼吸口が外側に生まれている。そのためこの状態が持続する間は、社会の呼吸口の数は期待感と高揚感で一時的に最も多くなる。

そして最後の④は、そうした進歩が一段落して陳腐化し、人々が自由にも慣れて新鮮な魅力を感じなくなっている状態である。ここでは惰性で一応の経済発展が続いているが、外側の呼吸口は常態化するうちに次第に青石で塞がれるようになり、何か突然予想を上回る新鮮な前進が起こった時以外は、外側に十分な呼吸口を確保できない。その一方で、内部で呼吸口を共有する体制は壊れているのでそこに依存することはできず、呼吸口の数は最も少なくなる。

つまりグラフ全体の格好は途中で微妙に上下しており、これをうまく応用すると、もう少し有効に復元力を作ることができる理屈になる。

特にここで鍵を握るのが、①と②の部分の高低差である。つまり図9-18の右のAのように、最初の時点で①の山が高く②の谷が低い状態になっていると、そこでは高低差によって①に戻ろうとする強い力が生まれるため、少なくとも初期段階では復元力が働きやすい。**図9-18のA▼**

一方左の図Bのように、①と②の高低差がさほどでないにもかかわらず、③の高い山がグラフの右寄りの位置に発生していると、縮退を止めることは全般的に困難となる。例えば19世紀の資本主義やフランス革命などの時代には「縮退＝社会的進歩」という錯覚がここに高い山を作り出して、世界の縮退を加速していたとみることもできるだろう。**図9-18のB▼**

いずれにせよ縮退を止めるには、①の部分に高い山を作り上げることが有効だが、いままでの人間社会は多くの場合、一種の「大きな物語」を用意して皆で共有することで、それを行ってきた。その際に「大きな物語」のテーマとして選ばれたのは、例えば宗教、国家への愛国心や郷土愛、あるいは歴史の物語や文明の進歩に参加する感覚など、そのバリエーションはいろいろである。

この場合、現在のわれわれがそういう大きな物語として、それらのどれをどんな形で採用すべきかは、それ自体があらためて一冊の本で議論すべき大きな話である。ここでは到底それを本格的に論じる余裕はないのでその話には立ち入らないが、とにかくこのメカニズムをうまく応用すること

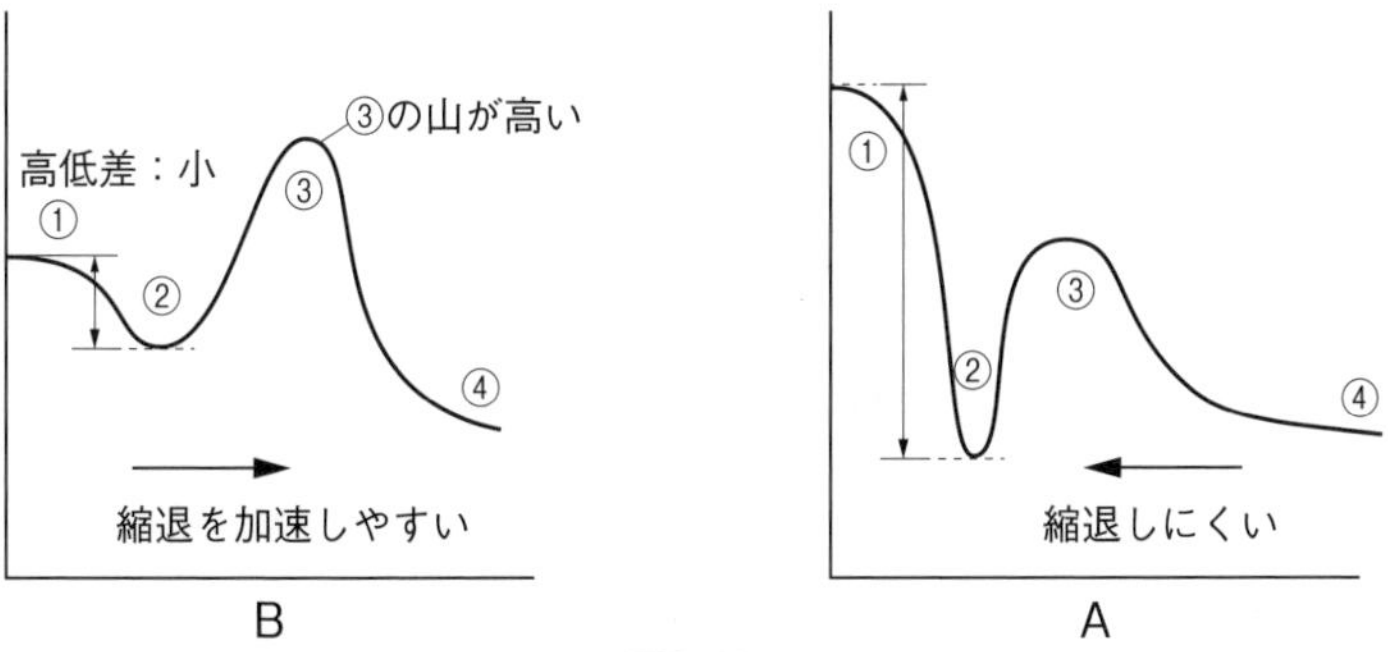

図9-18

で、縮退からの復元力を作り出せる可能性が存在していることになるわけである。

一国主義や地域主義の意味

そしてそのように「**縮退を止める道具として『大きな物語』が重要になる**」という視点から眺めると、最近世の中で見られるような愛国心の復権や一国主義の高まりなどは、まさにそれを裏書きする動きの一つのように見えるのであり、実際そう考えた方も多かろう。

しかしそうなってくると、あるいは読者の中には、すでに世の中でそういう動きが始まっているというなら、もうそれが本命の答えだと思ってしまえば良く、それがわかった以上、もう面倒な議論は不要で、今後は単純にそこに力を注ぎ込んでいくだけで方針は決まりではないか、と思われた方もいるかもしれない。

しかし筆者としては、それらが本命たり得るかと言われると、かなりの疑問符をつけざるを得ない。確かにそれは方向性としては必ずしも誤ってはいないのだが、ただ一種の技術的な規模という点で、スケールが全く不足しているのである。

それは喩えて言えば、月まで届くロケットを作ることが必要だという時に、竹筒に火薬を詰めた程度の、祭りで使うような手製ロケットを持ってこられて、これで間に合わないか、と言われるようなものかもしれない。

確かに**地域的な結びつきを強める試みや愛国心の復権などは、ある程度までは呼吸口を増やす役に立つと思われるが、巨大な金融の力に対抗するにはさすがにそれでは力不足なのである。**

この話に限ったことではないが、過去の歴史を見ると、一般に物事がそのレベルの規模を要求される時には、政治家の小手先の思い付きで始まったものなどは、だいたいは線香花火程度のもので終わってしまうことが多い。

それだけの大きな流れが生まれる時というのは、大抵はそれに先立ってまず、当時の最高レベルの知性を持つ人々に支えられた一種の大きな思想が存在していて、それが一般の人々に「これこそ宇宙や世界の唯一無二の真理である」という一種の畏敬の念をもって受け入れられていなければならない。そして選挙を抱えた政治家はむしろその後で参加を始めて、すでに半採用となっている設計図を制度面で定着させるという、仕上げの役割のみを担当することが多いのである。

そしてその種の思想にしても、単なる文学者の思い付き程度のものではやはり竹製の手製ロケットの域を出ず、その基礎部分は近代以前ならそれこそ世界的宗教をバックに、近代以後なら数学や物理の真理をバックに作られているほどに強固なものでなければ、到底「月まで行ける」レベルには達することができないのである。

そのように眺めると、現在の愛国心や地域主義への復帰などは、確かに間違ってはいないが、単に昔使われていたものを引っ張り出してきて、多少オーバーホールして再運転しているようなものに過ぎず、どこかで息切れするであろうことは容易に予想がつく。

逆にそこから想像すると、そうした地域主義や国家主義・愛国心というものは、将来に本命というべきもっと大きな思想が、根本的に数学・物理レベルから設計されて登場した時、そこでの重要パーツとして取り込まれて再編成されることで、はじめて有効な力となっていくのではないかと思われるのである。

将来の経済学

要するにそのためにも、やはりこういう根本的な議論が絶対的に必要になると考えられるのであり、そしてその際には経済学全体も、この縮退ということを数学・物理の根本レベルで踏まえた上で、新しく作り直すことが必要になってくるだろう。

そこでいままでの主流だった経済学をこの観点からあらためて眺めてみると、それらの関心のメインは基本的に「経済成長の巡航速度をどれだけ速くできるか」ということと「経済社会全体のバランスが左右に傾いた時にどう水平に戻すか」の二点にあったと言える。それは飛行機の計器盤に喩えれば、速度計と、機体の左右の傾斜だけしか表示しない姿勢指示器の二つが最も重要なものとして中心に置かれる形になっていたと言えるかもしれない。

その一方で、縮退によって高度がどんどん低下することにはあまり関心がなく、機体の縦方向の動きを見るための昇降計・高度計の類は脇に追いやられ、特に市場メカニズムの自動均衡機能を絶対視する経済学の場合、これらの計器は最初から計器盤についていなかったのである。

しかし将来はむしろ後者の縦方向の動きこそが関心事となってくる可能性が高く、未来の経済学ではこれらの縦方向の二つの力の力学を軸として、社会全体が上がったり下がったりしながらバランスをとる、という新しいビジョンが中心になってくるかもしれない。

一方それ以前の伝統的な社会を振り返ると、確かに縮退の脅威については近代よりも敏感で、それを慣習や制度などの防壁で防いできた。しかしそれに関する明確な力学や理論は持っておらず、それゆえ固定的な防壁による硬直化した対応しかできないことが多かったのである。

しかし理論の存在は柔軟性を可能にする。つまりそれがあれば、縮退や自由をある程度の幅で容認して、上下方向に多少は行ったり来たりしながら全体として大きくバランスをとっていく、という形態も可能になってくるわけである。

そもそも現実問題として、**完全に縮退しない社会などは作れないのである。**それはちょうど、人間が生活する以上は必ず何らかの形で周囲の環境を汚すため、ある程度の環境破壊を許容しなければ生きていけない、というのと同じことで、全く縮退を許さないような社会では人間は生きられずに窒息してしまう。

また健全な伝統社会といえども、その制度があまりに長く墨守されたまま続いてしまうと、しばしば社会の各所が劣化して末端から縮退が進行し、健全な状態に戻れなくなってしまうことがある。そういう場合、一種の政体循環論のように定期的に制度そのものを根底から変えて大掃除することが必要になってくるのである。

その際にはむしろ一時的に短期的願望を解放して、その縮退力をエネルギーとして変革の力に使ったほうが、社会全体をかえって縮退の少ない状態に戻せる場合がある。そうしたことを考えると、その観点からも**ある程度の幅で縮退や自由を許容する社会のほうがむしろ望ましい**ということになり、いずれにせよ一種のきちんとした力学が不可欠となることは間違いない（ただしその力学や理論は、あまり厳密正確に作ってしまうとそれ自体が窒息の元凶になってしまうという皮肉を抱えており、そのため体系の中に故意に曖昧で不確定な部分を設けておくという、いままでの常識では考えられなかった形態をとることが求められるであろうが）。

それにしてもこうしてみると、**縮退の少ないように巧妙に作られた伝統的な制度というものは、実はそれ自体が一種の「資源」なのである。**

確かにそれらは時に人間の自由を縛る邪魔物として、むしろ世の中から積極的に消し去るべき過去の遺物と見られることもしばしばあるが、とにかくそこでは短期的願望の許容度が低く設定されているため、それを壊して燃やせば富やエネルギーを取り出すことができる。

そのため文明社会は活力を得たり暖をとったりするには、どうしてもある程度それを燃やさねばならない。しかしそれは無尽蔵ではないため、むしろ今後われわれはこれを貴重な「資源」として、ゆっくり燃やして大事に使うという態度が求められるのである。

確かに現代社会では縮退を止めることは、規模も巨大化している上に、それを止める手段も軍事力などが使えないため、昔より格段に難しくなっている。しかしそうした不利を、このように呼吸口の力と組み合わせた新しい力学を樹立することでカバーするのは必ずしも不可能ではない。

あるいは読者には、この章の前半部分では未来の社会がコラプサーに陥ることが、一種の宿命のように見えていたかもしれない。しかしもしこれらの知識がまとめて手に入るとなれば、一見絶望的に見えるこの難題にも一つの光明が見えてくる可能性が存在するのであり、その希望をもって本書の結論としたいと思う。

おわりに

筆者はもともと物理屋であって、経済学部の出身ではなく、経済の現場に身を置いたことも一度もない（筆者のキャリアにおける経済界との接点といえば、『物理数学……』を書いた時に証券会社にヘッドハントされたが結局行かなかった、ということがあったぐらいが唯一のものである）。そんな人間がなぜこういう本を書こうと思ったのかについては、やはりどうしてもここで語っておく必要があるだろう。

それは何よりも、科学者の社会的な無力ということを見てきたからである。現在の世の中では特に日本の場合、科学者や技術者は「役に立つ使われ人」でしかない。これはノーベル賞級の業績を上げてさえも同様で、完成した製品を披露して、拍手と共に「ご苦労様でした」と言われてしまえば、もうその後は国や文明の行く末を議論する場からは丁重に退出を求められている。

そして若い優秀な人は、先輩がそのように扱われているのを見てしまうことで、たとえ科学が好きでもその道へ進みたがらない。これは恐らく理系離れの隠れた大きな要因で、ここを何とかしなければ、巷で言われる「科学技術立国の危機」も結局は解決できないのではあるまいか。

しかし科学者がそのようにしか扱われないのも十分な理由がある。何といっても現代では「経済がわからない人間には文明社会の将来を語ることはできない」というのが、世の中全体の常識だからである。それは世の中のほうが正しいのであり、そのため経済を学ぶことから逃げている限り、その立場から脱することなど所詮は不可能なのである。

その一方で、社会的な権限を手にしているはずの文系側を眺めると、そこは目先のビジネスへの現実的な対応力は高いものの、遠くの未来を全く新しい形で構想する能力には乏しい。その際に必要なのはどちらかといえば物理などを考える能力に近く、そういう時にはむしろ理系の人間こそ求められるはずなのである。

ここでその観点から日本の歴史を振り返って眺めると、そこでは国の針路が行き詰まった大きな転換点の時に、一種「理数系武士団」というべき一群の人々がまとまって現れ、それが歴史を大きく動かすという光景がしばしば見られていた。

そう言うと多くの読者は、それは「日本のモノ作りの強さを国の力に活かす」という話だと思われたかもしれない。ところがこれはそういうことではないのである。そうではなくて、むしろ普段はモノづくりに専従して縁の下の力持ちでいた人々が、そこからはみ出して国の戦略立案などに積極的に関与することで、歴史を大きく動かした、ということなのである。

それは特に幕末期の洋学・蘭学系の世界を見ると顕著で、まさに理数系武士団としか呼びようのない人々が、単なる技術職の立場から脱して広く連携して国全体の進路そのものの構想に携わることで、結果的に国にそれまでなかった強い力を与えて危機を救っていたことがわかる。

逆に現在のように国の進む道がわからず、米国の後追いの二番煎じの戦略しか描けないという状態は、むしろ理数系武士団が登場しないときの典型的な日本の行動パターンなのである。

そう考えると、これは理系の境遇に文句を言うなどという次元のことではなく、もっと重要な役割に関する大きな話だったことになるだろう。ただ西洋の軍事技術が鍵だった幕末当時に比べると、現代では経済が占める割合が遥かに大きく、そのため経済のメカニズムを苦手意識ゆえに学べないというのでは、彼らと同じ役割を果たすことは到底できないということになってしまう。

しかしその壁を突破するのがいかに困難かは筆者自身が最もよく知っており、それというのも他でもない、筆者自身がそういう経済を嫌がる典型的な理系世界の住人だったからである。とにかくこういう人間にとっては経済の話は、それを理解できるかということ以前に、その世界の空気をうまく呼吸できないことが大問題なのである。

しかし当時はそれを何とかしてくれる本が一冊もなく、そういうことなら自分で書くしかないということで始めたのだが、当初の苦労たるや、まるで息を止めて水底に潜って使えそうなものを探して採ってくるようなもので、そういう骨の折れる作業を繰り返して、徐々に適切な方法論や表現方法を一つ一つ見つけていかねばならなかった（本書の文体や用語の使い方は、いわゆる経済のプロのそれではないが、これも実はこういうスタイルで書かれた本のほうがそういう読者には適しているため、故意にこのような文体を選んでいるのである）。

そして筆者が本書に関してそういう読者に望みたいのは、とにかくページを開いた時に「自分がその空気を呼吸できるかどうか」を確かめてほしいということである。特に、経済の話には当面関心がないという理系読者の場合、本の内容そのものはすぐに全部読むことは必要ではなく、その後は読まずに単に書棚に置いておくだけでもよい。

何よりも大事なのは、その気になればいつでもそれを開いて、今まで足を踏み入れられなかった場所へ普通に呼吸しながら入って行けるという、一種の自信が生まれるかどうかということなのである。その意味では本書はある種、そこへ通じる扉のようなものなのだと言えるだろう。

そしてもし、いままで『物理数学……』の読者であった大勢の理系の人々の書棚に、本書が新たに標準装備としてそういう形で一冊加わるならば、その意義は意外に大きいかもしれない。

恐らくその時には、例えば昔から叫ばれながら実現困難だった、いわゆる「理系と文系の融合」などについても、その最初の壁を自然に乗り越えてしまうことになるだろうし、それがかなりまとまった人数で同時に起こるとするならば、理系の人々の世界はたったそれだけでも、どこかで何かが変わり始める可能性が高いと言えるのではあるまいか。

とにかく今までは世の中にそういうものがほとんど存在しなかったので、そうした可能性自体も語られることはなかったのだが、実は潜在的に国がそこに期待するところは大きかったのである。筆者は、本書の読者の中からそのような形で本書を役立ててくれる人々が現れてくれることを、切に願ってやまないものである。


最後に、足掛け20年の形で本書の書籍化に関わっていただいた講談社の田中浩史氏に、この場を借りて謝意を示しておきたい。

二〇二〇年三月

長沼伸一郎

ヤ 行

ラ 行

タ　行

ナ　行

ハ　行

マ　行

主要索引

現代経済学《げんだいけいざいがく》の直観的方法《ちょっかんてきほうほう》

2020年4月8日 第1刷発行
2024年11月8日 第10刷発行

著　者　長沼伸一郎《ながぬましんいちろう》

発 行 者　篠木和久

発 行 所　株式会社 講談社
東京都文京区音羽 2-12-21　〒112-8001
電話　編集　03-5395-3522
　　　販売　03-5395-5817
　　　業務　03-5395-3615

装 幀 者　コバヤシタケシ

図版作成　朝日メディアインターナショナル株式会社

印 刷 所　株式会社 新藤慶昌堂

製 本 所　株式会社 国宝社

ISBN978-4-06-519503-1　N.D.C. 331　455p 21cm